4 Lk 2 2438 7

Montbeliard; Lyon
1874

Chevalier, Ullysse. (Ed.)

Choix de documents historiques inédits sur le Dauphiné

Tome 7

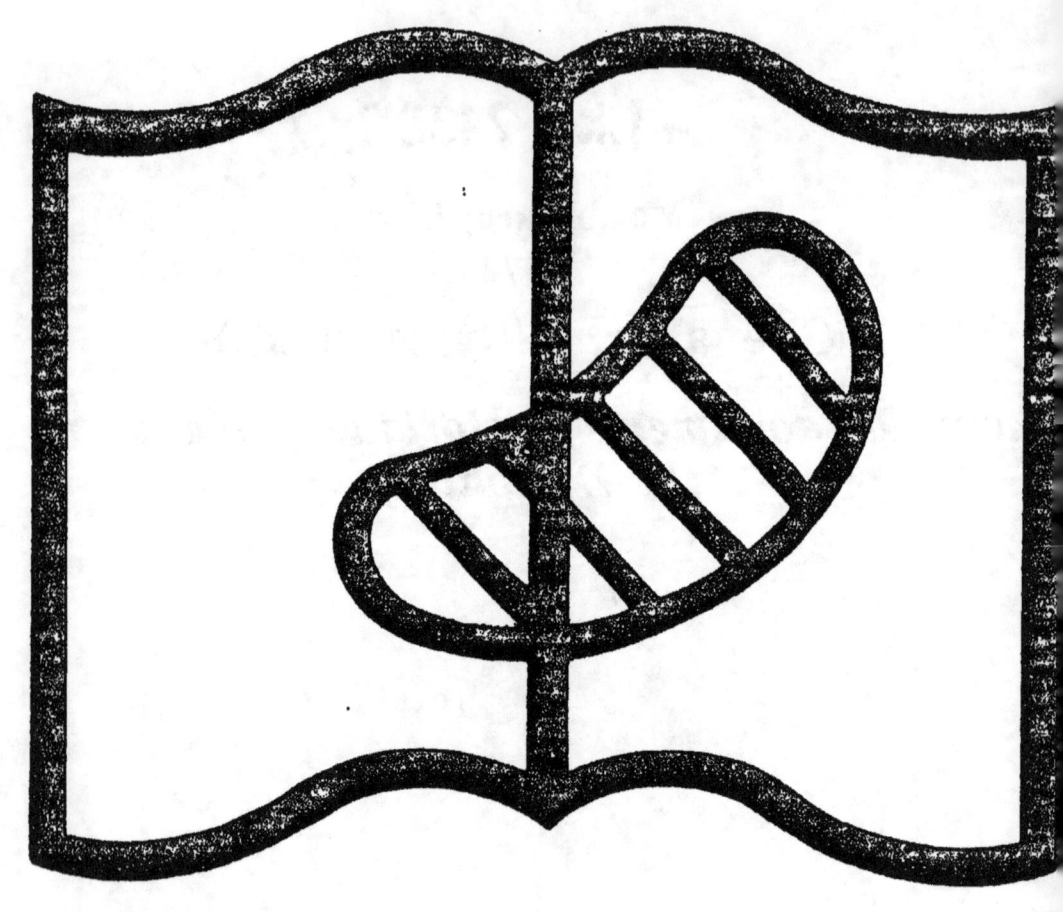

Symbole applicable
pour tout, ou partie
des documents microfilmés

Original illisible

NF Z 43-120-10

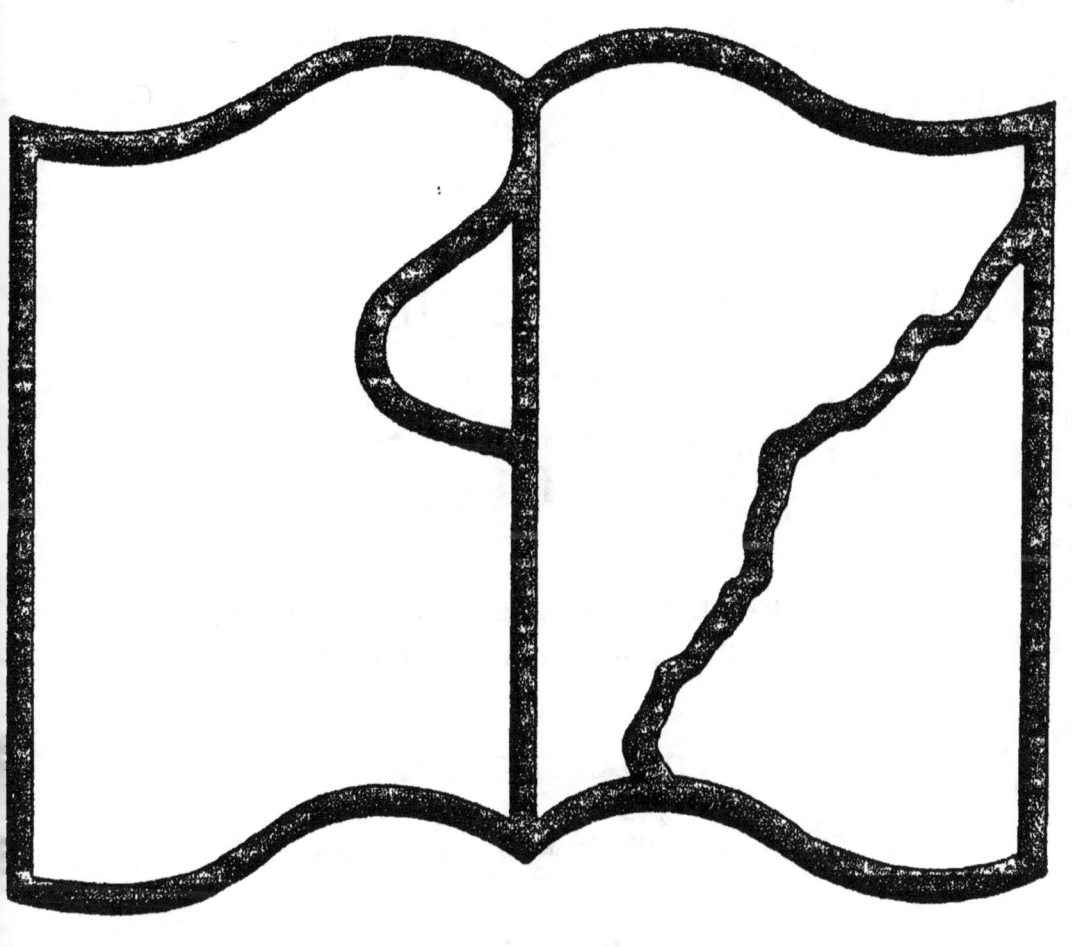

Symbole applicable
pour tout, ou partie
des documents microfilmés

Texte détérioré — reliure défectueuse

NF Z 43-120-11

CHOIX

DE

DOCUMENTS HISTORIQUES INÉDITS

SUR LE

DAUPHINÉ

PUBLIÉS

D'APRÈS LES ORIGINAUX CONSERVÉS A LA BIBLIOTHÈQUE
DE GRENOBLE ET AUX ARCHIVES DE L'ISÈRE

PAR

L'Abbé C.-U.-J. CHEVALIER

Officier d'Académie
Correspondant du Ministère de l'Instruction publique

MONTBELIARD | LYON
Ch.-M. Hoffmann, imprimeur. | Aug. Brun, libraire

1874

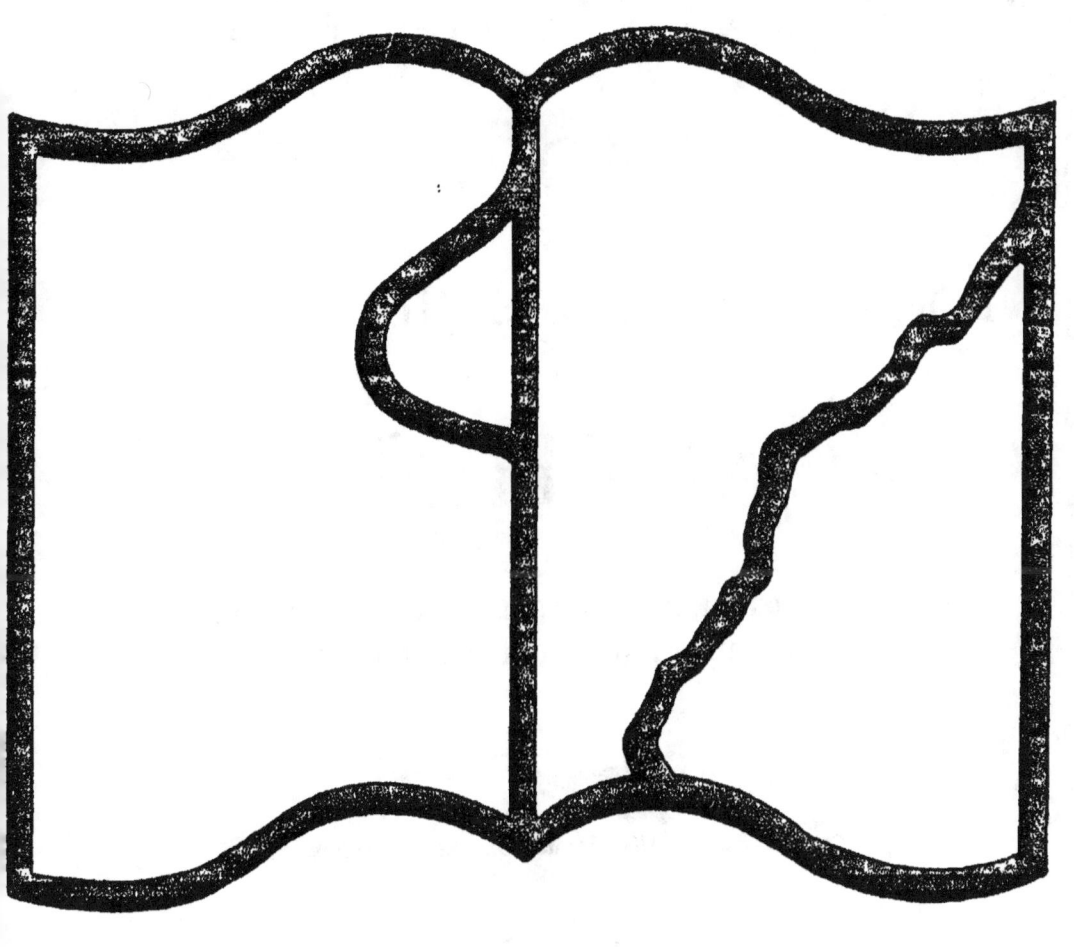

Symbole applicable
pour tout, ou partie
des documents microfilmés

Texte détérioré — reliure défectueuse

NF Z 43-120-11

CHOIX

DE

DOCUMENTS HISTORIQUES INÉDITS

SUR LE

DAUPHINÉ

PUBLIÉS

D'APRÈS LES ORIGINAUX CONSERVÉS A LA BIBLIOTHÈQUE
DE GRENOBLE ET AUX ARCHIVES DE L'ISÈRE

PAR

L'Abbé C.-U.-J. CHEVALIER

Officier d'Académie
Correspondant du Ministère de l'Instruction publique

MONTBELIARD
Ch.-M. Hoffmann, imprimeur.

LYON
Aug. Brun, libraire.

1874

COLLECTION
DE
CARTULAIRES DAUPHINOIS

TOME SEPTIÈME

CHOIX
DE
DOCUMENTS HISTORIQUES INÉDITS
SUR LE
DAUPHINÉ

SELECTA

ET

INEDITA INSTRUMENTA AD HISTORIAM

DELPHINATUS

PERTINENTIA

EX ORIGINALIBUS IN BIBLIOTHECA GRATIANOPOLITANA
ET ARCHIVO ISARÆ ADSERVATIS

EDIDIT

PRESBYTER C.-U.-J. CHEVALIER

Pluribus Academiis et eruditorum Societatibus adgregatus

MONTE BELLIGARDI
C.-M. HOFFMANN, TYPOGRAPHUS
—
MDCCCLXXIV

A M. Exupère CAILLEMER

professeur à la faculté de droit de Grenoble

secrétaire de la Société de statistique de l'Isère

NOMBRE DU TIRAGE

200 exemplaires sur papier ordinaire
20 — sur papier fort

N°

Extrait du tome VI de la 3ᵉ série

du

Bulletin de la Société de statistique

du département de l'Isère

NOTE PRÉLIMINAIRE

Bien que puisés à deux sources diverses, la bibliothèque publique de Grenoble et les archives départementales de l'Isère, les documents mis pour la première fois au jour dans le présent volume proviennent d'un fonds unique, celui de l'ancienne Chambre des comptes du Dauphiné.

Parmi les manuscrits, provenant de Guy Allard, dont la bibliothèque de Grenoble s'est enrichie en 1844 par les soins de son zélé conservateur, M. H. Gariel, se trouvait « une quantité considé- » *rable de feuilles volantes et de cahiers détachés* [1] » *, qui ont été reliés en une vingtaine de tomes sous le titre de* Documents mss. pour servir à l'histoire du Dauphiné. *Plusieurs de ces volumes renfermaient une mine inexplorée de documents originaux, partie en parchemin, partie sur papier, dont la provenance ne saurait être douteuse. Guy Allard dut à son titre de président en l'élection de Graisivaudan certaines facilités pour compulser les archives de la Chambre des comptes; ses interminables élucubrations sur l'histoire de sa patrie l'entraînèrent à prendre en communication un grand nombre de pièces isolées, qui, non restituées de son vivant, restèrent ignorées dans sa succession. Leur restitution tardive n'a remédié qu'en partie à ce désordre: plusieurs ont eu à souffrir de l'humidité ou ne sont revenues qu'incomplètes. Les documents que nous y avons choisis (presque tous relatifs à l'histoire générale du Dauphiné) et qui remplissent près des deux tiers de ce volume* [2] *montreront que le triage opéré par G. Allard ne fut pas sans*

---

(1) Rochas, Biogr. du Dauph., I, 19.
(2) Du tome IV proviennent les numéros 7 à 10, 18, 21, 23 à 25, 30, 32, 40, 42, 61, 65, 76, 80, 85, 86, 93, 95, 96, 103, 105 et 106; du tome V les numéros 6, 15, 27 à 29, 35, 55, 70, 74, 88, 89 et 101; du tome VI les numéros 14, 17, 34, 35, 38, 43, 48, 56, 57, 65, 69, 77, 81, 82, 92, 99, 100, 102, 104 et 110; du tome VII les numéros 3, 12, 19, 22, 31, 58, 59, 63, 67 et 71; du tome X les numéros 13 et 45; du tome XII le numéro 54; du tome XV les numéros 16, 20, 36, 37, 39, 73, 75, 78, 79, 83 et 91.

intelligence. Quelques-uns avaient été mis précédemment à profit par Chorier, mais ils manquaient à leur place quand Valbonnais fit compulser les mêmes archives et leur absence causa quelques lacunes dans son Histoire.

D'ailleurs, même après Valbonnais, il y aura encore longtemps à glaner aux archives de l'Isère ; nous n'en avons toutefois extrait pour le présent volume que des pièces analogues, par leur objet et leur date, à celles que nous avaient fournies les manuscrits de G. Allard [3] *: on reconnaîtra que les unes et les autres se complètent mutuellement et accusent une commune origine.*

Nous ne dirons rien des principes critiques qui nous ont guidé dans l'établissement de ces textes, parfois très altérés, nous bornant à renvoyer à nos précédentes préfaces. Bien que nous n'ayons épargné ni peines ni voyages pour la collation des épreuves, nous n'osons nous flatter d'avoir évité toute erreur dans la transcription des noms propres : il y aura probablement plus d'une permutation de lettres à opérer pour arriver partout à la véritable leçon. Ce n'en sera pas moins, nous l'espérons, une contribution *importante pour une future histoire complète du Dauphiné, et nous remercions le digne secrétaire de la* Société de statistique de l'Isère, *M. E. Caillemer, de nous avoir procuré l'avantage de mettre au jour ce spicilége sous les auspices de cette compagnie.*

On regrettera peut-être qu'il ne soit pas accompagné, comme nos autres volumes, d'une table générale alphabétique : un examen attentif montrera que ce projet était irréalisable, un grand nombre de pièces se composant entièrement de noms propres de personnes ou de lieux. Sans espérer de remédier à cette lacune, nous allons donner, pour faciliter en quelque manière les recherches, un aperçu des documents reproduits, en les classant d'après leur objet.

Armée : *montres à Paris en 1339 (p. 59-61), à Romans en 1342 (66-7), en 1357 (148-9) et à Grenoble en 1368 (163-77); — chevaux perdus à la bataille de Cassel (30-5).*

Baronnies *(Description des; vers 1442 (p. 282-5).*

---

(3) Aux sources spécialement indiquées aux notes ont été pris les numéros 1, 4, 5, 11, 26, 41, 44, 46, 47, 49 à 53, 60, 62, 64, 68, 72, 84, 87, 90, 94, 97, 98, 107 à 109; il faut y ajouter le numéro 2, récemment transféré des archives de l'évêché.

Cession *du Dauphiné à l'église Romaine* (p. 67-74, 74-7, 77-80) ; — *à la couronne de France* (92-5, 80-1, 81-8).

Chapelle *du dauphin* (p. 122-3, 123-4, 126-7 ; cf. 120).

Chevalerie : *statuts de l'ordre de Sainte-Catherine* (p. 35-9 ; cf. 400).

Chroniques : *entrée de la reine et du duc de Bourgogne à Paris en 1418* (p. 247-50) ; — *guerre d'Anthon entre le gouverneur du Dauphiné et Louis de Châlon, prince d'Orange, en 1430* (300-38) ; — *bataille de Bussy en Bourgogne et derniers exploits de Charles le Téméraire (391-6) ; — mort de ce dernier et du duc de Milan (396-7)*.

Compagnies (Grandes) : *leur présence en Dauphiné de 1357 à 1369* (p. 146-8, 160-1, 181-2).

Compte *des dépenses du dauphin Guigues VIII de 1327 à 1329, principalement pendant la guerre de Flandre* (p. 13-30).

Croisade *de Clément VI en 1345-6, sous les ordres d'Humbert II* (p. 95-6, 96-9, 99-104, 105-6, 106-7 ; cf. 96).

Denrées *(Valeur des) de 1377 à 1381* (p. 194-6).

Die *(Description du comté de) vers 1442* (p. 267-72).

Duel *entre Bertrand de Taulignan et Raymond d'Agout* (p. 11-3) ; — *entre Louis de Molpré et Pierre Pèlerin* (338-69).

États *(Convocation et tenue des) à Romans en 1375* (p. 185-9), à Grenoble en 1377 (189-93), à Romans en 1386 (200-6), à Vienne en 1388 (206-13), à Grenoble en 1393 (219-24), en 1398 (227-31) et à Romans (398-400)[1].

Grenoble : *proclamation du capitaine préposé à sa défense* (p. 289-92).

Guerre *avec la Savoie* (p. 139-40, 140, 372-3) ; — *avec le roi de Sicile* (243-5) ; — *avec la Bourgogne* (266-7) ; — *de Catalogne* (390-1) ; — *de Cent ans* (158-9, 159-60, 384-5) ; — *siège de la Laupie* (292-3) ; — cf. Croisades.

Hommages *reçus par Guig. Froment* (p. 42-4) *et Franç. Nicolet* (377-80) ; — *omis en 1418* (246-7) *et 1429* (293-4).

Humbert (Bertrand) : *pièce relative à sa succession* (p. 89-91).

Jean II, *roi de France (Captivité de) en Angleterre* (p. 155-6).

[1] Ignorés pour la plupart, ces états de notre province sont les plus anciens dont le texte ait été mis au jour.

Juifs : *convention des communautés du Graisivaudan pour le payement de l'impôt dû au dauphin en 1346 (p. 116-9)* [5] ; — *saisie de livres hébreux à Chabeuil en 1416 (245-6)*.

Lettres *de Béatrix de Hongrie (p. 91-2), de la prieure de Montfleuri (125-6), d'Anne de Viennois (128)*.

Louis XI : *emploi de la dot de Charlotte de Savoie (p. 385-90)*; — *service funèbre du roi à Grenoble (397-8)*.

Maison *du dauphin Humbert II en 1345-8 (p. 96-9, 119-20, 120-2, 124-5)*.

Mémoires *remis au dauphin sur les réformes à opérer (p. 46-8, 215-9, 226-7, 251-7, 257-66, 286-8)* ; — *sur l'état du Dauphiné pendant la croisade de 1346 (107-16)* ; — *sur les demandes à faire à l'empereur (130-2, 140-6, 161-2)* ; — *sur les fiefs à réunir au domaine (156-8)*.

Monnaies : *leur valeur de 1345 à 1350 (p. 128-30)* ; — *mémoire pour la réforme de leur administration (373-7)*.

Privilèges *impériaux accordés au dauphin en 1357 (p. 150-1, 151-3, 153-5)* ; — *des Romanais révoqués en 1373 (183-5)*.

Revenus *généraux du Dauphiné (p. 132-9, 231-2, 232-8, 239-43, 369-71), — particuliers du Briançonnais (64-6), de l'Embrunois et du Champsaur (198-9), en Normandie (41-2), du Viennois (39-41, 88-9, 238-9)* ; — *péages et gabelles (182-3)*.

Statistique *du Dauphiné : administrative vers 1340 (p. 61-4); — féodale : de tout le pays (44-6, 225-6, 380-4 ; cff.* Cession, Etats), *de la Terre de la Tour (198), du Viennois et Valentinois (196-7)*.

Testaments *d'Alix de Royans en 1248 (p. 1-6) et d'Agnès de la Tour en 1298 (6-11)*.

Valentinois : *mémoire du comte Aymar VI contre son arrestation en 1368 (p. 177-81)* ; — *description du comté vers 1391 (213-5) et 1442 (272-82)*.

Vienne : *différend de l'archevêque avec le dauphin en 1339 (p. 48-53, 53-9)* ; — *garde du château de Pipet confiée au dauphin en 1420 (250-1)*.

Romans, 31 octobre 1874.

(5) C'est assurément le seul document hébreu sur le Dauphiné qui ait jamais été publié en caractères originaux; M. le d^r Neubauer, d'Oxford, a bien voulu en corriger la première épreuve.

CHOIX

DE

DOCUMENTS HISTORIQUES INÉDITS

SUR LE DAUPHINÉ.

I. *Mars 1248(-9).*

(TESTAMENTUM ALASIÆ DE ROIANS, DOMINÆ CASTRI SANCTI JOANNIS DE BORNAY)[1].

Nos Johannes, Dei gratia sancte Viennensis ecclesie vocatus archiepiscopus, notum facimus universis presentem paginam inspecturis, quod nos vidimus et diligenter inspeximus testamentum nobilis domine Alasie de Roians, domine castri Sancti Johannis de Bornay, non cancellatum, non abolitum nec aliqua parte sui corructum, sigillatum novem sigillis bonorum virorum, in hec verba: —

In nomine Domini nostri Jhesu Xpisti, anno Incarnationis ejusdem M° CC° XL° octavo, mense marcii, ego Alays de Roians, domina castri Sancti Johannis de Bornay, uxor quondam nobilis viri dom' Ose Sicce[2], sane mentis et corporis, prudens et sciens, volens et cupiens ordinare de rebus meis et saluti anime mee providere, de ipsis rebus meis in hunc modum ordino et dispono: In primis, sepulturam meam eligo apud venerabile monasterium Bone Vallis, et pro salute anime mee eidem monasterio quinquaginta libras Viennenses, pro anniversario singulis annis ibidem faciendo in festo Annuntiationis beate Marie, do lego, operi ecclesie ejusdem monasterii decem lib. Vien. do lego; item, eidem monasterio pro anniversario nobilis viri quondam dom' Drodoni de Bello Visu, primi mariti mei, in dicto monasterio annuatim faciendo xv libras

Viennen., et nemus et quicquid juris habeo in nemore de Bodor sito juxta villam Loci Dei do lego: quod anniversarium fiet in crastino beate Lucie; item, ecclesie Sancti Johannis de Roians, pro injuriis si quas eidem ecclesie intuli et pro anniversario meo ibidem annuatim faciendo in die obitus mei, L^n libras Viennen. do lego, operi ejusdem ecclesie centum solid. Vien. do lego; item, domui Vallis Sancte Marie, ordinis Carturiensis, pro injuriis si quas eidem intuli et pro anniversario meo ibidem annis singulis in die obitus mei faciendo, xx^{ti} v^{que} libras Viennen. do lego; item, operi ecclesie Sancti Nazarii de Roians x libras Viennen. do lego; item, monasterio Liuncelli, pro anniversario meo ibidem faciendo annuatim in die obitus mei, xxx^{ta} libras Viennen. do lego; item, monialibus domus Comercii L solid. Vien. do lego, operi ecclesie ejusdem domus quinquaginta sol. Vien. relinquo; item, monialibus Vallis de Breiscio, pro anniversario meo ibidem annis singulis faciendo in festo beate Marie Magdalenē, xxx libras Viennen. do lego, quas jam solvi; item, monialibus Sancti Pauli, pro anniversario meo ibidem annuatim faciendo in festo sancti Bernardi abbatis, xxx libras Viennen. do lego, quas jam solvi; item, monasterio Vallis Crescentis, pro anniversario meo ibidem faciendo in die obitus mei, xv libras Viennen. do lego; item ecclesie d'Artas, ad emendum calicem, unam marcam argenti do lego; item, curtile quod est juxta ecclesiam castri Sancti Johannis, capellano qui ibidem pro tempore erit do lego: precipio quod singulis annis in die obitus mei, cappellano de Bornay vocato cum clericis suis, ipse capellanus Sancti Johannis celebret anniversarium meum et eosdem secum ipsa die pascat et reficiat; luminarie ejusdem ecclesie Sancti Johannis, curtile de la Boleteri do lego: precipio quod lampas ponatur in dicta ecclesia et accendatur in singulis sabbatis et vigiliis beate Marie et apostolorum per diem et noctem; volo et precipio quod capellanus dicte ecclesie ante obitum suum injungat tribus vel quatuor parrochianis suis, qui dicta curtilia assignent et reddant capellano succedenti, ita quod juret primo omnia que pro dictis curtilibus dicta sunt attendenda; item, eidem ecclesie Sancti Johannis quandam asinatam vini, annuatim percipiendam in vinea que est subtus castrum Sancti Johannis, ad celebrationem missarum in dicta ecclesia do lego; item, domui Cartusie sexaginta sol. Vien. pro elemosina do lego; domui Silve ejusdem ordinis LX^a sol. Vien. do lego; item, abbati et conventui Sancti Petri Viennensis LX sol. Vien. do lego; item, abbati et conventui Sancti Andree Viennensis LX sol. Vien. do lego; item, monialibus Sancti Andree Viennensis LX^a sol. Vien. do lego; domui Sancte Columbe Viennensis XX sol. Vien. do lego; operi pontis Rodani Vienne X sol. Vien. relinquo; operi pontis Rodani Lugduni X sol. do lego; fratribus Minoribus de Vienna XX sol. Vien. do lego; fratribus Minoribus Lugduni XX sol. do lego; fratribus Predicatoribus Lugduni XX sol. Vien. do relinquo; venerabili patri dom^o archiepiscopo Viennensi X lib. Vien. do lego; item, ecclesie Sancti Mauricii Vienne, pro anniversario meo in die obitus mei in dicta ecclesia annis singulis faciendo, LX lib. Vien. do lego: sciendum quod ejusdem monete Viennensis erunt denarii illi quos legavi operi pontis Lugduni et Vienne et fratribus Minoribus et Predicatoribus supradictis. Dom^e Sibille uxori nobilis viri domi Audemari de Pictavia, nepotis mei, molendinum quod est situm juxta Monmairan, cum juribus et pertinentiis suis, do lego: volo et precipio quod dicta dom^a Sibilla pro dicto molendino solvat L sol. Vien. ecclesie de Saou quas ei pro elemosina do lego, item solvat pro dicto molendino ecclesie Sancti Medardi XL sol. Vien. quos eidem ecclesie reliquo, item solvat domui Vallis Caprarie L sol. Vien. quos eidem do lego; item nobilem dom^{am} Flotam, filiam meam, heredem meam instituo in medietatem castri de Revel, cum omnibus juribus, pertinentiis et servitutibus ad me jure dominii vel quasi pertinentibus in mandamento dicti castri, et in omnibus terris, possessionibus, juribus, servitutibus que habeo aput Claireu et in mandamento ejusdem: confitens et recognoscens me possidere et tenere in feudum a nobili viro fratre meo dom^o Alberto de Turre quicquid habeo in mandamento castri de Revel. Volo et precipio et fidei dicte filie mee comito quod ipsa dicta filia mea solvat executoribus meis quos inferius nominabo LX libras Viennen. pro clamoribus meis, debitis, legatis, fidei commissis pacificandis, solvendis, attendendis; volo et precipio quod tam dicta filia mea quam heredes sui dictum feudum de Revel recognoscant a dicto fratre meo dom° Alberto de Turre et heredibus ejus, et prohibeo dicte filie mee et ejus heredibus nec dictum feudum quocumque modo alienationis a domino de Turre alienent, quin dict. feudum ad dominum de Turre remaneat semper salvum ; et si dicta filia mea venditione, permutatione vel donatione vel quocumque genere alienationis ipsa filia vel heredes sui in alium transferre vellent dict. feudum, volo et precipio quod ipsum feudum ad dominum de Turre ipso jure revertatur. Item, karissimo Ugoni nepoti meo de Turre, senescalco Lugdunensi, castrum Sancti Johannis de Bornay, cum omnibus juribus, usagiis, hogmagiis, servitutibus et pertinentiis pertinentibus ad dictum castrum, et unum denarium Vien. quod habeo in pedagio de Ayreu, et totam terram et homines quam et quos habeo in mandamento Crimiaci do lego : volo et precipio quod dictus Ugo nepos meus pro clamoribus meis et debitis allegatis et fidei commissis pacificandis, solvendis, attenden(di)s trescentas libras Viennen. resarciat et expendat; item volo et precipio quod dictus Ugo nepos meus feudum dicti castri a domino de Turre alienare non possit. Item, bladum et vasa vinaria et culcitras et archas et arma et omnia superlectilia mea, que erunt in domo mea castri Sancti Johannis, in die obitus mei, dicto Hugoni nepoti meo do lego; volo et precipio quod de ipsis bonis que ibidem invenientur, faciat expensas exequiarum mearum in dicto monasterio Bonevallis, conventum ejusdem loci plenarie ipsa die obitus mei reficiendo: que omnia supradicta et singula dictus Ugo promisit et juravit super sancta Dei Euvangelia attendere et servare. Item, pascua castri et mandamenti Sancti Johannis religiosis fratribus abbati et conventui Bone Vallis, ad opus quorumlibet animalium abbatie sue et grangiarum suarum, secundum quod hactenus eisdem pascuis usi sunt ipsis fratribus confirmo et sua esse recognosco ; item, equas meas cum pullis et nutrimentis suis dictis abbati et conventui Bone Vallis do lego: ita tamen quod, si ea que injunxi et precepi dicte filie mee, heredi mee, et Hugoni de Turre, nepoti meo, senescalco Lugd(unensi), et dom° Sibille, uxori nobilis viri dom¹ Audemari de Pictavi(a), refundere et resarcire non sufficerent ad clamores meos sedandos et debita mea solvenda, dicti abbas et conventus tenerentur usque ad summam xv librar. Viennen. pro clamoribus meis sedandis, prius tamen a dictis dom^a Flota, dicto Ugone et dom^a Sibilla soluta tota summa peccunie supradicta secundum quod eisdem superius est injunctum. Volo etiam ut post annum completum a die obitus mei computandum legata que superius legavi, nisi soluta sint de bonis meis, ab executoribus meis quos inferius nominabo solvantur: quod si aliqui ex supra scriptis contra hanc ultimam voluntatem meam venire atemptaverint, ea que eisdem legavi aduno et ea tunc adempta esse volo......... Hujus mee ultime voluntatis executores constituo reverendum patrem dom^m archiepiscopum Viennensem et Hugonem de Turre, nepotem meum, senescalcum Lugd(unensem); volo quod ipsi habeant plenariam potestatem vendendi, distrahendi sive alienandi omnia bona mea que superius non legavi, et volo quod ipsi de bonis meis legata suprascripta solvant et quod residuum fuerit in pias causas erogent.........; item, volo quod si aliqua dubia verba fuerint et obscura in hac ultima voluntate mea, ipsi executores vel alter eorum, quibus secreta voluntatis mee secretius revelavi, habeant vel habeat potestatem exercendi, interpretandi, declarandi dubia et obscura, et actionem petendi. Si quam vero aliam ultimam voluntatem ut testamentum feci, illam revoco; volo insuper.........

— In cujus rei testimonium nos supradictus Johannes, archiepiscopus Viennensis, presenti pagine sigillum nostrum duximus apponendum. Datum anno Domini M° CC° quinquagesimo, iiij° idus marcii.

(1) Arch. de l'Isère, original parch., au bas duquel pend le sceau de l'archevêque Jean de Bernin (voir le *Cartul. de St-Pierre du Bourg-lès-Valence*, p. 51).

(2) Alix, fille d'Albert II, seigneur de La Tour, et sœur d'Albert III, épousa en premières noces Drodon de Beauvoir et en deuxièmes Raimbaud Osasèche, seigneur du Royanais (Chorier, *Sassen.*, 40), dont elle eut Flotte, mariée à Guillaume de Poitiers, fils d'Aimar II, comte de Valentinois; de cette union naquit Aimar III de Poitiers, petit-fils *(nepos)* d'Alix et époux de Sibille. Les généalogistes (Duchesne, Comtes de Valent., 11, pr. 10,24; Guy Allard, Diction. hist., II, 724; Anselme, Maison de France, II, 185; Art de vérifier les dates, éd. 8°, X, 478; La Carrelle, Hist. de Beaujeu, I, 107; Bull. de la Soc. de l'Hist. de France, 1856,23; Bull. de la Soc. d'archéol. de la Drôme, I, 303) donnent invariablement à Aimar III pour 1re femme Florie de Beaujeu en 1243 et pour 2e Alix ent de Mercœur en 1268; seul l'auteur de la dernière généalogie des sires de Beaujeu (La Mure, Bourbon et Forez, éd. Chantelauze, III, ii, 19) subs-

titue Sibille à Florie comme mariée av. 1250 à Aymard de Poitiers et accuse d'erreur ses devanciers. L'acte de 1317-8 publié par Duchesne (l. c., pr. 24) ne permet pas de mettre en doute l'union d'Aimar III avec Florie de Beaujeu; Sibille, qui paraît avoir été sa 2ᵉ femme, était peut-être de la maison des Baux selon la remarque de Valbonnais (Hist., I,380). — Hugues de La Tour, neveu d'Alix et son exécuteur testamentaire, joignait à la qualité de sénéchal de l'église de Lyon celle d'abbé (2ᵉ dignité du chapitre) de Clermont, comme le prouve l'obit de sa mère Béatrix de Coligny († 8 janv. 1242) : « vi idus januarii, obiit dom. Beatrix de Colonheu, mater quondam domᵢ Hugonis de Turre, senescalli Lugdunensis et abbatis Claromontensis ». Le *Necrologium Sanctæ Mariæ Claromont. cathedralis* qui nous le fournit (excerpta ap. D. Estiennot, *Fragm. hist. Aquit.*, t. III, p. 30˙-6 = Bibl. nat., ms. lat. 12768) en renferme d'autres relatifs à ses parents : « Kalendas martii, hic obiit Guido de Turre, quondam episcopus Claromontensis », son frère († 1286) ; « v kalend. januarii, anniversarium rec. mem. Hugonis de Turre, Arvernorum episcopi, qui obiit ultra mare anno Domini MCCXLIX », son oncle; « v idus junii, annivers.... specialiter rec. mem. domᵢ Hugonis Claromont. episcopi », le même; « vii kalend. martii, annivers. Guidonis de Turre, archidiaconi Lugdunensis », son autre oncle (cf. Obituar. Lugdun. eccl., 21 : « vi k. mart. »; la date 1249 doit être d'une main postérieure et erronée, puisqu'il testa le 19 mars de cette année) ; « vi nonas julii, obiit Arbertus dominus de Turre, qui fuit pater Hugonis Claromontensis episcopi ». Albert II son aïeul ; entre celui-ci et le suivant : « iv kalend. januarii, annivers. B(erlionis) quondam domini de Turre (en 1107) », la lacune est exactement remplie par l'Obituarium eccl. S. Pauli Lugdunen. (éd. Guigues, 8) : « xi kalend. februarii, obiit Giroldus de Turri (en 1122 et 1130), filius cujus nomine Arbertus (Iᵉʳ, teste en 1190)... ». Quant à Hugues le sénéchal, il mourut le 14 sept. 1303 (Obituar. Lugdun. eccl., 117 et 261).

II. *1ᵉʳ avril 1298.*

(Testamentum Agnetis, uxoris Aynardi de Turre)[1].

Noverint universi et singuli, presentes pariter et futuri, hanc pres. paginam inspecturi quod anno Dominice Incarnacionis Mᵒ CC nonagesimo octavo, videl. kalendas aprilis, in presencia notarii et testium infra scriptorum, ego Agnes, uxor nobilis viri Aynardi de Turre, domini de Vignayco[2], sana per Dei gratiam mente et corpore et in bona memoria constituta, sciens tamen me mortalitati subjectam et me quandoque necessario morituram, idcirco de persona mea et bonis meis volens disponere, condo et facio testamentum meum nuncupativum in modum infra scriptum : In primis Omnipotenti Deo et gloriose virgini Marie et toti curie celesti commendo animam meam, deinde corpori meo in cimiterio prioratus Beate Marie de Bello Loco, ordinis Sancti Ruffi de Valencia[3], cum me mori contingerit eligo sepulturam ; item volo et jubeo quod clamores mei sedentur et forefacta mea emendentur, et debita mea et legata mea infra scripta solvantur per heredes meos infra scriptos, prout inferius dictabo et ordinabo; item volo et lego quod de bonis meis fiat et construatur unum altare infra ecclesiam predicti prioratus juxta tumulum meum seu sepulcrum meum, quod altare volo quod de bonis meis muniatur pannis et libris et uno calice et aliis ibi necessariis usque ad valorem xxv librarum Viennen. semel tantum solvendarum; item volo et constituo sive ordino quod unus presbiter, canonicus regularis et claustralis ejusdem loci, teneatur quater in qualibet ebdomada, videl. diebus lune et mercurii et veneris et sabbati, celebrare missas in dicto altari ad honorem Dei et beate Marie virginis et omnium sanctorum Dei, pro redemptione anime mee et animarum liberorum et parentum et benefactorum meorum et generis dicti Ay(nardi) mariti mei : cui presbitero canonico, ut premissum est celebranti dictas missas, dentur et assignentur de bonis meis pro vestitu suo iiii^{or} libre Viennen. quolibet anno, ultra ea que prior dicti loci tenetur et consuevit dare dicto canonico claustrali pro vestitu suo anuali juxta modum et consuetudinem ordinis predicti, ita quod dicte quatuor libre censuales sive anuales ad nullos alios usus preter quam ad predictos possint nullo tempore ullatenus applicari vel expendi; item lego xl solidos Viennen. anuales prioratui predicto ad faciendum unum convivium annuatim, scilic. quolibet anno in die aniversarii mei pro missis ibidem celebrandis, in quo ad minus convocentur xv cappellani et cuilibet eorum dentur et offerantur xiiii denarii Viennen. et in eodem convivio eisdem competenter cibariis provideatur : et volo quod dicti xl sol. assignentur de bonis meis priori ejusdem prioratus solvendi, ita tamen quod omne dominium et laudimia et investiture et omnimoda juridictio heredibus meis, prout inferius ordinabo, remaneant et pertineant quandocumque; item lego prioratui sive conventui domus sive conventus Excubiarum xxx solid. Viennen. censuales sive anuales, de bonis meis eisdem assignandos pro uno convivio in die aniversarii mei faciendo, ita quod dominium et laudimia et omnimoda juridictio pertineat et remaneat meis heredibus quandocumque, prout infra per me ordinabitur et dicetur; item lego cappellano ecclesie Beate Marie de Vignaico iij solid. censuales, pro quibus teneatur celebrare missas pro redemptione anime mee quolibet anno in die aniversarii mei; item lego cappellano ecclesie Sancti Gervasii alios tres solid. Viennen. censuales, pro quibus teneatur celebrare missas pro redemptione anime mee quolibet anno in die aniversarii mei; item lego monialibus monasterii Sancti Pauli, Gracinopolensis dyocesis, x libras Viennen. pro quinque conviviis, que volo quod eis solvantur et reddantur infra duos anos post annum diei obitus mei continue computandos; item lego monialibus de Valle Breyssiaci centum solid. Viennen. pro duobus conviviis, solvendos eis semel tantum in die obitus mei; item lego monialibus de Permeyni lx solid. Viennen. pro uno convivio, solvendos eis semel tantum; item lego conventui Fratrum Minorum de Moyrenco centum solid. Viennen. pro quinque conviviis eisdem faciendis; item lego conventui Fratrum Minorum et Predicatorum de Gracinopoli cuilibet conventui xxx solid. Viennen., pro uno convivio in quolibet conventu faciendo; item lego luminarie Beate Marie de Teschi xii den. Viennen. censuales et luminarie Beate Marie de Serra Luys alias xii den. censuales; item lego domo Petro de Volonia presbitero sex libras Viennen. ut sit memor de anima mea; item lego hospitali de Vignaico duos lectos pannis competenter munitos; item lego conventui Fratrum Minorum de Romanis xl solid. Viennen. pro uno convivio sibi faciendo; item recognosco et fateor me debere Poncete domicelle mee xx libras Viennen., quas sibi solvisse debuissem pro vestibus suis anualibus temporibus retroactis, et alias xx libras ejusdem monete eidem lego pro servicio ab eadem michi inpenso: et ita volo et lego quod solvantur eidem xl libre; item lego Petro Grassi sex libras Viennen.; item lego Huberto nepoti dicte Poncete cent. solid. Viennen.; item relinquo Hugoneto de Castro Novo, filio condam Beatricis filie mee, trescentas libras Viennen. in quibus ipsum H. jure suo materno michi heredem instituo, de quibus trescent. libris volo quod quolibet anno post obitum meum eidem solvantur xxx libre ejusdem monete et cum eis trescentum libris volo quod ipse sit contentus de omnibus bonis meis, ita quod nichil plus possit petere in eisdem bonis et eedem trescent. libre solvantur sibi per heredes meos infrascriptos.... Item dico et assero quod Aynardus maritus meus predictus debet michi sepcies centum libras Viennen. quas habuit et recepit de dote et pro dote mea, de quibus volo quod emantur redditus censuales nisi ipse Ay. vellet vel volebat reddere et restituere heredibus meis infrascriptis de redditibus suis usque ad valorem predict. sepcies cent. librarum : de quibus redditibus sic emptis vel a dicto Aynardo redditis et restitutis... relinquo Johanni filio meo xx libras Viennen. censuales cum pleno jure earum.. ad vitam suam et in eisdem xx libris censualibus ipsum Johannem michi heredem instituo : in quibus xx libris censualibus, post mortem ipsius Johannis, eidem Johanni Henricum filium meum vel heredem universalem ipsius Henrici nisi viveret sibi substituo ; item de eisdem redditibus supra proxime dictis lego et relinquo Bertrandeto, filio Henrici filii mei, sex libras censuales cum pleno jure earumdem ; item lego et relinquo Aynardo marito meo predicto centum libras Viennen. semel tantum eidem persolvendas : si vero ipsum Aynardum contingeret mori ante me, volo quod ille cent. libre ad dictum filium meum Johannem devolvantur et eas ex tunc sibi lego. Item instituo, proprio ore meo proferendo, michi heredem universalem Henricum filium meum in omnibus bonis meis, juribus, racionibus, actionibus, cum suis pertinentiis, que et quas habeo vel haberé debeo in castro et mandamento de Turre Pinus et in castro et mandamento de Vignayco, exceptis sepcies centum libris dotalibus in quibus tenetur michi dictus Ay. maritus meus ex causa supradicta ; et volo et jubeo quod ipse Henr. teneatur, de ix libris et iii solid. censualibus per me superius relictis et legatis, reddere et assignare locis seu personis per me relictis et legatis ad pias causas prout supra est expressum lxxiij solid. censuales ; item volo et jubeo quod iddem Henr. de aliis legatis in pecunia superius per me factis et nominatis, que sunt in summa CCC et quater xx libre et v, solvat iddem Henricus cent. et lx libras per.. et infra tempora per me superius dicta et assignata et per soluciones supradictas. Item Guillelmum filium meum, archidiaconum Vivariensem, instituo michi heredem universalem, ore meo proprio proferendo, in omnibus juribus, racionibus, accionibus, cum suis pertinenciis, que et quas habeo vel habere possum vel debeo vel visa ero habere infuturum in castro et mandamento dicto seu vocato Armeu, et etiam in omnibus aliis bonis meis superius nominatis nunc per me habitis vel decetero habendis vel acquirendis, et volo et jubeo quod iddem Guillelmus teneatur reddere et assignare de legatis per me superius in redditibus factis et nominatis ad pias causas, que sunt in universo ix libre et iii sol. Viennen., C et x solid. Viennen., et de aliis legatis per me superius factis et assignatis in pecunia, que sunt CCC et quater xx et v libre, solvat et solvere teneatur CC et xxv libras per tempora et soluciones per me superius assignata et a-as; et volo et jubeo quod iddem Guillelmus et predictus Henr. solvant et solvere teneantur debita mea et legata mea supradicta et emendare clamores meos quoscumque et sedare. Item facio et constituo executores seu gadiatores ad exequendum legata mea ad pias causas superius contenta et expressata, videl. religiosos viros priorem Excubiarum et priorem prioratus predicti de Bello Loco qui pro tempore fuerint, ita quod nisi dicti Guillelmus et Henricus filii mei nolebant exequi et adimplere legata mea supradicta, volo quod ipsi executores mei predicti possent et deberent ipsos filios meos facere compellere per reverendum in Xpisto patrem dom. episcopum Gracinopolitanum ad ea legata ad pias causas assignata et facta persolvenda. Dico etiam et assero quod nunquam feci aliud testamentum, et volo quod hoc sit meum ultimum testamentum et volo ipsum valere jure testamenti nuncupativi, et si non valeret vel valere non posset jure testamenti volo quod valeat jure codicillorum vel jure donacionis facte inter vivos vel donacionis causa mortis, vel omni et quolibet jure quo melius et firmius valere potest testamentum vel ultima voluntas seu ultima disposicio persone cujuscumque; et quod ex ista notula possit fieri publicum instrumentum, et dictari et corrigi, emendari et refici quandocumque ad dictamen cujuslibet hominis in jure periti tociens et tot vicibus quod nullus defectus possit in eodem in judicio vel extra j-ium reperiri, dum tamen facti sustancia non mutetur. Acta fuerunt hec infra mandamentum et territorium castri d'Armeu, in prato vocato prato Curie, testibus presentibus vocatis et rogatis per dictam dom. Agnetem testatricem, videl. fratre Guidone priore prioratus Excubiarum et fratre Nicholao de Austranno, converso ejusdem prioratus, religioso et discreto viro dom. Roberto archipresbitero Chalmariaci et Boterie, Vivariensis dyocesis, canonico ordinis Charrasii, dom⁰ Vincencio cappellano Sancti Gervasii, dom⁰ Hugone de Maceu presbitero, nobili viro Hugone domino de Cassenatico, Suffredo de Lans domicello, Guillelmo Silvestri et Pon(tio) d'Arleinde. Vivarien. dyocesis; et me Johanne Grossi Cordis, publico notario tocius Romani inperii auctoritate dom' Jo(hannis) bo. me. condam archiepiscopi Ebredunensis, qui ad omnia predicta vocatus presens fui et de mandato dicte domine hec scripsi manu propria et signo meo publ. quo utor signavi.....+

(1) Arch. de l'évêché de Grenoble. fds des Ecouges: original parch. d. 44 lig. coté n° 86 GGGGGG et n° (77), sans sceau: au dos: *De reg(istribus) quos dimisit dom⁰ Beatrix del Baucio* (voir la note suiv.); *Domina Vignaici dedit xi. solid. mortuos; Registratum est de xiij; Legatum nobilis Agnesie, uxoris dom' Aynardi de Turre, domini Vignaici, factum dicte domus de xl. (xxx) solid.*

(2) Agnès, fille d'Etienne II de Thoire et Villars (Guichenon, *Bresse et Bugey*, IV, 219), épousa Aynard, fils de Berlion II de La Tour, seigneur de Vinay, dont elle eut: Henri, émancipé et marié en 1279 à Béatrix des Baux (Valbonnais, *Hist.*, I, 2064), hérita de sa mère ses droits sur La Tour-du-Pin et Vinay et succéda à son père vers 1301; Guillaume, archidiacre de Viviers, héritier de sa mère pour Armieu; Jean, à qui elle laissa 20 liv. de rente; Béatrix, mariée à un seigneur de Châteauneuf et morte avant sa mère. — Par son testament Aynard légua à la Chartreuse des Ecouges trois charges (*saumatas*) de vin par an; Hugues de La Tour, seigneur de Vinay et d'Armieu, fils d'Henri et petit-fils d'Aynard, accorda l'expédition de cette clause, à la requete du prieur des Ecouges, le 12 nov. 1323 (origin. dans le même fonds).

(3) Voir la *Charte de fondation de l'abbaye de Beaulieu au diocèse de Grenoble*, dans le *Bulletin de l'Académie delphinale*, 3ᵉ sér., t. III, p. 332-40.

III. *14 février 1304.*

(Quitatio pretii hospitii pro campo duelli)¹.

Noverint universi et singuli presentem cartam veram et publicam inspecturi quod, anno Domini mill'o CCC° quarto, scilicet die xiiij⁴ mensis febroarii, Guillelmus Suffisii de Vall(riaco), non errans..., non vi..., sed gratis... confessus fuit et in veritate.... publice recognovit... nobili viro Lapach. de Supl'an?, bajulo Valr(iaci) pro dom· comite Dalphino Viennensi, presenti, stipulanti et recipienti nomine predicti dom. comitis Dalphini..., se dictus Guillelmus Suffisii habuisse et recepisse realiter in pecunia numerata viginti quatuor libras cor(onatorum) Provinc(ie)³, et cum dictis viginti quatuor libris cor. quinquaginta libras Vien(nenses), a dicto Lapach. tradenti, numeranti et solventi nomine dom! comitis Dalphini supradicti ; quas quidem quinquaginta libras Viennen. predictas /ydem dom. Dalphinus debebat dicto Guillelmo, pro emptione cujusdam hospicii, facta ad opus faciendi et costruendi campum sive locum oportunum duelli habendi et excercendi inter nobiles viros dom^m Bertrandum de Taulinhano, militem, et Raymundum de Agouto, ut continetur in quodam instrumento publico confecto manu magistri Martini de Remis, notarii publici, quod quidem instrumentum incipit in secunda linea « versi » et finit in penultima « ma. » De quibus quinquaginta libris Viennen. dictus Guillelmus Suffisii quitavit et quitium clamavit penitus et absolvit inperpetuum predictum Lapach.... et omnes illos qui eidem Guillelmo erant obligati seu fidejussores constituti..., et specialiter Raymundum de Serro, Giraudum de Narnaudi, Johannem Pelliparii et Guillelmum Garcias de Valr(iaco)..., ut continetur in instrumento superius memorato ; faciens dictus Guillelmus Suffisii sibi dicto Lapach.... pactum expressum... de non petendo ab inde in antea aliquid de dictis quinquaginta libris Viennen. Ut autem omnia et singula supradicta servet, compleat et atendat, et in nullo contra veniat... sub obligatione omnium bonorum suorum... promisit ; renuncians....Acta fuerunt hec apud Valr(iacum), in camera nova superiori fortalicii inferioris predicti dom. comitis Dalphini ; testes presentes fuerunt : Sismon de Polinhi domicellus, Johannes Barberii et Johannes Barberii ejus filius. Et ego Bertrandus Vallosas, notarius publicus dicti dom. comitis Dalphini, predictis omnibus presens fui et de voluntate dictarum parcium et ad requisitionem dicti Lapach. de Suflan. bajuli supradicti, hanc cartam... scripsi, cum appositione bulle dom! comitis Dalphini antedicti, et signo meo signavi. †

(1) Guy ALLARD, *Documents mss.*, t. VII, f° 4, original parch. de 32 lig. 1/2, avec trace de bulle pendante au bas sur double queue ; au dos :

Quitacio debiti et non est registrata, quia non est necessarium. Cet acte pourra donner une idée de l'exactitude avec laquelle Valbonnais publiait les documents (*Hist.*, t. II, p. 115) et les commentait (t. I, p. 239).

(2) Ce nom du bailli de Valréas est écrit en abrégé quatre fois dans cette charte et une fois dans l'*Invent. des arch. des Dauph. en 1346* (n° 1846).

(3) Voir, sur cette monnaie de Provence, le *Glossaire* de Ducange (édit. Didot), t. II, p. 614b, et t. IV, p. 528a.

IV. *18 décem. 1327-21 janv. 1329.*

COMPUTUM DOM! JOHANNIS HUMBERTI
de premio dom! Guigonis dalphini[1].

Anno Domini mill'io CCC° XXIX°, die xxviij januarii, computavit dom^{us} Johannes Humberti de premio et exitu sigilli illustris principis domini Guig(onis) dalphini a die   usque ad hanc presentem diem qua computavit, et de aliis receptis per ipsum dom. Johannem infra dictum tempus, et de expensis, solutionibus et deliberationibus factis per eum nomine dicti dom. dalphini.

Et primo computat quod valuit premium dicti sigilli, a die xviij^a mensis decembris currente anno Domini M° CCC° XXVIJ° usque ad ultimam diem dicti mensis, xx s(olidos) ; — item, a dicta die ultima mensis decembris usque ad diem decimamquintam mensis januarii, iiii libras ; — item, infra dictum tempus a Constancio et Guillelmo de Bardoneschia, pro sigillandis licteris investiture rerum et bonorum que habuerant ex causa acaignamenti a Francisco de Bardoneschia, que fuerant Johannis filii dom! Mathey de Bardoneschia[2], x sol. gross(orum) ;—item, a dicta die usque ad decimam mensis febroarii, vi lib. ;—item, illo interim a domino de Revello pro sigillando instrumento facto de pactis habitis inter dom. dalphinum et ipsum de castro Uriatici[3], xxv sol. gross. ; — item, a dicta die x^a febroarii usque ad diem decimam nonam dicti mensis, liii sol.[4] ; — item, a Johanne Tardini et Asseleno de Toll(ino) infra dictum tempus pro sigillandis licteris gabellarum, xii flor(enos).

Sequitur de bona moneta incepta die xx^a febroarii : — item, a dicta die xix^a dicti mensis usque ad ultimam diem mensis predicti, xi s. vi d. ; — item illo interim, a Guigone Rochi de Payrino, qui dedit domino propter hoc quod dominus sibi quitavit et remisit illud quod judex Viennesii volebat ab eo habere pro publicatione et decreto testamenti Humberti Rochi fratris sui, IIII s. gross. ; — item, a die ultima mensis febroarii usque ad diem x^am mensis marcii, IIII lib. ; — item, a dicta die x^a marcii usque ad diem xxII^am dicti mensis, xxII s. 5 ; — item, a dicta die xxII^a dicti mensis usque ad diem xIIII^am mensis aprilis, C s. ; — item illo interim, pro sigillandis licteris desseyamenti bonorum Aymonis Chapelli quas dominus concessit Amedeo de Rossillione, v s. gross. 6 ; — item, a Bindarello pro sigillandis licteris monete cudende Avisani, Cabeoli et Veyneti ad xvIII den. Turon., x flor. ; — item, pro consimilibus licteris sigillatis Bartholomeo Latoudi de moneta Cervie, v flor. ; — item, pro consimilibus licteris a Lantelmo Algoudi pro moneta Grationopolis, II flor. ; — item, pro quibusdam licteris concessis filio Bosonis de Alavardo et ejus avunculo qui morantur apud Romanis, x flor. ; — item, a dicta die xIIII^a aprilis usque ad v^am diem mensis maii, IIII lib. xII s. ; — item, a dicta die v^a mensis maii usque ad diem vI^am mensis junii, vII lib. ; — item illo interim, a dom^o P(etro) Nigri milite pro sigillando instrumento confecto super concordia facta de bonis et hereditate dom^l Jacobi Lapre condam, v s. gross. ? ; — item, a dicta die vI^a mensis junii usque ad xxv diem dicti mensis, vI lib. x s. ; — item illo interim, a dom^o Boniffatio de Bardoneschia pro sigillandis licteris pedagiorum Vapinci que fuerunt sibi tradita ad tres annos, x s. gross. ; — item, a dicto Borniene, magistro monete Cervie, pro litteris sibi concessis de cudenda moneta xvIII^a die dicti mensis junii ad xx den. Turon., v flor. ; — item, a Bindarello pro sigillandis consimilibus licteris de monetis cudendis apud Cabeolum, Avisanum et Veynetum, v flor. ; — item, a Lant. Argoudi pro consimilibus litteris de moneta Grationopolis, II flor. ; — item, a Rolando Taparelli, notario de Veyneto, pro sigillandis licteris in quibus dominus eumdem retinuit de quibusdam rebus per ipsum emptis a Guigone Ysoardi de Ancella et Caterina ejus uxore et a Rainbaudo de Laborello et Macella ejus uxore, x flor. ; — item, a dicto die xxv dicti mensis usque ad III^am diem mensis julii, xxx s. ; — item, a Georgio Pineti pro sigillandis litteris confirmationis privilegii monetarum, vIII flor. ; — item, per manum Perrachi de Auriis, solventis nomine universitatis Sancti Laurentii de Lacu, pro quibusdam litteris concessis Gonino de Auriis, Johanni Bonagni et Richardo Audevardi nomine dicte universitatis, super quibusdam privilegiis datis et concessis hominibus dicte universitatis anno Domini M· CCC· XXVIIJ°, die xij· junii, x s. gross.; — item, a dicto die iiij julii usque ad diem xuj· dicti mensis, iiii lib. xvi s. ; — item, pro litteris concordie Bartholomei Latoudi sigillandis, ii flor.;—item, a dicto die xix· julii usque ad diem xxv dicti mensis, xxxv s. ; — item illo interim, a Thiseto Roerii pro sigillando instrumento transactionis facte inter ipsum et dom. dalphinum, x s. gross

Et illa die recessimus de Vienna ad eundum in Flandrias; — item, a dicta die xxv julii usque ad diem xix novembris nichil valuit sigillum, quia illo interim stetit in Flandrias et Franciam ; — item, a dicta die xixa novembris usque ad diem xj·m januarii, x lib. ; — item illo interim, a Bindarello pro sigillandis litteris monete auri sibi concesse per duos annos et litteris de faciendis pictis, v flor. ; — item, a Raynaudo de Turnone pro sigillandis litteris de moneta cudenda apud Cabeolum et in mandamento Pisanciani, iii flor. ; — item, a dicta die xj· januarii usque ad diem xxviii ma dicti mensis, xl s.

Secuntur de aliis receptis factis per eum infra dictum tempus : — Primo, a Garnerio de Romanis de xvi libris parve monete quas sibi tradiderant Johannes Tardivi et Asselenus de Tollino ad ducendum in Franciam equos domi Johannis militis, socii domi Troillardi, qui steterant apud Sanctum Marcellinum in sobjorno magno tempore, sibi ipsi Garino retinuerat vi libras dicte parve monete pro suis expensis faciendis eundo in Franciam et quia remanxerat habuit ipsas domi Johannes Humberti predictus, valent ad bonam monetam lx s. ; — item recepit a Lonbardis Grationopolis, quas mutuaverunt domo dalphino, de quibus habent litteram suam, xx lib.; — item, die iiij· mensis junii, recepit a Gentili de Romana, bayllivo Vapincesii, quas mutuavit domo dalphino, de quibus habet litteram suam, xx lib. ; — item, eadem die a Belmundo Ruffini, castellano Veyneti quas mutuavit domino pro emendis torchiis et candelis, de quibus habet litteram domi dalphini, x lib. ; — item, die xa mensis januarii currente anno Domini

M° CCC° XXIX°, recepit a Guigone de Vilareto, castellano Campi Sauri, quas idem Guigo habuerat pro compositione facta cum Lumbardis et Judeis de Vapinco, C s. gross.; — item, die xiij^a dicti mensis ab Anthonio de Castro Novo, quem dom^s dalphinus recepit in sua garda pro v solid. grossorum anno quolibet solvendorum in festo sancti Johannis Baptiste, qui debent incipere in proximo festo beati Johannis, recepit pro tribus primis solutionibus xv s. gross.; — item computat quod recepit, die xx^a mensis julii anno currente XXVIIJ°, apud Grationopolim a Bovardo de Morasio pro domino, III flor.^s; — item, die ultima dicti mensis julii, recepit apud Montem Ferrandum CC libras parvorum Turon., computato turono grosso pro II solidis, a Johanne Boni Hominis et Johanne Citelli, qui emerant pedagium Montis Ferrandi a festo beati Johannis proxime lapso usque ad aliud festum subsequens precio XII^{xx} librarum dicte monete, de quibus deducebantur juxta relationem bayllivi Alvernie x libre pro pedagio nundinarum festi Assumptionis beate Marie Claromontis, et xxx libras habuit Johannes de Borneto pro dictis CC libris mutuandis et solvendis in continenti, cum termini solucionum dict. XII^{xx} librarum essent in festo Nativitatis Domini et in festo beati Johannis, penes quem se obligaverunt dicti pedagiatores de dictis XI^{xx} et x libris solvendis dictis terminis et dictus dom. Johannes eisdem concessit literas ex parte domⁱ dalphini quod ipse confessus fuerat habuisse integre dictas XII^{xx} libras et quod dom. dalphinus eos quictat et liberat de eisdem; — item recepit dicta die a Guillelmo Cutarella, de C libris quas debebat de precio pedagii anni preteriti, IIII^{xx} xv libras parvorum Turon., remissis sibi C solidis dicte monete quia solvit in continenti et non debebat solvere L libras usque ad festum beati Michaelis proximum, et debit sibi litteram pro dom° dalphino confessionis de omnibus C libris; — item, eadem die a Laurentio Chapusii, receptore apud Pontem Castri pro dom° dalphino, xxx libras dicte monete, de quibus sibi dedit litteram confessionis pro dom° dalphino: — et sic sunt XVI^{xx} v libre dicte monete, pro quibus habuit in moneta aurea II^c v florenos, precio quolibet xxvi solid. III den., et xviii realos auri, precio quolibet xxxiii sol. ix d. parvorum Turon., et xv agnos auri, precio quolibet xxxi sol. iii d. parvorum Turon., et sic remanxerunt dicto dom. Johanni de dicta summa in parva moneta xlii sol. vi den.; — item, eadem die recepit a dom° Petro Armandi, bayllivo Alvernie, pro dom° dalphino lxx flor., pro quibus dedit sibi litteram recepte de IIII xx, quia in presentia dicti dom. Johannis tantum sibi decostiterunt a Johanne de Borneto de Monte Ferrando, et pro ipsis lxx flor. recepit in florenis xxiiii flor. xxxvi reales auri; qui valent, computato quolibet xxvii sol. Parisien., xlvi floren. et vi sol. Parisien., quos restituit eis dictus dom. Johannes: — et sic habuit pro predictis in moneta aurea II° xxix flor., it. liiii reales, it. xv agnos; — de predictis tradidit Jacobo Malabailli, de quibus reddit litteram, l flor., item Johanni de Amblayriaco VIII xx. xix flor., in quibus est una dobla auri computata pro ii flor., it. liiii reales auri, it. xv agnos auri, de quibus omnibus reddit litteram dicti Johannis. = 9 Summa aliorum r(eceptorum), ultra premium sigilli ad bonam monetam, liii lib., turono pro xx d.: valet liii sol. grossorum Turon.; item summa grossorum, cxv sol. gross. Turon. — Summa grossa omnium predict. receptorum viii lib. viii sol., quibus adduntur pro valore sigilli xi lib. xi d. obol. gross.: et sic est summa grossa omnium receptorum xix lib. viii s. xi d. ob. gross. Summa florenorum omnium receptorum XII° xxix flor., it. liiii regales auri, it. xv agnos auri.

Sequitur de expensis dicti anni, et primo de parva moneta: — 10 In primis, anno quo supra, die jovis in vigilia Nativitatis Domini que fuit dies xxiiij° decembris, solvit Poysato notario Lugdunensi apud Viennam, pro sumptibus quos fecerat ibidem veniendo et ibi morando pro conficiendo instrumento conventionum et homagii domini Belli Joci 11, iii flor. et xii s. Viennen.; — item, eadem die Humberto Pilati misso de Vienna versus dominum Belli Joci cum dicto Poysato, ad requirendum dominum Belli Joci de ratificatione conventionum habitarum inter ipsum et dom. dalphinum, et super prestatione fidejussorum quas dare convenit eidem dom. dalphino 12, qui stetit in predictis per x dies, lxx sol.; — item in crastinum, die festi Nativitatis Domini, tradidit Raynaudo messagerio, misso per dominum Montis Albani de Rossillione versus Advinionem, xx sol. ; — item dicta die in nocte solvit, mandato dicti domini Montis Albani, Garino scutiffero dicti domini Montis Albani, lxx sol.

Item, die iij^a mensis januarii *(1328)* apud Montem Fluritum, solvit precepto domⁱ dalphini et domini Montis Albani cuidam nuncio domⁱ Johannis de Columpna, qui apportaverat litteras dominis quod factus erat cardinalis de novo [13], x lib. ; — item, pro unis estivallis et quatuor paribus sotularium ad opus domini, solvit Granjono escofferio Grationopolis xx turon. argenti; — item die ix^a januarii, cuidam nuncio misso de Grationopoli versus Villam Novam Roybonis, vii sol. ; — item, die xix dicti mensis apud Sanctum Marcellinum, Rato misso versus Cerviam, iiii sol. ; — item, die xxiiij^a dicti mensis, Raynaudo misso de Cabeolo versus Montem Fluritum, iiii s. vi d. ; — item, die xxix mensis januarii, cum dom^s dalphinus vellet facere transitum in terram Turris mandavit apud Grationopolim gentes in armis, et solvit dictus dom. Johannes apud Grationopolim tam pro fabrica et borratura equorum domⁱ dalphini quam pro vadiis et expensis gentium in armis, videl. Artaudi, Henrici et Artaudeti de Bello Monte fratrum, Berardi, Boneti, Aynardi de Bella Comba, Guigonis Barralis, Aymonis Gentonis, Peroneti Coterii, Morardi de Arciis, Bartholomei Coperii et Lantelmi Passardi, et pro expensis Guioti de Vil(ariis?), scutifferi dom^e regine Johanne, xiiii lib. x d. ; — item, eodem die pro expensis equi, roncini et garcifferi Humberti bastardi, qui steterunt in sobjorno in domo Guillelmerii per magnum [14] tempus, facto computo per dict. Humbertum bastardum et Humbertum Pilati, xx lib. ii s. viii d. : — de predictis duabus solutionibus habet particulas scriptas et signatas per Humbertum Pilati, clericum domⁱ dalphini.

Item die iij^a mensis febroarii, Ray(naudo) messagerio, misso de Perogiis apud Lugdunum portando licteras Johanni Raymundi, quod mitteret de alecibus et piscibus grassis ad opus provisionis dom^e dalphine, iiii s. ; — item, die x^a mensis febroarii apud Tollinum, Bovi messagerio misso apud Advinionem ad dominum Montis Albani, xii s. ; — item, die xiij^a dicti mensis, Cherodulmo misso de Grationopoli versus Advinionem ad dominum Montis Albani, xii s.; — item, die lune inter duo Carniprivia, videl. xiiija die febroarii, solvit Gileto marescalco pro unguentis ad opus equi liardi quem reddidit domino dictus Restiz, xviii s.; — item, eadem die solvit apud Gratianopolim, pro fabrica et borratura equorum domini et someriorum et totius familie domini, quando dominus ivit versus Morasium, xlvi s. viii d.; — item, die jovis inter duo Carniprivia, vid. die xviija febroarii, quando dominus veniebat de Morasio, solvit apud Sanctum Quintinum ubi pransus fuit dominus cum tota sua familia, lx s. x d.; — item, Johanni de Corvo pro torchiis, candelis, speciebus et dragia, que acceperat Giletus camerarius in domo sua quando dom. dalphinus iverat versus Morasium, videl. xiiija die febroarii, xix lib.; — item, die xixa dicti mensis solvit apud Montem Fluritum, precepto dom^e dalphine, cuidam beguine pro helemosina xx s.; — item solvit Henrico de Bello Monte, castellano Pererie, de quibus reddit litteram dicti Henrici, xviii lib.

Adhuc sequitur de expensis ad bonam monetam inceptam die xxa febroarii : — item, die xxija mensis febroarii solvit Raynaudo messagerio, misso de Monte Flurito versus Granam ad dominam de Bayf, pro contramandando diem quam dominus habebat cum ea apud Cristam ad diem mercurii post Carniprivium vetus, iiii s.; — item, die xxija dicti mensis apud Gratianopolim solvit Aymoni sellerio pro borratura selle et bastorum someriorum domini et sellarum falconeriorum suorum, xii s. i d.; — item, die xxiija dicti mensis, Bovi messagerio, misso versus preceptores Sancti Pauli et Navarre, quesitum eos quod venirent apud Montem Fluritum, iiii s. vi d.; — item, die ultima febroarii Rato misso de Monte Flurito versus Granam, ad contramandandum diem quam dominus habebat cum domina de Bays, que fuerat prorogata, iiii s.; — item, pro una sella empta ad opus Guillelmi de Rubeo Monte, qui amiserat suam in igne apud Denthaysiacum quando ibi erat dominus, xxv s.

Item, die iia marcii Cheradulmo, misso de Monte Flurito versus Cambayriacum, ii s.; — item, die iiia dicti mensis Galliardo, misso de Monte Flurito versus Viennam, portando licteras et pecuniam preceptori Sancti Pauli ad portandum in

Franciam, xviii s.; — item, Bovi misso dicta die de Monte
Flurito versus Romanis ad dom. G(uillelmum) de Malosto,
iii s. vi d.; — item, die iiija dicti mensis solvit apud Grationopolim, precepto domini, Judeo et Judee baptisatis, xv s.; — item
die va marcii Cheradulmo, misso de Buxeria versus Granam
contramandando diem domine de Bays, v s.; — item, die vja
marcii Reynaudo messagerio, misso de dicto loco versus Moyrencum, ii s.; — item, die vija marcii Rato, misso de Buxeria in
Viennam portando licteras refformationis treugarum, iiii s.; —
item, apud Grationopolim die xja marcii cuidam nuncio, misso
versus Vivum quesitum Bernardum Juliani, xii d.; — item, die
xa marcii Raynaudo, misso de Monte Flurito versus Viennam
ad archidiaconum et mistralem Vienne, iiii s. vi d.; — item, die
xiija dicti mensis Rato, misso de Grationopoli versus Moyrencum, xii d.; — item, die xva dicti mensis eidem Rato, misso de
Sancto Marcellino ad dom. Guillelmum Alamandi, ii s.; — item,
apud Valenciam die xviija marcii Fratribus Augustinis de
Crimiaco, precepto domini, solvit vi s. iii d.; — item, die
xxija marcii apud Grationopolim, pro sotularibus Humberti
bastardi, ii s.

Item, die viija mensis aprilis apud Romanis, messagerio dome
regine Clemencie qui apportaverat licteras de facto domi Roberti
de Burg(undia)[15], xx turon. arg.; — item, die ixa dicti mensis,
Cheradulmo misso de Pisan(tiano) versus Cerviam, iii s.; —
item, dicta die ixa Petro messagerio, misso de Pisantiano
versus Castrum Novum de Bordeta quesitum dom. Nicolaum
Constantii, iiii s.; — item, die xa dicti mensis apud Sanctum
Marcellinum, Raynaudo messagerio misso versus Sanctum
Stephanum quesitum equm domini, xviii d.; — item solvit et
tradidit Peroneto dorerio, pro una marcha argenti ad faciendum litteras ad opus malecote domini, iiii lib. iii s.; — item,
pro uno bacigno ad opus barberii domi dalphini, xvi s.; —
item, die xva aprilis apud Grationopolim, Humberto bastardo
misso apud Virivillam, v s.; — item, dicta die apud Grationopolim, tradidit garciffero domini de Ruta v turon. arg.; — item,
die xvja dicti mensis apud Grationopolim, tradidit Johanni
Vitonis, pro aptandis turumelleriis domi dalphini, v s.; —
item, die xviija dicti mensis Galliardo de Voyssenco, misso de

Vorapio versus Avinionem portando litteras summo pontiffici pro facto dom. Henrici de Vilariis, II flor.; — item, die XIXa dicti mensis apud Sanctum Theodorum, tradidit dom° dalphino pro gallinis ad opus fulconum, III s.; — item, dicta die XIXa mensis aprilis, Raynaudo misso de Turre versus Sanctum Andream de Briort et Sanctum Saturninum, VI d.;—item, die XXa aprilis apud Crimiacum, Johanni Vitonis misso apud Lugdunum quesitum de panno ad opus dom! dalphini et ivit eques, VI s.; — item, die XXIJa aprilis, Cheradulmo (misso) de Balma versus Turrim, XII d.; — item, eadem die Johanni Vitonis, qui reversus fuit de Balma versus Lugdunum eadem occasione qua ante fuerat, VI s.; — item, die XXVa mensis predicti, dom° Aynardo de Portatrionia misso cum duobus equis de Balma versus Grey ad dom^{am} reginam Johannam, XL s.; — item, die XXVJa aprilis Raynaudo messagerio, misso de Balma versus Sanctum Stephanum de Sancto Juers portando litteras baillivo Viennesii, III s.; — item, eadem die Cheradulmo, misso de Balma versus Montemlupellum, VI d.; — item, die XXVIIJa aprilis, dicto Cheradulmo misso de Crimiaco Parisius portando litteras comiti Forensi et pluribus aliis, XVII s.; — item, eadem die, Raynaudo messagerio misso iterum de Balma versus baillivum Viennesii, III s.; — item, die ultima aprilis, messagerio domini de Vilariis qui portavit quamdam litteram castellano de Nantuas, XVIII d.

Item, die IIIa maii, dom° Raynaudo messagerio misso de Crimiaco versus dominum Viriville, tam pro expensis suis quam pro sotularibus, VI s.; — item, die IIIJa maii apud Balmam, precepto domini, Guigoni de Lustrins pro mitendo duos clientes in castrum Alenioris, I flor.; — item, die Va mensis predicti, Perroto messagerio misso de Balma versus abbatem Clugniaci pro facto prioratus de Nantuas, X s.; — item, die VIJa mensis predicti apud Balmam, Humberto bastardo misso ad mandandum gentes in armis secrete, V s. VIII d.; — item, ibidem solvit pro quibusdam animalibus que apportaverant vinum provisionis hospicii apud Balmam, VI s. VI d.; — item, die Xa dicti mensis, Raynaudo messagerio misso versus Montembruysonem ad clericum dom! comitis Forensis, VI s. VI d.; — item, die XXa mensis predicti, cum dom^s dalphinus iret apud

Bellumvidere, solvit idem dom. Johannes Humberti apud Sanctum Quintinum xxvi s.; — item tradidit Johanni Vitonis dicta die, pro reppeyssuta equorum dicti dom. dalphini, iii s.; — item, pro transeundis portubus eundo et redeundo, ii s.; — item, die lune secunda die Penthecostes *(23 m.)*, solvit Hugoni Frumenti pro expensis equi dom. dalphini et garcifferi, qui steterant ibidem per xiiii dies, xxix s.; — item, in domo Anthonii de Furno, pro expensis ibi factis per equos dom. dalphini, videl. pro feno, xvi s. iiii d.; — item, pro facturis raube Humberti bastardi, solvit Andree Mathei x s.; — item, pro tonsuris panni, solvit Grassete iiii s. vi d.; — item solvit Thomassono sellerio, pro alborratura bastorum et sellarum dom. dalphini, xxi s.; — item solvit cuidam escoferio, qui moratur Grationopolis ante domum Johannis sellerii, pro estivallis domini xviii s.; — item, Gileto marescalco pro xxx ferris, xvi s.; — item, pro rebus necessariis in malacota dom. dalphini de malavant, solvit Peroneto de Quetz x lib.; — item, eadem die, pro duabus fayssiis et duabus cingulis, v s. iii d.; — item solvit, die xxiii[a] dicti mensis, Guillelmo de Bagneolis, pro quadam sella empta ad opus dom. dalphini, lxx s.; — item, Francisco serraillatori, pro duabus fayssiis et corrigiis emptis pro dicta sella dom. dalphini, iii s. vi d.; — item, Guillelmo Frenerii, pro quibusdam bridis emptis ad opus dom. dalphini, xii s.; — item, eadem die, Amandrico espaerio, pro quodam ense empto ad opus dicti dom. dalphini, xx s.; — item, die xxiiij[a] mensis predicti, Johanni Fabri ganterio, pro quadam pelle de chamonz empta ad faciendum corrigias pro arneysiis dicti dom. dalphini, xiii s.; — item, eadem die, pro feno misso apud Montemfluritum pro equis et someriis dicti dom. dalphini, solvit Anthonio de Furno xiiii s. — item, eadem die solvit, pro unguento ad opus equi dom. Guidonis de Grolea, quem adduxerat dominus de terra Turris, v s.; — item, die jovis post Penthecosten *(26 m.)* tradidit Johanni de Balma, qui rediit de Payrino versus Montemfluritum, iii s.; — item, Petro messagerio misso de Monte Flurito versus Montemlupellum ad dominum Montisalbani, vi s.; — item, die penultima *(30)* mensis maii solvit magistro Johanni escoferio, pro estivallis dom. dalphini, xv s.

Item, die iiij° mensis junii apud Rometam, tradidit dom°
dalphino vii s. iiii d.; — item, eadem die Reynaudo messagerio,
misso de Rometa versus Ebredunum quesitum xxx s. gross.
quos debebat tradere dom° Boniffacius de Ebreduno, v s.; —
item, die viij° dicti mensis junii, pro expensis dom¹ dalphini
factis apud Vadum de Theschi, xii s.; — item, ix° die junii,
Petro messagerio misso de Sancto Marcellino apud Viennam
quesitum quemdam monetarium, iii s.; — item, Rato messagerio misso eadem die de Sancto Marcellino versus Avisanum
quesitum Bindarellum, v s.; — item, Bovi messagerio, misso
x° die junii de Lausania apud Montem Lupellum, vi s.; —
item, die xij° junii, Raynaudo misso apud Sanctum Stephanum
ad bayllivum Viennesii cum licteris domini Montis Albani, iiii
s.; — item, Cheradulmo misso de Sancto Donato versus Po-
dium Gironum quesitum quemdam monetarium, iii s.; —
item, die xij° junii tradidit mandato domini apud Castillionem
domini Viriville, Nicolao Durandi qui ducebat canes francos
domini, x s.; — item, eidem pro sotularibus nunciorum qui
ducebant dictos canes cum dicto Nicolao, viii s.; — item, die
xiij° junii, cuidam nuncio misso de Sancto Donato versus
Viennam ad mistralem Vienne, iii s.; — item, eadem die
cuidam nuncio misso de Villa Nova de Bercheu ad Johannem de Amblayriaco versus Montemlupellum, iiii s.; —
item, die xvij° junii, Cheradulmo misso de Cervia versus
Bellumvidere ad Giletum Coperii, ii s.; — item, die xviij° junii,
Rato messagerio qui ivit de Cervia versus Montemlupellum,
v s.; — item, in vigilia beati Johannis Baptiste *(23 j.)*, Perroto
messagerio misso eques de Cabeolo in Brianconem pro mando
Flandriarum, et inde apud Pinarolium ad principem Achaye
quesitum unum equm pro domino Montis Albani, xxx s.; —
item, eadem die, Bovi misso pro eodem mando de Cabeolo
ad Vapincum, x s.; — item, in die festi beati Johannis *(24 j.)*,
Cheradulmo misso pro dicto mando de loco predicto in terra
de Turre, x s.; — item, eadem die, Francisco porterio, misso
de dicto loco versus Avinionem ad dominum Montisalbani, v
s.; — item, eadem die, Raynaudo messagerio, misso de dicto
loco in terram Fucigniaci ad dom. Humbertum Dalphini pro
dicto mando, x s.; — item solvit Philippone pro expensis roncini

Johannis de Balma, qui stetit infirmus in domo dicte Philippone spacio xvi dierum, xxxvi s.; — item, pro unguentis necessariis dicto roncino, solvit Guillelmo de Bonis Vallibus v s.; — item, die ultima junii, Robineto misso equiti de Romanis in Franciam et in Artois ad dom^{am} reginam Clemenciam et comitissam d'Artois, pro petendis equis ad opus domini, vii s. gross.; — item, eadem die, dom^o Aynardo de Portatrionia misso de Sancto Paulo in Burg(undiam) ad dom^{am} reginam Johannam, L s.

Item, die v^a mensis julii, Rato messagerio misso de Gracinopoli Parisius ad dom^m comitem Forensem, ii s. gross. tur.; — item, die vj^a julii, garcifero domⁱ Humberti de Cruce pro chavestragio unius equi, quem emerat dominus a dicto dom. Humberto, vi tur. gross.; — item solvit Johanni de Corvo pro torchiis et candelis, dragia et speciebus que acceperat Gilletus camerarius et Johannes Vitonis ad opus domⁱ dalphini, x lib. Vien.; — item, die xij^a julii, tradidit dom^o dalphino apud Montem Floritum ix s. V.; — item, Johanni de Gre, pro penna raube quam sibi dederat dom^s dalphinus, xv s. V.; — item, pro sirotecis ferreis Humberti bastardi, precepto domini, xii s.; — item, die xxij^a julii, tradidit Raynaudo messagerio misso de Vienna ad dominum Claromontis, ii s.; — item, die xxiiij^a dicti mensis, Rato messagerio misso de dicto loco versus Lugdunum, xviii d.; — item, xxv^a dicti mensis, Raynaudo messagerio misso de Vienna ad dominam d'Arlay, xi s. viii d.

Item, die mercurii post festum Magdalene, die xxvij^a julii recessit dictus dom. Johannes Humberti de Montebrisono in Foresio ad eundum in Arverniam precepto dominorum, pro procuranda pecunia ad portandum in Flandriam, et pernoctavit illo sero apud Tiart et expendit per totam diem cum quatuor equis xx s. tur. petiz, computato turono grosso pro 1^d ii sol.; — item, die sequenti misit somerium suum de Thiarno post dom^m dalphinum et ipse cum tribus equis ivit versus Pontem Castri, et expendit dictus somerius prius quam invenisset dominum et garcisset qui ducebat eum viii gross.; — item, diebus jovis post festum Magdalene, veneris et sabbati sequentibus (28-30) fuit in Arvernia apud Pontem Castri et Montem Ferrandum cum expensis domini, de quibus non computat quia Laurencius Chapusii de Ponte Castri traxit expensas et habet litteram domini; — item misit Bovem messagerium die sabbati predicta de Pontecastro versus dominum, videl. Parisius, et tradidit eidem v gross.; — item, die dominico sequenti *(31)* recessit de Monteferrando et pernoctavit apud Sanctum Porzanum, et inde Nivernis die sequenti et die sequenti apud Cone et inde apud Montargi, et alia die que fuit dies quinta (aug.) apud Corbolium ubi invenit dominum, et expendit qualibet dict. dierum xx s. tur. parvorum, computato turono ut supra, et die v in prandio apud Nemos vii s. viii d. parvorum turon. : valent iiii lib. vii s. viii d. tur. parvorum turon., computato turono pro ii s. — Item, cum transivit apud Molins in Arvernia tradidit garcifero Giliquini pro expensis roncini dicti Giliquini, quem ibi custodiebat, ii gross.; — item, Cortoillono garcifero dicti dom. Johannis, qui ibi remansit infirmus, iii gross. ; — item, apud Corbolium die vi^a augusti, pro portando raubam suam in quadam navi apud Parisius, ii gross.; — item, dicta die ibidem, messagerio dom^e regine Clemencie, precepto domini Montisalbani, xii gross.; — item apud Hayre, quando dominus non potuit intrare, pernoctavit dom. Johannes Humberti cum familia sua in suburbio de Haire, expendit ibidem vii s.

Item, die lune ante festum beate Marie, videl. die v^a septembris, venit dictus dom. Johannes de acie ante Ypram apud Insulam, ubi pernoctavit cum tribus equis et expendit ibidem omnibus computatis pro se et dictis equis xviii s. viii d.; — item, die martis sequenti *(6)*, ibidem per totam diem et cum totidem equis, xv s. 1 d. ; — item solvit ibidem, pro roncino Johannis de Amblayriaco, iiii s.; — item, pro expensis factis per camerarium dicti dom. Johannis et garciferum Johannis de Amblayriaco et Guillelmum Burlodi, clerici dicti Johannis de Amblayriaco, diebus dominica et lune precedentibus, ix s.; — item, die mercurii sequenti *(7)* cum tribus equis ix s., it. pro aliis neccessariis victualibus viii s. vi d.; — item, die jovis seq. *(8)* venit Humbertus scutiffer dicti dom. Johannis apud Insulam et sic habuit quatuor equos, pro quibus expendit xii s., it. pro expensis oris ix s. vi d.; — item, die veneris in crastino beate Marie *(9)*, pro iiii equis ibidem apud Insulam xii s., it. pro aliis neccessariis ix s.; — item, die sabbati seq. *(10)* ibidem pro iiii equis xii s., it. pro aliis necessariis viii s.; — item, die dominico seq. xi[a] die septembris, ibidem pro iiii equis xii s., it. pro aliis neccessariis xi s.; — item, die lune seq. *(12)* ibidem pro iiii equis xii s., it. pro aliis neccessariis viii s.; — item, die martis seq. *(13)* pro iiii equis xii s., it. pro aliis neccessariis ix s.; — item eadem die, in potu dom[i] dalphini qui secum ducebat dominum de Turnone, dom. Johannem Pagani et dom. Johannem de Balma, xxi s.; — item, die mercurii sequenti *(14)* pro iiii equis ibidem xii s., it. pro aliis necessariis viii s.; — item die jovis seq. *(15)* pro iiii equis xii s., it. pro aliis neccessariis ii s. et Jacobus Malabailli solvit residuum; — item, die veneris seq. *(16)* pernoctavit extra Insulam cum dom[o] dalphino et expendit iii s. vi d., et Jacobus Malabailli solvit expensas suas in prandio; — item, die sabbati seq. *(17)* apud Arraz, tradidit dom[o] dalphino xx obol. arg.; — item solvit ibidem pro suis equis ferrandis, quia marescalci obliti fuerant computare, iii s. iii d.; — item, die lune ante festum beati Michaelis *(26)* Parisius, solvit pro unis forpicibus ad opus barberii iiii s.

Item, pro portubus transeundis per dominos eundo apud Sanctum Germanum et redeundo et transeundo Seyna sepe Parisius, vi s. vi d.; — item, Parisius tradidit dom[o] dalphino vi gross.; — item, pro sigillandis litteris quas rex mandavit executoribus dom[e] regine Clemencie, quod traderent domino instrumenta que faciunt ad terram hereditatis dicte dom. regine[17], iiii gross.; — item P(erroto) messagerio misso de Parisius versus Montemfluritum ad dominam, xxiiii s.; — item, apud Nivers tradidit Guillelmo somellerio suo, qui duxit somerium suum versus Grationopolim quando dom[s] Johannes ivit cum domino Montis Albani in Alverniam, xviii gross. tur.; — item, in quadam villa que est inter Sanctum Porsanum et Ayguaparsa, solvit pro fabrica ii s. viii d.; — item, apud Sanctum Porsanum, pro uno pennello selle dicti dom. Johannis, iiii gross.

Item, Raynaudo messagerio misso de Monteflurito apud Bellumvidere, die xx[a] novembris, portando quamdam litteram pro domino Montis Albani, ii s. vii d. V.; — item, die xxvi[a] novembris, Gabiano et dicto Furna missis apud Romanis de

Moyrenco cum duobus someriis quesitum arnesia domini, vııı s. ıııı d.

Item, die ıı^a decembris apud Sanctum Robertum, cum dom^s dalphinus veniret de jostis Tollini, solvit (pro) fabrica xxı d. ; — item, ibidem tradidit dom^o Humberto Dalphini, pro emendo bursas, zonas, espingues ad dandum dominabus apud Montemfluritum, xv s. ıııı d. ; — item, ibidem dom^o dalphino ex eadem causa xvı s. ıııı d.; — item, die ııı^a decembris, tradidit Aymarono, precepto domⁱ dalphini, xx d. ; — item solvit dicta die, pro una sella empta ad opus domⁱ dalphini apud Grationopolim, Guillelmo de Bagneolis lx s.; — item Guillelmo Frenerii, pro una croperia et peytrali et pro uno freno emptis ad opus domⁱ dalphini, xxxv s. ; — item, dicta die, Johannoto marescalco, fratri Gileti marescalci, pro fabrica et unguentis ad opus equorum et familiorum suorum, facto computo per Aymaronum de Bellovidere, lxıx s. v d. ; — item, pro sella Rolerii stulti domⁱ Humberti Dalphini, solvit Thomassino xıııı s.; — item, bone mulieri pro quatuor fayssiis, vı s.; — item, dicta die, Granjono escoferio, pro tribus paribus estivallorum ad opus Johannoti Falconerii, Aymaroni et Johannis de Balma, lx s. ; — item, Judee pro coyffiis domine augmentandis, xıı s.; — item, garciffero domⁱ Aymari de Toloniano, qui duxit equm Humberti bastardi apud Romanis dicto dom. Aymaro, v s.; — item, die ıııj^a decembris, Rato messagerio misso de Monteflurito apud Tollinum portando quasdam licteras Aynardo de Claromonte, ııı s. ; — item, die v^a decembris, Petro messagerio misso de Grationopoli ad baillivum Viennesii apud Sanctum Stephanum, ıı s.; — item, die xj^a decembris, dom^o Raysino misso de Monteflurito ad dominum Montis Albani apud Montemlupellum, ıııı s.; — item, die xvıjⁱ decembris, Petro messagerio misso de Cabeolo apud Sanctum Stephanum bayllivo Viennesii, xx d. ; — item, eadem die, Michaeli valleto someriorum domini Montis Albani, qui apportaverat dom^o dalphino quamdam licteram pro facto dnorum Ludovici de Pictavia et Alberti de Cassenatico, xx d.; — item, eadem die apud Romanis, quando dom^s dalphinus et Humbertus ejus frater pransi fuerunt in domo sacriste, solvit pro repeissutis equorum domⁱ Humberti Dalphini et ipsius dom. Johannis Humberti et Humberti Pilati et pro fabrica, ix s. vi d. ;—item, die xxª decembris apud Morasium, tradidit domᵒ dalphino pro ludendo xi s. iii d.; — item, die antepenultima *(29)* decembris, domᵒ Raysino misso de Grationopoli ad dominum de Vilariis et Guespain de Varas, xx s. ; — item, die penultima *(30)* dicti mensis, Johanni Bretonis de Grationopoli solvit, pro una sella empta ad opus trompete, precepto domini xxv s.

Item, die iiiiª mensis januarii *(1329)* apud Avalonem, solvit cuidam homini de Sabaudia pro uno falcone empto per domᵐ dalphinum, x flor.; — item, eadem die fuit missus Humbertus Pilati ad comitem Sabaudie, pro recipiendo juramentum a dicto comite super concordia facta apud Vilarium Benedictum inter gentes domⁱ dalphini et dicti comitis super interpreisiis, et adduxit secum apud Grationopolim clericum Sabaudie et expenderunt xvi s.; — item solvit, die viijª januarii, pro gallinis missis apud Montemfluritum, xxix s.; — item, P(etro) messagerio misso de Sancto Marcellino versus Mantaliam die ixª januarii, xxix s.; — item, die xv januarii apud Chastam tradidit Robineto misso in Franciam ad domᵐ Troillardum d'Usage, xl s.; — item, pro uno gobelleto argenti facto ad opus domⁱ dalphini, ponderante dymidiam marcham argenti, solvit pro argento Peroneto dorerio de Grationopoli xxx turon.; — item eidem Peroneto, pro dicto gobelleto deaurando intus et extra et pro factura, ii flor.; — item, die xixª januarii apud Grationopolim, tradidit Hugonoudo misso in Franciam ad domᵐ Guillelmum Flote, C turon. arg. : valent viii s. iiii d. gross.; — item, die sabbati in vigilia beati Vincentii *(21 j.)*, solvit Johanni de Corvo pro torchiis, candelis et dragia que sibi debebat domˢ dalphinus prius quam iret in Flandrias, x s. gross.

Item computat quod sibi debet domˢ dalphinus ex causa eptionis unius corserii bay, quem dominus habuit ab eodem, de quibus reddit licteram dicti dom. dalphini sigillatam sigillo domini Montis Albani, l flor.; — item, pro uno corserio morello affolato in Flandriis, quem reddidit apud Montemfluritum Aymarono de Bello Visu, marescallo domⁱ dalphini, xxxv flor.; — item computat, pro uno somerio affolato per eum, quem dimisit apud Grationopolim quando ivit in Flandrias, qui decostiterat xx s. gross. et fuit venditus v s. gross. tantum : restant xv s. gross.; — item deliberavit Jacobo Malabailli apud Viennam, die xxviij^a julii, pro faciendis expensis eundo in Flandrias, de quibus reddidit licteram dicti Jaquemin et idem Jaqueminus in suo computo computavit, M flor. quos receperat dictus dom. Johannes a Leonardo de Morosio Lumbardo; — item, pro suo salario unius anni sex edomadarum, ad racionem VII^{xx} libr. per annum, VIII^{xx} viii lib. xv s.: valent viii lib. viii s. ix d. gross. turon.; it. pro cera empta per totum tempus, vi s. gross.

† Summa denariorum receptorum pro sigillo in parva moneta, xiii lib. xiii s.: turono pro iii s. computato, valent vii s. vii d. gross. tur.; — summa denariorum receptorum in bona moneta pro sigillo, xlviii lib. xvi s. vi d.: turono pro xx d., valent xlviii s. ix d. obol. gross. — Summa grossorum pro sigillo, lxxix s.; — summa florenorum pro sigillo, lxxix flor.: valent, computato floreno pro xiii gross., iiii lib. v s. vii d. gross.; et sic est summa grossa de premio sigilli per tempus predictum, reductis omnibus monetis ad grossum, xi lib. xi d. ob. gross. turon. — Et est sciendum quod nichil recepit nec computavit de premio sigilli per quatuor menses, quia stetit in Flandriis et Francia.

† Summa expensarum predictarum ad parvam monetam IIII^{xx} xix lib. iiii s. vi d.: turono pro ii s. ix d., valent lx s. iii obol. gross. turon.; — item, summa expensarum predict. ab bonam monetam, Cxi lib. x s. x d.: turono pro xx d., valent Cxi s. vi d. ob. gross. turon. — Item, summa grossorum Turon., lxi s. v d. gross.; — item magis, summa grossorum Turon. tam pro salario quam pro cera viii lib. xiiii s. ix d. gross.: — et sic est summa grossa grossorum Turon. expensarum, xx lib. xi s. x d. gross. Turon., et sic restat dominus debens dicto dom. Johanni xvii s. x d. ob. gross. — Summa grossa omnium florenorum expensarum XIIIe xxxii flor., et sic finaliter debet sibi dominus Ciii flor. — Summa regalium et agnorum expensarum, liiii regales et xv agnos auri : et sic regales et agni auri quictii.

(1) Arch. de l'Isère, reg. *Tertius liber copiarum concern. patrimon. d. n.*

dalph. in plur. bailliv. pat. Dalphin. (XXVII, 6), f⁰ˢ III ̊ lvj-lxxiij, papier du temps en forme d'agenda ; le titre est d'une main postérieure. Fragment impr. dans Valbonnais (*Mém.*, p. 240 ; *Hist.*, t. II, p. 216-7).

(2) Le texte de cet acte, en date du 6 janv. 1328, est dans le reg. *Pilati* 1327-8-38 (VI, 19), f⁰ 66.

(3) Le texte de cet acte, expédié le 21 du même mois, est au f⁰ 73 du même registre ; le lendemain 22, Jean Allemand, seigneur de Revel, prêta hommage à Guigues VIII pour Uriage (f⁰ 78 v⁰).

(4) Au bas du f⁰ III ̊ lvj : «Infra loquitur de manu mortua».

(5) On a effacé ici : «Item illo interim, a Garnerio de Romanis».

(6) Note : «De manu mortua».

(7) Note : «[De] manu mortua,' queratur concordia pro jure dalphinali, quia videtur quod dictus dom. P. Nigri non recognoscit dicta bona».

(8) On a effacé : «quos portavit usque Viennam et ipsos ibi tradidit Jacobo Malabailli, de quibus reddit litteram dicti Jaquemin de recepta».

(9) En haut du f⁰ III ̊ lxj : «Quere hoc signum † infra».

(10) Changement postérieur : «Primo debebat sibi dominus de resta sui comp(uti) precedentis, vii s. gross. ; — item, anno.....»

(11) Cet acte, daté du 24 novem. 1327, a été publié par Valbonnais (*Hist.*, t. II, p. 211-2) ; l'original existe encore aux arch. de l'Isère.

(12) Cette mission n'eut, paraît-il, aucun effet et le dauphin dut envoyer au seigneur de Beaujeu, quelques semaines plus tard, Humbert de La Balme, précepteur de Saint-Paul (voir dans le prés. compte l'art. du 23 févr. s.) ; la requête (28 févr.) et sa présentation (18 mars) ont été également publiées par Valbonnais (ibid., p. 212-3), d'après l'original encore subsistant.

(13) Jean Colonna fut créé cardinal diacre de Saint-Ange par Jean XXII, dans la quatrième promotion faite par ce pape à Avignon, le 18 décem. 1327 (Ciacconii *Vitæ pontif. rom. et cardin. ex recogn.* Oldoini, t. II, p. 428). — (14) Le ms. porte «gagnum».

(15) Sans doute l'acte émané de Philippe de Valois, en date du 15 mars 1328, que signale dans la Caisse de Dauphiné l'Invent. de la *Généralité* (I, 164). — (16) Le ms. porte «per».

(17) Clémence de Hongrie, veuve de Louis le Hutin, testa le 5 octobre 1328 et institua pour son héritier universel son neveu Humbert, fils de sa sœur la dauphine Béatrix (Valbonnais, *Mém.*, p. 235-9 ; *Hist.*, t. II, p. 217-21).

V. *2, 3, 6, 7 et 8 septembre 1328.*

(Chevaux perdus par les chevaliers Dauphinois a la bataille de Cassel) 1.

A touz ceus qui ces letres veiront, Hugues de Crusi, garde de la prevosté de Paris, salut. Sachent tuit que nous, l'an de grace mil CCC vint et huit, le mardi vint et cinc jours du moys d'octobre, veismes sept paires de cédules ou escroes, seellées si comme il apparoit du scel commun de nobles et puissans hommes mons. Mahy de Trye et mons. Robert Bertram, mareschaus de France, du quel scel il usoient ou fait de la guerre de Flandres derrenèrement passée ; des queles cédules ou escroes la teneur de la première est tele :—

Mahieu de Trye et Robert Bertram, mareschaus de France, à Jehan le Mire, tresorier des guerres du Roy nostre s(eingneur), salut. Nous vous faisons savoir que le dalphyn de Vienne, pour lui et pour ses genz, a eu plus(ieurs) chevaus mors ou service du Roy nostre s(eingneur), tant en la bataillie deseuz Cassel comme allieurs, navrez en la dicte bataillie, li quel estoient pour nostre retenue chascun ou pris qui s'ensuit : primes, pour le dauphin, cheval morel de sis cenz livres tournois ; item, pour Perron de Roussillon, cheval bay, bauchant des quatre piez, de quatre vinz livr. tourn. ; item, pour la bannère mons. Guy de Grolea, cheval liart pommelé de deus cenz livr. tourn. ; item, pour le batart de Fucigneu, cheval liart de quatre vinz livr. tourn. ; item, de Garin Vial, cheval liart de cincquante livr. tourn. ; item, pour mons. Anceaume Aynart, cheval liart de douze vinz livr. tourn. : des quiex toute la somme monte pour nostre retenue douze cenz cinquante livres Tournois. Item orent li dauphins et ses genz plus(ieurs) autres chevaus mors ou dit service, tant en la bataillie comme allieurs, pour la siaureure qu'il avoient eu en ycelle, dont monstre n'avoit pas encores esté faite ; des quels li chevalier du dauphin ou nom de li nous rapportèrent le pris de chascun, justement si comme il dirent et par leur léal serrement, en la manère qui s'ensuit : c'est assavoir pour mons. Remon de Buege, un cheval de quatrevinz flourins de Flourence ; item, pour mons. Remon de Son Estre, un cheval de cent flour. ; item, pour Hubert de Fresnoy, un cheval de sis vinz flour. ; item, de mons. Guillaume de Compeys, un cheval de deus cenz cincquante flour. ; it. le cheval de la bannère du dit mons. Guillaume, huit vinz flour. ; item, pour Guichart Auster, un cheval de quarante flour. ; item, pour Guillaume le batart, un cheval de quarante flour. ; item, pour mons. Hugues de la Tour, seingneur de Vingnay, un cheval de deus cenz flour. ; item, pour mons. Odebert de Chastel Nue, un cheval de quatorze vinz flour. ; item, pour mons. Didet de Chassenage, un cheval de dis et huit flour. ; it. pour Veroy un cheval de quinze flour. ; item, pour Renier Berlion, un cheval de cent et dis flour. ; item, pour Johan de Barssiliona, un cheval de cinquante flour. ; item, pour Perron Corbel, un cheval de trente flour. ; item, pour Guillot Longicourt, un

cheval de cent flour.; item, pour Perron Chapolla, un cheval de vint et cinc flour.; item, pour le bastart de Bruere, un cheval de cinquate flour.; item, pour Nicolet de Latieri, un cheval de cinquante flour.; item, pour Russo, un cheval de trente flour.; item, pour mes. Gile d'Arlo, un cheval de sept vinz flour.; item, pour Perronin de Valgrimossa, un cheval de cent flour.; item, pour mons. Artaut de Rossillon, un cheval de trois cenz flour.; item, pour le bastart de Tournon, un cheval de sis vinz flour.; item, pour Hubert de Flachey, un cheval de dis et huit flour.; item, pour Jehan de Gallauda, un cheval de vint flour.; item, pour le Tarin, un cheval de neuf vinz flour.; item, pour Johan Balmes, un cheval de soissante et dis flour.; item, pour Poncet Malet, un cheval de soixante flour.; item, pour mons. Remont de Buege, un cheval de cent flour.; item, pour mons. Goyet de la Rua, un cheval de quatre cenz flour.; item, pour Donguers de Belmont, un cheval de soissante flour.; item, pour mons. Franceis de Theis, un cheval de huit vinz flour.; item, pour mons. Bastet, un cheval de deus cenz flour.; item, pour mons. Perron de Crosses, un cheval de quatre cenz flour.; item, pour Durant de Bardaneschi, un cheval de trente et cinc flour.; item, pour mons. Pierres Vignart, un cheval de deus cenz flour.; item, pour Estevenon de Gonscelin, un cheval de onze flour.; item, pour Poincet de Salvaignz un cheval de vint flour.; item pour Perronnet de Rosay, de la compaingnie mons. Ameu de Poithiers, un cheval de quarante flour.; item, pour mons. Humbert de Vilart, (un cheval) de deus cenz et cinquante flour.; item, pour Henri de Boeint, un cheval de quarante flour.: des quiex chevaus le pris fait par les genz dudit dauphin, si comme dit est, monte la somme quatre mile sis cenz soixante douze flour. de Flourence. Donné souz nostre seel commun, six jours de septembre, l'an mil CCC vint et huit. Nous approuvons la nature là ou il dit « pour le Tarin un cheval de neuf vinz flour. »; donné comme dessus.
—La teneur de la seconde cédule ou escroe est tele:—

Mahi de Trye *(comme ci-dessus)*... salut. Savoir vous faisons que mons. le dauphin de Vienne nous a fait rendre par son mareschal les chevaus des nons de ceus qui s'ensuient: premiers, mons. Guillaume de la Tour, un cheval brun bay baucant, ou pris de sis vinz livres ; item, mons. Jehan de la Barme, cheval liart bauchant, quit, douze vinz livr.; item, de Henri Noir, cheval morel bauchant, ou pris de cinquante livr.; item Perrinet de Bohem, cheval griz pommelé, piet destre derrères blanc, ou pris de soissante et dis livr.; item Jaquemin Lambert, cheval morel, blanc entre deus narines, ou pris de quarante livr.; item Huchonnet del Baruel, cheval liart pommelé, blanc entre deus narines, ou pris de trente et cinc livr. ; item Baudon d'Espacs, cheval griz mousseus, cent livr.; item Coulon de la Garde, cheval bay, jambes noires, soissante livr.; item Pain de Boissy, cheval bay bauchant, quatre piez blans, cuit des genous, cinquante livr.; item Jehan Betart, cheval bay, jambes noires, ou pris de cinquante livr.; item, mons. Aymart de Peissegnon, cheval bay estelé, à trois piez blans, cinquante livr.; item Perrinet de Caras, cheval morel cuit, deus piez senestres blans, quarante livr.; item Pierres Baudons, cheval griz pommelé, vint et cinc livr.; item Pierres de Lebone, cheval liart, blanc entre deus narines, cuit des quatre piez, de vint et cinc livr.; item Jehan Caras, cheval liart mousseus, trente livr.; item Ymbert de la Barme, cheval liart, soixante livr.; item le connestable de Thyes, cheval bay, blanc le piet derrère destre, soissante livr.; item mons(eingneur) de Biauregart, cheval liart mousseus, sept vinz livr.; item Franch(eis) Alemant, cheval bay estelé, vint et cinc livr.; item Eymart Atenot, cheval bay, cuit du pié destre derrère, cinquante livr.; item Perrin d'Elbens, cheval bay bauchant, les deus piez derrères blans, cuit, trente livr.; item, mons. Aymes de Poithiers, cheval bay estelé, deus piez derrères blans, deus cenz livr.; item mons. Gigon de Rossillon, cheval liart mousseus, merquiet en la destre cuysse, cinquante livr.; item Guichart de Nelle, cheval brun bay estelé, vint et cinc livr.; item Perrot de Deguignia, cheval morel, blans les deus piez derrères, sept vinz livr.; item Guillaume d'Anfrele, cheval liart, cuit devant, vint et cinc livr.: item Franch(eis) de Chaumont, cheval brun bay estelé, pié senestre derrère blanc, vint et cinc livr.; item Jehan de Brulier, cheval bay estelé, vint et cinc livr.: item Huguenot de Varel, cheval rous griz, jambes noires, trente livr.: des quiex chevaus la somme si monte à dis et huit cenz et soissante dis livres ;

pour quoy nous vous mandons de par le Roy nos. et de par nous que vous li faciez restor tel comme vous véez qu'il appartient. Donné à Lille, souz nostre seel commun, le sezime jour de septembre, l'an de grace mil CCC vint et huit.

— La teneur de la tierce cédule est tele : —

Mahieu de Trye et Robert Bertram, mareschaus de France, à nostre amé Jehan le Mire, tresorier de la guerre du Roy nos., salut. Savoir vous faisons que mess. Girart de Pont Vaire nous a renduz deus chevaus, l'un morel, tasche blanche es costes, du pris de vint et cinc livr., sus le quel Cervet de Pont Vaire estoit monté, et l'autre morel estelé, les piez derrères blans, du pris de soissante livr., sus le quel Graton de Virie estoit monté : en quel pris nous avions les diz chevaux en la monstre dudit chevalier en la bataillie le dauphin de Vienne; si li faites restor tel qu'il est ordené du faire. Donné en l'ost, souz nostre seel com., le vj° jour de septemb., l'an mil CCC vint et huit.

— La teneur de la quarte cédule est tele : —

Mahi de Trye *(comme à la 1ʳᵉ)* ..., salut. Savoir vous faisons que Gieffroy de la Composte, de la compaingnie mons. le Dauphin, nous a rendu un cheval morel bauchant, du pris de cinquante livr. Donné souz nostre seel com., vendredi ij° jour de septemb., l'an mil CCC vint et huit.

— La teneur de la quinte cédule est tele : —

Mahy de Trye *(comme à la 3°)* .... Savoir vous faisons que nous avons receu deus chevaux que mess. Pierre de Chessie nous a renduz, seur quoy Martin de la Bonne Ville estoit monté seur l'un, du pris de trente livr., et Mouchet de Monteux sus l'autre, du pris de vint et cinc livr., de la retenue du dit chevalier souz la bannière le dauphin de Vienne : en quel pris nous avons par devers nous les diz chevaus en la monstre du dit chevalier. Donné en l'ost, souz nostre seel com., le tiers jour de septemb., l'an mil CCC vint et huit.

— La teneur de la sizième cédule est tele : —

Mahieux de Trye *(comme à la 1ʳᵉ)*.... Nous vous faisons savoir que Guillaume de Bardonnèche, escuier de la bataillie du dauphin de Vienne, nous a rendu un cheval bay este, cuyt de quatre jambes, lequel estoit par nostre retenue ou pris de sept vinz livr. tourn. Donné souz nostre seel com., huit jours de septemb. l'an MCCCXXVIIJ.

— La teneur de la septième cédule est tele :

Mahieus de Trye *(comme à la 1re)*... salut. Savoir vous faisons que Jehamin de Bully, escuier de la compaingnie mons. le Dauphin, nous a rendu un cheval bay estelé, quatre piez blans, le quel estoit par nostre retenue du pris de vint et cinc livr. tourn. Donné souz nostre com. seel, merquedi vij^e jour de septembre, l'an mil CCC vint et huit.

— Et nous en ce présent transcript avons mis le seel de la prevosté de Paris, l'an et le mardi vint et cinc jours ou moys d'octobre dessus dit.

BRUNETE.

(1) Arch. de l'Isère, original parch. de 52 lig., avec trace de sceau sur lemnisque à simple queue ; au repli : « Collacion est faite » ; au dos : *Littera testimonialis continens septem litteras concessas dom^o dalphino et gentibus suis per marescalcum guerre domⁱ regis Francorum in guerra ultima Flandrie, videl. de conflictu Montis Casel, pro pluribus equis perditis in dicto conflictu, quorum precia et nomina nobilium in presenti vidimus continentur : non est registrata, quia non videtur necessaria.* — La bataille du Mont-Cassel fut livrée le 24 août 1328 (Froissart, l. I, § 42). Des anciens historiens qu'il nous a été donné de compulser, seules les *Chroniques de Saint-Denis* parlent de la part qu'y eurent les Dauphinois : « Et orrois coment les batailles passerent : la première bataille menèrent les deux maréchaux et le maistre des arbalestriers ;....... la septiesme menu le Dauphin de Vienne, où il ot douze banières (éd. Paul. Paris, V, 313-4) ». Dans son récit Chorier répète que « le Dauphin eut le commandement du septième » corps d'armée, qu' « il y avoit douze banières dans ce bataillon » et « que douze des principaux seigneurs du Dauphiné...... (les) faisoient marcher ; Albert de Sassenage fut de ce nombre, mais les mémoires de ce temps-là ne font nulle expresse mention des autres (*Hist.*, II, 254) ». Valbonnais est moins explicite encore (*Hist.*, I, 291). Guy Allard n'a pas voulu ignorer les noms de ces chefs de « banières ou compagnies » et il en indique douze à l'art. Flamans de son *Diction.* (éd. Gariel, I, 503) et onze seulement à l'art. Guerre (I, 607-8). Cette énumération est sujette à caution : notre document mentionne trois banières, celles du dauphin, de Guillaume de Compeis et de Gui de Grolée, qui n'y figurent pas ; d'autre part Vinay avait pour seigneur, en 1328, Hugues et non Aynard de La Tour (Valb., I, 175 ; et plus haut p. 11).

VI. ?

(Statuts de l'ordre de chevalerie fondé à La Côte-Saint-André sous le vocable de Sainte Catherine) [1].

Come ainsi soit que les novelles besoignes aient besoing de novel conseil, pour quoy considérans li seignors bannarés, chivallier, escuier et jantil homme du pays les novelles besoignes que au jour d'uy aviennes parmi le monde, so est à savoir guerres, decors, dissansions et autres dessamblables pestelences, doutans fenir ou deslouier la bonne amour, la bonne foy, la bonne affection, les queles ont esté lonc temps et encoures sunt et seront, si Dieu plait, entre nostre seignour le Dauphin et les bonnes jans de son pays, voulens le seignour de perrilz pour mieux garder la bonne amour et la bonne affection dessus dites, et le honour et le estat du dit monseignour le Dauphin et du siens, à le honour et le estat de son pays fant et ordennent les chouses dedans escriptes : protestans que se en les chouses desouz escriptes ordenancés avoit aucune chouse, la quele fust déplaysance au seignour, li davant dit seignour sunt preste et apparellié et voulont mectre esmandement à celle chouse selon la voulonté et ordenance des diz seignour, et pour plus fermement garder et mantenir le honour et le estat du dit seignour et du pays font un ordent, le quels se nommet de Sainte Catherine.

Et premèrement il ordenent que uns chescuns qui sera de l'ordent de Sainte Catherine pourteyt un escu de pers à l'esmage de sainte Catherine vermellie corounée d'or, à une espée blanche à la main destre et à la main cenestre un dit « Pour mieux valoir ».

2. Item, que touz seaux qui sunt et seront de l'orden dessus dit aient entre eaux ensamble bonne amour, bonne foy et bonne loyauté vers le dit seignour et vers eaulx mêmes.

3. Item est ordené que li compaignons du dit ordent seront touz les ans, la velle de sainte Catherine, à houre de vespres, à la Costa Saint André ; et là il demourent landemain tout le jour pour fayre la feste de sainte Catherine, et devent manger ensamble et fayre chanter une messe aute à l'oneur de sainte Catherine.

4. Item ordenent que landemain de la feste bien matin l'en face dire une messe pour la remenbrance dels mors de l'ordent, et outra la messe que uns chascuns de l'orden soit atenus de fayre dire troys messes pour chescun mort par une foys lay ont il li playra.

5. Item ordenent que au dit lieu de la Coste soit fundée une chapelle à l'oneur de sainte Catherine, en la quelle l'on fera chanter et fayre autre service dessus dit, et ainsi quant ordené sera par les diz seignours.

6. Item est ordené que le sires d'Anjo, moss. Guillaumes Alamans soyent capitaynes du dit ordent, avecque ceux ellis des troys marches de Viennois, de la Terre de la Tour, de Graysivodain : et de la marche de Viennois soyt ellis mos. Guichars Alamans, mons. Jehans Gatablers; de la Terre de la Tour mons. Amés de Rossillion, mons. Artaus Cayras; et de Graysivodain mos. Pierre Aynars, mons. Jehans de Comers li grans. Et sil ouront toute puyssance en l'orden de retenir et de tout fayre, tuit ensanble ou chascun pour soy, et li devant dit se puissant changier à chascun an au conseil du capitaynes et du dit seignour.

7. Item, que les compaignons dessus diz se segnent l'un l'autre de playt ou de guerre, ou cas que il seroit besoign, et chascun à sez propres despens, gardant touz jours l'oneur, l'estat et le profit mons. le Dauphin et de touz les autres seignours, et de touz seaux cuy il seroient atenuz de fidélité ou de homage ou de cuy l'on seront desrobés au temps que l'ordens comensa, eceptés ceaulx qui seroient d'un sourenon ou d'armes armez, ou ecepté seux qui seront cousin, segont ou seuz.

8. Item est ordené que ou cas en le une des III. marches aviendra riosz 2, dissensions ou desacors entre seaulx de l'ordent, que les diz capitanes avecques les diz elisz de les dictes marches se doyent travallier de mectre lez en pays; et el cas ont aucuns de les dictes parties reffuseront de prandre aviegnent ou à fayre, que le diz capitaines avoy les diz ellis le puyssent giter de l'orden dessus dit, sans le prejudice del seignour.

9. Item est ordené que tant de foys quantefoys que il sera fayt à savoir par les compaignons de l'orden à ceus et à plusours par les capitaynes élis, que il soient ensamble par le estat et honeur et profit du seignour et de l'orden et du pays.

10. Item est ordené que ou cas ou quel nuns deaux compaignons seroit aulné, qu'il ouroit dire novelles que fussent au préjudice ou blame du seignour ou d'aucuns de aulx compaignons de l'ordent, que il devent escuser ou deffendre à leur pouoir.

11. Item est ordené que si neuz de l'orden estoit en prison

ou en autra neccessité, il li ayderont à sa neccessité et à sa prison selon la forma de rayson et leur pouoir, sans préjudice du seignour.

12. Item, toutes les foys que requoru seront par les églices ou par les religiontez d'omes ou par pourres jantiz fames veuves on effans orfens jantils hommes, qu'il leur ayderont et secorront à leur besoign à leur pouoir, sans tout jors le préjudice dudit seignour.

13. Item ont ordené que ou cas ont seroient une feste pour jouter, se il y avoit aucun des compaignons qui aurent chaval ou arneys, que il ne le puyechent prester a nengun ors de l'orden jusques à tant que li compaignon de l'orden aient josté, et que au diz compaignons de l'orden non puychant dire de non.

14. Item est ordené que el cas ont il aurit aucun des compaignons de l'orden qui feroit aucunes chouses contre les ordenances du dit orden, qu'il en doyent ester à l'ordenance du capitaynez, ecepté le droyt du seignour.

15. Item est ordené que nuls des compaignons ne se puysset escuser que au jour de la feste sainte Catherine que il ne soyt au dit lieu de la Costa, si ainsi n'estoit que il fust a iij jornées lon hors de son pays ou pour cas de grant maladie ou d'autre juste cause, et an celli cas il ayt aucun souffisant qui ayt puissance pour li de fayre les chouses que seront ordenées.

16. Item est ordené que l'escu dessus dit uns chacuns face fayre el plus tout que il pourra.

17. Item est ordené que ceaux de l'orden soient tenuz a leur pouoir de garder l'oneur, le profit du seignour, des bonnes viles, communes, chasteaus et autres viles du Dauphiné à leur pouoir.

18. Item est ordené par ce que lez diz compaignons de l'orden soient plus tout apparellié de servir le dit seignour, l'orden et le pays, chascuns se tiegnent montés armés, soyt à savoir chescuns selon son estat et son pouoir.

19. Item est ordené que se si estoit aventure que nuls des compaignons de l'orden ont querele ni question aucune ou en quelque manère que se fust, que li capitayne de les marches avoy les élis le devent requerre que il se vuillient mettre en rayson davant amis ; et el cas ont il reffuseroit de prandre rayson ou de fayre ou de prandre, que l'ordens le doyet sustenir et mantenir, aider, garder tout jour le droyt du seignour.

Et cestes chouses dessus escriptes li dit compaignon promettont et juront de tenir, protesté touz jours l'oneur et l'estat du seignour ainsi quant dessus.

(1) Guy ALLARD, *Documents mss.*, t. V, f⁰⁸ 176-8, papier ; en tête : *Copia ordinis Sancte Caterine*, et de la main de Chorier : « Ordre de Ste Caterine ». — L'existence et l'objet de ce document n'ont été, à notre connaissance, signalés par aucun historien. L'ordre des chevaliers de Sainte-Catherine au Mont-Sinaï, dont HÉLYOT place l'institution au XII⁰ siècle (*Hist. des ordres relig.*, éd. Migne, I, 710-2), ne semble avoir eu d'autre rapport que le nom avec notre ordre Dauphinois. La fondation de celui-ci remonte, d'après le style des présents statuts, à la première moitié du XIV⁰ siècle et la place que nous leur assignons résulte des synchronismes fournis par les noms des seigneurs qui furent mis à la tête.

(2) D'abord « rious ».

VII.   *1333*.

REDDITUS CASTRORUM VIENNESII [1].

Primo, apud Sanctum Nazarium in Royanis..................
..................; bladum predict. et alie res superius nominate reperiuntur vendite *(al.* et fuerunt vendita dicta cibaria), anno currente M⁰ CCC⁰ XXXIII⁰, in summa 227 lib. 8 s. 10 d. ob., turono pro 23 d. ; summa omnium reddituum reductorum ad grossum Turon. 16 l. 9 d. pict.

Apud Bellum Visum, 238 l. 15 s. 4 d. = 10 l. 7 s. 7 d ob.; sᵃ, 13 l.

Apud Bellum Repayre, 240 l. 2 s. 1 d. = 10 l. 8 s. 1 d. ; sᵃ, 15 l.

Apud Payrinum, 155 l. 10 s. 9 d. = 6 l. 4 s. 5 d.; sᵃ, 9 l.

Apud Ysellos, 36 l. 17 s. 9 d. = 32 s. 6 d.; sᵃ, 59 s.

In castellania Vallis, 149 l. 2 s. 5 d. = 119 s. 3 d. ob.; sᵃ, 9 l.

Apud Motam de Galauro, 25 s. = 12 gr.; sᵃ, 2 s. 3 ob.

Apud Pisanczanum, 210 l. 12 s. = 8 l. 8 s. 6 d.; sᵃ, 10 l.

Apud Montem Rigaudum, 268 l. 16 s. 7 d. = 10 l. 15 s 3 p.; sᵃ, 13 l.

Apud Moyrencum, 72 l. 8 s. 6 d. = 63 s.; sᵃ, 9 l.

Apud Regalem Montem, 64 l. 17 s. = 56 s. 5 d.; sᵃ, 5 l.

Apud Cabeolum, 168 l. 6 s. 7 d. = 6 l. 14 s. 8 d.; sᵃ, 15 l.

Valet vintenum Sancti Laterii communiter 60 s. gr.

Apud Morasium (deducuntur pro domino Belli Visus, pro dom⁰ Johanne de Lentyo, pro priore de Mantol), 365 l. 7 s. 2 d. = 14 l. 12 s. 3 d.; sᵃ, 22 l.

Apud Albam Rippam, 11 l. 15 d. p. gr.; sᵃ, 12 l.

Apud Caprilias (si dominus vadit cubitum aput Choureres per unam noctem infra spacium temporis Nativitatis Domini usque ad Carniprivium, quodlibet hospicium tenetur facere 1 gallinam domino pro illo anno et nichilominus censum; leyda Sancti Marcellini), 306 l. 6 s. 7 d. p. = 13 l. 6 s. 4 d. ob.; sᵃ, 22 l.

De comitatu Viennensi (de cera 10 l., de quibus facit quolibet anno dominus unum cereum ecclesie Sancti Mauricii Vienne xii lib.), 7 s. 6 d. 3 p. gr.; sᵃ, 62 s.

Apud Sanctum Stephanum, 157 l. 8 s. 4 d. = 116 s. 10 d. p.; sᵃ, 9 l.

Apud Revellum, 97 l. 6 s. 11 d. = 77 s. 10 d. ob.; sᵃ, 7 l.

Apud Pomerios, sᵃ, 26 s.

Apud Villam Novam de Roybone (in quibus percipit domᵃ Margarita de Morestello pro pensione quam dicit se habere in dicto loco), 176 l. 5 s. 1 d. = 7 l. 12 d.; sᵃ, 11 l.

Apud Cerviam, 45 l. 12 s. 2 d. = 37 s. 3 d. ob.; sᵃ, 52 s.

Gabella de Cervia per annum, 90 l. gr. vel circa.

Gabella Sancti Albani per annum, circa 100 l. gr.

Gabelle Viennesii per terram per annum, 139 l. gr.

Summa summarum omnium reddituum et valoris gabellarum per terram et aquam Viennesii, 537 lib. 17 s. 5 d. ob. gros.; valent ad florenum 10757 flor. 5 gr. dy., computato floreno pro 12 gros.

(1) Guy ALLARD, *Documents mss.*, t. IV, fᵒˢ 181-7, papier du temps marqué d'une licorne. — Les revenus indiqués proviennent « de agnis, avena, bannis, b-no, b. vini, capreolis, caseis, castaneis, c. albis, c. recentibus, censibus, cera, c. gardarum, cerclagio, concealio, coroatis, cumino, cuniculis, denariis censuum, d. c. et quasi censuum, exitu nundinarum, fabis, fenagio, feno, firma furni, f. leyde, fornagio, frumento, gabella, gallinis, garda, g-dis, gingibere (al. gig-e), girofio, lampresiis (al. l-pes-s), lana, leyda, l. accensata, l-dis, linguis macelli, millio taschiarum, mutonibus, nucibus, nucleis, numbulis macelli, ordeo, pasqueragiis, p-gio, pedagio, pedis, pipere, piris regule, pollatis, revurio pratorum, sallita loci, scutellis, siligine (al. syl-e), taschiis, tibiis (al. tyb.) porci, tremesio, tresallia (al. tre'salia), ustils, venatione cuniculorum, vino, v, census, vinteno ». On a employé comme mesures, de capacité : « barrale, benne, bicheta,

copa-cupa, emina, metueria-meyteyer., modura, m. ad bonam mensuram, picota, pugn(eria)-puygn., quarta, quartale, sest(arium), somata »; de poids: « libra, uncia »; de quantité: « duodena, quart(eronus) »; de volume: « honus et trossa feni, toyse lane, quarterius mutonis ». Pour chaque localité la 1ʳᵉ somme indique le produit de la vente des denrées perçues, la 2ᵉ la même somme réduite en gros, la 3ᵉ le total des revenus réduit de même; le tournois est pris tantôt pour 23, tantôt pour 25 deniers, sauf dans l'évaluation des deniers de cens où il n'équivaut qu'à 17.

VIII.   1ᵉʳ nov. 1333–31 oct. 1334.

Cy commencent les Vᵐᵉˢ comptes de la terre que mons. ·Humbert dauphin de Viennois a en Normandie, qui commencent à la Toussaint l'an trente trois et finent à la Toussaint l'an trente quatre.

RECEPTES :

Premièrement, de la ferme de la prevosté de Lonchamp, Vᶜ IIII lib. Parisis ; — item, pour les aveinnes des trois villes S. Denys vendues à Guillaume de Meaus, L lib. Par. v s. pour mine ; — it. les LX mines d'aveinnes de Mainneville sont gardées pour monseigneur² ; — it. les feins des prez sont gardez pour monseigneur² ; — it. de la ferme de Vuardes, oultre ce que mons. Jehan de la Fresnaye y prent, xx lib. Par.; — it. de la rente de la maison que Jehannin de Lyons tient à Lonchamp, L sol. Par. ; — it. de la ferme dou moulin de la Croys, x lib. Par. ; — it. de la ferme de Dangu, vi lib. Par. ; — it. de la ferme des terres dou Placeys, pour le paiement de l'an devant, IIIIˣˣ xvi lib. Par. — it. pour les menus cens dou Pleyseis de cele anné, xiii lib. xvii s. Par.; — it. de la prevosté de Escoyes, LII lib. xvi s. Par.; — it. de la ferme des terres gangnables de Escoyes, VIˣˣ xiii lib. xix s. Par. et i d. Tour. ; — it. de la rente de la maison le curé de Gamaches, LXIIII s. Par.; — it. de la rente deue à monseigneur au Pont de l'Arche, LXVII lib. x s. Par.; — it. de la rente deue à monseigneur à Andely, xxxvi lib. Par. ; — it. de la ferme des terres dou Mesnil souz Vuadeblue³ xi lib. xv s. vii d. Par., et demoura à paier de cele année xliiii lib. iiii s. v d. Par., de la quelle somme il y a pleges bien solables ; — it. pour les ventes dou chastel de Gamaches, XLII lib. vi s. ii d. Tour. paiez par Guillaume de Gamache escuier qui l'acheta, vale at à Paris xxxiii lib. xvi s. xi d. poit. Par. ; — it. pour les amendes tauxées cele année, qui monte C. xiii lib. ix s. Par., receu IIII^{xx} xi lib. xviii s.[4], de la quelle somme demeurent à paier xxi lib. x s. Par.

Some de receptes XJ^e xxxv lib. vi s. vii d. Parisis.

(1) Guy ALLARD, *Documents mss.*, t. VII, f° 367, original parchemin ; au dos : *Ce sont les V^{mes} comtes de la terre monseigneur de Normandie, XI° xxv lib. vi s.* — Les terres que le dauphin Humbert II possédait en Normandie lui étaient échues du chef de sa tante la reine Clémence (voir p. 30, n. 17) ; il les vendit par la suite à Jean de Marigny, évêque de Beauvais.

(2) En marge « restat ». — (3) Addition « qui est lvi lib. »

(4) Les mots « qui monte » et « receu..... xviii s. » sont en interligne.

IX. *(Janv.-févr. 1334).*

MEMORIALIA TRADDITA PER GUIGONEM FRUMENTI SUPER INSTRU-
MENTIS PER IPSUM REDDITIS GROSSATIS [1].

SUBSEQUNTUR nomina et cognomina nobilium qui homagium fecerunt domino nostro dalphino Viennensi, quorum instrumenta mitit apud Avinionem, tradenda magnificis viris dom^o Agouto de Baucio, domino de Brantullis, et dom^o Amblardo domino Bellimontis, Guigo Frum(enti) notarius : — Dom^s Johannes Alamandi, dominus Sechilline, miles ; — Raymundus Rosseti, Mure ; — Petrus Ysmidonis, de Porta ; — Humbertus de Foudon ; — Odo de Aya, Campi Sauri ; — Guillelmus de Briono junior ; — Syboudus Syboudi, de Claromonte in Treiviis ; — Guillelmus de Ponczonas, Mure ; — Giraudus Servelli, de Sancto Boneto ; — Johannes de Vado, condominus de Vivo ; — Petrus Guioti, Montis Bon(oudi) ; — Guillelmus de Foudono ; — Johannes de Morestello ; — Raymundus de Aya ; — Hugo Richardi, de Oysencio ; — Stephanus Ruffi, de Goncelino ; — Raymbaudus Alamandi ; — Peronetus de Grangiis, Buxerie ; — Charlonus de Bellomonte ; — Johannes filius Humberti de Comba ; — Johannes Arnaudi, de Vaujania ; — Humbertus Siboudi, de Claromonte in Triviis ; — Raymbaudus de Bannis ; — Guillelmus Ysoardi ; — Humbertus de Clarfaye ; — Franciscus de Pratis ; — Johannes Orselli, Buxerie ; — Guillienus Filot ; — Vinetus Monachi, de Avalone ; — Henricus de Herbeysio ; — Peronetus Brilleti, de Alavardo ; — Franciscus de Goncelino ; — Guillienus de Auriaco ; — Bertrandus Raude, de Voraypio ; — Perrillionus de Monte Orserio, dominus Pelafolli ; — Petrus Lantelmi, Castelleti de Credo ; — Petrus Baquelerii, Buxie ; — Vionetus Argoudi, filius P(etri) Argoudi ; — Hugo Ysoardi, Campi Sauri ; — Hugo Mistralis, de Oysencio ; — Roletus de Thoria ; — Raymbaudus Poyati, de Oysencio ; — Guillelmus de Laya, Campisauri ; — Stephanus de Comba, Curnillionis ; — Richardus Albi, de Alavardo ;—Petrus de Sancto Lagerio ;— Raymundus de Valle ; — Ostachonus Veteris, de Montebonoudo ;—Guillelmonus de Briono senior ;—Johannes de Comba ; — Johannes Malleni, de Oysencio ; — Henricus de Sergier ; — Raymundus de Comba, Curnillionis ; — Odo Mistralis, Oysencii ; — procurator religiosarum dominarum Deserte, Lugduni ; — Guillelmus de Comba ; — Philipponus Philipponi, de Morestello ; — Malianus Arthaudi ; — Franc(iscus) de Avalone ; — Petrus Monachi, de Avalone ;—Peronetus de Arenerio, alias dictus Charlet ; — Gouterius Tholosani, de Oysencio ; — Raymbaudus de Bannis, Campi Sauri ; — dom⁸ Stephanus de Alto Vilari, miles ; — Lantelmus de Valle Serrata, procuratorio nomine filiarum Guillelmi de Monte Orserio ; — Henricus Soffredi, mandamenti Visilie ; — Perrinus de Buringio, habitator Avalonis ;—Odo de Balma, Oysencii ;—Johannes Beymundi, de Vilario ;—Jaquetus de Quetz, Bellimontis ; — Franciscus de Claromonte in Triviis ; — Johannes de Fonstriviarum ; — Rollandus de Petra ; — Guillelmus Artaudi ; — Johannes Poeta, Buxerie ; Johannes de Chesa, Bellimontis ; — Gaydynus de Petra, Mure ; — Guillelmus de Bardonechia ; — Johannes del Domengens, Mure ; — Petrus Poyati ; — Guionetus Noer, de Avalone ; — Raymondus de Soudono ; — Raymundus Riverie ; — Petrus Bethonis ; — Johannes Raymundi, de Arenis Oysencii ; — Petrus de Podio Bosonis ; — Hugo de Avalone, alias dictus Machera ; — Johannes de Clarfay ; — Petrus de Belloforti junior ; — Guigo de Valle ; — Petrus Vitalis ; — Aymonetus Salvaygni, Buxerie ;— Morardus de Arciis ; — Hugo de Montegardino ; — Guionetus de Maysenas ; — Petrus Ysmidonis, de Posqueriis ; — Albertus Alverelli, Vallis Pute ; — Bertrandus Orserie, Campi Sauri ; — Raymundus Beymundi, de Mura ; — Rodulphus Belmon, de Queyreria ; —

Gilbertus Eymien, Sancti Boneti²; — Hugo de Cizerino junior; — Johannes Veteris, Montis Bonoudi; — Richardus Guers, Triviarum; — Franco de Hembello, Campi Sauri; — Johannes Guiffredi, Visilie; — Eymionus de Chamondo, Montis Bonoudi; — Jacobus Orserie; — Petrus de Ambello; — Johannes de Tauco, Triviarum; — Petrus del Domengens, Mure; — Aynardus Veteris, Montis Bonoudi; — Humbertus Guiffredi, Visilie; — Guigo de Canali de Claromonte in Triviis; — Eymionus de Lapra, terre Fucigniaci; — Petrus de Sayllon; — Usoardus Miusardi; — Guillelmonus Rollandi, Campisauri; — Guillelmus de Ulcio, Alri Petre. — S(umma) VJˣˣ.

(1) Guy Allard, *Documents mss.*, t. IV, f⁰ˢ 283-6, papier du temps. — La date des hommages à Humbert II énumérés dans cet état peut être précisée à l'aide de l'Inventaire des archives des Dauphins en 1346 (*Docum. histor. inéd. sur le Dauph.* 2ᵉ livr.), qui donne l'analyse de 85 compris entre le 8 janv. et le 18 févr. 1334. De rares originaux s'en conservent aux archives de l'Isère, qui ne possèdent malheureusement plus le reg. coté *Notæ Guigonis Frumenti* P (cf. *Doc. hist. in. s. le Dauph.*, 6ᵉ livr., p. xxxix, n° 9), qui devait renfermer les minutes des hommages reçus par ce notaire à l'avènement du dauphin. — (2) D'abord « Gilberti ».

X. ?

Nomina nobilium et priorum Graysivodani.

Et primo in castellania Alavardi : — Primo dom. Stephanus de Altovilario, miles, I florenum; — item dom. Aymo de Sancto Petro, miles, I flor.; — it. Amedeus Guiffredi, domicellus, I den. gross.; — it. Johannes Pinelli, II d. gr.; — [it. Gu]igo Aquini, I d. gr.; — [it.......] Simonis, I d.; — [it.......] Cotalis, I d.; — [it. Gu]illelmus Gentonis, III d.; — [it.] dom. Aymo Genthonis, miles, VI d.; — it. dom. Guillelmus Bigoti, miles, VI d.; — it. Guillelmus Barralis, III d.; — it. heredes Johannis Barrallis, III d.; — it. Guigo Barralis, III d.; — it. Ruffus Pilosii, I d.; — it. heredes Petri Oyandi; — it. Petrus de Divo et ejus frater, II d.; — it. Petrus Megene, III d.; — it. heredes Richardi Albi, VI d.; — it. heredes Guersi Pilosii, II d.; — it. Petrus Cotalis, I d.; — it. Aymo Demeni, I d.; — item comunitas Alavardi, III flor. = Priores : — item dom. prior Sancti Petri de Alavardo².

Avalonis : — Primo comunitas Avalonis, II flor.; — item

dom. Berilio de Sancto Petro, miles, [.....]; — it. heredes domi Raymundi Leuczonis, [.....]; — it. Anthonius Guersi, [.....]; — it. heredes Gononi Guersi, ii [den.]; — it. Hug(o?) Tardinelli, ii [d.]; — it. Johannes Falatyeu, i d.; — it. Guillelmus Chavana, i d.; — it. do'is Godafreys, i d.; — it. Clericus Johannini, i d.; — it Joh(annes) Jordana, i d. = Priores : — item prior Vilarii Benedicti ; — it. prior Avalonis.

Morestellum : — Primo Johannes Guiffredi et ejus fratres, vi den. gross.; — item Petrus de Claysio, ii d.; — it. Peronetus Argoudi, ii d. gr.; — it. Johannes Argoudi et ejus frater, iii d.; — it. Johannes filius Mermeti Guiffredi, ii d.; — it. Alberjonus de Maylliis, i d.; — it. heredes Aymoneti de Maylliis, i d.; — it. heredes Bosoneti de Maylliis, i d.; — it. Richardetus Argoudi, i d.; — it. Chabertus Pinelli, i d.; — it. Vyonetus Argoudi, i d.; — it. Hugonetus Philippi, i d.; — it. heredes Humberti Philippi, i d.; — it. Lantelmus Phillippi, i d.; — it. Aymonetus Bucurionis, i d.

Buxeria : — Primo dom. Amblardus dominus Bellimontis, ii flor.; — item dominus de Terracia, ii flor.; — it. dom. Arthaudus de Bellomonte, i flor.; — it. Dronetus de Intermontibus, i flor.; — it. dom. Aynardus de Bella Comba, i flor.; — it. Aynardonus de Bella Comba, vi den. gross.; — it. Guigonetus de Bella Comba, vi d.; — it. dom. Lantelmus de Grangiis, vi d.; — it. doma Margarita de Thesio, vi d.; — it. Borno Amedei, i d.; — it. heredes Valeyreu, i d. gr.; — it. Petrus de Grangiis, iiii d.; — it. Petrus Jarsa et ejus frater, ii d.; — it. heredes Humberti de Barralibus, ii d.; — it. Berthonus Gatellerii, i d.; — it. Johannes Orselli, i d.; — it. Jaquemonus Gorgi, i d.; — it. heredes magistri Johannis de Fageto, i d.; — it. Petrus Mistralis, i d.; — it. Petrus Salvaygnii, i d.; — it. heredes del Vernier, i d.; — it. Johannes Dalbonis, i d.; — it. Petrus Barralis, i d.; — it. Johannes ejus frater, i d.; — it. heredes Jongini de Flacheria, i d.; — it. Johannes Poeta, i d. = Priores : — Primo prior de Barralibus ; — item prior de Thoveto ; — it. prior de Sancto Yllario ; — it. prior Sancti Bernardi.

Montem Bonoudum : — Primo Rodulphus de Monte Forti, iii den. gross.; — item Veerius de Brenigno, ii d.; — it. heredes

Johannis de Combis, I d. gr.; — it. Franciscus Vacherii, VI d.; — it. heredes dom¹ Hugonis de Avalone, VI d.; — it. Johannes Veteris, I d.; — it. heredes Gononi Cono, III d.; — it. heredes Jaceroni Cono, III d.; — it. heredes Johannis de Cleymes, I d.; — it. Berengeria, III d.; — it. heredes Franc(isci) de Manthona, I d.; — it. Morardus de Arciis, VI d. = Priores: — Primo prior de Brenigno; — item prior Sancti Martini de Misseriaco; — it. prior Cartusie; — it. prior de Corenco.

Baylliviatus comitis GEBENNENSIS in Graysivodano: — Primo dom. Rodulphus de Comeriis, I flor.; — item dom. Guig(o) de Comeriis, VI den. gross.; — it. dom. Guillelmus de Comeriis, VI d.; — it. Petrus Alamandi; — it. Johannes de Comeriis, III d., — it. liberi dom¹ Rodulphi de Sancto Jorio, III d.; — it. Arthaudus de Arciis, III d.; — it. Barrachinus, VI d. = Priores: — Primo prior de Campo; — item prior Domene.

GONCELINUM: — Primo comunitas ejusdem loci, II flor.; — item Rodulphus Chapelli, III den. gross.; — it. Petrus Passardi, II d.; — it. Franc. Conbri, II d.

(1) Guy ALLARD, *Documents mss.*, t. IV, f° 86-7, papier du temps.
(2) On a effacé ici: « it. dom. prior Vilarii Benedicti », en notant en marge: « vacat hic »; voir plus loin.

XI.

MEMORIALE TRADENDUM MAGNIFICENCIE DALPHINALI 1.

Dom⁵ comes Forensis tenet de feudo et dominio vestro XIII. castra, inclusis Virief et Chavannay, que a recolende memorie dom⁰ Guigone dalphino, germano vestro, habuit et ultra hec ea que assignata per predecessores vestros predecessoribus comitis fuerunt; — dominus de Rossilione (tenet) de feudo vestro reddibili Annonay et quedam alia, et in dicto loco de Annonay consueverant vestri predecessores judicem appellationum tenere, qui de causis resortuum quos habetis ultra Rodanum a parte Regni cognoscebat; — dominus de Anjo tenet a vobis castra de Peyraut et Salerie, cum eorum mandamentis; — domina de Argentaus, Varcanciam et quedam alia; — dom. Johannes Pagani duo castra, et quidam alii.

Causas et jura resortuum et superioritatis istorum locorum

predict. et aliorum quos proprios seu feudales ultra Rodanum habetis usurparunt, occuparunt et usurpata et occupata tenent gentes regie.

Custodiam portuum vestrorum de Chavannay, Sancti Romani, de Mala Val, Sancti Reneberti, Campanie, Cervie, Tincti, Rupis de Cluey et aliorum consistencium a Vienna usque ad dictam Rupem inclusive, tam vestrorum propriorum quam [de vestro] feudo existencium denuo [occuparunt] officiales regii, [qui emolumenta] vobis et vassallis vestris infra limites predictos debita, transeundo vecturas sub nomine regio et aliter, multipliciter ledunt.

Castrum Belli Regardi et locus de Campania sub mandamento Albonis, occupati per officiales regios tempore recolende memorie domⁱ Guigonis dalphini, expediti fuerunt litteratorie per regem, set racione sumptuum adhuc occupati detinentur : procuranda esset expeditio libera sine expensis.

Multi barones et vassalli regis, juridictionem habentes in partibus Regni, [obtenuerunt a rege quod nullus officialium regiorum intret terram ipsorum juridicam pro exercicio juridictionis, nisi terna requisitione previa per debita intervalla in exibenda negligencia reperirentur ipsi barones et vassalli regii primitus negligentes vel remissi : expediri consimiliter inpetrate.

Convenctum extitit inter dom. regem qui tunc erat et felicis recordationis dom. progenitorem vestrum, quod rex teneretur Dalphinatum subvenire et ipsum juvare contra quoscumque in Inperio de senescallia Belliquadri et bayllivia Matisconis, et Dalphinatus ipsum regem sequi tenebatur certo numero.

Factum Sancte Columbe cordi habeatis, nam multum est vobis dampnosum, cum gens regia jam alas suas extendat per totam civitatem Vienne et ultra, et custodiam pontis [Roda]ni usurpat.

Convenit etiam inter regem et predecessores vestros, ne gentes seu arma de Regno in Inperium in offensam Dalphinatus exire deberent pro quoquam facere habente cum Dalphinatu ipso : circa hec expediret ut plurimum providere, propter casus varios guerre et dissensionis que hactenus in terra vestra accidere consueverunt et verisimiliter presumuntur obventuri.

(1) Arch. de l'Isère, en tête d'un reg. de *Reconnoissances au profit d'Humbert dauphin des droits seigneuriaux a luy appartenans e*₸ *Baronies, Terre de la Tour, Vaux Bonnais, 1347,* carnet papier.

XII.   (*Mai 1339*).

(DALPHINI EXCUSATIO FACTI CONTRA ARCHIEPISCOPUM
VIENNENSEM)1.

In nomine2.
Item ponit dictus procurator3 quod dictus dom. dalphinus, audito quod discordia erat inter archiepiscopum et capitulum Viennenses, affectando pacem inter eos, de anno proxime preterito currente MºCCCºXXXVIIIº, de mense julii misit ambaysatores suos, videl. dnos Agoutum de Baucio, preceptorem Sancti Pauli, Nicholaum Costancii et alios, ad civitatem Vienne, causa tractandi pacem inter predictos archiepiscopum et capitulum; et cum predicti post multos tractatus crederent se invenisse quod dicti archiepiscopus et capitulum volebant quod dictus dom. dalphinus esset mediator eorum et pacificator et hoc retulissent eidem dom. dalphino, idem dom. dalphinus personaliter accessit ad locum Sancti Albani et archiepiscopus descendit apud Condriacum, in domo fratris sui, et canonici Vienne pro dicto capitulo apud Sanctum Clar, et dictus dom. dalphinus inter eos per plures dies tractavit de concordia ; et cum crederet pacem facere, dictus archiepiscopus retrocessit apud Viennam.

Item, quod dictus dom. dalphinus pro dicta concordia facienda fuit apud Viennam et hospitatus fuit in monasterio Sancti Petri foris portam Vienne ; et tractando de dicta concordia facienda, quodam sero in mense augusti4, syndici, consules et populares civitatis Vienne quoadunati, armati insultum fecerunt ad domum Guillelmi Carrerie, hospitatoris seu stabularii, in qua domo hospitabatur Terczoletus, filius domᶦ Ludovici de Pictavia, una cum multis aliis de domo et familia dicti dom. dalphini, portas domus violenter fregerunt, ipsam domum intraverunt. clamantes : moriantur ! moriantur ! non evadant !

et aliquos de dicta familia atrociter vulneraverunt, aliquos ceperunt, ligaverunt et vituperose ad domum archiepiscopalem duxerunt et presentaverunt dicto archiepiscopo in bastita, qui eos incarcerari fecit et incarceratos tenuit, et requisitus pro parte dom¹ dalphini eos dimitere noluit; et dictum Terczoletum perquisiverunt capiendi causa et forte interficiendi, qui juvenis est innocens et etatis quindecim annorum vel circa, dictam domum violenter et cum armis derobaverunt, portantes inde lectos, pannos, ollas cupreas, concas, bacinnos de latono, cacabos de ere et alia multa fodra et superlectilia [5].

Item, quod in crastinum dicti maleficii perpetrati, dicti cives una cum familia et officialibus dicti archiepiscopi catenas tenderunt per carrerias et pontes, echiffas supra carrerias facere inceperunt et fecerunt, dicentes quod dalphinum non timebant et quod ipsum eicerent de civitate Vienne et omnes qui eum juvare vellent.

Item, quod dictus dom. dalphinus in crastinum dicti maleficii et derobationis stetit in dicto monasterio Sancti Petri usque ad horam prime et tunc, viso quod gentes suas captas ut supra habere non poterat et quod dicti consules, syndici et cives nullam satiffactionem tanti maleficii sibi offerebant, set pocius cominabantur deteriora facere, fuit ad bastitam suam vocatam Sanctus Justus, deinde in castrum de Pipeto et ibi moratus fuit pacifice et quiete usque ad diem mercurii (xii mensis)[6] augusti anni proxime preteriti.

Item, quod idem dom. dalphinus, cognito et pro certo intellecto quod multi ex dictis civibus, qui in dicto insultu fuerant et maleficio perpetrando, commorabantur et jacebant in feudis ipsius dom. dalphini, et per consequens erant de juridictione ejusdem et ad curiam suam comitatus Vienne pertinebat illorum punitio, ut eos habere posset et ut per curiam comitum punirentur, mandavit pro aliquibus de gentibus suis, que pro dictis malefactoribus capiendis venerunt ad civitatem Vienne, die martis (xvii)[7] die mensis augusti proxime preteriti et circa horam sexte.

Item, quod dicta die martis, hora prime, cives Vienne et familia dicti archiepiscopi ad sonum cornu sonantis in domo archiepiscopali et ad sonum et strepitum campanarum se congregaverunt simul armati, et vexillis erectis et tubicinantes cum cornu et trumpis venerunt ad domum dictam de Canalibus, in qua erant novem homines[8], et ipsam domum invaserunt, expugnaverunt eorum posse et causa capiendi eandem et quosdam ex hominibus qui intus erant cum cadrellis atrociter vulneraverunt; deinde retrocesserunt et aliqua pars eorum civium cum vexillis armati venerunt in obsidione dicti castri de Pipeto, et quoddam cadafal quod nocte precedenti fecerant juxta et ante portam Pipeti munierunt[9].

Item, quod hora tercie vel circa dicte diei martis, prefati de Vienna cum dicta familia archiepiscopali iterum modo suprascripto se congregaverunt et venerunt ad dictam domum de Canalibus, insultum dederunt, primam portam fregerunt et ignem posuerunt; deinde iverunt sic muniti ad claustrum canonicorum de Vienna, quod insultaverunt causa intrandi et destruendi canonicos et domos canonicorum ac ecclesiam cathedralem Vienne, prout predicta publice clamabant et minabantur, et ita fortiter insultaverunt dictum claustrum quod portas inferiores a parte Rodani fregerunt et in Rodanum proicerunt [9].

Item, quod dicta die martis circa horam sexte, iterato et modo predicto se congregaverunt et dictam domum de Canalibus et claustrum predictum insultaverunt causa capiendi et destruendi, ut dicebant, et cominantes existentibus in dicta domo de Canalibus quod mortem non evaderent, et domos propinquas dicte domui de Canalibus munierunt balistariis et frandeyatoribus, qui cum quadrellis et lapidibus maximum dampnum dabant existentibus in dicta domo de Canalibus, et in tantum quod fortiter opprimebantur et timebatur per aspicientes ne se deffendere possent, sciente etc. ut supra.

Item, quod durante dicto insultu et alio insultu apud claustrum predictum, aliqui ex hominibus dicti dom. dalphini cum duabus banneriis venerunt et intraverunt per posterlam dictam domum de Canalibus, et apertis januis exiverunt extra ad eos qui dictam domum expugnabant et capere volebant, et eos redrocedere fecerunt.

Item, quod quedam domus prope dictam domun de Canalibus circa sex combuste fuerunt per illos qui insultati fuerant in dicta domo, et ad hoc ne amplius munirentur balistariis et frandeyatoribus, et pro deffensione eorum et dicte domus.

Item, quod dictus dom. dalphinus ordinavit, voluit et mandavit quod dicte domus et dampna data in eis extimarentur et emendarentur de pecunia ipsius dom. dalphini.

Item, quod cum dicte gentes dalphinales descenderent a dicta domo de Canalibus per viam publicam eundo versus claustrum, quod magna pars hominum de Vienna tenebant obsessum et violenter intrare conabantur multi homines existentes in domibus archiepiscopalibus, eicientes lapides grossos et minutos de dictis domibus et turri que sunt in capite dicti claustri[10], prohibuerunt dictos homines dalphinales ne per dictam carreriam qua ire volebant, ad occurrendum dicto claustro et ad deffensionem ejusdem, et eos retrocedere vituperose fecerunt, sciente etc. ut supra.

Item, quod cum dicti homines dalphinales per aliam partem, videl. retro domibus archiepiscopalibus, irent ad occurrendum dicto claustro et deffendendum eundem, de dictis domibus archiepiscopalibus exivit magna multitudo hominum armatorum. qui irruerunt in dictos dalphinales et eos destruere et debellare conati fuerunt ; deinde infra dictas domos se posuerunt et de ipsis domibus dictos dalphinales et multos alios, qui venerunt de claustro ad deffendendum eosdem, offenderunt, vulneraverunt et maletractaverunt, sciente etc.

Item, quod dicta die martis circa horam nonam, dictus dom. dalphinus ad evitandum scandala et dampna fecit preconizari[11] quod aliqua persona sub pena capitis dampnum alteri non daret[12].

Item, quod idem dom. dalphinus, die mercurii in crastinum dictorum insultuum, descendit inermis in civitate Vienne et sedit in platea de Ulmo, et dixit in presencia civium ibi astancium quod nullam personam timerent et quod omnes venirent salvi et securi, quia nolebat quod aliquis offenderetur nec jura alterius in aliquo occuparentur.

Item, quod (add. si) cives Vienne in aliqua[13] quantitate[14] fecerunt homagium ipsi dalphino tamquam dalphino vel tamquam domino, ipse idem dom. dalphinus eos inde absolvit, liberavit pariter et quitavit.

Item, quod cives Vienne sponte eidem dom. dalphino prestiterunt[15] sacramentum fidelitatis tamquam comiti Vienne, et juraverunt ipsum juvare tamquam comitem et nullum alium in garderium in civitate recipere, et alia pro ipso facere que fideles et boni homines pro suo comite facere debent : salvis tamen in omnibus juribus inperialibus et ecclesie et ipsis in omnibus exceptatis[16].

Item, quod archiepiscopus Viennensis habet in Vienna castrum fortissimum et inexpugnabile, in quo cum sua familia morari consuevit et morabatur[17] dictis diebus et temporibus superius nominatis[18].

Item, quod dom. dalphinus mandavit dicto dom. archiepiscopo quod in nullo timeret, set staret secure et quod, si sibi placebat ipse iret personaliter ad associandum et custodiendum eumdem et ejus jura.

Item, quod gentes dalphinales dictis diebus et temporibus, dum fuerunt in Vienna, longe steterunt a dicto castro.

Item, quod pars familie dom. archiepiscopi dictis temporibus erat et fuit a dictis temporibus citra et nunc est in dicto castro, et illud tenuerunt et custodierunt, tenent et custodiunt pro libito voluntatis.

Item, quod dom. archiepiscopus Viennensis potuisset dictis diebus et temporibus et ab inde citra et hodie posset esse et morari publice, secure in dictis castris et civitate Vienne[19].

Item, quod predicta omnia et singula sunt notoria et manifesta in civitate Vienne, et inde est publica vox et fama ibidem et in locis circumvicinis.

(1) Guy ALLARD, *Documents mss.*, t. VII, f° 24-6, papier du temps. — Ce mémoire justificatif et celui qui forme le n° suivant sont relatifs au différend d'Humbert II avec Bertrand de La Chapelle, archevêque de Vienne, touchant la juridiction temporelle de cette ville. Sans parler de CHORIER (*Hist.*, II, 283-6), qui brouille les faits en confondant les dates, on ne possède sur cet incident, occasionné par la cession de Sainte-Colombe au roi de France (1335), et terminé par les sentences de Benoît XII (20 nov. 1340) et Clément VI (6 févr. 1343) en faveur de l'archevêque, que les documents mis au jour par VALBONNAIS (*Hist.*, t. I, p. 128; t. II, pp. 247, 296, 363, 364, 369, 424, 432); les détails circonstanciés dans lesquels entre cet historien (t. I, p. 314 ss.) ont été puisés par lui dans le reg. *Processus causæ Viennæ pro parte Dalphini 1340* (cf. II, 426), qui existait encore de son temps aux archives de la chambre des comptes du Dauphiné (cf. *Docum. histor. inéd. sur le Dauph.*, 6° livr., p. xxx, n° 2). L'évêché de Grenoble conserve (fonds de l'archev. de Vienne) des documents inédits assez nombreux sur l'affaire de Sainte-Colombe et il paraîtrait étrange que CHARVET (*Hist.*, 465 ss.) se soit borné sur ce point à suivre

Valbonnais, si les motifs de son silence n'étaient aisés à soupçonner. Quant à l'affaire de Vienne, nous ne possédons jusqu'ici que les plaidoiries du Dauphin, qu'il serait utile de contrôler par celles de l'archevêque.

(2) Le ms. offre ici un vide non rempli. — (3) On a effacé « procuratorio nomine dicti dom. dalphini et si negatum fuerit probare intendit ». — (4) On a ajouté « familiares archiepiscopi et ». — (5) Ajouté « domus, sciente, presente et prohibere valente et non contradicente dicto archiepiscopo ». — (6) L'espace rempli par « (XII mensis) » est resté blanc dans le ms. — (7) Le nombre « XVII », ajouté après coup, est erroné. — (8) Effacé « de familia dicti dom. dalphini ». — (9) Ajouté « sciente, presente, paciente, prohibere valente et non contradicente dicto dom. archiepiscopo ». — (10) Ajouté « a parte superiori ». — (11) Effacé « ex parte sua » — (12) Effacé « considerans quod si archiepiscopus in preconizationibus nominaretur, gentes non tantum timerent mala comitere et dampna dare ». — (13) D'abord « magna ». — (14) Effacé « sponte tamen ». — (15) D'abord « sp. sibi fecerunt ». — (16) Effacé « et inde est publicum instrumentum ». — (17) Ajouté « idem archiepiscopus ». — (18) Ajouté « quod castrum vulgaliter Bastida archiepiscopi nuncupatur ». — (19) Ajouté « et juribus suis, si que ibidem habet, uti ».

XIII. *(Octobre 1339).*

(EJUSDEM EXCUSATIO JURIS CONTRA EUMDEM)[1].

SIGNIFFICAT s(anctitati) v(estre) devotus vester dalphinus Viennensis, ad memoriam ejusdem s(anctitatis) reducendo prout alias asseruit coram s(anctitate) eadem, se archiepiscopum seu ecclesiam Viennensem non spoliasse nec spoliari mandasse nec spoliationem, si qua facta fuit, ratam habuisse vel habere, nec in victum cujusquam successisse vel succedere velle nec recepisse aliqua de juribus vel spoliis a quoquam nec intulisse per se vel per alium dampna aliqua seu injurias archiepiscopo vel ecclesie, ymo doluit de malis que in civitate Vienne accederunt cum primum ea commicti scivit et in quantum potuit prohibuit ne commicterentur, et archiepiscopo incontinenti mandavit per duos fratres Minores primo et iterum per duos de militibus suis quod non dubitaret et nichil eum timere oportebat, quia ipsum in ejus jura pro posse suo servaret et fortem faceret; et novitates contingerunt Vienne culpa pocius archiepiscopi et civium quam dalphini, qui pacem tractabat; archiepiscopus novitates perniciosas inducebat que discordiam parere consueverunt, et non stetit nec stat nec stabit per dalphinum quominus archiepiscopus juribus suis semper usus fuerit, sed per archiepiscopum qui sponte de suo castro forti quod habet de supra Viennam recessit et jura sua vacancia dimisit, cui coram s(anctitate) v(estra) presenti obtulit dalphinus se pacientiam daturum quod ipse archiepiscopus juribus suis uteretur et admitteretur ad ipsa et fortis fieret per dalphinum in usu ipso, et idem offerri fecit dom. dalphinus officiali et genti dicti archiepiscopi apud Viennam in presentia episcopi Avinionensis et Ludovici de Petragrossa, nunciorum et commissariorum s(antitatis) v(estre), et genti sue videl. dalphini prohiberi ne qua de juribus ipsius archiepiscopi atingerent et injungi, si qua occupata vel capta erant, quod ea plene et integre redderent, de quo stant publica instrumenta, nullaque de juribus dicti archiepiscopi occupavit dalphinus et si qua occupata erant per ipsos, ipsa reddi jussit et derelinquit et pro derelictis habuit et habet, et nunc verbo et re omnino guerpit et dimittit. Supplicat igitur eidem s(anctitati) v(estre) dalphinus humiliter se in possessione et quasi jurium que habet in Vienna et territorio paciffice dimitti et tueri, et custodie imperialis commende ad quam vocatus est licite, modo et forma a jure permissis, per decanum, capitulum et mistralem ex causis justis, quam fideliter ut vassallus ecclesie et imperii custodiet et reget, et per eamdem s(anctitatem) eidem archiepiscopo precipi ut jura sua resumat et amplius vacare non permictat, et ipsis contentis *(lég.* c-tus) ab inquietatione dicti dalphini desistat; offerens dalphinus in omnibus et per omnia s(anctitatis) vestre et ecclesie hobedire mandatis.

JURA ARCHIEPISCOPI ET DALPHINI INFERIUS DECLARANTUR VERACITER ET DISTINCTE.

Et primo jura archiepiscopi imperialis commende et nomine imperii su(n)t hec: — Archiepiscopus consuevit, nomine imperii et imperialis commende vigore, creare correarium, pro exequcione justicie facienda ad mandatum judicis mistralis, cui mistrali correarius (debet) homagium facere durante officio et sibi de obvencionibus curie secularis, salvo jure comitum et dalphini, respondere et rationem reddere. — Item consuevit archiepiscopus, ratione commende et nomine imperii, duas partes obvencionum curie secularis mistralis percipere, salva prerogativa mistralis in articulis in causa datis contenta, et facit ipse mistralis et facere consuevit fidelitatem primo capitulo dicte ecclesie, deinde archiepiscopo ut dicitur. — Item, cride consueverunt fieri ex parte archiepiscopi, ratione imperialis commende, et comitum, jure suo proprio.

Jura in solidum ad dalphinum spectancia.

Et primo spectant ad dalphinum garda civitatis et territorii Vienne, et habere et tenere sedem ordinariam et judicem et curiam ubicunque in dicta civitate, ad cognoscendum de causis omnibus et singulis spectantibus ad eum, presertim appellationum tocius Dalphinatus et aliunde, et garderium et vicecomitem assignare ibidem cum libera nominis impositione et mutacione, et judicem comitum et comitatuum constituere pro cognitione causarum meri et mixti imperii et omnimode jurisdicionis ad ipsos comites spectantium ut infra declarabitur, bedellos et exequtores curie comitum creare, curiam ipsorum comitum et carcerem publicum pro custodia reorum infra palatium suum Vienne habere et tenere, merum et mixtum imperium et omnimodam jurisditionem in dicto palatio et circumcirca palatium, custodiam clavium omnium portarum totius civitatis et suburbiorum per quindecim dies nundinarum, que claves consueverunt reddi domino de Bello Videre, quondam mistrali comitatuum, et per ipsum per quindecim dies nundinarum subsequentes custodiri, et XL solidi dari pro uno arnesio, VII solidi pro septem leyderiis, tres ulne panni, due libre piperis; et decem clientes assignari et de neccessariis eisdem provideri per dictos XV nundinarum dies, in mane de pane, vino et carnibus assatis, in cena de duobus paribus ciborum, et mistrali comitum seu illi qui ejus personam representat gallinas, cuniculos seu perdrices in prandio et in cena ultra predicta, diebus vero quibus non comeduntur carnes ova, casei et pisces cum aliis neccessariis. Cujus mistralie comitum jura ad dalphinum devenerunt, et potest dalphinus libere edifficare ubique in civitate et territorio Vienne in solo suo. — Hec possiderant vel quasi paciffice tam dalphinus qui nunc est quam predecessores sui, a quibus causam habuit, per tantum temporis cujus contrarii memoria non existit.

Jura comitum et comitatuum Vienne.

Duo comitatus sunt in Vienna, quorum unus spectat ad dalphinum; et habent comites, quorum unus est dalphinus, in dicta civitate et districtu ejusdem et suburbiis merum et mixtum imperium et omnimodam jurisdicionem, in carreriis orbis *(leg.* urbis) ingressum habentibus set non exitum, in macellis dicte civitatis ubicunque fiant, in allodiis, in hiis que tenentur a nobilibus seu burgensibus et in hiis que tenentur a comitibus seu ipsorum altero, et in quoslibet habitantes seu incholas dict. locorum ubicunque contrahant vel delinquant in civitate et territorio predictis, et hospitantes et alios quoscunque contrahentes seu delinquentes in locis illis seu altero eorumdem.

Item pertinent ad dictos comites leyde omnium que venduntur ibidem, et tempore nundinarum leyda duplex, et pedagium per terram et aquam, et lingue bouum qui inibi venduntur, jus percipiendi messes in territorio et districtu dicte civitatis, videl. a quolibet tenente animalia aratoria duas cuppas siliginis, a non tenente et muliere vidua unam cuppam ; assignare grossa et minuta pondera, mensuras et ulnas, et signare; recipere annuatim a singulis pistoribus maribus et femellis IIII den., a quolibet fabro operante super incude XVIII den., ab aliis novem, a singulis pergamineriis XIIII den., ab incipientibus artem IIII sol. IIII den. semel, et consimiliter ab omnibus aliis artificibus, coyrateriis, estofferiis, pelllipariis et aliis tam incipientibus artem quam ea utentibus ; dare licenciam de novo bancas in carreriis Vienne pro mercimoniis vendendis et peyllos seu protectus supra carrerias construendi ; et edicta seu preconizaciones fiunt nomine archiepiscopi, vigore imperialis commande, et comitum, jure suo proprio supra.

Item spectant ad comites per quindecim dies, inquoandos in festo beati Martini yemalis, annis singulis merum mixtum imperium et ommimoda jurisdicio civitatis, suburbiorum et districtus ejusdem, salvis juribus dalphini; in quibus xv diebus potest judex comitum ubique in civitate et territorio pro tribunali sedere, et de omnibus et singulis causis et negociis civilibus et criminalibus, eciam de comissis ante, dum tamen per illos ad quos pertinet sit preventum, cognoscere et per t[otum] annum dum tamen infra dictos xv dies judicium ceptum fuerit.

Jura archiepiscopi quo ad comitatus.

Alter comitatus fuit illorum de Vienna, qui ipsum cum juribus suis archiepiscopo Vienne qui tunc erat obligasse et vendidisse conditionaliter, si placeret imperatori de cujus feudo tenetur, dicuntur; quas impignorationem et vendicionem imperator qui tunc erat non approbavit, sed irritavit et archiepiscopum de comitatu predicto feudali non investivit, et imperator Henricus ultimus ipsum comitatum post hec de novo in feudum et benefficium per investituram dedit illis de Vienna: verum est tamen quod archiepiscopus qui nunc est et predecessores sui archiepiscopi domini et tempore vendicionis sibi facte et citra dictum comitatum tenuerunt cum suis juribus, licet injuste.

Salvis predictis archiepiscopi, dalphini et comitum et aliis ad eos spectantibus, decanus, capitulum et mistralis ecclesie Viennensis, ratione commende imperialis et nomine imperii, habuerunt et habere consue(ve)runt ut depositarii et custodes regimen et custodiam in ceteris tocius temporalitatis, meri et mixti imperii et omnimode jurisdicionis dictorum civitatis et destrictus et castri de Pupeto et domus de Canalibus, prout in articulis datis in causa continetur; ad quam custodiam invocaverunt dalphinum, comitem Vienne, vassallum ecclesie et imperii et senescallum regnorum Viennensis et Aralatensis, qui consuevit et debet jura dicte ecclesie Viennensis et imperii deffensare, et eum subrogaverunt depositarium et custodem dicte imperialis commende et jurium ejusdem, modo et forma licitis et a jure permissis, et ex causis subsequentibus et aliis neccessariis et utilibus ecclesie et imperio: quorum decani, capituli et mistralis jura supplicat dalphinus conservari et tuheri.

Cause motive finales, que induxerunt decanum, capitulum et mistralem ad invocandum et subrogandum loco sui ad custodiam dicte imperialis commende, sunt hec: videl. translatio partis civitatis Vienne ultra Rodanum dicte de Sancta Columba, que plus est quam due partes territorii Viennensis, in prejudicium ecclesie et imperii per archiepiscopum Viennensem in gentem regis Francorum facta, ut dicebatur; tractatus quem, ut fertur, habebat dictus archiepiscopus seu cives cum gente regia de alia parte civitatis sibi tradenda; rebellio que per cives et incholas dicte civitatis contra capitulum, ecclesiam et dalphinum, comitem suum et dominum, indifferenter fiebat, presente, sciente, patiente, prohibente *(leg. p-ere)* valente et non prohibente, sed mandante dicto archiepiscopo, qui auctoritatem constituendi syndicos et talem et tantam potestatem dandi qualem et quantam vellent ipsis civibus dederat contra quascunque personas, quod constat per publicum instrumentum suo sigillo sigillatum, et quia videbat decanus, capitulum et mistralis se non sufficere ad custodiam dicte imperialis commende, cum incessanter opprimerentur per archiepiscopum et incholas, neccessario et utiliter pro bono dicte ecclesie et imperii et ne possent imposterum per s(anctitatem) v(estram) et per futuros Romanos imperatores reprehendi, invocaverunt dalphinum et comitem Viennensem, vassallum ecclesie et imperii, senescallum regnorum Vienne et Aralate, ad quem spectat jura ecclesie et imperii deffensare, quod facere potuerunt licite et debuerunt, jure permittente et consulente, sine auctoritate et consensu cujusquam, cum de juribus ecclesie non ageretur sed de deposito imperiali et juribus imperii sibi commendatis et penes eos depositis, que ut depositarii licite potuerunt penes alium deponere, maxime cum neccessitas exigeret et utilitas ecclesie et imperii suaderet, nec tenentur cuiquam propter hoc in aliquo nisi ut actiones suas cederent contra secundum depositarium, si quid dolose ageret contra depositum. Habet etiam dictus dalphinus per imperialia privilegia potestatem jura et bona imperii etiam sine retencione alia adquirendi, et etiam alia plura privilegia imperialia quorum auctoritate isdem dalphinus licite potuit recipere dictam commendam.

 Responsiones ad petita de novo per archiepiscopum Viennensem coram reverendis patribus dnis cardinalibus, commissariis sanctitatis vestre, pro parte dalphinali.

........—Ad VIII^m, negatur custodia portarum et clavium civitatis ad archiepiscopum pertinuisse et ipsum in quasi possessione dicte custodie fuisse, sed ad dalphinum tempore nundinarum ut mistralem comictatuum, aliis temporibus racione imperialis commende nomine imperii ad capitulum et mistralem, salvo jure comitum et dalphini. — Ad IX^m, negata spoliacione que sub involucro verborum ibi comprehendi videtur, patienter sustinebit dalphinus quod cives vexillis ab antiquo consuetis utantur, cum signo dicti dalphini comitis. — Ad X^m, concedit dalphinus pondera et mensuras signari signis solitis comitum... — ..... Ad XII^m, non percepit aliqua dalphinus de emolumentis de quibus inibi fit mentio, et si quid perceptum est per gentem suam adcidit preter sui conscienciam et restitui vult... — Ad XIII^m, potest esse quod gentes dalphini et ville Vienne comederunt de racemis, sine culpa ipsius dalphini et paratus est facere super hiis quod debebit. —..... Ad XVI^m, non intendit dalphinus ecclesiam incastellare sed in territorio in quo sita est, cum solum sit suum, jure suo edifficare et, si quid novi minus juste factum est in ecclesia, ad statum debitum reducet... — ..... Ad XIX^m, negatur spoliatio et violencie armate commissio, potest tamen dalphinus ut comes et mistralis ratione mistralie quam habuit a domino de Bello Videre, jure suo tempore nundinarum custodiam portarum et clavium civitatis et suburbiorum et tocius territorii, et sic usus est, habere et cum armis et sine armis omni tempore per civitatem et territorium per se et suos ire, redire, et moram trahere. — ..... Ad XXI^m et ultimum, negatur aliquas injurias intulisse archiepiscopo seu ejus ecclesie, set semper ipse et sui predecessores fuerunt dicte ecclesie et jurium ejusdem deffensores.

(1) Guy ALLARD, *Documents mss.*, t. X, f° 251-4, papier du temps.

XIV.   *6 novembre 1339.*

(MONSTRA GENTIUM DALPHINI PARISIUS RECEPTA) [1].

Anno Domini mill'o CCC° XXXIX, die vj noveimbris, Parisius fuit recepta mostra gencium domini dalphini equitum in armis per dom. Johannem de Argentuel, militem, et Giletum de Malini, domicellum, ad hoc per dom. regem deputatos, et arestatum per eos infrascriptos habere et debere percipere gagia pro numero infrascripto: — Primo, dom. Amedeus de Rossillione, dominus Bochagii, miles banderetus, cum XII hominibus equitibus in armis; — item, dom. Baraudus de la Veu, dominus Yseronis, banneretus, cum v hominibus equitibus in armis; — it. dom. Odobertus dominus Castrinovi, banneretus, cum v homin. equit. in armis; — it. dominus Montis Canuti, banneretus, cum v; — it. dominus Vallis Bonesii, banneretus, cum ix; — it. dominus Rossillionis, banneretus, cum xxjij; — it. dom. Johannes Pagani, dominus de Mab, it. dominus Belli Castri, bannereti, cum xii; — it. Giletus de Balma, cum iii; — it. Johannes Liobardi, cum iii; — it. Aynardus de Bella Comba, cum iii; — it. Johannes et Guillelmus de Boenco, cum iii; — it. dom. Guillelmus Arthaudi, banderetus, cum iiii; — it. dom. Henricus de Drenco, cum ii; — it. dom. Johannes Falavelli, cum ii; — it. dominus de Geria, banderetus, cum v; — it. Johannes de Briordo, cum iii; — it. dom. Amblardus dominus Bellimontis, banderetus, cum ii; — it. dom. Girardus de Ternierio, banderetus, cum ix; — it. dom. G(   ) de Rossillione, banderetus, cum iiii; — it. "dominus   , cum xl.v; — it. dom. Guido de Grollea, banderetus, cum x; — it. dom. Agoutus de Baucio, banderetus, cum x; — it. dominus Clarimontis, banderetus, cum ix; — it. dom. R(aymundus) de Montealbano, dominus Montis Lauri, banderetus 2, cum viii; — it. Ysoardus de Monte Albano, banderetus 2, cum iii; — it. Aynardus de Anjone, banderetus, cum x; — it. Agoutus Agouti, banderetus 2, cum iii; — it. Gaufredus de Agouto, banderetus 2, cum i; — it. dom. Arnaudus Flote, dominus Rup(pis), banderetus, cum iiii; — it. Jo(hannes) de Palude, dominus Castillionis, banderetus 2, cum ii; — it. dominus Chaste, banderetus 2, cum ii; — it. dom. Soffredus de Arciis, cum iiii; — it. Dronetus de Intermontibus, i; — it. dom. P(etrus) Aynardi, banderetus 2, cum iiii 3; — it. Guillelmus de Morgiis; — it. dominus Cassenatici, banderetus, cum xx; — it. dominus de Valgris, iii; — it. Guillelmus de Varey, ii; — it. dominus Ruppis Fortis, banderetus 2, ii; — it. Johannes de Fontana, cum i; — it. dominus Claveisoni, banderetus, cum vi; — it. dominus Brissiaci, banderetus, cum ix; — it. dominus de Vallibus, banderetus, cum iiii; — it. dom. Lantelmus Aynardi, dominus de Theusio, banderetus 2, cum v; — it. dom. Guido de Bochas, miles, cum xii; — it. dominus de Vilariis, banderetus, cum v; — it. Perretus de Avalone, ii; — it. Jocerandus Morelli, cum v; — it. dom. Amedeus de Pictavia, banderetus 2, cum lx; — it. dom. Fran(ciscus) de Thesio, banderetus, xi; — it. Johannes de Ponier, i; — it. dominus Montis Fortis, banderetus 2, v; — it. dominus Miribelli, banderetus 2, cum vi ; — it. Guillelmus de Jo., 14 ; — it. Amblardus de Monteyl, 1 5; — it. H, Potin, 1; — it. Guillelmus Viger, 1;—it. Philippus de Verbon,1;— it. Stephanus de Veuflour, 1; — it. Girimbaudus, 1 ; — it. Petrus de Masso, 1; — it. Mondonus de Ruppe, 1; — it. Bertrandus Revelli , 1; — it. Eymericus de Toyrac, 1; — it. Hug. Borc, 1; — it. Odinetus Tays, 1; — it. Dalmassius de Vichi, 1; — it. Guillelmus de Novile, 1 ; — it. Giraudus de Ruppe Forti, 1; — it. Petrus de Malapeta, 1; — it. Guilliotus de Cornu, 1; — it. Guillelmotus, pro Guillelmo de Toyre, 1; — Armandotus de Passage, 1 ; — it. dominus de Jaz, banderetus, viii; — it. dom. Guillelmus de Compesio 6, vi ; — it. Aynardus de Rama, ii; — it. H. de Mentonay, 1 ; — it. dom. Reynaudus Alamandi, banderetus 2, ii ; 7— it. Raymundus de Chissiaco, xvi ; — it. dominus de Varsia, banderetus 2, iii ; — it. dominus de Avanczono, banderetus 2, 1; — it. dom. Reynaudus de Silly, banderetus 2, vi ; — it. dom. Petrus Maveisin, ii ; — it. dom. Petrus Eiroudi, iii. — Summa, IIIJ^cLIX.

(1) Guy ALLARD, *Documents mss.*, t. VI, f°s 142-3, papier du temps.—Humbert II arriva à Paris au commencement de novemb. 1339 et y séjourna jusqu'en janvier de l'année suivante; les troupes qu'il mena à Philippe de Valois étaient destinées à opérer contre les Anglais et les Flamands (voir dans VALBONNAIS, *Hist.*, t. II, p. 361 (113), 362 (115) et 375 (125)).

(2) Mot ajouté après coup. — (3) D'abord «v». — (4) On a effacé ici «it. Guillelmus de Serner, 1». — (5) En marge «Alvernie». — (6) Effacé « banderetus». — (7) Effacé «it. Jo. de Bor».

XV. *(1340?).*

NOMINA BAYLLIVORUM, JUDICUM ET CASTELLANORUM, PROCURATORUM TOCIUS DALPHINATUS [1].

TERRA FUCIGNIACI : — [Prim]o, dom^s Girodus de Ternerio, bayllivus et castellanus Salanchie; — item, dom. Guigo Falavelli, judex ; — it. dom. Jo(hannes) Pelati, procurator; — it. dom. Rolandus de Veana, castellanus Bellifortis et Bone ; — it. Hugoninus de Ponte Vitreo, castellanus Flumeti; — it. bastardus de Lucingio, castellanus Montisgadii et Sancti Michaelis de Lacu ; — it. Johannes de Bella Garda, nomine domine de Arlato, castellanus Castellionis ; —it. dom. G(uillelmus) de Compesio, castellanus montanee de Samoing ; —it. Aymaronus

Alamandi, castellanus Bone Ville ; — it. P(etrus) de Bogio. castellanus Fucigniaci ; —it. dom. Humbertus de Balma, preceptor Sancti Pauli, castellanus Castelleti de Credo; — it. P(etrus) de Chissiaco, castellanus Hermencie ; — it. dom. Nicoudus de Fernay, castellanus Alingii ?.

TERRA TURRIS: — Primo, Arthaudus de Bellomonte, bayllivus et castellanus Quiriaci; — item, dom. Petrus Petri, judex; — it. dom. Jacelmus Ciryaci, procurator; — it. Stephanus Caperii, castellanus Turris; —it. Andreas Panis, castellanus Castri Vilani; — it. dom. H(enricus) de Drens, castellanus Burgondii ; — it. Fran(ciscus) de Sancto Germano, castellanus Colomberii et de Greonay; — it. dom. Egidius d'Arbo, castellanus Sancti Laurencii; — it. dom. Guido de Palaniso, castellanus de Vallibus ; — [it.] dom. Tarinus, castellanus Bastite Montislupelli ; — it. Humbertus de Chaponnay, alias dictus Passeraz, castellanus Crimiaci et Sabloneriarum; —it. P(etrus) de Borsiaco, castellanus Morestelli ; —it. Arthaudus de Bellomonte, castellanus Denthaysiaci.

Item, dom⁵ Jo(hannes) de Balma, bayllivus VALLIS BO[NE] et castellanus Montislupelli; — it. dom. Humbertus de Maysimiaco, castellanus de Sathenay ; — it. dom. G(uillelmus) du Says, castellanus Burgi Sancti Xpistofori ; — it. dom. Mayolus, castellanus Perogiorum ; — it. dom. Henricus Nigri, castellanus de Maysimiaco ; — it. Martinus de Faramancio, castellanus bastite de Samauz ; — it. dom. Humbertus de Briordo, castellanus de Chasseto ; — it. Giletus de Balma, castellanus Montis Sancti Dyonisii ; — it. dom. Humbertus de Amaysino, castellanus Sancti Saturnini ; — it. Matheus Pellerini, castellanus Sancti Andree de Briordo et Belli Devisus ; — it. donatus dom⁵ Guigon(is) de Amaysino, castellanus de Lucys.

VIENNESII : — Primo, dom⁵ Amedeus de Rossill(ione), bayllivus et castellanus Morasii ; — item, dom. Bertrandus Laur(entii), judex;—it. dom. Johannes de Lemuenco, procurator;—it. dom. Guillelmus de Manso, judex Vienne et Viennesii a rivo Oujonis citra ; —it. Aymo de Sella Nova, castellanus Bellivisus de Marco ; —it. Aynardus de Bella Comba, castellanus Pineti, Montis Leonis et comitatus Vienne ; — it. Johannes de Boemco, castellanus Alberippe ; — it. dom. Johanninus Vetule,

castellanus de Revello ; — it. dom. G(uillelmus) de Malosco,
castellanus Bellirepayrii ; — it. dom. prior Sancti Juliani, castellanus de Pomeriis ; — it. dom. Joffridus de Comeriis, castellanus Sancti Stephani ; — it. dom. G(uillelmus) de Royno
senior, castellanus de Ysellis ; — it. dom. Soffredus de Arciis,
castellanus Ripparum ; — it. dom. Guigo Bertrandi, castellanus Regalis Montis ; — it. Giletus Coperii, castellanus Moyrencii [3] ; — it. dom. Andreas de Molario, castellanus Capriliarum ; — it. dom. preceptor Sancte Crucis, castellanus Yseronis ; — it. dom. Jo(hannes) Vetule, castellanus Bellivisus in
Royanis ; — it. heredes Hugueti de Sancto Jeorio, castellani
Sancti Nazarii ; — it. P(etrus) de Sirvenc, castellanus Pisanciani ; — it. dom. Stephanus de Alto Vilario, castellanus
Cabeoli ; — it. dom. Raynaudus Falavelli, castellanus Payrini ; —
it. dom. Guigo de Rossill(ione), castellanus Clayr(iaci) et Chan-
tamerli ; — it. Jo(hannes) de Fonte, castellanus Ruppis de
Cloyo ; — it. Joffridus Gale, castellanus Vallis ; — it. dom.
Guigo de Comeriis, castellanus Villenove Raybonis ; — it.
preceptor Sancti Pauli, castellanus Montis Falconis ; — it.
P(etrus) de Boemco, castellanus Chate ; — it. Jo(hannes) de
Boemco, castellanus Sonne.

GRASIVOUDANI : — Primo, dom. Amblardus de Briordo, bayllivus, castellanus Grationopolis, Alavardi, Morestelli, Avalonis
et Belle Marche ; — item, Henricus Grassi, castellanus Buxerie
et Bellecombe ; — it. Jo(hannes) de Fucigniaco, castellanus
Montis Bonoudi et Montis Floriti ; — it. Hugononus Gatarelli, castellanus Vorapii ; — it. dom. Berardus de Lave, castellanus de Vivo et Parisius ; — it. Rufus de Pasquers, castellanus de Clusa ; — it. dom. Fran(ciscus) de Revello, castellanus
Triviarum ; — it. Perretus de Avalone, castellanus Mure, Bellimontis et Corvi ; — it. dom. Jacobus Brunerii, castellanus
Visilie ; — it. Guigo de Vilareto, castellanus Oysencii ; — it.
dom. Guigo Borelli, judex ; — it. dom. Jacelmus Bougesii,
procurator ; — it. dom. Jacobus de Ruffo, judex communis.

Bayllivatus BRIANSONESII : — Primo, dom. Raynaudus [Ri-
verie], bayllivus ; — item, dom. Raymondus [............, judex] ;
— it. dom. P(etrus) Charrioudi, [procurator] ; — it. Johannes de Teysio, [castellanus] Nemoris Ayarum et de Gran[....] ;

— it. dom. Raymondus Leuczonis, castellanus Exilliarum ; — it. Eustachonus de [........], castellanus Ulcii ; — it. Hugoninus de [........], castellanus Bardoneschie ; — it. Johannes Pellerini, castellanus Sesane ; — it. Fran(ciscus) Bruni, castellanus Briansonis et Sancti Martini de Quayreria ; — it. dom^a principissa Aurayce tenet Vallemputam ; — it. Guigonetus Leuczonis, castellanus Quadracii ; — it. dom. Raymondus Chaberti, castellanus Pontis, Bellini et Castri Dalphini.

[EBREDUNESII : — Primo, dom.] Diderius de ......, b[ayllivus ; — it. dom. ....], judex ; — [it. dom. ...., procurator ; — it. ....,] consulatus Ebreduni ; — [it. ....] de Balma, castellanus ...., Montisorserii, consulatus [.....................] Montisalquerii et Chastegneti ; — it. procurator suus dom. P. Charrioudi.

VAPINCESII : — Primo, Humbertus de Payladruco, dominus Montis Ferrati, bayllivus et castellanus Upaysii ;—item, dictus dom. Diderius, judex ; — it. dom. Humbertus de Auriaco, procurator ; — it. Guigo de Turre, castellanus Veneti ; — it. dom. Raynaudus Riverie, castellanus Serre.

[BARONIARUM] : — Primo, dom. Stephanus [de Lacu ? bayllivus et] castellanus Assedune, Mon[tis Regalis, de] Alpaone, Sancte Galle, ... et de Curnerio ; — .... judex, dom. Johannes [................]; — it. dictus dom. Humbertus de [................, procurator] ; — it. Laur(entius) de Curiana, castellanus (de) Nioniis, Montisalbani, Sancte Eufemie, [Albe] Saune et Medullionis pro Lombardis Avinionis ; — it. hospitalerius Johannes, castellanus de Buxo pro dom^o Lamberto de Montilio ; — it. predictus hospitalerius, castellanus Mirandolii et Ubrilis pro Lombardis ; — Johannes Dalmacii, castellanus Mirabelli ; — it. dom. Johannes de Molanis, castellanus Avisani pro dom^o cardinali. 4

(1) Guy ALLARD, *Documents mss.*, t. V, f°s 129-32, papier du temps, relié à l'envers. — (2) D'abord « Alingiorum ». — (3) Ses lettres de provision sont du 8 mai 1340 (VALBON., *Hist.*, II, 414-5). — (4) On a ajouté plus tard « Noveysani et Nionis ».

XVI^t. ?.

VALORES pencionum quibus tenentur domino nostro dalphino universitates Brianczonesii infrascripte singulis annis et aliorum castrorum.

Primo debent scindici de Brianczono, factis deductionibus, xlvi lib. ix sol. gross.; — item magis, pro introgiis suorum privilegiorum, 27 l. 17 s. 8 d. ; — valet castellania de Brianczone, inclusis omnibus gabellis et pedagium, 33 l. 19 s. 3 d. gr.

Item scindici Sesane (de) bent 24 l. gr.; — it. magis, racione introgiorum suorum privilegiorum, 8 l. 6 s. 8 d. gr. ; — valet castellania Sesane 10 l. gr.

Item debent scindici de Ulcio, factis deductionibus, 111 s. 8 d. gr.; — it. magis, pro introgiis suorum privilegiorum, 111 s. gr.; — valet castellania predicta de Ulcio 48 s. gr.

Item scindici de Quadracio debent, factis deductionibus, 32 l. 16 s. 5 d. gr. ; — it. magis pro introgiis 22 l. 2 s. 9 d. gr.; — valet dicta castellania Quadracii 4 l. 18 s. 10 d. gr.

Item scindici Vallis Pute debent 16 l. 5 s. gr. ; — it. magis pro introgiis 8 l. 18 s. 10 d. gr. ; — valet dicta castellania Vallispute 117 s. 9 d. gr.

Item scindici Vallis Clayssonis debent 32 l. gr. ; — it. magis pro introgiis 8 l. 6 s. 8 d. gr. ; — valet castellania predicta 20 s. gr.

Summa pagine, lib. 299 sol. 7 den. 6.

Item scindici Sancti Martini de Quayreria debent 7 l. gr.; — it. magis de introgiis 77 s. gr. ; — valet castellania predicta 50 s. gr.

Item castellania Bardoneychie valet circa 15 l. gr.

Item castellania Exiliarum valet circa 16 l. gr.

Summa grossa omnium predictorum, 44 lib. 7 sol.

Castellania Campi Sauri valet, factis deductionibus, 70 l. gr.; — Baylliviatus Ebredunesii, 20 l. gr. ; — Castellania de Serro, 17 l. gr.; — Mura, Bellum Montem et Corvum, 63 l. gr. — Summa librarum, 170.

Castellania Curnillionis, 30 l. gr. ; — Castellania Oysencii, tam in redditibus quam obvencionibus, circa 50 l. gr. — Summa librarum, 80.

Summa hujus pagine, 294 lib. 7 sol.

. . . .

Item castellania Morestelli, 14 lib. gros. ; — Castellania de Lues, 10 l. gr. ; — Castellania Burgondii, 14 l. gr. ; — Castellania Turris Pini, 24 l. gr. ; — Castellania Crimiaci, 33 l. gr. ; — Castellania Ville Nove Roybonis, 16 l. 10 s. gr.; — Castellania Morasii, 30 l. gr.

Castellania Revelli, 24 l. gr. ; — castellania Albe Rippe, 17 l. gr. ; — castellania Belli Repayrii, 17 l. gr. ; — castellania Triviarum, 18 l. gr.

Gabelle Viennesii, 1200 flor. auri ; — castellania Visilie, 600 flor. auri ; — castellania Montis Albani et Sancte Eufeimie, 20 l. gr.

Summa hujus pagine, 237 l. 10 s. ; flor. 1800.

Summa grossa omnium predictorum, 831 libre 4 sol. 9 den. gross. ; valent 18424 florenos cum dymidio.

(1) Guy ALLARD, *Documents mss.*, t. XV, f°˚ 383-4, papier du temps.

XVII. *Février 1342.*

Nomina nobilium et clientum francorum et innobilium mandamenti Curnillionis, qui fuerunt in exercitu de Rom(anis)[1].

Nobiles : — Primo Johannes de Meyssennas, cum 1 roncino et 1 somerio ; — item Lyonetus[2] de Bardon(eschia), cum 1 roncino et 1 somerio, pro se et domino Persici ; — it. Fran(ciscus) de Tanco c. 1 ronc. et 1 som. ; — it. Fran(ciscus) de Bardon(eschia) c. 1 som. ; — it. Petrus de Pelafollo c. dy. som. ; — it. Lant(elmus) de Pelafollo ; — it. Joh(annes) de Tanco ; — it. Guillelmus de Brion(e) ; — it. Humbertus de Tanco ; — it. Fran(ciscus) de Chesiis ; — it. Arnaudus de Serro[3] c. 1 ronc. et 1 som. ; — it. Raymundus de Comba ; — it. Lanbertus de Comba ; — it. Guillelmus filius Petri de Comba ; — it. Joh(annes) filius G(uillelmi) de Comba ; — it. Andreas Rollandi, nomine vicecastellani Triviarum, c. 1 ronc. et 1 som. ; — it. Thomas familiaris curie Triviarum ; — it. Berthonus Sarramandi, cum sua cavalla ; — it. Petrus Repelini c. suo ronc. ; — it. Michael Hugonis dictus Rondel, c. s. cav. ; — it. Hugo Achardi c. s. cav. ; — it. Hugo Praerii c. s. cav. ; — it. Guillelmus Vituli c. s. cav. ; — it. Bonthosius Aymarii c. s. ronc. ; — it. Humbertus Tyromberti, castellanus Triviarum, pro Johanne de Grolea, qui de Mencio separavit die jovis ante Carniprivium Vetus *(14 févr.)* et interfuit in acie de Rom(anis) die sabbati sequenti *(16 f.)* c. s. ronc. et s. som. ; — it. Jacobus Bernardi, trompator Mencii. — S(umm)a nobilium cum roncinis et someriis, VIII° ; — it. summa aliorum com equabus seu cavallis, v ; — summa nobilium qui non ducunt roncinos, XIII.

Franchi : — P° Jacobus Arnonis.... — Summa franchorum xi.

Sequitur de innobilibus : — .... Summa innobilium, LVIII.

Sequitur de illis de MENCIO.

Et primo de illis triginta qui primo venerunt : — P° Gononus Grosalli..... — Summa illorum de Mencio, CIX.

Nomina hominum armorum qui fuerunt in cavalgata de Romanis anno XLIJ[1].

Mandamenti MORESTELLI : — .....Summa dictorum armorum, xviii.

Nomina nobilium peditum : — Lant(elmus) Ruffi, — Joh(annes) Javerii, — Pilletus Cumbri, — Guillelmus Barneudi, — P(etrus) de Sabaudia, — P(etrus) Cognati, — Jo(hannes) Ramusii. — Summa, vii.

Nomina francorum parrochie GONCELINI : — .... Summa, VI^{xx} iii.

Secuntur clientes Morestelli : — ......Summa, xxxvii.

[1] Guy ALLARD. *Documents mss.*, t. VI, f° 260-3. carnet papier; au dos : «Curnill. in Triviis». — (2, D'abord «Freyllinus». — (3) D'abord «Sapo». — 4) G. ALLARD. op. cit., t. X, f° 122, carn. pap.; au dos «Particule Morestelli in Graysivaudano)». — Ces deux fragments réunis offrent un total de 366 hommes d'armes fournis par les seules localités de Cornillon, Goncellin, Mens et Morestel à l'attaque de Romans. qui capitula le 14 et ouvrit ses portes au dauphin le 21 février 1342 (GIRAUD, *Essai hist.*, 2e part., t. I, p. 156).

XVIII. (*1342*).

(DE INFEUDATIONE PARTIS DALPHINATUS ECCLESIÆ ROMANÆ) 1.

REVERENDISSIMI patres et domini, in hiis que tractantur [su]nt alodia ; pro quibus alodiis, videl. pro centum libris valoris annualibus, solet et debet dari secundum consuetudinem approbatam et inconcusse servatam dum recognoscuntur in feudum quarta pars, videl. xxv libre annuales vel extimatio earum in peccunia et totidem pro persona recognoscente ; — item sunt ibi feuda, et pro ipsis recognoscendis in retrofeudo consuevit et debet dari secundum eamdem consuetudinem medictas hujus quod dari consuevit pro alodiis, videl. pars octava, et totidem pro persona prout supra ; — item sunt ibi retrofeuda, [pro] quibus recognoscendis consuevit et debet dari secundum eamde[m] consuetudinem medietas hujus quod datur pro recognitione feudalium, videl. decimasexta pars, et totidem pro persona recognoscente ut supra ; — item sunt ibi nobiles homagia ligia personalia debentes, licet nulla feudalia vel retrofeudalia tenentes, et pro hiis consuevit dari et debet secundum eamdem consuetudinem juxta et secundum quantitatem personarum ; — item sunt ibi hospicia innobilium, quorum quodlibet consuevit et debet computari secundum eamdem consuetudinem v sol. annui redditus.

Alodia vero, feuda et retrofeuda, de quibus tractatur pro infeudatione facienda, declarantur ut ecce :

Primo, marchionatum Sezane in dyocesi Taurinensi, in quo sunt castra infrascripta, videl. — castrum Sezane, — castrum Ulcii, — castrum de Bardon(eschia), — castrum Exiliarum, — castrum Mentolarum, — castrum Nemoris Ayarum [2] ; — in quo quidem marquionatu et predictis castris sunt sex vel septem milia focorum [3] : — valent domino annuatim V^m florenorum [4].

Item est castrum de Chaumons, de feudo dicti marquionatus, in quo dom. dalphinus habet altam juridictionem et sunt V^c foca : valent domino annui valoris III^c flor. [5]

Item, principatum Briansonesii, in quo sunt castra subscripta, videl. — castrum Briansonis, — castrum Sancti Mauricii de Cayriera, — castrum [6] Vallis Pute ; — castrum de Cayras ; — castrum Pontis ; — castrum Dalphini [2] ; — in quo quidem principatu et predictis castris sunt VIII^m focorum [7] : — valent domino annuatim X^m floren. [8]

Item sunt de feudo et resorto dicti principatus castra infrascripta, videl. — castrum de Navaycha, — castrum Argenterie [0], — castrum bastide de Luserna [9] ; — in quibus consistunt XIIII^c focorum [10] : — valent domino annuatim VII^c flor.

Item, ducatum Campisauri, in quo sunt castra subscripta, videl. — castrum Sancti Boneti, — castrum Montis Orserii, — castrum Foudonis, — castrum Sancti Eusuebii [11], — castrum de Laya, — castrum de Benevento, — castrum de Rocheta, — castrum de Corvo, — castrum Belli Montis, — castrum Cornilhionis, — castrum de Royssanis, — castrum de Ancella [2] ; — in quo quidem ducatu et castris consistunt VII^m focorum [12] : — valent annuatim domino VI^m floren. [13]

Item sunt ibi de feudo et resorto dicti ducatus castra infrascripta, videl. — [14] castrum de Orseria, — castrum Vallis Gaud(emari), — castrum Romete, — castrum Sancti Laurentii, — castrum Pelafolli, — castrum de Trossopelli, — castrum de Ambello, — castrum Monat(erii) de Ambello [9], — castrum Sancti Furmini, — castrum de Podio Bosonis, — castrum Morgiarum, — castrum de Castellario, — castrum de Bastida d'Avena, — castrum [6] de Cleylles [15], — castrum [6] de Sechellina [5], — castrum [6] Sancte Ouvegnie [15], — castrum Sancti Mauricii, — castrum de Percico [9], — castrum Monasterii [16], — castrum Sperronis, — castrum Pipeti, — castrum de Briont, — castrum [6] de Belfay [17]; — in quibus feudis consistunt X^m focorum : — valent annuatim V^m floren.

Item, comitatum GRAYSIVODANI, in quo sunt castra infrascripta, videl. — castrum Bellecombe, — castrum Buxerie, — castrum Avalonis, — castrum Alavardi, — castrum Morestelli, — castrum Montis Fortis, — castrum Montis Bonoudi, — castrum Montis Fluriti, — castrum Curnilhionis, — castrum Visilie, — castrum Oysencii [6], [18] — castrum Mure Matheysine, — castrum Clarimontis in Triviis, — castrum Vivi, — castrum Parisius, — castrum Cogneti [2]; — in quo quidem comitatu et castris sunt XIIII^m V^c focorum et ultra [19]: — valent annuatim XII^m floren. [20]

Item sunt de resorto et feudo dicti comitatus castra subscripta, videl. — castrum de Teys, — castrum de Manso, — castrum Petre, — castrum Vallic, — castrum Domene, — castrum Revelli, — castrum Sancti Johannis lo Vieyl, — castrum Pineti, — castrum Viriaci, — castrum Sechilline, — castrum Gerie, — castrum d'Ebent, — castrum de Champs, — castrum Sancti Georgii, — castrum Vallis Cameriis, — castrum Montis Aynardi, — castrum Mote, — castrum Ruppis, — castrum Savelli, — castrum Raterii, — castrum Vallis Bonn(esii), — castrum Pererii, — castrum de Interaquis, — castrum Gresse, — castrum Sancti Guillelmi, — castrum Avinionis, — castrum Bernardi, — castrum Torhane, — castrum M(i)ribelli, — castrum Sancti Guillelmi, — castrum de Vado, — castrum de Marciou, — castrum Urioli, — castrum de Varsia, — castrum Saysini, — castrum de Cassanatico, — castrum de Lans, — castrum de

Corransone, — castrum Terracie, — castrum Bellimontis, — castrum Toveti, — castrum Ruppis Alavardi, — castrum de Vorey, — castrum Bastide Domini Stephani, — castrum⁰ de Albo Vilario; — in quibus feudis consistunt XII ᵐ et IIII ᶜ focorum: — valent annuatim XIIII ᵐ floren.

Item, baylliviatum baronie Terre Turris, in qua sunt castra infrascripta, videl. — castrum Turris Spini, — castrum Vilani, —⁰ castrum [21] de Burgondio, — castrum Belli Regardi, — castrum de Sabloneriis, — castrum Morestelli, — castrum Quiriaci, — castrum Crimiaci, — castrum Sancti Laurentii [22], — castrum Columberii, — medietas⁰ castri Bastide Montis Lupelli [22], — castrum de Bans pro medietate, — castrum Montis Lupelli, — castrum Bellivisus de Mar(c)ho, — castrum Pineti, — castrum Montis Leonis?; — in qua bayllivia et castris consistunt XIII ᵐ focorum et ultra [23] : — valent annuatim IX ᵐ et V ᶜ floren. [24]

Item sunt ibi castra de feudo et resorto dicte bayllivie, videl. — castrum Montis Revelli, — castrum Viriaci, — castrum de Peladruco, — castrum de Divisino pro medietate, — castrum Montis Ferrati [20], — castrum de Boyschagio, — castrum de Brengo, — castrum Sancti Romani, — castrum de Anthone, — castrum de Malatrayt, — castrum de Loetas [25], — castrum de Varey, — castrum de Pusignano, — medietas castri de Maysiou, — castrum de Charvaus, — castrum de Loyas, — castrum de Vilariis, — castrum Montis Tiblodi, — castrum de Vassalhiou, — castrum de Chastilhione, — castrum de Poncino [26], — castrum Chastilhionis en Cornella, — castrum de Corlhiou, — castrum (de) Montelhier, — castrum Sancti Mauricii, — castrum de Serrata, — castrum de Greolea, — castrum Neyriaci ; — in quibus consistunt X ᵐ focorum et ultra : — valent annuatim IX ᵐ VIII ᶜ floren.

Item, baroniam terre Fucigniaci, in qua sunt castra subscripta, videl. — castrum Flumeti, — castrum Salanchie, — castrum Montis Gaudii, —⁰ castrum [27] Sancti Michaelis, — castrum Castellionis, — castrum de Sayntot, — castrum Bone Ville, — castrum Fucigniaci, — castrum Castelleti de Credo, — castrum de Bona, — castrum de Monteus, — castrum [28] de Soneyro, — castrum Armencie, — castrum de Alengio; — in qua baronia consistunt XIIII^m focorum[29] ; — valent annuatim X^m floren. [30]

Item, sunt ibi castra de feudo et resorto dicte baronie, et primo — castrum de Jaz, — castrum Florimontis, — castrum de Divona, — castrum Sancti Johannis de Govelhas, — castrum de Copeto, — castrum de Nernier, — castrum de Serveuz, — castrum Montis Forchati, — castrum de Rossey, — castrum Pontis Burgii, — castrum Bastide Dardellorum, — castrum de Lullino; — in quibus feudis consistunt III^m focorum : — valent annuatim VI^m IIII^c floren.

Est enim summa grossa valoris annui alodiorum marquionatus Sezane, principatus Briansonesii, ducatus Campisauri, comitatus Graysivodani, baylliviatus Terre Turris et baronie Fucigniaci predictorum, LII^m V^c floren. auri, et est summa focorum grossa LXIII^n et V^c ; — summa vero grossa valoris annui feudorum et resortorum predict.. XXXVI^m et II^c floren., et est summa grossa focorum XXXVII^m et III^c ; — summa grossa est etiam valoris annui terre et feudorum valvassorum dictarum regionum sive parcium, qui non habent juridictionem, habent tamen pro majori parte domos fortes et sunt infiniti, IIII$^{xx\,m}$ floren. et ultra.

Pro predicta vero summa valoris annui alodiorum debent dari recognoscenti, sumpta quarta parte valoris annui, videl. pro centum florenis auri vigintiquinque flor., etiam in valore annua vel extimatione in peccunia prout supra, facta ipsa extimatione in peccunia ad rationem de uno denario viginti, in summa II^c LXII^m floren. semel ; — pro predicta summa valoris annui feudorum et resortorum, pro qua debet dari recognoscenti octava pars etiam in valore annuo vel etiam extimatio in peccunia, debetur facta extimatione in peccunia ad rationem de uno den. viginti, summa IIII^{xx} X^m floren. semel; — item pro valvassoribus, nobilibus non habentibus juridictionem altam, consistentibus infra ea que recognoscuntur, facta extimatione condecenti debent dari recognoscenti II^{em} floren. semel.

Reliqua enim que non extimantur, ut pote edificia castrorum fortaliciorum, stagna, nemora, silve, venationes, garene et multa alia, sicut mine argentee, plumbee, cupree, ferree, piscationes, in redditibus non existentibus, que consueverunt extimari et ad redditus redigi et pro eis dari et fieri ut supra in valore proprietatis semel summa pecunie, comprehendunt IIII^{em} floren. et ultra : — non potest tamen de facili quantum exinde competit recognoscenti extimatio fieri de presenti, sine informacione valoris aliquorum retrofeudorum que ibi includuntur; — dignitates etiam et persone baronum et nobilium, qui in recognitione includuntur minime superius in valore vel extimatione comprehenduntur set remanent dispositioni dnorum comissariorum.

Ista non recognoscentur nec proponuntur recognoscere subscripta :— Primo comitatum Gebennensem, quem comes tenet ad homagium ligium a dom^o dalphino cum certis castris nominatis et omnibus que habet, que non tenet ab alio domino; et specialiter tenet a dom^o dalphino feuda et retrofeuda nobilium dicti comitatus, castra et domos fortes et quasi omnes magnos barones, qui homagium ligium fecerunt dicto dom. dalphino, et in dicto comitatu in feudis et retrofeudis dicti dom. dalphini sunt plures quam XXX^{ta} hospicia ; — item, homagium domⁱ Johannis de Chalons, qui tenet ab eo in feudum castrum Montis Revelli, villam de Champanhola, appreciatam ad mille libras Turonen. in redditibus annuis ; et debet juvare dom.·· dalphinum contra omnes, exeptis dominis a quibus tenet feuda, de ipsis feudis contra dominos a quibus tenentur; de tota alia terra sua sequi debet dictum dom. dalphinum : — item sunt ibi castrorum fortalicia, stagna, nemora, pascua, silve, venationes, garene et multa alia, sicut mine argentee, plumbee, cupree, ferree, piscationes, in redditibus non extantia, que consueverunt extimari et ad redditus redigi et pro hiis dari et fieri ut supra.

Preterea habet dictus dom. dalphinus que non recognoscit nec recognoscere intendit infrascripta : — primo comitatum Ebreduncesii, — comitatum Vapincesii, — et alia multa que tenet, que dicuntur fuisse de comitatu Folqualquerii ; — item, baroniam Medullionis, — it. baroniam Montis Albani, — item baylliviatum Valantinensem, cum feudis et retrofeudis que tenet dom. Aymarus de Pictavia et multi alii pro dom^o dalphino ad homagium ligium ; — item comitatum Albonis et Viennensem et baylliviatum Viennesii ; — item feudum ·· comitis de Foresio et ·· dominum Rossilhionis et multorum aliorum baronum, qui sunt in regno ultra Rodanum et citra. — De predictis tamen comitatibus, baroniis, bayllivia et feudis potest dictus dom. ·· dalphinus convenire juvare alterum, modo et forma in contractu plenius declarandis.

Nec de terra dicti dom. ·· dalphini quam habet in Normandia et Alvernia, nec non de comitatu suo Andrie superius mentio ulla est facta, quia de ipsis nullas convenciones faceret. — Item [su]nt parva alia castra in dictis comitatu Graysivo[da]ni et baroniis Terre Turris et Fucigniaci que tenentur a suis dominis, de quibus potest juvare non autem recipere in feudum.

(1) Guy ALLARD, *Documents mss.*, t. IV, f⁰ˢ 1-8, papier du temps. — Ce document et les deux qui le suivent immédiatement semblent relatifs à un projet d'inféodation d'une partie du domaine delphinal à l'Eglise romaine, qui est resté inconnu à tous nos historiens. Débiteur de 16000 florins à la Chambre apostolique, Humbert II avait fait de vains efforts pour se libérer (VALB., II, 437-9); c'est alors que, pressé également par d'autres créanciers, il dût proposer au pape de tenir en fief de l'Eglise romaine le marquisat de Césane, la principauté de Briançonnais, le duché de Champsaur, le comté de Graisivaudan, le bailliage de la Terre de La Tour et la baronie de Faucigny. L'état des revenus de cette portion du domaine delphinal, présenté aux cardinaux commis par Clément VI fut contrôlé par des sous-commissaires (doc. XVIII), qui établirent à leur tour la valeur justifiée de ces six provinces (doc. XIX); malgré les efforts des gens du dauphin pour suppléer à la différence constatée (doc. XX), ces pourparlers ne semblent pas avoir eu d'autre suite. Humbert II se tourna vers Philippe de Valois et le premier traité de transport du Dauphiné à la couronne de France fut signé le 23 févr. 1343 (GUIFFREY, *Réunion*, p. 147-54).

(2) En marge «Inventa». — (3) En m. «Inventi in dict. castris 2150». — (4) En m. «Inventum 3051 flor. et 10 turon. gros. cum d[im.], exceptis ca[sibus] fortuitis [castri] de Bardonasia». — (5) Addition «Non est feudale, licet habeat executionem in facto sang[u]inis extra territorium». — (6) Mot cancellé. — (7) En m. «Inventa in dict. castris et valle 4168». — (8) En m. «Inventum 7640 fl. 10 gr., exceptis casibus fortuitis quorumdam locorum quorum valor non [est] probatus». — (9) Article cancellé. — (10) Add. «In castro de Navasca sunt IIIᶜ foci et de LX illorum IIIᶜ dubitatur utrum sint in feudum vel retrofeudum; idem de redditibus pro predictis LX». — (11) Souligne, en m. «Albe Sane». — (12) En m. «Inventa in predict. castris spectancia ad dom. dalphinum 3464». — (13) En m. «Inventum 5675 fl. 6 turon. gros. et 3 quarti». — (14) Add. «castrum de Monteorcerio, in quantum est feudale». — (15) Add. «Parrochia est». — (16) Add. «de Percico». — (17) Add. «Vallis est». — (18) Add. «Sancti Laurencii». — (19) En m. «Inventa in dict. castris spectancia ad dom. dalphinum 8600». — (20) En m. «Inventi 3235 flor. 3 turon. grossi et adhuc remanent aliqua aminicula de majori valore III castrorum et casus fortuiti II castrorum». — (21) Add. «villa». — (22) En m. «In dubio est». — (23) En m. «Inventa de pertinentibus ad dom. dalphinum 6429, set debent detrai foca castrorum supra signatorum dubia et castri Colunbrii et II parcium ...». — (24) En m. «Inventa spectancia ad [d]om.] dalphinum 3729 fl. 8 turon. gross. 3 d., set debet detrai valor dict. castrorum ut dubia [sig]natorum et castri Columbarii; adhuc remanent aliqua am[ini]cula de majori valore et [casus] fortuiti III castrorum». — (25) En m. «Abbatis Amborniacensis». — (26) En m. «Resors». — (27) Add.

« parochia et mandamentum ». — (28) Souligné, au-dessus « bastida ». — (29) En m. « Inventa spectancia ad dom. dalphinum 7547 ». — (30) En m. « Inventi 7276 fl., non computatis casibus fortuitis vii castrorum nec aliquid de tribus predictis vii ».

XIX[1]. (1342).

SEQUUNTUR castra quorum valores probantur in bayllivia Briancon(esii), in quibus includuntur casus fortuiti in aliquibus et in aliquibus non : — castri Brian(conis) valor, inclusis casibus fortuitis, III^m III^c xliii flor. viii gross. v den.; — item, de eadem castellania, mistralia Sancti Pancracii valor probatus, exceptis cas. fort., 115 fl. 3 d.; — castri Dalphini et Pontis, incl. cas. fort., 342 fl.; — castri Cadracii, mistralia Sancti Verani incl. cas. fort., 478 fl. 3 gr. 10 d.; — item, de eadem castellania Cadracii, valor aliarum mistraliarum, exc. cas. fort., excluso valore mistralie de Denstolacio que non probatur, 1004 fl. 11 gr. 15 d. ob. ; — castri Vallispute valor probatus, exc. cas. fort., 428 fl. 13 d. = Summa grossa predictorum, exceptis casibus fortuitis ut supra et focis exceptatis, 5713 fl. 1 gr. 4 d.

Terra Sesane : — castri Ulcii valor probatus, inclusis casibus fortuitis, 315 fl. dy. gr.; — castri Sesane valor probatus, incl. cas. fort., 1147 fl. 4 gr. dy. 2 d. — Summa grossa predict. probatorum, incl. cas. fort., 1467 fl. 5 gr. 2 d. = Castri Bardoneschie valor probatus, exceptis casibus fortuitis, 316 fl. 7 gr.; — castri Exiliarum valor probatus, exc. cas. fort., 315 fl. 4 gr. 9 d.; — castrorum Mentolarum et Nemoris Ayarum valores probantur, exc. cas. fort., 687 fl. 11 gr. 5 d. pic. — Summa grossa castrorum predict. quorum casus fortuiti non probantur, 1319 fl. 10 gr. 14 d. pic. = Summa grossa castrorum terre Sesane, tam de illis quorum casus fortuiti probantur quam de aliis, 2782 fl. 3 gr. 16 d. pic.

Ducatus Campi Sauri: — castri de Roysanis valor probatus, inclusis casibus fortuitis, 428 fl. 8 gr. dy. 9 d. ; — castri Curnillionis valor probatus, incl. cas. fort., 800 fl. ; — castrorum Albe Sagne, Aye, Sancti Boneti, Ben(c)veti, Buissardi, Faudaonis et Rochete valor probatus, incl. cas. fort., 2558 fl. 8 gr. dy. 8 d. ; — castri Montis Orserii valor probatus, incl. cas. fort. et quibusdam proprietatibus, 1021 fl. 11 gr. — Summa castrorum predict. in quibus includuntur casus fortuiti, 4809 fl. 5 gr. = Secuntur castra in quibus casus fortuiti non includuntur: — castri Bellimontis valor probatus, 308 fl. 8 gr. 12 d. 3 pic.; — castri Corvi valor probatus, 211 fl. 7 gr. dy. 14 d. — Summa castrorum predict. in quibus casus fort. non includuntur, 520 fl. 5 gr. 1 d. 1 pic. = Summa grossa omnium probatorum predict. tocius terre Campi Sauri, 5329 fl. 10 gr. 1 d. 1 pic.

GREYSIVODANI. — Sequntur castra baronie Greysivodani quorum valores probantur, inclusis casibus fortuitis: — castri Alavardi valor probatus, 300 fl.; — castri Oysencii valor probatus, 4000 fl. — Summa dict. castrorum, 4300 fl. = Castri Clarimontis valor probatus, exceptis casibus fortuitis, 136 fl. 9 gr. 1 d. — Summa castri predicti, eadem. = Summa grossa castrorum predict., 4436 fl. 9 gr. 1 d. = Castra que sunt in dubio probatus valor, exclusis casibus fortuitis et non exclusis: — castri Avalonis valor probatus, inclusis casibus fortuitis, 500 fl.; — castri Montis Bonodi valor probatus, exceptis casibus fortuitis, 492 fl. 11 gr. 15 d. = Summa grossa omnium predict. castrorum, 5429 fl. 8 gr. 16 d.

TERRE TURIS. — Castra quorum valores probantur, casibus fortuitis inclusis: — castrorum Burgondi et Belli Regardi valor probatus, 240 fl.; — castri Crimiaci valor probatus, 666 fl. 8 gr.; — castri Vilani valor probatus, 40 fl. — Summa dict. castrorum, 946 fl. 8 gr. = Castra quorum valores probantur, casibus fortuitis exceptis: — castri Morestelli valor probatus, 183 fl. 8 gr. 1 d. — Summa, eadem = Summa grossa dict. castrorum, 1130 fl. 4 gr. 1 d. = Castra quorum valores probantur, casibus fortuitis in dubio existencia:—primo castri Montis Lupelli, 542 fl. 4 gr. dy. 2 d.; — castri Bastide Montis Lupelli, 33 fl. 9 gr. 1 d.; — castri Bastide de Vallibus valor probatus, 55 fl. 8 gr. 14 d.: — missum est per *(sic)* dom° Joh(anni) de Monte Lupello pro dictis castris declarandis; — castrorum terre Bellivisus de Marquo valor probatus, omnibus inclusis, 1200 fl.: — super predictis castris terre de Marquo debent produci duo instrumenta. = Summa grossa predict. castrorum in dubio existencium, 1831 fl. 10 gr. dy.

Baronie FUCIGNIACI. — Castra quorum valores probantur, [casibus fortuitis inclusis]: — castri de Samohen, [..........]; —

castri Flimeti, [.........]. — Summa dict. castrorum, [1508 fl. 5 gr. dy.] = Castra quorum valores probantur, casibus [fortuitis exceptis] : — castri Sancti Michaelis de Lacu, 50 f[l. 10 gr.]; — castri Castillionis, 1750 fl. — Summa dict. castrorum, 1800 fl. 10 gr. = Summa grossa predict. castrorum, 3309 fl. 3 gr. dy. = Castra quorum valores probantur, casibus fortuitis inclusis, in dubio existencia : — castrorum Castalleti de Credo, Bone, Bone Ville, Alingii Veteris, 2371 fl. 8 gr.; — castri bastide de Sonneyro, exceptis cas. fort., 74 fl. 6 gr. dy. — Summa castrorum predict. in dubio existencium, 2446 fl. 2 gr. 7 d. ob. : — sunt in dubio quousque declaretur de jure quod dicitur competere c[omit]i Sabaudie.

[.....dno]s episcopum Avinionensem, episcopum Theotinum [...comissarios per dominu]m nostrum papam deputatos super [..................... produ[ctis in exhamine infeudacionis, videl. [..]sse probata vel alia dubia que [............................]

[..................................]s designatis declaraverunt dni [...........................] factam per dnos cardinales per modum [infrascriptum] :

[Bria]n(conesii). — Su[per castris] Ulman., Cayrerie, Vallispute et Cadracii nobis tradiderunt, ultra valorem approbatum per dnos secundos comissarios pro probatis, proxime superius nominati dni comissarii, 2149 fl. 4 d.

Sesane. — Item, super castris Exiliarum, Ulcii, Nemoris Ayarum, Mentolarum nobis tradiderunt, u. v. a. p. d. c. s. p. p., p. s. n. dni comissarii 1080 fl. 1 gr. 7 d. pic.

Campi Sauri. — Item, super castris Bellimontis et Corvi nobis tradiderunt, u. v. a. p. d. c. s. p. p., predicti dni comissarii 363 fl. 8 gr. 2 d.

Terre Turris. — Item, de castris Crimiaci, Castri V[llani,...] Turris Pini et Quiriaci nobis trad[iderunt, u. v. a.] p. d. c. s. p. p., [..................:....]

Greysivodani. — Item, super castris Visilie, Montis Fl[uriti, ...] Belle Combe et Morestelli nobis [tradiderunt, u. v. a.] p. d. c. s. p. p., [p. dni comissarii], 418 fl. 10 gr. 16 d.: dubium est cum ea, s[alvo] pl(uri).

Fucigniaci. — Item, super castris Salanchie, Montis Gaudii

et Ermencie nobis tradiderunt, u. v. a. p. d. c. s. p. p., p. n. dni comissarii 2360 fl.

(1) Guy ALLARD, *Documents mss.*, t. VII. f⁰¹ 116-21, papier du temps.

XXI. (*1342*).

. . . .
Et sic apparet [quod defficiun]t de predicta XII[m floren.] summa data in sexterno, computatis [valoribus] trium castrorum de quibus dubium non apparet et duorum castrorum de quibus ut premititur dubitatur, VIm Vc LXX flor. 1 gr.. 1 d. ; que summa suppleri potest per extimationem faciendam de casibus fortuitis et valoribus castrorum predict.. videl. Belle Combe, Buxerie, Montis Fortis, Curnillionis et Morestelli, ac Montis Floriti, Clarimontis, Visilie et Mure, Parisius, Vivi, Saysini ac Cunheti, non probatis ut supra ponitur, que extimari petuntur ut supra, presertim cum majora sint castra non probata quam probata.

Item, baylliviam baronie TERRE TURRIS et VALLIS BONE, in qua sunt castra subscripta : castrum Turris Spini, castrum Vilani, castrum de Burgondio, castrum Belli Regardi, castrum de Sabloneriis, castrum Morestelli, castrum Quiriaci, castrum Crimiaci, castrum Sancti Laurentii, castrum Columberii, castrum Bastide Montis Luppelli, medietas castri de Vallibus, castrum Montis Luppelli, castrum Belli Visus de Marco, castrum Pineti, castrum Montis Leonis; in qua quidem bayllivia et castris consistunt XIIIm focorum : valent domino a[n]nuatim I]Xm Vc floren. — Et est sciendum quod de predictis XVI castris numero duo dempta fuerunt, videl. Sancti Laurentii et de Columberiis, in quibus reperti erant IIIJc LXXXXIII foci : qui foci nec valor ipsorum castrorum inferius in summa aliqua computantur ; item sciendum est quod de XIII castris restantibus sunt octo castra, vid. Burgondii, Belli Regardi, Crimiaci, Vilani, Morestelli, Turris Spini, Quiriaci et Sabloneriarum, de quibus dubium aliquod non apparet quin sint alodialia et reperiuntur in eis foci probati ut supra. in summa Vm Vc XIX foci ; item sunt sex castra de quibus dubitatur an sint alodialia, vid. Montis Leonis, Pineti, Belli Visus, Montis

Luppelli, Bastide Montis Luppelli et de Vallibus, in quibus reperiuntur foci probati in summa modo quo supra II^m IIII^c LXXXII foci. Et sic apparet quod defficiunt de dicta summa in sexterno data, videl. de XIII^m focis, III^m IX^c LXXXXIX foci : que summa dict. focorum suppleri potest per focos quorumdam locorum existencium in dicta bayllivia, vid. castrorum Maycimiaci, Peyrogiarum, Burgi Sancti Xpistofori, de Chasey, Sancti Dyonesii, Sancti Saturnini, ville clause Lanhiacii, ville clause Vallis, de Abotrins, Briordi, Belli Divisus, ville clause de Lonnas, castri de Lueys et ville clause ejusdem, et plurium aliorum qui fuerunt omnes generaliter positi propter causam supra dictam. = Deinde valor quinque castrorum, videl. Burgondii, Belli Regardi, Crimiaci, Vilani et Morestelli, de quibus dubium ut premititur non apparet, approbatus ut supra est M. C. xxx flor. IIII gr. I d., non computatis casibus fortuitis castri Morestelli quia non reperiuntur probati : valor aliorum trium castrorum, de quibus ut premissum est dubium non apparet, non reperitur probatus ; item valor sex castrorum, vid. Montis Leonis, Pineti, Belli Visus, Montis Luppelli, Bastide Montis Luppelli et de Vallibus, de quorum alodio dubitatur. approbatus ut supra est M. VIII^c IIII flor. I d. ob., non computatis casibus fortuitis castrorum Montis Luppelli, Bastide Montis Luppelli et de Vallibus cum non reperiantur probati. Et sic apparet quod defficiunt de predicta IX^m et V^c floren. auri summa data in sexterno, VI^m V^c LXV flor. VII gr. XIIII d. ob., computatis valoribus probatis aliquorum castrorum predict. : que summa suppleri potest per extimationem faciendam de casibus fortuitis et valoribus castrorum predict., videl. Morestelli, Montis Leonis, Pineti, Belli Visus, Montis Luppelli, Bastide Montis Luppelli et de Vallibus, Turris Spini et Quiriaci, que de majoribus sunt, non probatis ut supra ponitur, que extimari petuntur ut supra.

Item baroniam de Fucigniaco, in qua sunt castra subscripta : castrum Flumeti, castrum Salanchie, castrum Montis Gaudii, castrum Sancti Michaelis, castrum Castillionis, castrum de Sant Moyng, castrum Castelleti de Credo, castrum de Bona. castrum de Monteux, castrum de Sonnoyro, castrum Armancie, castrum de Alingio, castrum Bone Ville, castrum Fucigniaci ;

in quibus baronia et castris consistunt XIIII^m focorum ; valent domino annuatim X^m floren. — Et est sciendum quod de predicto XIIII castrorum numero sunt sex castra de quibus dubium aliquod non apparet quin sint alodialia, videl. de Sanmoyg, Castillionis, Salanchie, Sancti Michaelis, Montis Gaudii et Flumenti, in quibus reperiuntur foci probati ut supra V^m IX^c VI foci ; item sunt octo castra de quorum alodio dubitatur, vid. Bone Ville, de Credo, Alingii Veteris, Bone et Sonneyro, Armencie, Fucigniaci et de Monteux, in quibus reperiuntur foci probati ut supra IIII^m XXXVI. Et sic apparet quod defficiunt de predicta summa XIIII^m focorum data in sexterno, IIII^m LVIII foci, computatis focis XIIII castrorum predict. : que summa dict. focorum suppleri potest per focos quorumdam locorum existencium in dicta baronia, videl. Belli Fortis, terre Lossie, terre Campi Muniti, vallis de Ylliers, Castellionis in Valesio, Petre, vallis Mauberti, vallis de Frestenges et plurium aliorum qui fuerunt omnes generaliter positi propter causam supra dictam, de quibus dominus potest juvare ecclesiam de placito et de guerra prout est declaratum. = Consequenter valor quatuor castrorum de quibus nullum apparet dubium, videl. de Santmoyg, Castillionis, Sancti Michaelis et Flumenti, approbatus ut supra est III^m III^c IX flor. III gr. VIII d. ob., non computatis casibus fortuitis castrorum Castillionis et Sancti Michaelis quia non reperiuntur probati : valor aliorum duorum castrorum predict., de quibus dubium non apparet, non reperitur probatus ; item valor quinque castrorum, de quorum alodio dubitatur, vid. de Credo, Bone Ville, Alingii Veteris, bastide de Sonnoyre et Bone, approbatus ut supra est II^m IIII^c XLVI flor. II gr. VII d. ob., non computatis casibus fortuitis castrorum de Credo, Bone Ville, Alingii Veteris, Bastide et de Sonnoyre. Et sic apparet quod defficiunt de predicta X^m floren. auri summa data in sexterno, IIII^m II^c XLIII flor. VI gr. I d., computatis valoribus probatis castrorum dubiorum et non dubiorum, exceptis duobus ut supra : que summa suppleri potest per extimationem faciendam de casibus fortuitis et valoribus castrorum predict., videl. Salanchie, Castillionis, Fucigniaci, de Monteux, de Credo, Bone Ville, Alingii Veteris, de Sonnoure, Sancti Michaelis, non probatis ut supra ponitur, que extimari petuntur ut supra.

1. Guy ALLARD, *Documents mss.*, t. V, X, fᵒˢ 168-70, papier du temps : les ff. précédents renfermaient le marquisat de Césane, la principauté de Briançonnais, le duché de Champsaur et le comté de Graisivaudan (en partie).

XXI. (1343).

(DE CESSIONE PATRIÆ DALPHINALIS REGI FRANCIÆ) 1.

Proprietez en Champsour : — Mont Orsier, — Saint Bonet de Champsour, — Faudon, — Boyssart, — Mont Alguier, — Chassaigne 2. = Fiez en Champsour : — du seigneur de Valgondemar, — de Laya, — de Benevent, — de Romete, — de Saint Loren du chapitre de Gap, — de La Rochete dessus Gap, — de Orsere.

Proprietez en la conté d'Eybrion : — la cité d'Eybrion, — la parerie de Savine, — la parerie de Chaorges, — les Crotes, — les Orres, — Baratier, — Montmire. = Fiez en Eybrionois : — de Riortier, — de Savine, — de l'Argentere, — de Valserre, — de Jarjaye, — d'Avancon, — de Rame, — de Theuz, — de Romolon, — de Mont Gardin, — de Realon, — de Prunieres.

Proprietez en Brianconois : — Briancon, — Sezane, — Uls, — Bardonesche, — Exilles, — Mentoles, — le bois de lez Ayes, — Quayras, — Pons, — Chastiau Dauphin, — Bellin, — Valpute, — Saint Martin de Quayrere. = Fiez en Brianconoys : — le fiez de Bardonesche, — de Navasche, — de la Bastie de Valpute. — Ces proprietez et fiez sieent sus les frontieres de Lombardie.

Ce sont les princes et haut baron qui sont hommes et tiennent fiez du dalphin de Viennois : — Le conte de Savoie, qui en tient en homage lige environ IIIIxx chasteiaux 3 ; — le conte de Valantinois et de Dieis, qui en tient environ XXII chastiaux ; — le conte de Fourois, qui en tient environ XII ; — le conte de Geneve, qui en tient environ XII ; — le prince de Piemont, qui en tient IIII ou V ; — le prince d'Orenge, qui tient les fiez dessus nommez ; — moss. Jehan de Chalon, qui en tient environ X ou XII ; — moss. Raynaus de Fourois ; — moss. Hugue de Geneve ; — moss. Agout des Baux ; — le visconte de Clermont ; — le seigneur de Villars 4 ; — le seigneur de Gez 4 ; — le seigneur de Roussillon ; — le seigneur de Chassenage ; — le seigneur de

Tournon; — le seigneur de Valbonneys; — le seigneur de Monteil; — mons. Lambert du Monteil; — le seigneur de Vignay; — le seigneur de Chastiau Nuef; — le seigneur d'Anjo; — le seigneur de Breisseu; — et les autres bannerez dessus nommez.

D'autres fiez petiz et gentilz hommes vavasseurs a parmi le Dauphinel tant que c'est mervoille; — sanz les autres homages, fiez et rierefiez que li dalphins a en la conté de Genève, en la terre de Villas et de Montaigne, en Prouvence, en Bourgoigne et ailleurs hors du Dalphinel. — Et est assavoir que touz les chastiaux de proprietez et fiez dessus nommez sont bien fort et fermez de murs ou de palices et fossez, et chascuns lieux a par soy terreur et mandement avec toute justice et mere et mixte impère.

<small>(1, Guy Allard. *Documents mss.*, t. IV, f° 179-80, papier du temps. — A cette description féodale du Dauphiné, relative peut-être comme la suivante au premier traité de cession à la France, manquent au commencement le Viennois, le Graisivaudan, la Terre de La Tour et Valbonne, le Gapençais, les baronies de Montauban et Mévouillon, et le Faucigny.
(2) Ajouté, puis effacé : « la cité de Gap ».
(3) Article ajouté après coup. — (4) En marge « Tenez comes ».</small>

XXIII. *(1343).*

[In] VIENNESIO.

PRIMO sequntur nomina locorum propriorum domini nostri dalphini in bayllivia Viennesii, in quibus mandantur castellani, videl. castellanus — Moyrenc, — Ripparum, — Regalis Montis, — de Ysellis, — Sancti Stephani, — Bellireparii, — Revelli, — Pineti, — Bellivisus de Marco, — Albe Rippe, — Morasii, — Albonis, — Vallis, — Ruppis Clivi, — Payrini, — Clairiaci, — Pisanczani, — Cabeoli, — Sancti Nazarii, — Bellivisus in Royanis, — ² Sancti Heleuterii, — Caprilliarum, — Chaste, — Sonne, — Yseroni, — Villenove Roybonis, — Montis Rigaudi — et Sancti Donati — ac Pomeriorum.

Sequntur castellani bannereti, vassalli dalphinales, in Viennesio, videl. domini hii : — dominus Rossillionis; — dominus de Anjone; — dominus Salerie et Montis Bretonis; — dominus Brissiaci; — dominus Viriville; — dominus Montis Canuti; — dominus Claveisoni ; — dominus Vinayci ; — dominus Castri Novi; — dominus Sancti Quintini; — domina de

Tullino ; — dominus Chaste ; — dominus de Lentyo ; — dominus de Marjays ; — dominus Castri Novi de Galauro ; — dominus Sancti Donati et Bellegarde ;—dominus de Mosteuduno ; — dominus Pelafolli ; — dominus Sancti Andree in Royanis ; — domini de Murinay ; — dom. H(ugo) Remestaign, dominus Vallis Gresi, — ? dominus de Claromonte ; — ? dominus de Malebecco ; — ? dominus Faramancii ; — ? dominus de Chandeu ; = dominus Ruppis Fortis ; — dominus Joncherie ; — dominus de Beausemblant ; — dominus de Turnone ; — ? dominus de Doannay ; — dominus de Yllino ; — dominus Montagniaci ; — dom. Jo(hannes) Pagani, dominus Satilliaci ? et de Duannay ; — dominus de Herasio, ? Pontis ; — ? dom. G(uigo) Veherii, dominus Forterescie ; — ? dom. Rollandus de Beana ; — ? Chabertus de Murinnays ; — ? dominus de Silanis ; — ? dom. Raynaudus Falavelli.

Comes Valentinensis et Diensis ; — comes Forensis ; — dom. Amedeus de Pictavia, dominus de Toulignano ; — dom. Haut de Cuer, dominus Oudefredi.

Sequntur milites valvassores et scutifferi notabiles Viennesii, vassalli dalphinales : — 4

In GRAYSIVODANO.

Castellanus — Vorapii, — Curnillionis, — Grationopolis, - Montis Fluriti, — Montis Bonoudi, — Montis Fortis, — Terracie, — Buxerie, — Bellecombe, — Avalonis, — Alavardi, — Morestelli, — Visilie, — Oysencii, — Mure, — Corvi, — Bellimontis, — Triviarum, — Royssanis, — Clarimontis, — Avinioneti, — Vivi et — Parisius.

Sequntur castellani bannereti Graysivodani, vassalli dalphinales :—dominus Cassenatici ; — vicecomes et dominus Clarimontis ; — dominus Vallisbonesii ; — dominus Morgiarum ; — dominus Montis Aynardi ; — dominus de Praboys ; — dominus de Vado ; — dominus Varsie ; — dominus de Campis ; — dominus Sancti Georgii ; — dominus Mote Sancti Martini ; — dominus Sechilline ; — dominus Pelafolli ; — dom. G(uigo) de Morgiis, dominus Chastellarii ; — dominus de Persico in Triviis ; — dom. Fran(ciscus) de Thesio, dominus Thorane ; — dom. P(etrus) Clareti, dominus Esparoni ; — dom. Guillelmus Arthaudi, dominus Aisii et Vallis Gresse ; — dom. Guillelmus

Grinde, condominus Miribelli ; — dom.,² Lant(elmus) Aynardi, dominus de Theucio; — dominus Uriatici et Revelli ; = dom. Rod(ulphus) de Comeriis, dominus Massi ; — dominus Belli Montis; — dom. Arthaudus de Bellom(onte), dominus Fraite ; — dom. Stephanus de Alto Vilario ; — dom. Chabertus de Morestello, dominus Acus ; — Dronetus de Intermontibus, dominus Thoveti;—dom. Dronetus de Vallibus, dominus Terracie; — dom. Desiderius de Cass(enatico), condominus Cassenatici ; — dominus de Geria ; — Fran(ciscus) condominus Parisius⁵; — ² dom. Guigo de Comeriis ; — ² dom. Guillelmus de Comeriis ; — ² Guigons dominus Montis Melioris ; — ² dom. Rod(ulphus) de Sancto Jorio.

Comes Gebennensis, pro terra sua Grays(ivodani).

Sequntur milites valvassores et scutifferi notabiles Graysivodani : — dom. Guillelmus Bigoti : — dom. Richardus de Malhiis ; — dom. Raymundus Leuczonis ; — dom. Petrus de Grangiis ; — Aynardus, ³ Johannes ⁵, Guigonetus de Bella Cumba ; —³ Peronetus Leuczonis⁵; — Humbertus de Barralibus ; — Guillelmus et Leuczonetus Leuczonis ; — Bertonus Guersi ; — ³Artaudus et Guersus de Bellomonte ; — Anthonius Guersi ; — Aymonetus de Sancto Petro ; — Johannes et Guigo Barralis; — Aymonetus Gentoni; — Johannes Albi ; — Melmetus Guiffredi ; — dictus Carres ; — Humbertus et Philippus de Cheyllas; — ³ Johannes, Barrachinus et Girardus de Thesio ; — ³ dom. Guigo, ³ dom. Guillelmus, Johannes de Comeriis ; — Johannes et Petrus Alamandi ; — ³ Ramusius d'Albini ; — dom. Soffredus de Arsiis ; — ³ Ramusius de Albino⁵ ; — Johannes et Eustachius Berlionis; — Ancelmus de Monteforti ; — Johannes Leobardi ; — Hugo de Avalone; — Franciscus et Eymarus Vacherii ; — Gononus Cono ; — bastardus Fucinhiaci ; — Franciscus de Pratis ; — Humbertus Clareti; — Garreca ; — Lantelmonus Argoudi ; — Guigo de Ingeniis ; — dom. Bozo, Bozonetus, Petrus de Porta Truina ; — Alamandonus Chaberti.

In terra Turris et Vallebona.

Castellanus — Turris Spini , — Morestelli, — Belliregardi et Bergondi, — ² Castri Vilani, — Dentheisiaci, — de Vallibus, — Sancti Laurencii, — Columberii, — Crimiaci, — Quiriaci, — Sabloneriarum, — de Lueys, — Sancti Andree de Briordo, —

Sancti Saturnini de Cucheto,— Montis Sancti Dionisii, — de Chascy, — Maximiaci, — Perogiarum, — Burgi Sancti Xpistofori et — Montis Lupelli, — Bastide Montislupelli.

Sequntur castellani bannereti baronie de Turre : — dominus de Vilars ; — dominus de Anthone et Gordani ; — dominus Castillionis de Palude ; — dominus Neyriaci et Montis Revelli ; — dominus de Grollea ; — dominus de Pusigniaco ; — dom. Amedeus de Rossillione, condominus Bochagii : — dom. Guigo de Rossillione, condominus Bochagii ; — dom. Amblardus de Briordo, dominus Serrate ; — dominus Belliregardi in Dombis; — dom. Hugo de Heriis, dominus Chastelarii ; — ² dom. Hugo, dominus de Versay ; — dom. Henricus, dominus du Plantey.

Sequntur milites valvassores et scutifferi notabiles terre Turris et Brissie, vassalli dalphinales :—dom. Johannes de Balma, senior; — dom. Johannes de Balma, junior ; — dom. Aynardus de Lay ; — dom. Henr(icus) de Drenco ; — dom. Amblardus Ferrandi ; — dom. Girinus Labre ; — dom. Guichardus, dom. Stephanus de Loraz ; — dom. Guido de Palanisio ; — dom. Humbertus Bochardi ; — dom. Gauvagnius Liobardi; — dom. Humbertus de Putheo ; — dom. Stephanus de Chalomonte ; — dom. Maolus, dom. Guillelmus de Saxo ; — dom. Petrus, dom. Henr(icus) Nigri ; — dom. Jo(hannes) de Briordo ; — dom. Egidius de Arloco ; — dom. Bartholomeus Athenoudi ; — dom. Humbertus de Amaisino ; — dom. Johannes, dom. Albertus Vetule ; — dom. Guillelmus de Chalom(onte) ; — dom. Jo(hannes) de Borsiaco ; — dom. Marcellus de Poypia.

In Brian(czonesio).

Castellanus — Brianczoni, — Sezane, — Ulcii, — Bardonechie, — Exiliarum, — Vallis Clusonis, — Cadracii, — Pontis et — Castri Dalphini, — Sancti Martini Cayrerie — et Vallis Pute.

Sequntur nobiles Brian(czonesii) : — Aymonetus et Petrus de Luserna, condomini Bastide ; — Justetus, Guillelmus, Johannes de Bardoneschia ; — condominus de Navascha ; — Guigoneto Leuczonis.

In Ebredunesio et Camposauro.

Castellanus — Ebreduni, — Campisauri.

Sequntur nobiles notabiles Ebredunesii et Campisauri : — domini de Argenteria ; — dominus Sancti Crispini ; — dominus Riorterii ; — domini Sabine ; — dom. Guillelmus de Rama ; — liberi dom¹ Odonis de Rama ; —liberi dom¹ Johannis de Rama ; — Rod(ulphus) de Ebreduno, condominus de Crotis ; — dominus de Valserris ; — dom. Johannes Fraxenerie ; — domini de Monte Gardino ; — domini de Avanczono ; — Henricus Grassi, dominus Vallis Gondemarii ; — domini de Rosseto ; — domini de Laya ; = domini Sancti Julani de Buysardo ; — Johannes de Monte Orserio ; — Guillelmus de Monte Orserio ; — Lant(elmus) de Monte Orserio ; — Bertrandus Humberti ; — Ysnardus de Valserris, condominus de Theuz ; — dom. Lant(elmus) Aynardi, dominus de Theuz.

Consuetum est requirere pro cavalcatis archiepiscopum Ebredunensem, quod mitat gentes in armis, — comunitati civitatis Ebreduni, qui debent certum numerum clientum, — comunitati et consulibus Caturicarum.

In Vapin(cesio).

Castellanus — Serri, — Upasii, — Veyneti.

Sequntur castellani bannereti Vapincesii, vassalli dalphinales, videl. — dominus Vallisbarreti ; — dominus de Saornono, ² dom. B(ertrandus) de Agouto ; — dominus Ventehoni ; — dominus Balme Nigre, ² Raynaudus de Monte Albano ; — dominus Montis Mauri, ² Raymundus de Monte Albano ; — dominus Montis Jay et Montis Rotondi, ² dom. G(uillelmus) Ogerii ; — dominus Sancti Andree in Buchana, ² G(uillelmus) Artaudi ; — dominus Ruppis, ² Arnaudus Flote ; — dominus de Oza ; — preceptor Hospitalis in Vapinco ; — dominus de Calma, ² Lambertus de Montillio, dom. Gunquerus ; — dominus Bellijoci ; — dominus de Ribiers, ² Jordonus de Rosanis ; — dominus de Brucys ; 6 = domini de Sigoherio ; — dominus de Argensono ; — dominus Asperi Montis ; — dominus de Jarjaya ; — dominus Montis Maurini ; — dominus Furmierii ; — ² dominus Balme Arnaudorum ; — ² dom. G(uillelmus) Artaudi, dominus 7 de Beuchana.

Consuetum est scribere episcopo Vapincensi et comunitati civitatis Vapinci, que debet certum numerum clientum.

Dom. Jo(hannes) de Cabilone, dominus de Arlaco, pro Auripetra.

In baroniis Montis Albani et Medullionis.

Castellanus — Montis Albani, — Assedune [8], — Arpahoni [8], — Montis Regalis [8], — Curnierii [8]. — Nihoniis, — Miribelli, — Avisani, — Medullionis, — Buxi et — Mirandolii.

Sequntur castellani bannereti Baroniarum : — dominus Brantulliorum et Plasiani ; — dominus de Busignano ; — dominus Sancte Galle ; — dominus Montis Guersi ; — dominus de Chouvaco; — dominus Castri Novi et de Arboribus; — dominus de Reylliana ; = dom. Jo(hannes) Aynardi, dominus de Fara ; — dom. Hugo Ademarii, dominus Garde [2] et condominus de Mollanis ; — dom. Lambertus de Montillio, condominus [2] dicti loci ; — dom. Giraudus Ademarii, dominus [2]Sancti Albani; — [2] dom. Gaucherus de Montillio ; — dominus de Governeto; — [2] Bonif(facius), dominus de Alausono; — dominus de Penna; — dominus Sancte Marie Vallis Olle; — prior Sancti Andree de Rosanis; — dominus Bastide Verduni; — dominus de Rosseo; — domini Montis Olivi ; — domini Ruppis Brune ; — domini Vinsobriarum ; — dominus Rupecule subtus Med(ullionem); — dominus de Riomis; — domini Sancte Eufemie ; — domini de Pogeto ; — dominus Montis Ferrandi.

Princeps Aurayce, pro Montebrisono.

Sequntur barones et nobiles inferiores parcium Provincie, quos dominus mandat : — nepos et fidelis: Raymundus de Baucio, princeps Aurayce ; — avunculus : dom. Guillelmus de Baucio, dominus de Berra; — consang(uinei) et amici : dom. Agoutus dominus de Saltu; Raymundus de Baucio, dominus de Peyrichart; dom. Blacassius de Alpibus ; Isnardus de Pontevis ;[3] Johannes de Pontevis [5] ; Refforsatus, dominus Forquelquerii ; Boniffacius de Castellana, dominus Fodii ; Boniffacius de Castellana, dominus de Salernis ; [2] dom. Lustetus ..dercen ; Boniffacius, dominus de Alamania: — amici : dom. Guillelmus dominus de Pogeto ; dom. Aynardus de Podio Luperii ; Rayno. domino de Verderio ; domº Heliono de Villa Nova, domino de Traanis; domº [2] Gaucherio, domino de Luce Marino ; domº Petro de Alamandono; Bertrando de Alamandono, domino de Auriola ; — [2] Bertrandus Raymbaudi, dominus Apte ; — [2] Gaucherius, dominus de Sezerista : —[2] dom. Giraudus Amici, dominus Tauri ; — dom. Guillelmus de Voulta.

In terra Fucigniaci.

Castellanus — Fucigniaci, — Bone Ville, — de Bona, — Hermencie, —de Monteux. — Alingii Veteris, — Castillionis, — Castelleti de Credo, — Salanchie, — Montis Gaudii, — de Samoign, — Flumeti et — Bellifortis, — ² Sancti Michaelis.

Sequntur castellani bannereti et fideles dalphinales pro terra Fucigniaci, videl. — ··comes Gebennensis ; — consanguinei et fideles: dom. Hugo de Jamvile, dominus de Gayo ; dom. H( ) Alamandi, dominus Aubone et Copeti ; — consiliarius et fidelis : dom. H(umbertus) de Choulay, dominus de Lullino ; — consanguinei et fideles : dominus de Langino ; dominus de Mentone ; — fideles: dom. Gir(ardus) de Ternerio, condominus dicti loci ; dom. Guillelmus de Compesio, dominus de Torene ; dom. Nicoudus de Monteforti; dom. Rodulphus d'Arlo ; dom. Jo(hannes) de Ravorea ; dom. Joh(annes) de Thoyria ; ³ Rod(ulphus) de Thoyria ; dom. Nicoudus de Fernay; dom. Jo(hannes) de Lucingio; dominus de Nernier ; dom. Richardus ¹⁰ de Vozerie ; dom. Guillelmus Dardelli; Hugoninus, dominus de Vouflenz in Vaudo ; dom. Jo(hannes) de Gayo ; dom. Petrus de Bellagarda ; ² Raymondo de Chissiaco; ² domo Aymoni de Boscheto ; —consanguinei et amici: dominus de Cossonay; dominus Greiziaci ;=dom. G(uillelmus) de Bardoneschia ; — Persevallus de Bardoneschia ; — Aymonierius de Sancto Jorio ; — Franciscus de Sancto Jorio ; — Girardus du Fraigney ; — Melmetus de Thoria; — Perretus de Chissiaco ; — Henr(icus) de Chissiaco; — dom. Guillelmus, ³Johannes Martini ; — dom. Johannes, Amedeus, ³Raymondus, Ramusius de Fracia ; — P. de Graveyruel ; — Hug. Vaignardi ; — P(etrus) de Altaribus ; — Peronetus de Altaribus ; — Perretus de Sancto Jorio ; — dom. Humbertus de Flacheria ; — Romanetus Bioli ; — dom. Humbertus, Jaquetus de Cruce ; — Viffredus, P. Sadoieri ; — Guionetus de Villa ; — Hug(o) Mistralis ; — Robertus de Anneriis ; — Johannes de Cletis ; — Henr(icus) de Vouzerie ; — Ruffienus de Serveuz ; — Hug. de Pontebitreo ; — Humbertus de Prissie ; — Ay. de Prissie ; — P(etrus) Dardelli ; — Roletus de Chissiaco.

1) Guy Allard, *Documents mss.*, t. VII, f⁰ 399-411, papier du temps. Les notes 2 et 3 affectent tous les mots qu'elles précèdent.

(2) Ajouté après coup. — (3) Effacé après coup. — (4) Cet article est resté en blanc. — (5) En marge « Obiit ». — (6) Ajouté, puis effacé « G. de Agouto dom. » — (7) Ajouté, puis effacé « de Aquis ». — (8) Ajouté en marge: « Vacant, quia translata ». — (9) Effacé « dom. » — (10) D'abord « Guillelmus ».

XXIII. (1343).

(VALOR QUORUMD. CASTRORUM VIENNESII ET TERRE TURRIS)1.

[Castra Pineti et ......], valor a 5 an. citra VIII^c flor. et plus.

Castrum Bellivisus de Marco, valor XII^c flor. et plus; proprietates: vinee, prata, terre laboratorum, foresta de Chacen de Moyderiis, foresta de Chacen de Bellovisu, foresta de Marcello, foresta del Bletoney.

Castra Belli Regardi et Burgondii, valor a 20 an. III^c flor. et plus.

Castrum Sabloneriarum, valor IIII^{xx} flor. et plus (garde Sancti Theuderii).

. Castrum Crimiaci, valor VIII^c flor. et ultra; proprietates: stagnum de Bryeyl, domus de Martinaz.

Castrum Colunberii, valor commun. mille flor. et ultra (de servicio de Groennay); proprietates: foresta de Planeysia, foresta de Chano, lacus de Chano, foresta de Revoyllola cum nemoribus de la Chalins.

Castrum Sancti Laurentii, valor com. XII^{xx} flor. et plus (decima Sancti Boneti et plotum Sancti Laurentii).

Castrum Villanum, valor com. IIII^{xx} flor. et plus.

Castrum Turris Spini, valor com. II^m flor. et plus (maygneria dicti Peteyl de Saysseu; communis ville Turris); proprietates: pratum situm prope Turrim, merescum longitud. 1 magnie leuce, latitud. quarte partis 1 leuce.

Castrum Morestelli, valor a 25 an. mille flor. et plus (romeagium de Goneu, portus de Quinceu, piscatura de Charuy); proprietates: tinimentum vocatum Vorgeys, tinimentum pratorum ut dicitur seytine del Vorgey, stagnum de Veseruncia, valor bonorum domⁱ Henrici de Paladruco.

Castrum Quiriaci, valor a 25 an. citra II^m V^c flor. et plus (portus Quiriaci, portus Ville Nove, pondus Balme, paysonagium nemoris de Bays, paysonagium, servayrinum et lovareca, p. plano bosco); proprietates: pratum de Balma, foresta de la

Lovareci, foresta de Servayrino, nemus de Garda cum garena cuniculorum ibidem situata, stagnum de Torthonay, alium stagnum ibidem prope, stagnum de Lancino, stagnum de Charayta, serva de la Lovareci et predia jacentia.

(1) Guy Allard, *Documents mss.*, t. IV, f"' 203-75, papier du temps. — Les revenus indiqués proviennent «de alco, angariis, assensamentis (al. a-cs-s., avena, avenagio; banchis albergatis et loquatis in ala mercati, b. census, b. minutis, bannis, b-no augusti, b. mensis maii, b. vini, bonis vacantibus, boysiis; canabo, capponibus, cartone vini, cascis, castaneis, censa annuali, c. furnorum, c. molendinorum domini, c. terdarum, cera, c. gardarum, cessionibus, chacia perdricarum, chareyagiis, churnagio, complaytis, composicionibus, corohatis, corrvatis boum et hominum, corvatis census; decima agnorum, denariis censuum, d. serviciorum; echargaytis, echuytis, emolumento curie, e. litterarum executorum, e. lignorum opuriencium et honorum subversorum, e. ploti, e. sigillorum literarum; exitu (al. exsitu) mercati; fenagio, feno, firma furni, f. lingarum et lomborum, firmis bannorum vini mensium marcii et augusti, f. furnorum, fogagiis, frumento, furno; gallinagio, gallinis, g. carniprivii, g. servicii, garda, g-diis, g-dis animalium, g. cere, g. in cascis, g. in denariis, gaytis, ginginbre, guardis: indicaturis, intropiis, investituris: jocagiis noviter accensatis; latis, laudibus, l-is, legatis, leyda, l. mercatorum, lignis, l. boum; mensura bladorum, muttagiis; nemoribus, nundinis; panno de redditu, parangariis, parchis cen., pascuis, payleagio, pedagio, peyssonagio, pipere, p. gardarum, piscatura stagni, placitis, protencionibus, publicationibus testamentorum, pullis, p. servicii; quartonibus; sale, senapio, servicio .... s. novo, signo mensurarum, siligine, sotularibus, stabilitis, successionibus; talliis, tuschiis, t. bladi, taylliis, t. accensatis, terda pignorum; venditionibus, vino, v. quartonum, vintheno». On a employé comme mesures de capacité: «barrale (al. barale), benna, bicheta, copa-cupa, emina, meyt(eria), quartale, sest(arium), s. cumulum, somata»; de longueur: «ulna»; de poids: «libra, quartale, quintale»; de quantité: «duodena»; de superficie: «fosayr(iata), sestayriata)-setoyr.»; de volume: «charata et trossa feni». On lit à la fin: «Extimatur somata frumenti i flor., it. siliginis ad II partes flor., it. avene dimid. flor.; item trossa feni X sol., it. somata vini I flor.; cera vero et alie res ut occurrunt. Semper intelligitur grossus pro XVII den.»

XXIV. ?.

Informacio facti quod habebat nobilis Bertrandus Humberti in mandamento castri de Monteorsserio [1].

Notorium est quod in mandamento de Monteorsserio sunt septem ecclesie parrochiales: — Et primo, ecclesia Sancti Michaelis de Chalholio, in cujus parrochia sunt XX II VIIJ homines cum uxoribus, liberis et familiaribus larem foventes, in quibus XXVIII° hominibus dominus noster Viennensis dalphinus X habet, reliqui vero sunt nobilium condominorum de Monteorsserio; — item, ecclesie Sancte Marie de Chabotis et de Chabotetis, in quarum parrochiis sunt quatraginta vii homines ut supra larem foventes, qui sunt ligii domini nostri predicti; — item, ecclesie Sanctorum Johannis et Nicholai de Monteorsserio, in quarum parrochiis sunt IIIJ^{xx} xv homines ut supra larem foventes, in quibus IIII^{xx} xv hominibus dominus noster predictus xv tantum habet, reliqui vero IIII^{xx} sunt homines dict. nobilium condominorum de Monteorsserio; — item, ecclesia de Campolino, in cujus parrochia sunt xl homines ut supra larem foventes, in quibus xl hominibus dominus noster predict. xxv habet, reliquis xv remanentibus nobilibus memoratis; — item, ecclesia de Orsseria, in cujus parrochia sunt VJ^{xx} x homines ut supra larem foventes, in quibus VI^{xx} x hominibus dominus noster dalphinus predict. x homines tantum habet, reliqui vero sunt homines nobilium predict.

Summa hominum tocius mandamenti Montis Orserii larem foventium, IIJ^c xl; de quibus sunt homines domini nostri C et vii : et sic restant homines nobilium IJ^c xxxiii.

Et est sciendum quod nobilis Bertrandus Humberti condam, unus ex condominis de Monteorsserio, habebat in parrochiis Sanctorum Nicholai et Johannis de Monteorsserio, de Campolino et de Orsseria xxx^{ta} v homines ut supra larem foventes, quos in majori parte habebat in parrochia de Orsseria, in qua parrochia sunt VJ^{xx} x homines ut supra continetur, qui VI^{xx} x homines ad dictos nobiles condominos pertinent, demptis x qui sunt justiciabiles domini nostri predicti; — item habebat bonam domum fortalicii juxta turrim de Monteorsserio, in qua turri dominus habet duas partes et dicti nobiles terciam partem. — Item est sciendum quod dictus nobilis Bertrandus in suo ultimo testamento ventrem uxoris sue sibi heredem universalem instituit, ordinando quod si decederet postumus heres per eum institutus sine liberis legitimis, quod bona sua omnia devolverentur ad conventum Fratrum Minorum de Vapinco et ad dnas moniales monasterii de Bertaudo equis partibus, que monasteria dicto postumo substituit dicto casu : — contigit enim quod postuma filia et heres decessit in pupillari etate, ob quod substitutio locum sibi vindicavit. — Subsequenter convenientibus conventibus monasteriorum predictorum et matre dicte postume, que legitimam et legata pete-

bat, fuerunt per conventus predictos et dictam matrem bona
omnia et hereditas dicti Bertrandi vendita nobilibus Johanni
de Monte Orsserio et Guigoni de Sabina, precio sex centum
floren. auri, quos in venditionibus venditores habuisse confessi
fuerunt ab emptoribus memoratis; — deinde in alio instrumento dicti emptores confessi fuerunt debere dictum precium,
quod solvere promiserunt per soluciones annuales IIIJ^{xx} flor.
— Predictus vero Bertrandus tenetur Johanni de Benevento,
nepoti suo, pro dote sororis dicti Bertrandi et matris dicti Jo-
hanni(s), in ducentis florenis; — item tenetur in quibusdam
aliis parvis debitis; — item, de VJ^c floren. quos fratres Beatricis prime uxoris dicti Bertrandi petere nitebantur, fuit reperta quitatio; — item est sciendum quod dict. nobilis Bertrandus habebat in civitate Vapinci domos et redditus.

(1) Guy ALLARD, *Documents mss.*, t. IV, f° 287, papier. — Les données
historiques fournies par ce document contredisent celles de *l'Armorial
de M. de La Batie*'p. 312^b et 72^b.

XXV. *31 juillet 1343.*

"DALPHINE VIENNENSI, FILIE NOSTRE CARISSIME,
B(EATRIX) DE UNGARIA, DALPHINA VIENNENSIS, MATER VESTRA!.

Filia carissima, salutamus vos corde bono et perfecto; scientes quod statum vestrum desideramus felicem et jocundum
exaudire, de nostro vobis notificamus quod utimur corporea
sanitate, quod vobis concedat potentia Trinitatis. Carissima
filia, sciatis quod de presenti non sumus multum divites, quoniam de bonis nobis a Deo collatis pro ejusdem pauperibus
erogavimus pro nobis et vobis nostro posse, et ideo mandamus
et requirimus per nostras licteras filium nostrum dalphinum
ut ista vice nos et familiam nostram induere velit et mictere de
bonis pannis pro nobis et familia nostra librandis, quia de presenti non possemus ista bene facere sine ipsius adjutorio et
vestri; et quamvis meliora et grossiora deberemus habere de
drualiis negociorum habitorum inter ipsum et regem Francie,
ista nobis in presenti sufficiant donec melius consequamur.
Et de hiis velitis esse nobis bona procuratrix, ut cito expedian-

tur, quia indigemus aliquibus de causis nobis contingentibus. Val(ete). Mandetis nobis semper statum et voluntatem vestram, ut de ipsis debeamus merito gratulari. Qui fecit celum et terram det vobis vitam eternam. Scriptum Gracionopoli, die ultima mensis julii anno Domini M°. III°. XLIIJ°.

(1) Guy Allard, *Documents mss.*, t. IV. f° 84, original papier de 16 lig., avec suscription au dos, où on lit aussi « R', Humbertus dalphinus »; les trois plis étaient fermés par une bande avec sceau plaqué.

(2) Dans cette lettre à sa belle-fille, Marie des Baux, épouse d'Humbert II, la dauphine Béatrix, mère de celui-ci, fait allusion aux traités de 1343 Guiffrey, *Réunion*, pp. 155, 162, 169.

XXVI. *8 décembre 1344.*

Inventarium instrumentorum et litterarum que habuit dom. episcopus Grationopolitanus et preceptor et eciam Bindanellus pro peccunia exigenda[1].

Anno Domini M° CCC° XLIIII°, indictione XII, die VIII mensis decembris, apud Grationopolim in domo dom^i episcopi Grationopolitani, presentibus dnis Amblardo domino Bellimontis, Amedeo de Rossillione, Francisco de Thesio et Francisco de Fredulfis, judice appellationum, mandato domini nostri dalphini, in presencia reverendi patris dom^i episcopi Grationopolitani et dom^i Jacobi Riverie, preceptoris Marsilie, fuerunt tradita instrumenta et littere de quibus habetur infra mencio Bindanello Sciabordici de Luca, presenti et recipienti, receptori ordinato per dominum ad recipiendum peccuniam domino assignatam super comuni pacis senescallie Ruthenensis, maxime tercium quod debetur pro termino festi Omnium Sanctorum nuper lapsi, videl. : — Instrumentum cessionis facte dicto dom° dalphino per commissarios regios contra firmarios comunis pacis senescallie Ruthenensis ; — item, instrumentum factum de precepto facto per dictos commissarios regios receptori regio Ruthenensi et firmariis predictis dicti comunis, quod solvant dom° dalphino : — que recepta sunt per me G(uigonem) Frum(enti). — Item, instrumenta debitorum dict. firmariorum que sequntur, videl. : — instrumentum comunis pacis Amilliani pro XII° xxx libris turonen.; — it. instrum^m comunis pacis de Cassancis Regalibus pro II^m

IIIᶜ ʟᴠɪɪ libr. x sol. ; — it. instrumᵐ comunis pacis de Glayola pro XIIIᶜ IIIIˣˣ ɪɪ libr. x sol. ; — it. instrumᵐ comunis Ruppis Vallis Sergie pro M. VIᶜ xʟ libr. ; — it. instrumᵐ comunis baylli-vie de Petrucia pro M IIᶜ IIIIˣˣ libr. ; — it. et instrumᵐ comunis Sancti Anthonii pro ʟxxᴠ libr.

Item, ibidem, presentibus quibus supra, fuerunt tradita dictis domᵒ episcopo et preceptori, deputatis per dominum ad recipiendum pro eo peccuniam assignatam in extenuationem centum milium floren. in senescalliis Tholose, Carcassone et Bellicadri, presentibus et recipientibus, instrumenta de quibus inferius habetur mencio una cum litteris eciam que sequntur, que subscripta instrumenta et litteras dictus dom. episcopus et preceptor confessi fuerunt dicta de causa se habuisse et recepisse etc., videl. : — Primo, instrumentum cessionis facte domᵒ dalphino per commissarios regios contra firmarios senescallie Tholose pro summa Vᵐ Vᶜ xᴠ libr. Turon. ; — item, instrumentum precepti facti per eosdem commissarios dictis firmariis Tholose quod solvant domᵒ dalphino ; — it. instrumᵐ precepti facti per dictos commissarios receptori regio Tholose quod predicta convertat et solvat domᵒ dalphino ad florenos : recepta per me G. Frum. — Item, litteram domⁱ ducis Normandie pergamen. que dirigitur dicto receptori regio quod predicta convertat et solvat ad florenos de Florencia ; — it. litteram dict. commissariorum directam eidem receptori quod solvat ad florenos ut supra ; — it. litteram eorumdem commissariorum continentem quod dict. receptor procuret aportare dictos florenos et solvere domᵒ dalphino apud Villamnovam Sancti Andree prope Avinionem. — Item, instrumentum cessionis facte domᵒ dalphino per dictos commissarios contra firmarios senescallie Carcassone pro summa XVIIIᵐ Vᶜ xʟ libr. xᴠɪ den. Turon. ; — it. instrumᵐ precepti facti per dict. commissarios receptori regio Carcassone quod predicta convertat et solvat domᵒ dalphino ad florenos : recepta per me G. Frum. — Item, litteram dicti dom. ducis Normandie que dirigitur ipsi receptori regio Carcassone quod predicta converta et solvat ad florenos ; — it. litteram dict. commissariorum directam eidem receptori super eodem et etiam pro decimis infrascriptis ; — it. litteram dict. commissariorum directam eidem receptori quod dictos florenos et eciam florenos decimarum subscript. aportet apud Villam Novam Sancti Andree. — Item, instrumentum assignacionis facte perdictos commissarios super decima civitatis et diocesis Narbonensis de summa II^m V^e libr. turon., super decima civitatis et diocesis Carcassonensis M V^e lib. tur. et super decima civitatis et diocesis Biterrensis M x lib. tur.: receptum per me G. Frum. ; — it. litteram dict. commissariorum que inde dirigitur collectori decime Narbonen. ; — it. litteram eorumdem commissariorum que dirigitur collectori Carcassonen. ; — it. litteram eorumd. commissariorum que dirigitur collectori Biterren. ; — it. litteram dict. commissariorum que dirigitur receptori regio Carcassonen. ut dict. peccuniam decimarum convertat et solvat ad florenos. — Item, instrumentum assignacionis facte per dictos commissarios super decima Vivariensi pro summa VIIe IIII libr. Turon.: receptum per me G. Frum. ; — it. litteram dicti dom. ducis que dirigitur collectori dicte decime. — Item, instrumentum assignacionis facta super decima diocesis Valentinensis in regno de LXX libr. Turon.: receptum per me G. Frum. — Item, instrumentum assignacionis facte super decima Aniciensi de VIIe LX libr. turon. ; — it. litteram dicti dom. ducis directam collectori dicte decime Anicien. — Item, litteram dict. commissariorum que dirigitur receptori regio Nemausensi quod peccuniam assignatam in sua recepta et in dict. decimis convertat ad florenos, et florenos aportet et solvat dom° dalphino apud Villam Novam Sancti Andree prope Avinionem. — Item, litteram dicti dom. ducis que dirigitur receptori regio Ruthenensi quod convertat XIXe XII libr. VI s. X d. Turon. ad III^m LX flor. solvendos dom° dalphino in extenuacionem C^m floren. ; — it. et litteram dict. commissariorum que dirigitur super eodem eidem regio receptori Ruthenen.

Item, die et loco predictis, in presencia rev^{di} in Xpo patris dom^i episcopi Grationopolitani ac ven^{lium} virorum dom^i Jacobi Riverie, preceptoris Marsilie, et dom^i Francisci de Fredulfis de Parma, judicis appellationum, testium, Petrus Canavesii de Lagniaco et Johannes Banduci de Crimiaco, receptores ordinati ab illustri principe dom° Humberto dalphino Viennensi ad recipiendum, nomine et ad opus dicti domini nostri dalphini, quantitates peccunie et florenorum eidem assignatas ex regia parte, de et super reva regia Matisconis et super decimis provincie Lugdunensis, a receptore regio Matisconis et aliis quorum intererit, que quantitates ascendere dicuntur circa XXI^m floren., promiserunt et juraverunt supra Euvangelia Dei, in manibus nobilium virorum dnorum Amblardi domini Bellimontis, Amedei de Rossillione et Francisci de Thesio militum, consiliariorum dicti dom. dalphini recipiencium pro eodem, quod ipsi Petrus et Johannes fideliter et diligenter curabunt pro dicto dom. dalphino eorum posse exigere peccuniam predict., nec non ipsam peccuniam vel quicquid de ipsa habebunt et recipient reddent et solvent integre dicto dom. dalphino vel cui ordinaverit in ejus testamento vel aliter, submictentes se et sua propter hoc ecclesiasticis et secularibus curiis quibuscumque, et concedentes ex inde fieri instrumentum. Ego G(uigo) Frum(enti) etc.

(1) Arch. de l'Isère, reg. *Plures notæ Guigonis Frumenti* Q (XXVII.10), f°s 479-80, papier. — Ces assignations furent données au dauphin en exécution de l'acte du 7 juin 1344 (VAL.II., II. 489-90).

XXVII^l. (Septembre 1345).

INFRASCRIPTI sunt equi empti pro domino per dnos Johannem de Gayo et dom. Petrum Lescalionati apud Tervisium :

Primo, unus equs bay, bauchan(us) in pede dextro posteriori ; — item, unus alius equs bay, bauchan in pede dextro anteriori et in pede sinistro posteriori, cum una stella longa in testa ; — item, unus equs liardus obscurus, cum una pecia alba in spatula sinistra : — precii inter omnes tres VII^{xx} v ducatorum.

Item, unus equs morellus, bauchan in testa et in musa, et bauchan in pede sinistro posteriori : precii **xxxv** d[ucat.]

Item, unus equs morellus, cum una stella parva in fronte ; — item, unus equs bay, marcatus in coxa sinistra : — precii IIII^{xx} [ducat.]

Item, unus equs morellus, cum stella in fronte, bauchan in II pedibus posterioribus : precii **xxix** [ducat.]

Item, unus equs morellus, cum stella in fronte : precii **xxxviii** ducat.

Item, unus equs bay : precii LII ducat. auri.

Item, unus equs liardus pomelatus : precii xxx ducat. auri.

Item, unus equs cum stella, bauchan in testa et bauchan in pedibus posterioribus : precii XL ducat. auri.

Item, unus equs bay, bauchan in pedibus sinistris: precii XLIIII ducat. auri.

Item, unus corserius morellus, cum stella in fronte, bauchan in pede dextro posteriori : precii CXXX ducat. auri.

(1) Guy ALLARD, *Documents mss.*, t. V, f° 115, papier du temps. — Cette pièce et celles qui suivent sous les nᵒˢ XXVIII, XXIX, XXXI, XXXII et XXXIII sont relatives à la 2ᵉ croisade de Clément VI contre les Turcs (1345-7), dont le dauphin Humbert II avait obtenu le commandement et sur laquelle on possède peu de documents. A ceux que VALBONNAIS a publiés (*Hist.*, t. II, pr. 208, 210-1, 214, 220, 225-6, 228, 232-4, 236-9, 241-6, cf. p. 623-4) il faut joindre : 1° une lettre d'Hugues roi de Chypre à Jeanne reine de Sicile et de Jérusalem, sur un combat livré par les croisés contre les Turcs aux environs de Smyrne le 24 juin 1346 (MICHELET, *Hist. de France*, Paris, 1837, t. III, p. 190-2, d'après une copie du XIVᵉ siècle provenant de l'abb. de Longchamp et conservée aux Arch. nat., sect. hist. M. 105 ; cf. *Biblioth. de l'Ecole des Chart.*, 1ᵉ sér., t. I, 276-8) ; 2° une requête présentée à la chambre des comptes de Paris (1364-5) pour le recouvrement de « chevaulx, joiaulx, harnois et autres plusieurs biens.... robez et pilliez en mer par les pyrates et Janevois », vers le 27 août 1346, à « messire Ymbert, jadis dalphin de Viennois, pour le temps qu'il estoit capitaine des Chrestiens contre les Turs » (J. DE L'ÉTIGNY, *Notice histor. et biog. sur Jacques Brunier, chanc. d'Humb. II, d. de V.*, dans la *Bibl. de l'Éc. des Ch.*, l. c., p. 284-7, cf. 279, d'après une copie du temps en parch. dans les *Mélanges* de CLAIRAMBAULT, t. XVI, f° 677) ; 3° les extraits (en attendant une publication intégrale) de l'*Histoire, saincte vie et glorieulx trépassement de très noble seigneur Jehan Esmé, sire de Mollines*, ms. de l'an 1360 en parch., donnés par M. l'abbé GALLOIX (*Bull. de la Soc. de Statist. de l'Isère*, 2ᵉ sér., t. III, p. 362-9 ; cff. *Statist. gén. du dép. de l'Isère*, III, 577-8 ; ROCHAS, *Biogr. du Dauph.*, II.120.)

(2) Embarqué à Marseille le 2 sept. 1345, le Dauphin mit à la voile le lendemain pour les côtes d'Italie ; il débarqua à Livourne, d'où il alla à Florence et ensuite à Venise, où il fut l'objet de grands honneurs ; Trévise n'est qu'à 30 kil. de cette dernière ville.

XXVIII[1].   (Sept. 1345).

Infrascripti sunt comedentes aut librati in hospicio dalphinali in Venetiis.

Primo MILITES : — domˢ preceptor de Podio, se VIII[02] ; — dom. cancellarius, se V[to 3] ; — dom. magister justiciarius, se VII° ; — dom. Petrus de Loyes, se IIII° ; — [4] dominus de Sandevo, se III° ; — [4] dom. Johannes de Podio, se III° ; — dom. Petrus Lescalionati, se III° ; — [5] dom. Guichardus de Chissiaco, se II° ; — [4] dom. Jaquemardus Artodi, se IIII to ; — [6] dom.

Johannes Alamandi, se ɪɪ° ; — dom. Johannes Bastardi, se ɪɪ° ; — dom. Zacharias, se ɪɪ° ; — dom. Bartholomeus Pellati, se ɪɪ°; — dom. Aymo Brunerii, se ɪɪ° ; — dom. Johannes de Fuc(igniaco), se ɪɪ° ; — dom. Guillelmus de Pasques, se ɪɪ° ; — dom. Amedeus bastardus, se ɪɪ° ; — dom. Rolettus, se ɪɪ° ; — dom. Armandus Parvus Passus, se ɪɪ° ; — 7 dom. Guillelmus de Maubert, se ɪɪ° ; — dom. Petrus de Lucingio, se ; — dom. Johannes de Gayo, se ; — dom. Nicola de Glausio, se ; — dom. Lantelmus de Crigna, se. = Gabasius, se ɪɪɪ° ; — 5 dom. preceptor Navarre, se ; — dom. prior Sancti Laurentii, se ɪɪ° ; — 7 dom. frater Lambertus de Hospitali, se ɪɪ° 4 ; — Guichardus de Ponte Vitreo, se ɪɪɪ° ; — magister Guillelmus, phisicus, se ɪɪɪɪ 10 ; — magister Girardus, phisicus, se ɪɪɪ° ; — 0 frater Humbertus de Salettis, se ɪɪ° ; = Eymaronus Alamandi de Bello Videre, se ɪɪ° ; — Raynaudus de Revello, se ɪɪ° ; — Henricus de Warilhes, se ɪɪ° ; — Togenatus, se ɪɪ° ; — Guillelmus et Johannes de Chissiaco, se ɪɪ° ; — 4 Johannes de Chenes, se ɪɪ° ; — 1 Humbertus de Langes, se ɪɪ° ; — Humbertus de Fuc(igniaco), se ɪɪ° ; — Jacobus, nepos Mustarde, se ɪɪ° ; — Johannes Margenz, se ; — Hunbertus, cambrerius, se ; — frater dom preceptoris Navarre ; = Petrus de Carmign(iano), se ; — 4 Imbertus Alamandi, se ɪɪ° ; — Franciscus de Sancto Petro, se ɪɪ° ; — Johannes Cotagneti, se ɪɪ° ; — 4 Petrus de Monte Chapeto, se ɪɪ° ; — Henricus Garini, se ɪɪ° ; — 6 Bonacursius, se ɪɪ° ; — Guillelmus Malini, se ɪɪ° ; — Andrevonus Trebuc, se ɪɪ° ; — bastardus de Baucio, se ɪɪ° ; — 5 Paulus de Parma 7 ; — Guillelmus Isoardi, se ɪɪ° ; — Baudonus, se ɪɪ° ; — Baudus, se ipso ; — Johannes Barberii, se ɪɪ° ; — Johannes Perroti, panaterius, se ɪɪ° ; — 6 Johannes de Turba 7 ; — Bernardus, dom 1 prioris Sancti Laurentii 7 ; — Matheus, dom 1 Petri Lescalionati 7 ; — Bertonus de Camera, se ɪɪ°.

Religiosi : — frater Stephanus, viceconfessor ; — frater Bertrandus de Tarascone ; — frater Johannes de Podio ; — frater Guillelmus de Amblariaco ; — frater Pichinus ; — frater socius suus ; — frater Chonodus, se ɪɪ° ; — frater Petrus, conversus ; — duo fratres qui venerunt de novo, se ɪɪ° ; = frater Guido de Morenco ; — frater Petrus Frumenti ; — frater Stephanus Estrigonis ; — frater Germanus, frater socius suus, se ɪɪɪ° ; —

7

frater Henricus de Alamannia; — frater " de Anchona 7.

CARMELITE: — frater Andreas, prior conventus Bono*, se III° ; — frater Arnaldus ; — frater Bertrandus 4 ; — frater Gobelinus 1 ; — frater Jacobus 1 ; — frater Guillelmus, socius suus 4.

SECULARES: — dom. Jacobus et dom. Raymundus, canonici, se III°.; — 4dom. Ricanus, monacus, se II°⁰ ; — dom. canonicus organista ; — 4 frater Falco et frater Petrus, Sancti Anthonii, se III° ; — 4dom. Guillelmus Imberti ; — dom. Johannes Elarius, se II° ; — 6dom. Richardus, se II° ; — dom. Philibertus, se II° ; — dom. Lambertus de Flandria, se II° ; — Jaymonus clericus, guardimingir ; — Perrinus ; — Johanninus ; — Hugonetus de Mayseraco ; — presbiter Egidius, se II° ; — frater Oliverius, se III°.

SCUTIFERI : — Petrus Malini ; — Petrus Corderii, se II° ; — Stephanus de Comenayo, se II° ; — Johannes Restorati, se II° ; — Polinus de Ast, panaterius, se II° ; — 5 Merletus, se II° ; — Gola, forrerius, se II° ; — 7 Bertonus Trebuc, se II° ; — Diderius, cambrerius ; — magister Johannes, mimus, se II° ; — Jaquetus Bonacursus, se II° ; — bastardus de Archiis 7 ; — Guillelmus et Perrotus de Corneto, se III° ; — Guillelmus Boffardi ; — Jacobus Butifari ; — Guillelmus de Berra et frater suus, se II° ; — 4 Petrus de Turre, se III° ; — 4 Rosserius, se II° ; — Johannes de Romanis, codurerius domini ; — Poncetus de Lodes 4; — Dalmasius de Flandines ; — Johannes Bovis ; — 4Johannes Esculherii 7 ; — dictus Natalis 7 ; — Johannes, filius Constancie, marescallus. ═ Stephanus, cambrerius dom° Guillelme 4; — Petrus Toscanus ; — magister Martinus ; — Raymundus et Burrianus, se II°; — Constancius ; — 4 Raynaudus de Fontanes 7; — Calettus 4 et Hugonetus 7, se ipso; — Johannes Senz Rayson ; — Colinus4 et Petrus Botelherii 7, se ipso. ═ 4 Cambarotus et ejus frater, se II° ; — Martinotus et Panctus, se II°; — Johannes Romani 4; — Poncetus et Richardus, se II°; — Parvus Petrus ; — Johannes de Erriis ; — consobrinus Nigre4 ; — dictus Cheval 4. ═ Li Vesci, messagerius 4 ; — Girardus, messagerius.

PORTERII : — Porpoint; — Johannes de Parisius ; — Gorradus. ═ Li Evesques; — Perrotus, apothecarius4 ; — Bertrandonus ;

— Jaquetus, vailletus camere ; — duo trompatores, sc II° ; — unus cum naquayrino ; — Johannes de Via 4 ; — Durandus 4 ; — magister Johannes de Monte Brisone 4 ; — Gonettus 7 ; — Morellus, palafrencrius ; — Guionettus ; — 7 famulus Beatricis de Carmigniano 8 ; — 4 famulus Leonette 7 ; — famulus fratris Guidonis confessoris 7 ; — Petrus Vitonis, pelliparius.

Secuntur DOMINE : — primo dom^a Guillelma ; — dom^a Alissia ; — Lionetta ; — Beatrix de Carmigniano⁹ ; — li Francesia ; — Perretta ; — Girardina ; — Constancia ; — Oriens ; — li Flours ; — dom^a Perrina ; — li Neyra ; — li Raspailhie ; — li Duranda⁹ ; — li Maelhie ; — Alyona ; — Joannetta de Monte Lupello.

(1) Guy ALLARD, *Documents mss.*, t. V, f°s 116-7, papier du temps écrit sur 2 col.
(2) C'.-à-d. qu'il avait sept personnes à sa suite. — (3) D'abord « IIII^{to} ». — (4) En marge « R(ecessit) ». — (5) Article ajouté après coup. — (6) En m. « Famulus r(ecessit) ». — (7) Article cancellé. — (8) En m. « Non r(ecessit) ». — (9) En m. « Non ivit ».

XXIX¹.   *(Sept. 1345).*

INFRASCRIPTE persone debent ire in armata apud Sâme 2 et recipere gagia a domino per modum inferius expressum.

Primo, dom. Hugo de Gebenna, qui recipiet quolibet mense pro persona sua LX^a florenos auri ; — item debet habere secum et in societate sua III milites, qui recipient gagia pro militibus assignata, videl. quilibet ipsorum pro victualibus persone sue quolibet mense IIII flor. auri, it. pro calciamentis, caligis et aliis neccitatibus suis, quolibet mense II flor. auri et I jullatum³ ; item quilibet ipsorum pro uno famulo suo, quem habere debebit, recipiet pro victualibus ipsius quolibet mense XV jull., it. pro calciamentis et aliis neccitatibus pro quolibet famulo IIII jull. : que omnia ascendunt, pro quolibet milite et famulo quolibet mense pro supradictis in summa VIII flor. auri, qui faciunt pro III militibus et III famulis quolibet mense in summa XXIIII^{or} flor. auri ; — item debet habere secum et cum dict. militibus prefatus dom. Hugo VI scutiferos, qui recipient gagia scutiferorum, videl. quilibet ipsorum pro victualibus persone sue quolibet mense III flor. auri, it. pro calciamentis, caligis et aliis neccitatibus suis quilibet quolibet mense I flor. et I jull. ; item quilibet ipsorum pro uno famulo suo quem habere debebit, pro victualibus dicti famuli quolibet mense XV jull., it. pro calciamentis et c^a IIII jull. : que omnia pro quolibet scutifero et famulo suo faciunt quolibet mense pro supradictis in summa VI flor. auri, qui faciunt pro VI scutiferis et VI famulis quolibet mense in summa XXXVI flor. auri ; — item debet prefatus dom. Hugo secum habere unum capellanum, qui gagia scutiferorum recipiet, vid. pro persona sua et unius famuli juxta supradict. distinctionem et modum expressum superius quolibet mense vi flor. auri ; — item habebit secum unum cambrerium, duos vailletos pro panateria et botelleria, et unum coquum, et quilibet ipsorum pro victualibus recipiet quolibet mense ii flor. auri, it. pro calciat. et c^a quilibet v jull. : que faciunt pro quolibet ipsorum iiii^{or} quolibet mense in summa ii flor. v jull., pro omnibus iiii^{or} faciunt quolibet mense in summa x flor. auri ; — item debet habere secum prefatus dom. Hugo ultra prenominatas personas unum soliardum cum predicto coquo, et ii famulos seu vailletos pro equis persone sue custodiendis, qui recipient gagia pro famulis assignata, vid. quilibet ipsorum pro quolibet mense juxta modum et distinctionem superius expressos xix jull. : qui faciunt pro omnibus iii quolibet mense in summa v flor. vii jull. ; — item prefatus dom. Hugo debet habere pro persona sua iiii^{or} equos quos custodire debent ii famuli sui prediti, it. quilibet miles et quilibet aliorum scutiferorum ac capellanus supradict. habebit ii equos, quos custodient famuli ipsorum supradicti : qui faciunt in summa pro dicto dom. Hugone et aliis x supradict. hominibus armorum xxiii^{or} equos ; item pro quolibet equo dabuntur quolibet mense x modia ordei, que faciunt pro dict. xxiii^{or} equis quolibet mense in summa ii^c xl modia ordei ; it. pro quollbet equo recipiet prefatus dom. Hugo pro palea quolibet mense iii jull., qui faciunt pro dict. xxiii^{or} equis quolibet mense in summa ix flor. vi jull. ; it. pro ferramentis et referraturis cujuslibet equi quolibet mense ii jull., qui faciunt pro omnibus xxiii^{or} quolibet mense in summa iiii flor. viii jull. — Summa hominum armorum quos dictus dom. Hugo secum habebit, ipso incluso et pro duobus computato, xii^{elm} homines armorum; summa omnium personarum, omnibus inclusis, xxviii persone ; summa omnium equorum suorum, xxiii^{or} equi ; summa totius pecunie tam pro personis quam pro equis supradict. eidem dom° H. solvende quolibet mense Clvi flor. auri i jull., ii^c xl modia ordei.

Item, debet ire in dicta armata dom. " cancellarius, qui recipiet pro se et uno famulo suo gagia militibus assignata, vid. quolibet mense juxta modum superius expressum viii flor. auri, et ultra hoc pro persona sua quolibet mense vi flor. auri : qui faciunt quolibet mense in summa xiii flor. auri ; — item debebit habere secum prefatus dom. cancellarius unum militem pro socio, qui recipiet gagia militum vid. quolibet mense juxta modum supradict. viii flor. auri ; — item habebit secum v scutiferos, qui recipient gagia scutiferorum vid. quilibet ipsorum juxta modum supradict. quolibet mense vi flor. auri : qui faciunt pro omnibus v et famulis ipsorum quolibet mense in summa xxx^a flor. auri ; — item prefatus dom. cancellarius habebit pro persona sua iii equos, it. predict. miles et quilibet aliorum v scutiferorum habebit ii equos : qui pro omnibus faciunt in summa xv equos ; item pro quolibet equo recipiet mense quolibet x modia ordei, que faciunt mense quolibet pro omnibus in summa Cl mod. ordei ; it. pro palea cujuslibet equi quolibet mense iii jull., que faciunt pro omnibus xv in summa quolibet mense vi flor. ; it. pro ferramentis et referraturis cujuslibet equi quolibet mense ii jull., qui faciunt pro omnibus in summa quolibet mense III flor. auri. — Summa hominum armorum quos dictus dom. cancellarius secum habere debebit, ipso incluso, VIII^m homines armorum; summa omnium personarum. omnibus inclusis, XIIII persone; summa equorum suorum, XV equi; summa totius pecunie pro personis et equis supradict. eidem dom. cancellario quolibet mense solvende, LXI flor. auri, CL modia ordei.

Item, debent ire in dicta armata dom. Petrus de Loyes, amiratus maris, it. dominus de Lignes, marescalcus exercitus, et quilibet ipsorum habebit unum militem secum et V scutiferos, et quilibet pro persona sua III equos et pro quolibet aliorum II equos ; et recipient gagia tam pro se quam dicto milite et scutiferis ac equis quolibet mense per omnia sicut dom. cancellarius supradict., vid. quilibet ipsorum pro quolibet mense juxta declarationem superius positam tam pro personis quam pro equis LXI flor. auri, IIIe modia ordei : cui faciunt pro ipsis II et eorum comitiva juxta modum predict. quolibet mense in summa CXXII flor. auri, IIIe mod. ordei. — Summa hominum armorum quos predicti dd. ammiratus et marescalcus secum habebunt, ipsis inclusis, XIIII^{dm} homines armorum ; summa omnium personarum, omnibus inclusis, XXVIII persone ; summa equorum suorum, XXX equi; summa totius pecunie pro personis et equis supradict. eisdem dnis quolibet mense persolvende, CXXII flor. auri, IIIe mod. ordei.

Item, debet ire in dicta armata unus de magistris hospicii, qui recipiet gagia militibus assignata et ultra hec pro persona sua quolibet mense III flor. auri, qui faciunt una cum dict. gagiis militum quolibet mense in summa XI flor. auri; — item habebit secum III scutiferos qui recipient gagia scutiferorum, vid. quilibet ipsorum quolibet mense juxta modum supradictum VI flor. : qui pro omnibus III quolibet mense in summa faciunt XVIII flor. auri ; — item habebit tam pro se quam pro dict. scutiferis VIII^{to} equos et pro quolibet equo recipiet quolibet mense X modia ordei, qui faciunt pro dict. VIII equis quolibet mense IIII^{xx} mod. ordei; it. pro paleis cujuslibet equi quolibet mense IIII^{or} jull. et pro ferramentis ac referraturis II jull.: qui faciunt pro dict. VIII^{to} equis quolibet mense ut supra III^{or} flor. VIII jull. — Summa hominum armorum quos dict. magister hospicii secum habebit, ipso incluso, IIII^{or} homines armorum ; summa omnium personarum, omnibus inclusis, VIII persone ; summa equorum suorum VIII equi; summa totius pecunie pro personis et equis supradict. eidem quolibet mense solvende, XXXIII flor. VIII jull., IIII^{xx} mod. ordei.

Item debent ire in dicta armata illi qui inferius secuntur, videl. dom. Jaquemardus Artodi, dom. Aymo Brunerii, dom. Johannes Alamandi, dom. Bartholomeus Pellati, milites, qui recipient gagia militibus assignata, videl. quilibet ipsorum juxta modum predict. quolibet mense pro se et uno famulo suo VIII flor., qui faciunt quolibet mense pro omnibus IIII^{or} in summa XXXII flor.; — item quilibet ipsorum habebit unum scutiferum secum qui recipiet gagia scutiferorum, videl. quilibet pro se et uno famulo suo juxta modum superius expressum VI flor. auri, qui faciunt pro omnibus IIII^{or} quolibet mense in summa XXIIII^{or} flor. auri; — item quilibet dict. militum tam pro se quam pro scutifero suo habebit IIII^{or} equos, quos custodient dicti famuli ipsorum: qui faciunt in summa pro omnibus XVI equos; it. pro quolibet equo quolibet mense x modia ordei, qui sunt pro omnibus xvi equis quolibet mense CLx° mod. ordei; it. pro paleis et ferramentis ac referraturis cujuslibet equi quolibet mense vi jull. juxta modum supradict., qui faciunt pro omnibus quolibet mense ix flor. vi jull. — Summa hominum armorum, dict. militibus inclusis, viii° homines armorum; summa personarum, omnibus inclusis, xvi persone; summa equorum suorum, xvi equi; summa totius pecunie eisdem modo predicto solvende, LXV flor. auri vi jull., CLx° mod. ordei.

Item debent ire in dicta armata Estachonus cum uno scutifero et Amedeus bastardus cum uno scutifero, et quilibet ipsorum un°r recipiet gagia scutiferorum, videl. tam pro persona sua quam unius famuli, quilibet ipsorum quolibet mense vi flor. auri juxta modum superius expressum, qui faciunt pro omnibus quatuor quolibet mense in summa xxiiii flor. auri; — item quilibet ipsorum habebit tam pro se quam pro scutifero suo iiii°r equos, qui faciunt pro omnibus in summa viii° equos; it. pro quolibet equo quolibet mense x mod. ordei, qui faciunt pro omnibus IIII°x mod. ordei; it. tam pro paleis quam ferramentis et referraturis cujuslibet equi quolibet mense juxta modum superius expressum vi jull., qui faciunt pro omnibus viii quolibet mense in summa iii flor. viii jull. — Summa hominum armorum, iiii°r homines armorum; summa personarum, omnibus inclusis, viii persone; summa equorum, viii equi; summa totius pecunie eisdem tam pro personis quam equis supradict. quolibet mense solvende, xxviii flor. viii jull.

Item debent ire in dicta armata Raynaudus de Rivello, item Henricus de Varilhes, it. Stephaninus de Lucingio, it. Johannes Cotagneti, it. Henricus Garini, it. Petrus Corderii, it. bastardus de Baussio, it. Jaquemardus nepos Mustarde, it. Gailhardus de Rigala, it. nepos dom[i] thesaurarii condam, it. Guillelmus Mallini, xi in universo, qui recipient gagia scutiferorum et hominum armorum, videl. quilibet ipsorum pro se et uno famulo juxta modum superius expressum quolibet mense vi flor. auri, qui faciunt pro omnibus xi quolibet mense in summa LXVI flor. auri; — item quilibet habebit ii equos, qui faciunt pro omnibus in summa xxii equos: it. pro quolibet equo recipiet quilibet ipsorum quolibet mense x mod. ordei, qui faciunt pro dictis xxii equis quolibet mense in summa II° xx mod. ordei; it. tam pro paleis quam ferramentis et aliis referraturis quolibet mense juxta modum supradict. vi jull., qui faciunt pro omnibus in summa quolibet mense xiii flor. ii jull. — Summa hominum armorum, xi homines armorum; summa personarum, omnibus inclusis, xxii persone; summa equorum, xxii equi; summa totius pecunie eidem pro personis et equis supradict., quolibet mense solvende LXXIX flor. ii jull., II° xx mod. ordei.

Item debent ire in dicta armata duo fratres Predicatores, duo Minores, duo Augustinenses et ii° Carmelite, et quilibet ipsorum habebit quolibet mense pro victu suo ii flor. auri et pro calciamentis et c° quolibet mense v jull.; — item inter duos et duos habebunt unum famulum, qui recipiet pro victu suo quolibet mense xv jull. et pro calciamentis et aliis nececitatibus suis iii jull.: qui faciunt pro singulis ii fratribus una cum famulo quolibet mense vi flor. viii jull.; pro omnibus viii° una cum dict. famulis quolibet mense faciunt in summa xxvii flor. ii jull. — Summa personarum, xii persone; summa pecunie eisdem solvende quolibet mense xxvii flor. ii jull.

Item debent ire in dicta armata ultra predictos Guillelmus et Perrotus, mimi de corneto, duo trompatores, unus cum naquayrino, Johannes filius Constansie marescallus, vi in universo, pro quibus habebuntur vi equi, quos dom* Hugo faciet gubernari; — item pro dict. equis erunt iii famuli qui custodient eos, et predicti iii famuli recipient gagia aliorum famulorum, videl. quilibet ipsorum pro quolibet mense juxta modum superius expressum xix jull., qui faciunt pro omnibus iii quolibet mense in summa v flor. vii jull.; — item prefatus dom. Hugo recipiet pecuniam solvendam pro dict. equis et ordeum, videl. pro quolibet equo quolibet mense x mod. ordei, que faciunt pro omnibus vi quolibet mense in summa lx* mod. ordei; it. pro paleis et ferramentis ac referraturis cujuslibet equi quolibet mense juxta modum supradict. vi jull., qui faciunt pro omnibus vi iii flor. vi jull.; et dict. pecuniam et ordeum pro equis predict. vi recipiet dom* Hugo; — item supradicte vi persone recipient gagia, videl. quilibet ipsorum quolibet mense pro victualibus ii flor. et pro calciamentis v jull.; qui faciunt pro omnibus vi quolibet mense in summa xv flor. auri. — Summa personarum, omnibus inclusis, ix persone; summa equorum, vi equi; summa pecunie tam pro personis quam equis supradict. solvende in mense xxiiii flor. iii jull., lx* mod. ordei.

Item debet ire in dicta armata magister Georgius Januensis, phisicus et cirurgicus, qui recipiet pro quolibet mense, pro se et servitoribus suis, x flor. auri et jam solutus est pro iii mensibus; summa pecunie eidem pro quolibet mense solvende x flor. auri. — Item, magister Guillelmus apothecarius cum filio suo, qui recipiet pro victualibus persone sue quolibet mense ii flor. et pro calciamentis et c. v jull., qui faciunt quolibet mense in summa ii flor. v jull.; et portet secum illa que sunt necessaria pro apothecaria; — item, pro victualibus persone filii sui quolibet mense xv jull. et pro calciamentis et aliis necessitatibus suis quolibet mense v jull.; qui faciunt in summa quolibet mense ii flor. auri. — Item procuretur unus barberius cum uno famulo suo, qui eodem modo gagia recipiet sicut dict. magister Guillelmus cum filio suo, videl. barberius pro persona sua juxta modum supradict. ii flor. v jull. et pro famulo suo quolibet mense ii flor., qui faciunt quolibet mense in summa iii flor. v jull. — Summa personarum, vi persone; summa pecunie eisdem quolibet mense solvende, xix flor.

Infrascripti debent remanere cum domino :

Primo, dom* Franciscus de Parma, cum ii scutiferis; — item Galeasius, cum scutifero suo; — it. dom. Johannes de Podio, cum i scutifero; — it. magister Girardus phisicus, cum i scutifero; — it. Johannes de Chenes; — it. Petrus de Monte Chapeto; — it. Petrus de Carmigniano; — it. Bencemuge, serviens armorum; — it. magister Hugolimus; — it. bastardus de Pasques; — it. Guillelmus Mallini; — it. bastardus de Fuccigniaco); — it. Parvus Passus; — it. Roletus; — it. Jaquetus Bonaeuraus; — it. Jaymonus, guardimingir; — it. scutifer fratris Odoberti de Castro Novo; — it. Bertonus Trebuc; — it. Gula; — it. Polinus de Ast, panaterius; — it. Johannes de Saletis; — it. Diderius; — it. Johannes Barberii; — it. Petrus Botelherii; — Rosserius; — Colinus; — Francisquinus; — Batailhardus; — Jacobus de Adversa.

(1) Guy ALLARD, *Documents mss.*, t. V, f⁰ˢ 348-50, papier du temps; un texte presque identique se retrouve aux f⁰ˢ 353-4: « Primo gagia dom¹ Hugonis pro persona sua mense quolibet ascendunt Lxᵃ flor..... » — Cette ordonnance fut renouvelée à Rhodes le 24 novemb. suiv., f⁰ 351 : « Die xxiiiɪ. mensis novembris, in Rodo ordinavit dominus quod dom⁵ Hugo de Gebenna habeat secum et in societate sua ɪɪɪ milites, qui recipere et habere debebunt gagia a domino que sunt pro militibus assignata...; dom¹ cancellarius, magister justiciarius, ammiratus maris et marescalcus excercitus...; it. quod dom. Lantelmus de Crigna et dom. Johannes de Podio, magistri hospicii, habeant gagia aliorum militum et ultra hoc... ɪɪɪ flor. auri ; ....»

(2) Le dauphin n'emmena à Venise qu'une partie de sa maison; le gros de l'armée se serait formé à Samé, nom de Céphalonie, l'une des îles Ioniennes. — (3) Monnaie italienne (DUCANGE, III, 922 c).

(4) G. ALLARD, l. c., f⁰ 352; d'abord « I. d. ire in armata apud Sâme ».

XXX.   *6 février 1346.*

DE LUCA APPOTHECARIO 1.

MEMORIALE sit quod anno Domini suprascripto, die vɪᵃ mensis febroarii, apud Avinionem in hospicio ad signum Anseris juxta portale Mataronum, presentibus dnis·· archiepiscopo Lugdunensi, ··episcopo Grationopolitano, priore Sancti Donati et ··preceptore Navarre, Lucas Berti appothecarius, habitator Avinionis, cui dominus assignaverat baroniam de Portis, cum redditibus et obvencionibus dicte baronie, pro mille septingentis et quadraginta florenis auri, ut continetur in instrumento facto per manum Johannis Amandrini; confessus fuit habuisse et recepisse de redditibus, exitibus et obvencionibus dicte baronie mille tercentas quadraginta tres libras vɪɪ sol. et ɪɪɪ den. Turonen., valentes, computato floreno pro xɪɪ sol. x den., IIᵐ IIIIˣˣ xɪɪɪ flor. dymid. Dicit tamen quod, ultra debitum predictum quod sibi debebatur, debent sibi deduci de predicta recepta pro pluribus remissionibus et donationibus factis per dom.·· dalphinum et pro multis que recuperare non potuit, licet ipsa computet se recepisse, et multis aliis rationibus de quibus dicit se paratum facere fidem, Vᶜ LXIX libre vɪɪɪ sol. vɪ den. Turonen., valentes computato floreno ut supra VIII° IIII^{xx} vii flor. 1 quart.; et sic dicebat sibi deberi adhuc V° xxxiii flor. iii quart., de quibus sibi tradidit dom. Lugdunensis, ut supra scriptum est in presenti momoriali, III° flor.

(1) Guy Allard, *Documents mss.*, t. IV, f° 280, papier du temps.

XXXI¹. 13 *février* 1346.

Compotus redditus per dom. Raymundum Egonis, vicarium patriarchatus Constantinopolitani, de duabus navibus oneratis bladis et aliis diversis rebus, captis et acquisitis per gentes bo. me. dom¹ H(enrici) quondam patriarche Constantinopolitani, coram nobilibus et potentibus viris dnis' Lantelmo Aynardi et Johanne de Gez, militibus ac magistris hospicii illustrissimi principis ac domini dom¹ dalphini Viennensis, capitanei generalis sacrosancte sedis apostolice et ducis excercitus Xpistianorum contra Turchos, nomine ipsius dom¹ dalphini recipientibus, anno Domini M° CCC° XLVI°, die lune xiii mensis februarii, per modum inferius contentum:

Et primo, de blado seu frumento in prima navi Januensi reperto, recepit et habuit prefatus dom. vicarius VII^m Cv modia ad mensuram parvi modii patriarchatus; — item, recepit de frumento in secunda navi Grecorum reperto, VII^m IIe viii modia ad mensuram supradict. — Summa frumenti recepti de dict. navibus, XIIII^m IIIe xiii modia ad mensuram supradictam; dictis vero XIIII^m IIIe viii modiis prefate mensure reductis ad bonam mensuram, videl. de quolibet centenario iii modiis deductis, valent ad bonam mensuram XIII^m VIIIe IIII^{xx} iiii modios bone mensure.

De quibus bladis fuit expensum et deliberatum ut sequitur: — et primo vendidit dictus dom. vicarius et de precio recepto denariorum computavit III^m VIIIe iii modia bone mensure; — item magis vendidit et de precio infra computabit Cvi modia prefate mensure bone; — item tradidit prefatus dom. vicarius Nicholoso Alaonis, sponte confitenti et recognoscenti ac recipienti nomine suo ac dom¹ Jacobi de Preoliis, prioris Lombardie, capitanei tunc temporis totius armate existentis apud Smirnas contra Turchos, VIII^c LXXIX modia et dymid.

(1) Guy ALLARD, *Documents mss.*, t. VII, f° 360, original papier.

XXXII[1]. .   *(?—) 13 février (1346).*

De peccunia tradita per Bindanellum Ciaburditi dom° archiepiscopo Lugdunensi, locum tenenti domini dalphini, quam recuperavit idem Bindanellus a collectoribus reve pontis Avinionis, cujus summa erat   , facte sunt soluciones et deliberationes infrascripte : — Primo, dom° cardinali Penestrino[2], pro emenda rerum suarum que fuerant retente et perdite per castellanum Albe Rippe, traditi fuerunt per manum dom[i] preceptoris Navarre C. III floreni de Florentia ; — item, dom° priori Sancti Donati[3] misso per dictum dom. locum tenentem apud Venecias pro recuperandis quinquaginta milibus floren. ad opus domini nostri dalphini a procuratoribus domini nostri pape et dom[i] vicecomitis Bellifortis, pro expensis ipsius dom[i] prioris VI^{xx} IIII flor. parvi ponderis ;—it. eidem, in extenuationem gagiorum suorum temporis preteriti, C flor. ;—item, dom° Rodulpho de Chissiaco, misso cum dicto dom° priore ex causa predicta apud Venecias, IIII^{xx} flor. ; — item, pro una cupa cum pede argenti deaurata, data magistro Raymundo de Valle qui fecit omnes bullas et litteras pro dicta peccunia habenda, XVI flor. ; — item, dom° Philippo archiepiscopo Metellinensi, nuncio domini nostri dalphini [4], pro expensis suis redeundo ad dictum dom. dalphinum, IIII^{xx} scuta auri, valent C. VI flor. VIII gros. ; —[5] item magis, dicto dom° archiepiscopo, die XIII mensis febroarii, XX scuta, valent XXVI flor. VIII gros. ; — item, reverendo in Xpisto patri dom° Jo(hanni) episcopo Gratianopolitano, in extenuationem gagiorum suorum, VII^{xx} flor. ; — item fratri Jacobo Riverie, preceptori Navarre, ex eadem causa, L flor. ; — item, dom° Guillelmo de Royno, ex eadem causa, LX flor. ; — item, Luce Berti appothecario, in extenuationem debitorum ipsius dom[i] dalphini, quia ipse Lucas aliter nolebat dimictere baroniam de Portis quam tenebat obligatam, III^c flor. de Florentia ; — it. eidem Luce, pro XII libris diversarum confectionum et aliis speciebus missis dom° dalphine, matri domini nostri dalphini, v flor. et viii gros. ; — it. pro una camera de sargiis violetis, in qua sunt ix pecie, missa dicte dom^e dalphine, xxxiiii flor.

(1) Guy Allard, *Documents mss.*, t. IV, f° 279, papier du temps.
(2) Annibal Ceccano, cardinal-évêque de Frascati le 18 déc. 1327, légat de Clément VI en France, mort le 17 juil. 1350.
(3) Voir sur cet article et les suivants l'*Invent. des arch. des Dauph. en 1346*, n°s 1699 à 1703 (p. 301-2), et plus loin p. 110-1.
(4) Les dépenses du voyage de ce prélat de Venise à Romans et à la cour d'Avignon furent ordonnancées le 11 déc. 1345 (Valb., *Hist.*, II, 528). — (5) Article ajouté après coup.

XXXIII. *19 septembre 1346.*

(Epistola Henrici de Vilariis Humberto dalphino in
transmarinis agenti)[1].

Memoriale sit vobis domino nostro·· dalphino de negociis vestris et terre vestre a tempore quo vobis misi nudius Tassinum cursorem meum.

Primo, quod dni Amblardus de Bellomonte, Guillelmus de Vareyo et Humbertus Pilati post festum Nat(ivitatis) Domini nuper lapsum in continenti venerunt de Francia [2], et licet ibi diu steterint et fidelissime ac diligentissime laboraverint circa eis injuncta per dominationem vestram, tamen ante dictum tempus expedire non potuerunt nec aliam expeditionem invenire nisi illam quam alias vobis mandavi, que talis est : — Primo sciatis quod·· rex nullo modo voluit vobis largiri illas quatercentum libras Turonen. de redditibus, que superabant in castris Alesti, Succantonis, Mansi Dei, Andusie, Andusenque et baronia Portarum, ultra duo milia librarum que vobis in dictis locis ad hereditatem fuerant assignata, ymo ipsas detraxerunt in confirmatione venditionis facta et eas sibi retinuit rex quantum ad proprietatem, usufructu earum vobis retento ad vitam vestram, et fecerunt magistri camere computorum ipsam detractionem in baronia de Portis; — item, pro castris seu edificiis dictorum locorum, que rex dicebat non esse vestra ex eo quia terra illa fuerat vobis tradita pro duobus milibus librarum quas habebatis in thesauro regio Parisius, et illa castra seu edificia non fuerant vobis pro aliquo assignata et ideo ea vendere non poteratis, licet gentes vestre dicerent quod ymo poteratis, quia illa duo milia librarum debebant vobis assignari sine appreciatione alicujus castri seu edifficii, rege et gentibus suis dicentibus quod illa condictio solum cadebat in decem milibus librarum ad vitam et non in duobus milibus ad hereditatem, non obstante declaratione facta per dom. ··ducem : super quibus usque ad ultimum potencie certaverunt gentes vestre; voluit·· rex retinere ante quam confirmationem faceret decem septem milia quingentos quinquaginta octo floren. auri que adhuc vobis debebantur de resta centum milium floren. et oportuit me vestro nomine quictationem facere de eisdem³. — Verum est tamen quod hiis mediantibus rex vobis dedit V^m floren. que debebat sibi dominus Bellifortis pro laudimiis dicte terre; — et ita in hoc non dampnificamini nisi in summa XII^m V^c LVIII floren. — Quictationem vero predictam neccessario me facere oportuit, quia aliter peccuniam habere non poteratis, eo quod gentes regie aliter tradere nec reddere confirmationem regiam volebant rationibus supradictis, et forsan visis conventionibus et licteris vestris non male movebantur, ut in ipsis videre poteritis, et consideravimus quod quando veneritis, quod erit in brevi Deo dante, omnia poteritis recuperare a·· rege, et gentes vestre bene dixerunt regi.

Item sciatis quod, in crastinum Circumscisionis Domini, ego una cum dno·· episcopo Grationopolitano,·· priore Sancti Donati, preceptore Navarre, Guillelmo de Royno, Amblardo de Bellomonte, Guillelmo de Vareyo et Humberto Pilati intravimus curiam et dominum nostrum·· papam confestim visitavimus, sibi loquendo de negociis vestris, maxime de expeditione sexaginta septem milium floren., videl. LXII^m pro precio terre et V^m flor. pro laudimiis dicte terre, vobis datorum per regem; qui dominus noster·· papa, ad vos amorem magnum pretendens, nobis graciosissime respondit. — Item, licet speraremus juxta dictam bonam responsionem papalem esse infra duos dies expediti, ac tamen nos omnes vestri supradicti die nocteque laborantes pro expeditione dicte peccunie, nichil de toto mense facere potuimus; ymo finaliter nobis responderunt quod nullam peccuniam haberemus donec terram per vos venditam ab obligationibus et assignationibus quibuscunque liberavissemus, et specialiter a Petro Raymundi de Lugduno cui adhuc in XII^m librarum Turonen., valentibus XX^m floren., tenebamini, eo quia episcopus Belvacensis qui debebat sibi solvere dicta XII^m librarum Turonen., pretextu cujusdam transactionis facte inter vos et ipsum nichil sibi solverat, et pactum fuerat inter vos et dictum Petrum quod, si dictus episcopus non solveret sibi vel non daret eidem infra certum terminum jam elapsum certos et sufficientes condebitores de solvendo, vos remanebatis eidem Petro obligatus ut ante et omnia bona vestra ; et de hiis omnibus dominus Bellifortis erat mirabiliter informatus; que obligationes antique, in quibus tenebamini dicto Petro et patri suo condam, ascendebant III^m II^c L libras grossorum Turon. — Item petebat idem dominus Bellifortis quod liberaremus dictam terram a magistro Raynaudo de Molinis, cui dederatis C libras Turonen. ad vitam suam in pedagiis Alesti et de Calmeta ; — item, a dom° Joffredo de Charvi, cui assignastis C libras Turon. in pedagio Portarum ; — item, a dom° Arnaudo de Rocafolio, cui dedistis II^c L libras Turon. — Et donec ista omnia liberata essent, firmaverunt se omnes, dominus noster papa, dominus Bellifortis, dom. cardinalis Tutellensis et omnes de consilio suo, quod nullum denarium solverent de precio dicte terre.—Quod videntes, ego et gentes vestre, qui eramus in curia Romana pro vobis, fuimus quasi totaliter desperati et multiplicatis vicibus diximus predictis dominis iraconde et turbative, quod ipsi male faciebant et quod vos eratis multum deceptus, qui feceratis omnia que ipsi voluerant et confidebatis in eis et in hac peccunia habenda, sub spe cujus subieratis opus fidei et domini Jhesu Xpisti ; satis loquti fuimus et frequenter cum dictis dominis, et sic loquendo et stando in melenconia et turbatione ineffabili fuimus per spacium quinque septimanarum et ultra, sed satis potuissemus loqui et perdere verba nostra quod unicum denarium non expedivissent nobis neque vobis, nisi prius liberationibus factis de obligationibus supradictis, quamvis ultra obligationem et promissionem vestram nos omnes vellemus pro evictione erga dictum vicecomitem efficaciter obligare.

Finaliter videntes quod aliter non poteramus transire, vestri compassione coacti fecimus ut melius potuimus et ut infra : — Primo, tractu multo habito cum dom° Bartholomeo de Montebrisone, procuratore dicti Petri Raymundi et Johannini ejus filii, heredum Johannis Raymundi, transigendo concordavimus quod ipse vobis remisit dicta XII^m librarum Turon., valentia XX^m floren., et omnes alias obligationes in quibus vos seu dom^a ·· dalphina consors vestra seu predecessores vestri vel alie persone pro vobis tenebamini dicto Petro Raymundi et filio suo, et domino Bellifortis quittavit omnes obligationes et ypothecas quas habere poterant in dicta terra vendita; et propterea oportuit sibi solvere statim de peccunia vestra et precio dicte terre X^m floren., quos sibi solvit in continenti dominus Bellifortis ante quam vellet quittare: tunc quittavit et fecit vobis cessionem de omni actione quam habebat dictus Petrus contra prefatum ·· episcopum Belvacensem. — Item magistro Raynaudo de Molinis, qui nullo modo voluit accipere alibi assignacionem in Rodesio, in Simidrio nec in Dalphinatu, licet sibi vellem augmentare pensionem annuam ad hoc quod quictaret, et nullomodo quictare voluit quousque sibi soluti fuerint realiter et simul de peccunia vestra dicti precii terre, quos sibi solvit dominus Bellifortis, VIII^c florenos. — Et sic remanserunt de dicto precio quinquaginta unum milia et ducentos florenos, et ex alia parte pro laudimiis vobis datis per regem quinque milia floren.: — sic erant LVI^m et ducenti floreni qui restabant. — De quibus tam dominus noster ·· papa quam dominus Bellifortis mandaverunt vobis tradi seu procuratoribus vestris, videl. dnis ·· priori Sancti Donati et Rodulpho de Chissiaco, fratri domⁱ ·· episcopi Grationopolitani, quos nomine vestro constitui procuratores, apud Venecias quinquaginta milia florenorum seu ducatorum, videl. XXX^m pro dom^o papa et XX^m pro domino Bellifortis, que fuerant pro eis depposita apud Venecias in domo Predicatorum per gentes domⁱ ·· regis Ungarie; et super traditione eorum dominus noster ·· papa misit bullas suas et dominus Bellifortis litteras suas efficaces, et ex parte ipsorum ad tradendum dictis procuratoribus vestris predictas quantitates fuerunt deputati dom. Johannes de Amelio, clericus camere domini nostri ·· pape, et dom. Poncius de Pereto, archidiaconus Carnotensis. — Item, ante quam potuerimus habere bullas et litteras expedicionis dictorum L milium floren., oportuit quod ego pro vobis confessus fuerim habuisse integre dictum precium LXII^m floren., inclusis prelibatis solutionibus factis dom^o Bartholomeo de Montebrisone, pro Petro Raymundi, et magistro Raynaudo de Molinis et predictis L milibus habendis in Veneciis, et quod ego dederim dicto dom^{o..} vicecomiti plenam et perfectam quictationem de toto precio predicto LXII^m floren.: actamen dicta quictatio et instrumentum principale quod fecerunt Humbertus Pilati et Guigo Frumenti, de dicto precio LXII^m floren. qui vobis debebantur, comuni consensu et concordia facta inter me et gentes vestras cum dicto dom. ·· vicecomite, quia aliter facere non poteramus, fuerunt deposita penes dom. ·· cardinalem Penestrinum[5] tenenda per eum donec sciatur utrum dicti procuratores vestri receperint apud Venecias dicta L milia floren., et si ipsa habeant procuratores vestri reddentur predicta instrumenta dicto domino Bellifortis, sin autem reddentur michi donec vobis vel michi pro vobis fuerit satisfactum. — Item, quia ultra predictas solutiones remanebat vobis debens dictus dom. vicecomes de predicto precio M. II^c floren. et ex alia parte pro laudimiis vobis datis per ·· regem debebat V^m floren., idem dom. vicecomes dedit michi de ipsis VI^m II^c floren. instrumentum confessionis ad partem. — Item fecimus nos omnes vestri supradicti totum posse nostrum de recuperandis dictis VI^m II^c floren., set ipsos nullo modo habere potuimus nec haberemus nisi prius dicta terra esset liberata ab obligationibus et assignationibus domⁱ Joffredi de Charvi et domⁱ Arnaudi de Rocafolio et aliis quibuscumque specialibus obligationibus et assignationibus per vos factis in dicta terra; et quia hoc nullo modo fieri poterat de presenti propter absenciam dictorum dd. Joffredi et Arnaudi, fuit arrestatum et concordatum inter nos, quia aliter facere non poteramus, quod dicta VI^m II^c floren. posita sunt in depositum penes dictum dom. Prenestrinum donec dicte obligationes fuerint dissolute. — Item, Lucas appothecarius habens per instrumentum et juramentum vestrum obligationem Portarum, quia viso computo suo, propter multa que vobis et dom^{o..} dalphine traxit et multa onera que imposuistis in redditibus quos tenebat, debebatis eidem multam peccuniam, noluit quictare obligationem, nec per consequens dominus Bellifortis expediret vestram solucionem, donec sibi solvi in peccunia numerata IIIe floren. et residuum sibi assignavi in comuni de Rodeis⁶. — Item, post hec omnia insurrexit dominus Eduensis et ostendit quoddam publicum instrumentum, per quod constat vos sibi dedisse in augmentum servitorum monasterii monachorum de Monte Alto LX libras Turon. de redditibus annuis et perpetuis in terra predicta de regno, quas sibi peciit assignari : hoc autem non est adhuc sopitum, set transivi cum eo superficialiter, dicens quod deliberabo et tantum faciam quod debebit esse contentus ⁷.

Item, guerra dura est inter " reges et omni die sucrescit et major esse speratur, quoniam rex Anglie dicitur concordasse cum Scotis et fore citra mare breviter transiturus ; unde et rex Francie maximum mandat exercitum apud Tholosam et in aliis diversis partibus tam Occitanie quam in Britania et a parte Frandrensi, et multi sunt barones et nobiles de vestro Dalphinatu mandati. — Item, inter gentes vestras et comitis Sabaudie multe in diversis partibus discordie et guerrule suscitantur, et in veritate credo quod ex parte Sabaudiensium injurie et principia sunt exorte; utrinque sunt jam homines mortui, actamen spero quod omnia si essem in Dalphinatu breviter sopientur, saltim si alii velint facere et recipere rationem. — De unione baronum Viennesii, de facto comitatus Provincie, que specificare nolo propter periculum litterarum vos lator presentium informabit.

Item, cum pridie tractaremus cum Lappo de Ruspo super debito quod vobis debet dom. abbas Gorziensis⁸, ipse Lappo peciit a nobis VI^m floren. in quibus asserit vos et dom. " dalphinam sibi teneri una cum dom. " comite Montis Caveosi, et tantum indagavimus de negocio quod dictum fuit nobis quod vos non habuistis denarium de dicto debito, ymo habuit ipsum dictus dom. comes et vos et domina obligavistis vos condebitores; unde intendit dictum debitum recuperare a vobis nisi aliud remedium apponatis a parte dicti dom. " comitis : super quo provideat dominatio vestra. — Item, sciatis quod dom. Amblardus de Bellomonte dixit michi quod, propter assisiam quam sibi fecistis in mandamento Avalonis, ita est dictum castrum enervatum et spoliatum redditibus quod si esset guerra non inveniretur de quo dictum castrum posset custodiri seu solvi salarium castellani, et ideo ipse bene vellet, si vobis placeret, quod dicta assisia mutaretur et sibi fieret versus Bregninum in mandamento Montis Bonoudi ultra rivum de Magnival a parte Montis Fortis; super hoc ipse scribit, et vos faciatis et michi mandare velitis quid vestre fuerit voluntatis.

Item, super facto Lumbardorum quos ordinatis exulari a Dalphinatu, quia omnes de consilio vestro dicebant hoc esse dampnum patrie vestre, fuit super hoc consultus dominus noster·· papa: qui respondit quod bene potestis pati que patitur Ecclesia, quod non esset bonum quod recederent, ymo quod haberetur ab eis emolumentum quod haberi posset; finaliter fuit arrestatum quod ipsi hoc anno duplicant pensiones eorum, que ascendunt circa M.IIII° floren. qui vobis custodientur, et deinceps annis singulis solvent simplicem pensionem eorum.
— Item, de Judeis illud idem precepit dom.·· papa, et fuit arrestatum cum eis quod ipsi dant vobis mille florenos, solvendos hoc anno quingentos et anno sequenti alios quingentos, una cum pensionibus eorum⁹.

Item, de facto dom¹ Francisci de Bardoneschia, sciatis quod judex Viennesii diligenter inquisivit cum eodem modis quibus potuit utrum in personam vestram aliquo tempore machinaverit, quod reperire non potuit, ut retulit, sed pro aliis delictis ejus ordinabatur quod fieret de eo executio magna et publica; sed nobiles vestri de hoc multum murmuraverunt, asserentes quod, postquam in personam vestram non machinaverat, non debebat fieri vituperium parentibus et amicis: ita predecessores vestri semper facere consueverunt. Habitaque magna deliberatione per vestros consiliarios seculares, consideratis considerandis fuit arrestatum quod mors non ita publica daretur ei et fuit modus mortis ejus talis: nam de castro vestro Quiriaci in camisia brachis et discalceatus fuit adductus ad aquam Rodani cum societate magna, presente dicto judice, et ibi habens cordam longam ligatam in pedibus projectus fuit in aquam, et post magnum spacium in navem reductus et palpatus et visus utrum esset mortuus: quo constito, duo magni lapides fuerunt ejus cadaveri alligati, unus ad collum, alius ad pedes, et sic in profundissimo loco Rodani projectus ad hoc ut ab inde extrahi non possit et careat sepultura ; et ultra hoc amici sui vobis dederunt mille florenos. Que pena et punicio fuit reputata satis magna, quia amisit corpus viliter et bona, et parentes sui solverunt M floren., pro quorum solutione aliqui eorum vendiderunt propriam hereditatem[10].

Item, licet vobis alias mandassem quod commissarii vestri generales irent ad eorum commissiones, sciatis quod propter abscnciam vestram et propter concursiones guerrarum et multas excitationes factas populo per aliquos ex nobilibus vestris tota quasi patria est commota aliquantulum, ita quod modo non videtur consilio vestro dictos commissarios esse mittendos, ne propter inquisitiones et alia majora scandala orirentur : actamen omnia paulative sopientur et postea ipsi mittentur.

Item, sciatis quod tot ordinastis consiliarios, sequaces et computatores et alios quibus certa et magna salaria ordinastis et solvi jussistis, tam per ordinationes vestras quam per litteras vestras particulares quas ostendunt, et qui volunt perfecte et sine mora de eorum salariis sibi satisfieri, quod maxima peccunia consumitur in istis, que vobis alias salva foret et mitteretur ; et videtur multis quod, cum valde paucis vestra negocia possent fieri communia et quando aliquod arduum negocium insurgeret possent alii omnes vel aliqui, secundum quod negocia requirerent, evocari, quorum consilio negocia expedirentur et aliis temporibus essent in domibus eorum : quare, domine, placeat vobis super hiis providere et intentionem vestram michi significare. — Scientes quod, quando aliquam peccuniam congrego pro vobis mictendo, omnes clamant : « Solvatis ! solvatis nobis, quia dominus vult ! vos non debetis nobis aufferre illud quod dominus dedit ! » — Item, sciatis quod, quia ordinastis quando recessistis debita vestra solvi, clamores emendari et multas assignationes fieri, tot et tam pungitive et clare littere a vobis emanate insurgunt et michi presentantur super solucionibus, super donationibus et super assignationibus reddituum faciendis quod vix possim respondere et, nisi scribatis aliquod remedium, modica peccunia poterit vobis mitti : super quibus deliberetis ut supra.

Item, sciatis quod, licet[11] rex habeat forciorem guerram quam unquam habuit et totum mandamentum suum sit modo apud

Tholosam una cum dom⁰ duce Normandie, nuper tamen fuit preconisatum et prohibitum in comitatibus Sabaudie et Gebennensi quod nullus cum armis audeat terram exire ; et videtur quod, propter hoc quod·· rex ipse habet multa facere et absenciam vestram, ipsi Sabaudienses affectent habere brigas cum terra vestra, et jam apud Satenay et versus montes Sancti Saturnini fuerunt aliqui vestri homines interfecti, et versus Alavardum ter in una edomada circurrerunt. Unde, cum deliberatione consilii vestri, ordinavi quod castra vestra esponderia bene custodiantur et reformentur ; nichilominus conservatores pacis currunt cotidie huc et illuc pro sedandis interpreysiis, et semper gentes vestre et ego nos subiciemus racioni si alii velint hoc idem facere, et si ultra rationem velint terram vestram offendere oportebit nos exponere deffensioni.

Item, sciatis quod ego feci dom. Petrum Durandi thesaurarium vestrum generalem, ad illum finem quod quando vos redieritis, quod erit breviter Domino concedente, vos scire possitis omnia emolumenta terre vestre et in quibus usibus convertantur.

Ex parte vestri ARCHIEPISCOPI ET COMITIS LUGDUNENSIS, clericus et servulus vester Humbertus PILATI se vobis dulcicissime recomendat.

(1) Guy ALLARD, *Documents mss.*, t. V, f⁰ˢ 358-63, papier du temps, format d'agenda. — Nous connaissons quatre lettres adressées au dauphin Humbert II par Henri de Villars, archevêque de Lyon et son lieutenant en Dauphiné pendant la croisade : 1° (Romans), fin juin 1346, emportée par le messager Tassin et Barthélemy de « Thomariis », citée dans la 2° (p. 107) et la 3° (VALBONNAIS, *Hist.*, II, 538) : la réponse du dauphin, apportée par Lantelme Aynard et Jean de Gex, parvint à Romans vers la fin d'octobre suivant ; 2° (Grenoble), 19 sept. 1346, transmise par Amblard de Beaumont et Didier de Sassenage, citée dans la 3° (VALB., ibid., 538·), texte ci-dessus (p. 107-15) ; 3° Romans, 29 déc. 1346, portée par le bâtard de Saint-Pierre, citée dans la 4° (VALB., ibid., 557·), publiée par VALBONNAIS (ibid., 538-40) ; 4° Grenoble, 4 juin 1347, emportée par Pierre de Lucinge et Jean de Gex, publiée par le même (ibid, 557-63).

(2) Voir, sur ce voyage des députés du dauphin à la cour de France, le compte d'Aimonet de Chissé (VALBON., II, 523-5).

(3) La lettre par laquelle Philippe VI approuva la vente faite par le dauphin, de ses terres en Languedoc, à Guillaume Roger, frère de Clément VI, est de décembre 1346 (GUIFFREY, *Réunion*, 62 et 334).

(4) Jean de Marigny (1313-47, † 26 déc. 1351), à qui le dauphin avait vendu ses terres de Normandie, sur lesquelles 12,000 livres restaient dues (VALBON., II, 426-8).

(5) Pierre des Prez, archevêque d'Aix (1318), cardinal-évêque de Palestrina (1320), † 15 mai 1361.

(6) Voir plus haut, p. 104-5.

ut ab inde extrahi non possit et careat sepultura; et ultra hoc amici sui vobis dederunt mille florenos. Que pena et punicio fuit reputata satis magna, quia amisit corpus viliter et bona, et parentes sui solverunt M floren., pro quorum solutione aliqui eorum vendiderunt propriam hereditatem[10].

Item, licet vobis alias mandassem quod commissarii vestri generales irent ad eorum commissiones, sciatis quod propter absenciam vestram et propter concursiones guerrarum et multas excitationes factas populo per aliquos ex nobilibus vestris tota quasi patria est commota aliquantulum, ita quod modo non videtur consilio vestro dictos commissarios esse mittendos, ne propter inquisitiones et alia majora scandala orirentur: actamen omnia paulative sopientur et postea ipsi mittentur.

Item, sciatis quod tot ordinastis consiliarios, sequaces et computatores et alios quibus certa et magna salaria ordinastis et solvi jussistis, tam per ordinationes vestras quam per litteras vestras particulares quas ostendunt, et qui volunt perfecte et sine mora de eorum salariis sibi satisfieri, quod maxima peccunia consumitur in istis, que vobis alias salva foret et mitteretur; et videtur multis quod, cum valde paucis vestra negocia possent fieri communia et quando aliquod arduum negocium insurgeret possent alii omnes vel aliqui, secundum quod negocia requirerent, evocari, quorum consilio negocia expedirentur et aliis temporibus essent in domibus eorum: quare, domine, placeat vobis super hiis providere et intentionem vestram michi significare. — Scientes quod, quando aliquam peccuniam congrego pro vobis mictendo, omnes clamant: « Solvatis! solvatis nobis, quia dominus vult! vos non debetis nobis aufferre illud quod dominus dedit! » — Item, sciatis quod, quia ordinastis quando recessistis debita vestra solvi, clamores emendari et multas assignationes fieri, tot et tam pungitive et clare littere a vobis emanate insurgunt et michi presentantur super solucionibus, super donationibus et super assignationibus reddituum faciendis quod vix possim respondere et, nisi scribatis aliquod remedium, modica peccunia poterit vobis mitti: super quibus deliberetis ut supra.

Item, sciatis quod, licet·· rex habeat forciorem guerram quam unquam habuit et totum mandamentum suum sit modo apud

Tholosam una cum dom⁰ duce Normandie, nuper tamen fuit preconisatum et prohibitum in comitatibus Sabaudie et Gebennensi quod nullus cum armis audeat terram exire ; et videtur quod, propter hoc quod·· rex ipse habet multa facere et absenciam vestram, ipsi Sabaudienses affectent habere brigas cum terra vestra, et jam apud Satenay et versus montes Sancti Saturnini fuerunt aliqui vestri homines interfecti, et versus Alavardum ter in una edomada circurrerunt. Unde, cum deliberatione consilii vestri, ordinavi quod castra vestra esponderia bene custodiantur et reformentur; nichilominus conservatores pacis currunt cotidie huc et illuc pro sedandis interpreysiis, et semper gentes vestre et ego nos subiciemus racioni si alii velint hoc idem facere, et si ultra rationem velint terram vestram offendere oportebit nos exponere deffensioni.

Item, sciatis quod ego feci dom. Petrum Durandi thesaurarium vestrum generalem, ad illum finem quod quando vos redieritis, quod erit breviter Domino concedente, vos scire possitis omnia emolumenta terre vestre et in quibus usibus convertantur.

> Ex parte vestri ARCHIEPISCOPI ET COMITIS LUGDUNENSIS, clericus et servulus vester Humbertus PILATI se vobis dulcicissime recomendat.

(1) Guy ALLARD, *Documents mss.*, t. V, f⁰⁵ 358-63, papier du temps, format d'agenda. — Nous connaissons quatre lettres adressées au dauphin Humbert II par Henri de Villars, archevêque de Lyon et son lieutenant en Dauphiné pendant la croisade : 1° (Romans), fin juin 1346, emportée par le messager Tassin et Barthélemy de « Thomariis », citée dans la 2° (p. 107) et la 3° (VALBONNAIS, *Hist.*, II, 538) : la réponse du dauphin, apportée par Lantelme Aynard et Jean de Gex, parvint à Romans vers la fin d'octobre suivant; 2° (Grenoble), 19 sept. 1346, transmise par Amblard de Beaumont et Didier de Sassenage, citée dans la 3° (VALB., *ibid.*, 538⁴), texte ci-dessus (p. 107-15); 3° Romans, 29 déc. 1346, portée par le bâtard de Saint-Pierre, citée dans la 4° (VALB. *ibid.*, 557⁴), publiée par VALBONNAIS (*ibid.*, 538-40); 4° Grenoble, 4 juin 1347, emportée par Pierre de Lucinge et Jean de Gex, publiée par le même (*ibid*, 517-63).

(2) Voir, sur ce voyage des députés du dauphin à la cour de France, le compte d'Aimonet de Chissé (VALBON., II, 523-5).

(3) La lettre par laquelle Philippe VI approuva la vente faite par le dauphin, de ses terres en Languedoc, à Guillaume Roger, frère de Clément VI, est de décembre 1346 (GUIFFREY, *Réunion*, 62 et 334).

(4) Jean de Marigny (1313-47, † 26 déc. 1351), à qui le dauphin avait vendu ses terres de Normandie, sur lesquelles 12,000 livres restaient dues (VALBON., II, 426-8).

(5) Pierre des Prez, archevêque d'Aix (1318), cardinal-évêque de Palestrina (1320), † 15 mai 1361.

(6) Voir plus haut, p. 104-5.

116   DOCUMENTS HISTORIQUES INÉDITS

(7) Pierre Bertrand, évêque d'Autun (1325), cardinal-prêtre de Saint-Clément (1331), † 1348; il écrivit le 5 mai (1347), à Humbert II pour le presser de revenir (VALBON., II, 553ᵇ; cf. 554 et 558ᵇ).

(8) Dette de 300 flor. d'or reconnue le 28 déc. 1343 (VALB., II, 480).

(9) Voir l'acte suiv. — (10) Une première sentence par contumace avait été rendue contre François de Bardonenche par Humbert II, à Oulx, en 1334, non en juin ou en octob. (VALBON., II, 257ᵇ-60), mais entre le 21 et le 23 mai, d'après notre itinéraire de ce prince. Le supplice qui suivit la nouvelle arrestation de ce seigneur a été relaté par CHORIER (*Hist*. II, 316) et omis par VALBONNAIS; M. Ad. ROCHAS ajoute, sans preuves (*Biog. du Dauph*., I, 63ᵇ), qu'il avait « été torturé avec les plus grands raffinements de cruauté », outre qu'il fut noyé dans le Rhône et non dans l'Isère.

1346 février 1ᵉʳ.   XXXIV¹.

אלה דברי הברית אשר כרתו יחד המבוררים מאת
קהלות קודש שוכני גרישאבבדאן המה ר״י מאיר חיים
בר״י משולם יצחק ומשניהו ר״י משה חיים בהר״י נתנאל
מצד אחד. ור״י אליהו בהר״י יעקב מצד אחר. אשר גזר
ביניהם הנעלה דון אשטרוג מציף דמנואשקה. ואלה הם
התנאים בתחלה יבא ר״י אליהו הנז׳ ויקבל עליו החרם
במעמד עם שאר הקהלות לבקשת הברורים תוך חודש
ניסן ה׳צ״ל ויעשה הודעתו בשלמות ובב אור בכלל ובפרט
כשאר אנשי שוכני גרישאבבדאן בלי שנוי לפני הברורים
אשר יהיו מבוררים בזמן ההוא מאת כלל הקהלות לבד
מסך החוב המחוייב לו על המכס אשר קנה מן לטרונקייה
ומסך חמכס הנז יוסיף על סך שאר ליטראותיו אחר כל
נכות ארבעים פרחים. ואם יש לו סך מה כסף או שויו חוץ
מממשלת אדוננו הדלפין ירו׳ הוד׳. יודיע הענייין ההוא אל
הברורים. ומהענין ההוא יפרע בנטל על הקהלות כאשר
יגזרו עליו הנכבדים דון אשטרוג מציף הנז״י ור״י חייא
בר חיים שוכני שירא גם מעתה קבל עליו ר״י אליהו הנז׳
כל ההסכמות העשויות ואשר תעשינה בכלל גרישאבבדאן
מאת הנבררים לעשות הסכמות על כלל קהלות גרישאבבדאן
ושלא יערער שום ענין כנגדם. ועל זה הדרך המוסכם

יפרע ר"' אליהו הנז' עם קהלות גרישאבבדאן מסך פשרת אדננו הדלפין ירו' הוד' הנעשרת ומן היצאות העשירות ושתעשינה לצרך מעמדת הארץ. ועוד יפרע הנז עם קהלות גרישאבבדאן חרקן מהנטיים אשר יקרו על הקהלות אלה עד פסח שנת קח ולפרט על הדרך הנז כאשר יעלה סך ליטראותיו להתנאת הברורים כשאר הצם. אמנם אם נתחייבו קהלות גרישאבבדאן שום דבר מהשארות דמסים יפרע ר"' אליהו הנז' עם הקהלות פרה אחד מאחד עשר פרחים. ואת התנאים האלה קבל עליו ר' אליהו הנז לקיימם ושלא ימאן בהם לא בכולם ולא במקצתם ומה שנעשה בפני והתפשרתי בין קהלות גרישאבבדאן ובין ר' אליהו הנז' יום שני שישי להודש ראשון שנת מאה ושש לאלף. השישי כתבתי וחתמתי שמי פה למען תהיה ביניהם לעדות. אשטרוג מסיך דמנאישקה.

אנחנו חתומי מטה ברורי גרישאבבדאן נשבענו ד (יום) על התורה ובמה שכתוב בה לקיים כל הכתוב לעיר כאשר יסדוגזר הנעלה דון אשטרוג מציף דעמנואשקה בקנס עשרה פרחים לפרע בחצר אדננו הדלפין ירו' הוד' ולמען תהיה בין שתי האגודות לראייה כתבנן וחתמנו שמו פה היום הכתוב לעיר משה בר' אברהם תנצבה מאיר חיים בר' משלם יצחק שוי משה חיים בר נתנאל שוי.

גם אני חתום מטה נשבעתי על התורה ובמה שכתוב בה ויקיים כל הכתוב לעיר כאשר יסד וגזר הנעלה דון אשטרוג מציף דמנואשקה בקנס עשרה פרחים לפרע בחצר אדננו הדלפין ירו' הוד' ולמען תהיה בין שתי האגודות וראיה כתבתי וחתמתי שמי פה היום הכתוב לעיר.

---

(1) Guy ALLARD, *Documents mss.*, t. VI, f° 13, original parchemin de 17 lig. mesurant 40 cent. sur 25. Une photographie (un peu réduite) de ce curieux document paléographique, qui appartient à une espèce des plus rares (rabbinique), a été tirée à 15 exempl. et distribuée à divers musées

et bibliothèques. Nous le publions à l'aide de deux transcriptions, dues à MM. Henry M. Schlamovitz et Hermann Zottenberg, de Paris : en voici la traduction à peu près littérale :

« Voici les termes de la convention faite entre les délégués des communautés qui habitent le Graisivaudan, savoir Rabbi Meïr Hayyim, ben Rabbi Meschoullam Isaac, et son codélégué Rabbi Moïse Hayyim, ben R. Nathanel, d'une part, et Rabbi Eliah ben R. Jacob, d'autre part; par le ministère du seigneur don Astruc, maçif de Manosque.

» Ceux-ci sont leurs engagements :

» D'abord le susdit Rabbi Eliah se présentera dans le courant du mois de Nisan *(mars-avril)* prochain, sous peine d'anathème, avec les représentants des autres communautés, devant les délégués; il y fera une déclaration détaillée de ses biens, comme le feront les autres habitants du Graisivaudan, devant les délégués qui ont été choisis à cette époque par toutes les communautés. (Dans sa déclaration) R. Eliah aura à ajouter 40 florins à la somme qui forme la valeur de ses autres biens, après en avoir déduit (les frais d'entretien?), outre la somme qui lui est due sur la contribution achetée de Latronkiyah et la valeur de cette contribution même. Dans le cas où il aurait de l'argent ou des valeurs en dehors du gouvernement de notre seigneur le Dauphin, il devra l'indiquer aux délégués et s'en servir pour payer sa part de ce qui a été imposé aux communautés, selon le jugement des notables, le susdit don Astruc, maçif, et Rabbi Hiyya ben Hayyim, habitants de Serre. D'ores et déjà le susdit Rabbi Eliah accepte sans opposition tous les arrangements qu'ont faits et que feront les délégués concernant les communautés du Graisivaudan; et ainsi le même Rabbi Eliah payera avec les communautés du Graisivaudan la somme qu'a déjà imposée ou qu'imposera le seigneur Dauphin pour les besoins du pays. De plus le même Rabbi Eliah devra payer avec les communautés sa part des charges qui échoiront aux communautés jusqu'à Pâque de l'an 108 *(17 avril 1348)* de la manière susdite, c'est-à-dire selon que les délégués le taxeront d'après la valeur de ses biens. Quand les communautés du Graisivaudan auront à payer quelque autre impôt, le même Rabbi Eliah payera avec les communautés un florin sur onze florins. Le même Rabbi Eliah s'est engagé à observer ces conventions, volontairement et sans violer aucune partie du contrat comme sans en rien changer. Le tout a été fait et convenu, en ma présence, entre les communautés du Graisivaudan et le même Rabbi Eliah, le lundi 6e jour du mois Adar premier de l'an 5106. J'ai écrit et signé ici mon nom, pour que cela serve de témoignage entre eux. Astruc, maçif de Manosque.

» Nous soussignés, délégués du Graisivaudan, avons [aujourd'hui] juré sur le rouleau de la Loi et ce qui y est écrit, d'exécuter tout ce qui est écrit ci-dessus, comme l'a rédigé et déterminé le susdit don Astruc, maçif de Manosque, sous peine de dix florins d'amende payables à la cour de notre seigneur le Dauphin; et pour qu'il en puisse conster nous avons ici écrit et signé nos noms à la date susdite. Moïse ben

» Abraham Méïr Hayyim, ben Rabbi Meschoullam Isaac; Moïse Hayyîm,
» ben Rabbi Nathaniel.

» Moi soussigné j'ai juré sur le rouleau de la Loi d'exécuter tout ce qui
» est écrit ci-dessus, comme l'a rédigé et déterminé le susdit don Astruoc,
» maçif de Manosque, sous peine de dix florins d'amende payables à la
» cour de notre seigneur le Dauphin; et pour qu'il en puisse conster j'ai
» écrit et signé mon nom ».

XXXV[1]. (Novembre? 1347)

INFRASCRIPTI sunt apud Avinionem cum domino nostro dalphino.

MILITES : — Primo dom Guillelmus de Royno; — item dom. Johannes bastardus; — it. dom. Lantelmus Tugnie; — it. dom. Jacobus de Dia; — [2] dom. Bernardus de Ciprio; — it. dom. G(uigo) Tosquani; — [3] it. dom. Amblardus de Bellomonte; — [3] it. dom. cancellarius; — [3] it. dom. judex appellationum; — [3] it. dom. Henricus de Dreyns; = Adduardus de Sabaudia; — Galeas de Saluciis; — bastardus de Lucingio; — Stephanus de Lucingio; — Hudrisoudus de Lucingio; — Humbertus de Loras; — Raynaudus de Revello; — Henricus de Varilliis; — Humbertus Alamandi; — bastardus de Sancto Petro; — Johannes Marjais; — Nicholetus de Sancto Jorio; — Bartholomeus Pelati; — Johannes de Rafolla; — Roletus, botellerius; — Hugonins Comitis; — Berthonus Trabuci; — Andrevonus Trabuci; — Humbertus, marescalcus; — Johannes Parvus, barbitonsor; — magister Petrus, barbitonsor; — Hugonetus de Scalis; — P(etrus) de Carmigniano; = Bastardus, messagerius; — Bondonus, coqus; — Johannotus Anglicus; — magister Johannes, nanus; — Jacobus de Adversa; — B. Tayllardus; — dictus Li Veczi; — Bonacursius, apothecarius; — [3] Johannes de Ranfolla : — isti steterunt continue.

Guionetus de Loraz; — Parvus Passus; — trompeta; — magister Johannes de Burgondia; — P(eron.) de Monte Japeto; — Francisquinus, vialator; socius ejus.

Confessor domini; — magister Giraudus; — dom. Humbertus Pilati; — Hugo Riverie; — dom. Petrus Durandi; = Guigo Frumenti; — Hugononus Moteti de Aymara; — Henricus Garini; = Johanninus de Yron; — Johanninus, clericus capelle.

RELIGIOSI ET CAPELLANI : — electus; — preceptor Marsilie;

— frater Jacobus de Sancta Tulia; frater Raymundus Leautaudi : canonici ; — frater Aventura; frater Stephanus; frater Henricus Alamandi; frater Jacobus, socius electi : Minores; — frater Poncius Gaufredi ; frater Bertrandus de Flandria; Carmelite; — dom. Petrus Grossi, canonicus; — dom. Ricaudus, monacus.

Messagerii : — Girardus, messagerius; — Chanlongi; — Giletus de Bello Videre ; — Raynaudus, messagerius ; — Li Beti.

Seculares capellani: — dom. Richardus de Besancio ; — dom. Petrus de Avisano ; — dom. Filibertus ; — dom. Matheus de Laude.

M. : — Johannes, filius Constancie; — Johannes Sine Racione; — Colinus ; — Chatelletus; — Addam ; — Perriolus ; — Gorradus ; Constantius ; Raymundus ; Petionus ; Petrus ; magister Martinus; Johannes de Vienna ; Burrianus; Guersus: porterii ; — Caletus; — Grossus Clericus ; — Panis ; — Cosonus; — Martinus; — Bastardus; — Charmillons; — Stephanus, porterius ; — famulus Mituardi ; — due mulieres de coquina ; — Sarracenus; — 2 famulus dom! Johannis de Boch(eto).

(1) Guy Allard, *Documents mss.*, t. VI, f°° 91-2, papier du temps. Cette ordonnance a dû suivre de près le retour d'Humbert et précéder les n°° xxxvi et xxxvii.
(2) Ajouté après coup. — (3) Effacé après coup.

XXXVII.   *17 décembre (1347).*

Ordinacio hospicii domini nostri dalphini, facta per eum die xvij° mensis decembris, de personis que debent cum eo remanere.

Capella : — Confessor; socius confessoris: cum duobus equis et uno famulo ; — minister Burgondie ; — episcopus ; — electus ; — frater Arnaudus ; — frater Johannes de Lacra ; — frater Guido de Moyrenco ; — frater Petrus Frumenti ; — frater Petrus de Montepessulano; socius suus ; — frater Constancius ; — dom. Matheus de Vertuto, una cum dnis Lamberto, Richardo, Philiberto, capellanis, et Jaymono clerico, qui licet sint in aliis officiis ordinati veniant ad capellam, ad missam et vesperas ; — dom. Jacobus, canonicus ; — frater Stephanus.

Camera : — Berthonus Trabuc ; — Disderius ; — Johannes

Barberius, pater; — Johannes Barberius, filius: — quilibet cum uno equo.

PANATERIA: — dom. Richardus; — Colinus; — duo famuli tantum: — quilibet cum uno equo.

BOTELLERIA: — dom. Rodulphus, magister, cum duobus equis; — dom. Philibertus, cum uno equo; — duo famuli tantum.

COQUINA: — dom. Armandus, magister, cum duobus equis; — Baudus; Baudonus: quilibet cum uno equo; — duo solhardi tantum.

PHISICI: — magister Jacobus; — magister Geraldus: — quilibet cum duobus equis.

Jaymonus, gardamingerius.

Dom. Lambertus, in computis hospicii.

MILITES et CONSILIARII: — dom. cancellarius; — dom. preceptor Navarre; — dom. Guillelmus de Royno; — dom. Franciscus de Thesio; — dom. Johannes de Podio; — dom. Johannes; dom. Amedeus: bastardi; — dom. Franciscus de Revello; — dom. Guichardus de Chissiaco; — dom. G(uigo) Tosquani; — dom. Johannes de Alta Villa; — dom. G. Fornerii, procurator; — dom. preceptor Aniciensis.

CLERICI: — Humbertus Pilati, secretarius, cum duobus equis; — Guigo Frumenti; Johannes Nicoleti: quilibet cum uno equo.

SERVIENTES ARMORUM: — Henricus Garini; — Andreas Trabuc; — Guillelmus Malleni; — Sarracenus; — Bonacursius; — Paulus de Palina; — Guillelmus Ysoardi: — quilibet cum uno equo.

HOSTIARII CAMERE: — Raynaudus de Revello; — Henricus de Varilliis; — Humbertus de Langes; — Humbertus de Fucigniaco: — quilibet cum uno equo; — quorum duo una vice et alii duo alia vice portent cibum domini. et dum illi portabunt alii serviant in hostio.

SCUTIFFERI DE CUTELLO: — Ogerius Riverie; — Barrachinus de Thesio: — quilibet cum uno equo.

SCUTIFFERI DE CUPPA: — Galeacius de Saluciis: — Petrus Panis Calidi: — quilibet cum uno equo.

SCUTIFFERI SERVIENTES AD OMNIA: — Torgenas; — Johannes Marjaysii ; — Guillelmus (et) Johannes de Chissiaco ; — Fromentinus del Says : — quilibet cum uno equo.

In forreria : — Gula.

Porterii : — Magister Martinus ; — Burrianus ; — Gorradus ; — Constancius ; — Perpointus ; — Raymundus.

Messagerii equites : — Thomas Anglicus ; — Li Vesci : — quilibet cum uno equo ; — et mitantur frequencius solito quando opus erit ad portandum litteras, ut alii pedites messagerii possint cum domino remanere et eum associare una cum porteriis quando equitabit.

Messagerii pedites : — Bestia ; — Girardus ; — Johannotus ; — Johannetus.

(1) Guy Allard, *Documents mss.*, t. XV, f°s 229-32, papier du temps.

XXXVII[1].   *17 décembre (1347).*

Nova ordinacio capelle domini nostri " dalphini, facta die xvij* mensis decembris, apud Avinionem.

Primo sint octo capellani seculares, videl. dom. Lambertus, dom. Philibertus, dom. Richardus, dom. Matheus de Vertuto, dom. Guigo de Ayis, dom. Johannes Tosquani ; — item, duo clerici in capella, qui duo sint subdiaconi et vadant equites ; et percipiat quilibet in die ij grossos, videl. unum gross. in matutinis et dy(midium) gros. in missa et dy. gros. in vesperis ; — item, tres alii clerici pedites, quorum quilibet percipiat in die unum grossum et quartam partem unius grossi, videl. tres quartos in matutinis et quartam partem in missa et aliam quartam partem in vesperis ; et tenebunt duo ex ipsis torchias et alius turribulum ; — item, sex alii religiosi capellani, qui servient de missis dicendis, de diacono faciendo et de predicatione, videl. frater Guido et frater Petrus Frumenti ; — duo Carmeliste, videl. frater Andreas et frater Arnaudus ; duo Augustinenses, videl. frater Petrus de Montepessullano et frater Guichardus : et habeant inter duos et duos unum famulum, et recipiant ipsi duo cum famulo sex florenos per mensem ; — item confessor habeat duos equos, pro se et socio, et duos famulos et decem floren. per mensem ; — item episcopus, cum fratre Bertrando vel alio socio sibi grato, ubi ipse frater Bertrandus noluerit, et uno famulo habeat sex flor. per mensem et stet perpetuo in Bello Videre : — item confessor habeat administrationem et correctionem capelle et personarum predictarum, et puniat eos si deffecerint.

(1) Guy ALLARD, *Documents mss.*, t. XV, f° 233, papier du temps. Voir, dans l'ordonnance générale de la maison du dauphin le chapitre relatif à sa chapelle (VALBON., II, 392).

XXXVIII.   *13 février 1348.*

(DEPOSITUM JOCALIUM CAPELLE HUMBERTI DALPHINI) [1].

Ego Johannes de Ponte de Laude, legum doctor, confiteor penes me habere ex causa depositi et tenere ab illustri principe dom° Humberto, dalphino Viennensi, domino meo carissimo, quamdam cassam et quinque forrellos de corio, infra quam et quos sunt multa jocalia argentea et aurea preciosis lapidibus adornata, capelle domini mei predicti : que omnia infra quamdam magnam archam, sigillatam sigillis ven[lis] et nobilium virorum dnorum Jacobi preceptoris Novarie, Francisci de Thesio militis, infra scriptorum, et Johannis Macence et Stephani Lappi Pollateric, sunt inclusa ; michi tradita per ven[lem] et nobiles viros dnos Jacobum et Franciscum predictos, et Guillelmum de Royno, Johannem de Podio, milites, et Guillelmum Fornerii, procuratorem dicti dom[i] dalphini in curia, sub infrascripto modo, videl. quod nisi fuerit sattifactum de debitis contractis hic per dictum dominum hac ultima vice qua fuit hic Parisius [2], habentibus super hiis apodisas quarum nomina et summas habeo penes me et similiter procuratorem predictum, infra festum Paschatis proximum, quod ex tunc dicta jocalia possent tradi pigneri expensarum dicti dom[i] dalphini in manibus alicujus ydonei creditoris. Nos vero predicti Jacobus, Guillelmus, Franciscus, Johannes et Guillelmus procurator predicta esse vera dicimus et etiam confitemur ; in quorum omnium testimonium nos dictus Johannes, Jac., Guil., Franc., Joh. et Guil. predictus sigilla nostra presentibus, quas triplicari fecimus, duximus apponenda.

(Locus 1 sigilli).

Item, confitemur nos predicti preceptor, Guillelmus de Royno, Franciscus de Thesio, Johannes de Podio, Guillelmus procurator et Almandus de Burgo miles, quod dictus dom. Johannes de Ponte, de voluntate domini nostri dalphini, tradidit et libravit nonnullis creditoribus minutatim IIII° florenos *(add.* parvi ponderis*)* super dictis jocalibus seu pigneribus : prout in particulis, quarum habet copiam dictus dom. Johannes et procurator predictus, sigillatam sigillo dom¹ Johannis de Podio, magistri hospicii domini nostri predicti, in extenuationem debitorum predict., dignoscitur contineri. Constat de interlineari « parvi ponderis ».

Datum Avinione, die xiii¹ februarii anno Domini M°CCC° XLVIII°.

(Loci 5 sigillorum).

Et quia dom¹ G. de Royno non habet sigillum, ego Lambertus de Flandria hic me subscripsi.

(1) Guy ALLARD, *Documents mss.*, t. VI. f° 15 bis, original papier : traces de 6 sceaux en cire rouge plaqués.
(2) Humbert II fit deux voyages à Paris avant son abdication : il y séjourna la 1ʳᵉ fois en juil. et août 1335, et la 2ᵉ de novem. 1339 à janv. 1340.

XXXIX¹.   *20 février 1348.*

Anno Domini mill'o CCC°XLVIIJ°, die xx⁴ mensis februarii, apud Bellum Videre ordinavit dominus noster¨ dalphinus quod infrascripti familiares sui remaneant modo cum eo in hospicio suo, ceteri licencientur :

Primo dni ¨ cancellarius; — preceptor Navarre ; — Guigo Toscani.

Humbertus Pilati.

SCUTIFFERI : — Henricus Garini; — Sarracenus; — Guillelmus Ysoardi; — Raynaudus de Revello ; — Henricus de Varilles; — Humbertus de Fucigniaco; — Ogerius Riverie ; — Giletus de Belna.

In CAMERA : — Berthonus Trabuc; — Disderius; — Johannes, barbitonsor.

CAPELLANI : — dni episcopus; — inquisitor, socius suus; — confessor ; socius suus: cum duobus equis et uno famulo; — frater Guido de Moyrenco ; — frater Stephanus ; — dom. Jacobus, canonicus ; — frater P(etrus) de Montepessullano ; socius suus ; — frater Arnaudus, Carmelita ; — frater Bertrandus ; — dom. Matheus de Vertuto ; — dom. Johannes de Boscheto.

CLERICI in capella: — Jaymonus; — Perrinus.

In PANATERIA : — Pelinus, magister ; — Caletus, valletus.

In BOTELLERIA : — dom. Rodulphus, magister ; — Petrus, botellerius ; Johanninus, clericus : valleti.

In COQUINA : — dom. Armandus, magister ; — Baudus, coqus ; — nepos dom! Armandi, soillardus.

Magister Girardus, phisicus.

Jaymonus, gardamingerius.

Dom. Johannes Tosquani, in computis hospicii.

Magister Johannes nanus, cum roncino.

Sex porterii.

Sex messagerii, duo equites et quatuor pedites.

Item vult retinere dominus pro se duos palafredos et magnum mulum, et duos valletos pro eis pedites.

(1) Guy ALLARD, *Documents mss.*, t. XV, f°s 234-5, papier du temps.

XL.   *19 septembre (1349).*

(LETTRE DE LA PRIEURE DE MONTFLEURY A HUMBERT II)[1].

A tres haut, tres poiss(ant), tres exellent, nostre tres redouté et soverain seigneur et fondeur monseigneur frere Ynbert, pluz grant dalphin de Vienne. Nostre tres redouté seigneur, comme il vous ait pleu de vostre grant bonté et parfonde humillité à nous escrire par nostre reverant pere frere Girart Crepi, nostre prieur, mont affectueusement, en nous monstrant la bone vollenté que vous havès de nous bien faire, ci comme de nous acroistre juquez a la vallue de xxx. mille florins d'or, nous vous en remercions tant comme nous plus pouns ; en vous prometant lealment, une chacune de nous par soy et toutez ensanble, que nous acomplirons entierement a nostre poer tout ce que escrit vous avons : c'est assavoir que einssi comme droiz en nous fonderons sellon nostre petit poer vostre monastere en la forme et maniere que vostre devocion et discrecion vorra ordener justement, en obeysant humblement, toute rebellion mise sus, a vous qui estez nostre soverain seigneur et fondeur, comme filles de bene obedience, qui sur toutez choses desirons acomplir vostre sainte vollenté pluz de cuer et de fait que nous ne savons exprimer par escrit, et einci nous i summes acordeez toutes d'une vollenté entandens la perfection de vostre saint propouz, et en signe que ce soit plaine verité nous vous presantons ceste petite lettre scellée du seel de nostre convent, la quelle nous vouz suplions humblement qu'il vous plaise à recevoir en grace, et nous veulliez par vostre grant debonereté mander par vous lettrez ce vous estez bien contans de nous et parfectement a nous apezies : ci en vivrons a pluz grant peix de cuer et en marciron et loron la bonté de Dieu, liquieux par sa grace veulle garder et sauver vostre tres exellent persone en bone prosperité de ame et de coprs, et la tres reverent persone de nostre tres redoutée dame madame la dalphine vostre mere, et vous doint bone vie et longue, et joie et honeur pardurablement, sellon ce que nous le desirons et prions de touz nous cuers continuelment. Escrit à Montflori, de xix° jour du moys de setembre.

  Le vostrez tres petitez et humblez fillez la prieuse et lez suers de vostre monastere de Mont Flori.

(1) Guy Allard, *Documents mss.*, t. IV. f° 329, original parchemin de 15 lignes, écriture de femme ; au bas trace de sceau sur double lemnisque.

XLI.   (?).
(Fragmentum inventarii capelle Humberti delphini)[1].

. . . .

Item, unum tabernaculum, in cujus medio existit ymago quedam parva beate Marie, tenens puerum in brachiis : qui puer tenet in manu sinistra pomum aureum cum quadam parva cruce, et cum alia manu signat cum duobus digitis ; que ymago coronam habet in capite cum lapidibus sive perliis, et tenet in manu dextra ramum viride cum perliis albis. Et tabernaculum factum est desuper de cristallo, ad modum cujusdam capelle, habentis campanile de cristallo et argento ; et ab uno capite capelle est crucifixus ymalliatus, ab alio latere est unum ymaus ubi coronatur beate Virgo. Quod tabernaculum habet fenestras inmalliatas et sedet super quatuor columpnis, que columpne sunt supra unum pedem cum circulo inmalliato ; et ponderat xxvj marcas vij uncias.

Item, duos angelos, tenentes quilibet unum candelabrum, quorum pedes sunt inmalliati ; ponderant xxvij marcas iij uncias unum quartum. *Add.* Dedit dom° dalphinus cardinali Albo.

Item, duos angelos, tenentes quilibet eorum unum reliquiarium de cristallo et argento deaurato, eymalliatos et habent pedes inmalliatos; ponderant xxxj marcas ij uncias. *Add.* Habuit preceptor.

Item, duos alios angelos, habentes alas ymalliatas, nichil tenentes in manibus eorum : quorum unus habet alam fractam ; ponderant xxj marcas j unciam.

Item, unum caput usque ad medias spatulas, cum certis inmalliis de armis Dalphinatus et regni Hungarie, quod vocatur caput sancte Placensie[2] : in quo videtur per sumum ejus, per quod dicitur cristallum, caput dicte sancte Placensie ; et sustinetur per duos angelos, habentes alas inmalliatas ab utroque latere, existentes supra pedem cum certis ymalliis de dictis armis ; ponderat xviij marcas et duas oncias. — Item, supra caput ejus coronam de auro cum lapidibus et perliis Scoti ; ponderans v marcas j unciam. *Add.* Habuit dominus et destruxit.

Item, unum campanile, cum cruce in capite cum crucifixo : que crux fracta est ; habens quatuor campanilia parva circa cacumen campanilis.

Item, unum reliquiarium, situatum super uno pede argenti deaurato, in cujus medio est una columpna de argento deaurata, et ex utroque latere tenent dictum reliquiarium duo angeli : quod reliquarium est in medio cujusdam lapidis usti coloris, ubi est crucifixus deauratus, et ibi defficiunt porte que consueverunt claudere dictum crucifixum. Et superius est aliud reliquiarium ad modum alterius reliquiarii cum certis inmalliis, procedendo supra ad modum campanile : tamen non est ibi crux in summittate ; ponderans xvj marcas cum dimidia.

Item, duos angeli, tenentes quilibet unum reliquiarium parvum de cristallo, ad modum campanilis cum una cruce parva desuper ; quorum unus dictum reliquiarium tenet in manu dextra, alius in sinistra ; ponderant xvij marcas dimidiam unciam.

(Summa) VIIJ^{xx} ij marcas iij quartos.

(1) Arch. de l'Isère, reg. *Octavus liber copiarum Graisivodani G G G* [XXXV. 8], cah. vj, après un inventaire qui porte en titre : « Montisfluriti ». — (2) D'abord « Plaze-e ».

XLII [1]. 9 novembre (1349).

A MON TRÈS CHIER ET HONERABLE SEIGNEUR, MON SEIGNEUR LE DOFFIN ANTICH, ANNE DE VIANNOIS, PRINCESCE D'AURENGE.

Très chiers et honerables sires, je me recommant à vous de si très bon cuer comme je puis. Et sachiés que les choses que vous me desistes quant vous vous partites de mi sont veritables, et encoires pis que je ne vous puis escrire par letre; mès mon fil, vostre niés, le vous dira de bouche. Par quoi sachiés, tres chiers sires, que j'ai creu vostre consel de remanir et que mi seignour et mi ami, tout le mont conseillie ainsi comme vous, et que encoires le viconte de Biaufort le m'a mandé pro hier de conscience de nostre seigneur le pape; et disoient encoires que se je fusse en quemin, que je deusse retourner pour cheste nouvele. Et certes, très dous sires, il m'ont monstré mout de choses des quelles vous m'aviés touchié, quant je me parti de vous, la vostre bone merchi: quar certes, très chiers sires, tout li jentil homme de Provence sont mout courouchié de cheste nouvelle, et vraiement vous aurrés mout de nouvelles em brief. Se vous volés, très chiers sires, aucunes choses que je puisse faire, commandés les moi comme à chelle qui est toute vostre. Dieux soit garde de vous, qui vous doint bone vie et longue, si comme mes cuers desirres. Donnée à Aurenge, le ixᵉ jour de novembre.

(1) Guy ALLARD, *Documents mss.*, t. IV, f° 124, original papier de 15 lig., avec traces de plis et de sceau plaqué ; la suscription est au dos, accompagnée des lettres « DD' » répétées trois fois et disposées en triangle. — La date de cette lettre énigmatique d'Anne, fille de Guy, baron de Montauban, et femme de Raymond des Beaux, à son cousin germain Humbert II, est fournie par la suscription : elle est postérieure à la cession du Dauphiné (16 juil. 1349) et antérieure à l'ordination d'Humbert (25 déc. 1350).

XLIII [1]. 1345-1350.

Universis et singulis manifestum existat quod anno Domini M·CCCXLV, in festo beate Marie de martio (25) valebat florenus auri xi sol. ii den. ; in triginta libris illius monete intrant LIII floreni auri et III quartos floreni auri minus II den. cum obolo. — Eodem anno, in festo beati Johannis Baptiste (24 juin) val. flor. auri 12 s. 11 d. ; in 30 lib. il. mon. int. 46 fl. a. c. dym. min. 7 d. c. ob. — Eod. an., in festo sancti Michaelis *(29 sept.)* val. flor. auri 12 s. 11 d. ; in 30 lib. il. mon. int. 46 fl. a. c. dym. min. 7 d. c. ob. — Eod. an., in festo Natalis Domini *(25 déc.)*, val. flor. auri 13 s. 1 d. ; in 30 lib. il. mon. int. 46 fl. a. min. 22d. parvos. —Summa anni predicti, CLXXXXII flor. auri cum dymidio.

Anno Dom¹ M°CCC°XLVJ, in festo b° Marie de martio valebat florenus auri xiii sol. vi den. ; in triginta libris illius monete intrant XLIIII floreni auri cum dymidio minus ix den. parvos. — Eodem anno, in festo b¹ Johannis Baptiste val. flor. 14 s. 2 d.; in 30 lib. il. mon. int. 42 fl. et 1 tertium flor. et 3 d. parv. — Eod. an., in festo s¹ Michaelis val. flor. auri 15 s. 8 d. ; in 30 lib. il. mon. int. 38 fl. 1 tert. fl. min. 7 d. — Eod. an., in festo Natalis Dom¹ val. flor. auri 17 s. 10 d. ; in 30 lib. il mon. int. 33 fl. et 2 tertios fl. min. 7 d. — Summa anni predicti, CLVIIII flor. auri.

Anno Dom¹ M°CCC°XLVIJ°, in festo b° Marie de martio valebat florenus xx sol. IIII den. ; in triginta libris illius monete intrant XXVIIII floreni auri cum dymidio et II sol. VII den. — Eodem anno, in festo s¹ Johannis Baptiste val. flor. auri 25 s. ; in 30 lib. il. mon. int. 24 flor. —Eod. an., in festo s¹ Michaelis val. flor. auri 25 s.; in 30 lib. il mon. int. 24 fl. — Eod. an., in festo Natalis Dom¹ val. flor. a. 28 s. ; in 30 lib. il. mon. int. 21 fl. a. c. dym. min. 2 s. — Summa anni predicti, LXXXXIX flor. min. VII den.

Anno Dom¹ M°CCC°XLVIIJ°, in festo b° Marie de martio valebat florenus auri XVII sol. VI den.; in triginta libris illius monete intrant XXXIIII floreni et I tertium flor. minus x den. parvos. — Eodem anno, in festo b¹ Johannis Babtiste val. flor. a. 16 s. ; in 30 lib. il. mon. int. 37 fl. a. c. dym. — Eod. an., in festo s¹ Michaelis val. flor. a. 17 s. 7 d. ; in 30 lib. il. mon. int. 34 fl. 2 s. et 2 d. — Eod. an., in festo Natalis Dom¹ val. flor. a. 19 s. 6 d. ; in 30 lib. il. mon. int. 30 fl. et 3 quartos flor. et 5 d. parv. — Summa anni predicti Cxxxvi flor. c. dym. et xxi den. parvos.

Anno Dom¹ M°CCCXLIX, in festo b Marie de marcio valebat florenus auri xxiii s. viii d.; in triginta libris illius monete intrant xxiiii floreni et I tercium flor. minus III den. parvos. — Eodem anno, in festo s¹ Johannis val. flor. 25 s. ; in 30 lib. il.

mon. int. 24 flor. — Eod. an., in festo s¹ Michaelis val. flor. a. 25 s.; in 30 lib. il. mon. int. 24 fl. a. — Eod. an., in festo Natalis Domⁱ val. flor. a. 26 s.; in 30 lib. il. mon. int. 23 fl. a. et 2 s. — Summa anni predicti lxxxxv flor. et i tercium flor. et xxi den.

Anno Domⁱ M°CCC.L, in festo bᵉ Marie de martio valebat florenus auri xxx sol.; in triginta libris illius monete intrant xx floreni auri. — Eodem anno, in festo sⁱ Johannis Baptiste val. flor. a. 15 s. 7 d.; in 30 lib. il. mon. int. 30 flor. a. — Eod. an., in festo sⁱ Michaelis val. flor. a. 20 s.; in 30 lib. il. mon. int. 30 fl. — Eod. an., in festo Natalis Domⁱ val. flor. a. 22 s.; in 30 lib. il. mon. int. 27 fl. et 1 quarterium fl. et 6 d. — Summa anni predicti Cxv flor. iii quartos vi den.

Summa in omnibus antedictis VIJᶜ lxxxxviii floreni auri.

Ex parte mei Petri Roquete, campsoris Montispessulani, et ad majorem firmitatem habendam sigillum meum proprium hic duxi apponendum.

(1) Guy Allard, *Documents mss.*, t. VI, fᵒ 40, papier du temps en 2 bandes cousues bout à bout, sans trace de sceau.

XLIV. *(1350 ?).*

Memoriale pro domino nostro Dalphino,
super requirendis ab Imperatore pro parte dalphinali[1].

Secuntur ea que sunt petenda per dominum nostrum dalphinum, regis primogenitum[2], a rege Romanorum, avunculo dicti domⁱ dalphini[3], pro se et successoribus et causam habituris ab ipso:

Primo, castrum Pupeti Vienne, alta jurisdictio civitatis Viennensis et domus Canalium Vienne, que tenent archiepiscopus et capitulum Viennensis in commenda ab imperatore[4].

Item, homagia, feuda, superioritates et resorta in quibus tenentur et que tenent ab imperatore[i] episcopus Valentinensis et Diensis, et domˢ Ademarus de Pictavia, comes Valentinensis, et que tenet et in quibus tenetur princeps Aurasicensis; necnon homagia, feuda, resorta et superioritates in quibus[5] et que tenent ab impperatore episcopi Sedunensis et Lausanensis et Gebennensis.

Item, homagia, feuda, superioritates et resorta in quibus abbas et conventus monasterii Sancti Eugendi Jurensis et tota terra eorum, et prior et conventus Nantuaci, Lugdunensis diocesis, et tota terra eorum tenentur et que tenent ab impperatore.

Item, homagium, feuda, superioritates et resorta in quibus tenetur et que tenet comes Gebennensis ab imperatore[1].

(Item, feudum et jus comitatuum Provincie et Folquarii. Item, feudum et jus castri Sancti Theuderii).

Item, quod rex Romanorum det dicto dom. dalphino et ejus successoribus pedagia et gabellas[7] que (et quas) dom[8] H(umbertus) dalphinus antiquior, nunc patriarcha Alex(andrinus)[8], consciencia ductus remisit et quictavit omnino, que fuerunt alienata per aliquos ipsius predecessores, non obstante remissione predicta.

Et dom[8] dalphinus et successores (ipsius) ea omnia tenebunt (in feudum seu) in augmentum feudi sub (uno) homagio ab impperatore.

Et est attendendum quod si impperator nollet dare predicta, quod saltim ipse concedat ea dom[o] dalphino et ejus successoribus et causam habituris ab ipso, nomine commende durature imperpetuum tempore illius impperatoris dumtaxat, excepto quod predicta revocaret specialiter et expresse : alias, nisi dominus impetraret predicta, comes Sabaudie intendit impetrare prefata vel majorem partem de ipsis, quod esset domino nostro dalphino in immensum dampnosum.

Et attendat dominus quod expediret, ut videtur, quod rex et ipse scriberent statim regi Romanorum et cancellario suo et aliquibus aliis de consilio suo per unum cursorem regium, quod nullo modo velit aliquid juris via commende vel alias in partibus imperii comiti Sabaudie concedere nec aliquid eidem confirmare, donec dominus ad eum miserit de gentibus suis, quod intendit in brevi facere.

Et super isto ultimo dimicto quandam litteram in percameno continentem in effectu predictum capitulum, corrigendam et dictantem per alterum de secretariis domini. Deinde tractu temporis, prehabita deliberatione majori, dominus poterit mictere ad imperatorem aliquam sufficientem personam, ad obtinendum ab imperatore ea que in articulo superius continentur.

(1) Arch. de l'Isère, reg. *Quintus plures informat. et script. terræ Turris E* (XXXIII. 3), cah. ix, qui renferme le brouillon *(c)* et deux copies *(a, b)* de ce Mémoire (« duplicatum est ») ; les additions au texte primitif sont entre ( ).
(2) Charles (16 juillet 1349 - 8 avril 1364), fils du roi Jean II.
(3) Charles IV (1347-1378), frère de Bonne de Luxembourg, mère du dauphin. — (4) Var. « imppe-e ». — (5) Manque « tenentur ».
(6) D'abord « I. ac........ petatur ab imperatore quod ipse omnino dat ».
(7) Effacé : « et alia hujusmodi ». — (8) Effacé en *b* : « n. p. A ».

XLVI[1]. (*1352-5*).

HEC est extractio summaria sumpta ex cartulariis Dalphinalium computorum, de valore ac eciam de deliberationibus et expensis singularum castellaniarum Dalphinatus, de tempore reverendi in Xpisto patris et domini dom^i nostri Humberti, sancte ecclesie Alexandrine patriarche, administratoris perpetui ecclesie Remensis, dalphini Viennensis antiquioris, usque ad tempus translationis Dalphinatus facte per ipsum in persona illustris principis domini nostri dom^i Karoli, Francorum regis primogeniti, dalphini Viennensis.

Baronie MEDULIONIS et MONTIS ALBANI.

Et primo reperitur per cartularia dictorum Dalphinalium computorum, quod castellaniam Medulionis et baylliviatum dictarum Baroniarum tenebat dom° Lant(elmus) Gringnie miles, et valuit xxv lib. vi s. viii d. pic. gross.; et expense, solutiones et deliberationes jam intracte seu admisse in dicto computo vi lib. iiii s. x d. pic. gross. : et nundum est factum arrestum, quia sine declaratione ipsius dom^i antiquioris non posset fieri, propter quedam debita que petit sibi deduci pro emenda quorumdam equorum et pro vadiis suis de ultra mare, de quibus computatores nesciunt certitudinem. — Item castellaniam Buxi, Merendolii et Ubrilis tenebat Petrus de Carmigniano, et valuerunt de duobus annis de quibus tunc fuit computatum 131 l. 8 gross., inclusis arrestis precedentium arrestorum; expense vero 115 l. 8 s. 3 d. gross.: et remansit debens idem Petrus dom° antiquiori dalphino 16 l. gross.

BRIANCZONESII.

[2] Exilie valuerunt de tribus annis 42 l. 15 s. 9 d. ob. gross.;

et expense 59 l. 6 s. 10 d. pic. gross. — Bardon(eschia) valuit
13 l. 11 s. 7 d. pic. gross.; expense 12 l. 3 s. 1 d. pic. gross. :
et debebantur sibi de resta precedentis computi 56 s. 2. d. 3
pic. gross. — Vallis Cluysonis cum syndicis valuit 48 l. 18 s. 4
d. pic. gross.; et expense ac deliberationes 58 l. 13 s. 7 d. 3 pic.
gross. — Castellania Ulcii cum pensione syndicorum valuit, de
III annis de quibus simul computaverunt, 63 l. 10 s. 1 d. 3 pic.
gross.; et deliberationes 64 l. 13 s. 5 d. 3 pic. gross. : et debentur castellano 53 l. 5 s. 2 d. gross. — Sesana una cum pensione
syndicorum valuit, de III annis de quibus simul computaverunt,
122 l. 13 s. 11 d. gross.; et deliberationes 124 l. 14 s. 3 pic.
gross. — Item Sanctum Martinum de Quayreria, cum pensione
syndicorum, valuit 11 l. 10 s. 5 d. 3 pic. gross.; et deliberationes 45 s. 3 d. gross. : et residuum retinuit castellanus in solutum VI^c floren. in quibus dom^s antiquior eidem tenebatur pro
dote Berlione de Langiis, uxoris ipsius castellani, promissa per
ipsum dom. antiquiorem. — Quadracium, una cum pensione
syndicorum, valuit 95 l. 12 s. 6 d. 3 pic. gross. ; et deliberationes 96 l. 17 s. 4 d. 3 pic. gross. = Bayllivatum Ebredunesii et
Castrum Dalphinum tenuerunt dom^s Gerius de Ymola et Durandus Croseti, qui nundum computaverunt. — Brianczonum
et bayllivatum tenuit dominus de Terracia condam, et nundum computaverunt ejus heredes ; et eciam de pedagiis et gabellis tocius Brianczonesii. — Vallem Putam tenet dom^s principissa Aurayce, in extenuationem debitorum in quibus dom^s
antiquior sibi tenetur, et valuit una cum pencione syndicorum
16 l. 10 s. 3 pic. gross., de uno anno de quo tunc fuit computatum; et expense adcenderunt 17 s. 3 d. ob. gross. : et residuum retinuit dicta dom^a principissa in extenuationem debitorum suorum ut supra. — Ebredunum tenebant dom^s Gerius
de Ymola et Durandus Croseti, qui nondum computaverunt.
— Caturicas tenebat magister Philippus condam ad vitam. —
Riorterium tenebat dom^s Jo(hannes) de Fucigniaco condam.

Pedagia Vapincesii et de Serro tenebat dom^s Ay(marus) de
Pictavia, in extenuationem arreragiorum cujusdam assignationis sibi facte super dictis pedagiis. — Consulatum Vapinci,
Montem Alquerium et Chassagnias tenebat dom^s episcopus
Vapincensis, in extenuationem mille floren. mutuatorum per

ipsum ipsi dom° antiquiori, et non computavit aliquis pro eo. — Serrum tenebat Dronetus de Intermontibus ad certum tempus pro V° floren. auri per annum, quos recipit in extenuationem VII^m floren. in quibus dom° antiquior eidem tenebatur. — Upasium et bayllivia cum judicatura Vapincesii valuit, de iii annis de quibus simul computavit, 77 l. 4 s. 5 d. 3 pic. gross. ; expense et deliberationes 78 l. 18 s. 5 d. pic. gross. — Sanctum Bonetum et Montemorserium de ii annis et consolatum Vapinci de uno anno, de quibus simul fuit computatum, valuerunt 177 l. 19 s. 1 d. ob. gross. ; et expense et deliberationes 175 l. 12 s. 10 d. pic. gross. : et non fuerunt hic computata debita in quibus dominus tenebatur castellano.

Graysivodanum.

Corvum, Bellummontem, Muram, Visiliam, Montembon(odum) et Curnilionem tenet dom° antiquior ad manus suas. — Trivie de ii annis, de quibus fuit computatum, valuerunt 39 l. 3 s. 6 d. ob. gross.; et expense et deliberationes 59 l. 14 s. 2 d. ob. gross.: in quibus sunt incluse 25 l. 10 s. gross. que debebantur castellano. — Vivum valuit 4 l. 14 s. 4 d. ob. gross.; et expense 30 s. 6 d. ob. gross.: et debebantur castellano ultra plus quam II° floren. qui non includuntur in dicta summa expensarum. — 3 Grationopolim, Alavardum et Avalonem tenebat dom° Amblardus de Briordo miles, bayllivus Graysivodani, et valuerunt dicto anno 25 l. 7 s. 8 d. gross.; et expense et salarium dicti bayllivi 34 l. 10 s. 5 d. pic. gross. — Morestellum valuit de iii annis, de quibus tunc fuit computatum, 37 l. 2 s. 2 d. gross. ; et expense et deliberationes 27 l. 17 s. 9 d. ob. gross. : item debebantur castellano, tam pro dote uxoris Petri de Monte Japeto quam mutuis et responsionibus per ipsum factis nomine dom^i antiquioris, IX° floren.—Buxeria valuit dicto anno 9 l. 10 s. 4 d. 3 pic. gross.; expense 63 s. 8 d. gross. : et residuum retinuit sibi castellanus, in extenuationem cujusdam debiti mille V° floren. in quibus dominus eidem tenebatur. — Bella Comba valuit dicto anno 6 l. 6 d. gross.; et expense et deliberationes 8 l. 10 s. 9 d. gross.— Vorapium sive gabella valuit 8 l. 3 s. 7 d. pic. gross.; expense et deliberationes 4 l. 16 s. 1 d. ob. gross.: residuum retinuit sibi castellanus in extenuationem cujusdam debiti xxx

l. gross. in quo dominus eidem tenebatur. — Castellanus Oysencii, scilicet dom* cancellarius, remansit debens, facta deductione de expensis et deliberationibus ac eciam de gagiis suis cancellarii, de claro 69 l. 10 s. 3 pic. gross.: quas retinuit in extenuationem gagiorum suorum judicature appellationum de tempore dom¹ antiquioris predicti, que adcendunt mille VI⁰ LXXIII floren. XI gross. Dalph. — Judicatura Graysivoudani valuit de IX mensibus et XII diebus circa 10 l. 10 s. gross.; expense et deliberationes 6 l. 16 d. gross.: et residuum retinuit in extenuationem debiti, in quibus dominus sibi tenetur.

Viennesii.

Moyrencum valuit 6 l. 11 d. ob. gross.; expense et deliberationes circa 4 l. 5 s. 10 d. gross.: residuum retinuit sibi castellanus, in extenuationem debiti 16 l. gross. in quo dominus eidem tenebatur. — Regalem Montem valuit dicto anno 4 l. 14 s. gross.; et expense et deliberationes 7 l. 4 s. 6 d. gross. — Castellaniam de Rippis tenuit dicto anno Hugo Riverie, que comuniter valere potest 7 l. gross., et nundum computavit ac causam : dominus sibi tenetur in majori summa peccunie et expense etiam essent deducende. — Castellaniam Bellicrescentis tenebant heredes dom¹ Jacobi Brunerii condam, qui non computaverunt nec eciam idem dom* Jacobus umquam computaverat. — Yzellum valuit de II annis, de quibus dom* Armandus computavit, 9 l. 2 s. 6 d. gross.; et soluciones et expense 26 l. 12 s. 5 d. ob. gross. — Sanctum Stephanum de Sancto Juers tenebat Ogerius Riverie, qui nundum computavit. — Bellum Repayrium valuit 11 l. 2 s. 7 d. 3 pic. gross.; solutiones et expense 10 l. 15 d. pic. gross.: et residuum retinuit castellanus in extenuationem cujusdam debiti 25 l. 14 s. 10 d. 3 pic. gross. in quibus dominus eidem tenebatur. — Revellum valuit 7 l. 4 s. 4 d. ob. gross.; et deliberationes et expense 4 l. 9 s. 8 d. 3 pic. gross.: et residuum retinuit sibi castellanus in extenuationem debiti 46 l. gross. in quibus eidem dominus tenebatur. — Pinetum valuit de III annis, de quibus computatum extitit, 93 l. 1 d. gross.; deliberationes et expense 104 l. 7 s. 7 d. pic. gross. — Bellum Videre de Marcho valuit circa 13 l. gross.; expense et deliberationes 11 l. 14 d. gross.: et residum retinuit sibi castellanus, in extenuationem magne quantitatis debiti in qua dominus eidem tenebatur. — Comitatum Vienne tenebat dom⁸ Petrus Archinjaudi, qui nundum computavit. — Alba Rippa valuit 11 l. 13 s. gross.; expense et deliberationes 8 l. 8 s. 3 d. gross.: et residuum retinuit castellanus, in extenuationem debitorum in quibus dominus sibi tenebatur.—Castrum Albonis tenebat domina de Argentano condam. — Morasium valuit 15 l. 6 s. gross. ; deliberationes et expense 113 s. 9 d. gross.: et residuum retinuit dom⁸ Amedeus de Rossillione, eo tunc castellanus dicti loci, in extenuationem gagiorum suorum et debitorum in quibus dominus eidem tenebatur. — Vallem valuit de iii annis, de quibus computatum fuit simul, 51 l. 5 s. 6 d. pic. gross.; expense et deliberationes 43 l. 6 s. 3 d. gross.: et residuum retinuit castellanus, in extenuationem 36 l. 12 s. gross., in quibus dominus eidem tenebatur. — Villa Nova Roybonis valuit 7 l. 3 s. 11 d. gross.; expense et deliberationes 4 l. 10 s. 3 d. ob. gross.: residuum retinuit castellanus, in extenuationem debiti in quo dominus sibi tenebatur.—Ruppis de Clivo valuit 4 l. 13 s. 1 d. 3 pic. gross.; expense et deliberationes, una cum certis ediffciis factis fieri per castellanum in loco de Chapellesio in villa de Romanis, 61 l. 3 d. 3 pic. gross. — Romanis, Sanctum Donatum, Bellum Videre in Royanis et Ysseronem tenet adhuc dom⁸ antiquior ad manus suas.— Payrinum tenebat dom⁸ Johannes de Podio condam et nundum est arrestatum eorum computum, quia dicunt quod dom⁸ antiquior eis tenetur in certa quantitate peccunie pro equis et gagiis dicti dom. Johannis de ultra mare. — Bellum Montem prope Romanis valuit, factis dedutionibus expensarum, 52 s. 6 d. pic. gross.: quos retinuit castellanus in extenuationem debiti in quo dominus eidem tenebatur. — Pisancianum valuit de iii annis, de quibus simul computavit, 30 l. 7 s. 11 d. gross.; expense et deliberationes 33 l. 15 s. 2 d. 3 pic. gross. — Cabeolum valuit 16 l. 6 s. 6 d. 3 pic. gross. ; expense et deliberationes 13 l. 9 s. 6 d. ob. gross.: et residuum retinuit castellanus in extenuationem debitorum in quibus dominus eidem tenebatur. — Castellaniam Sancti Nazarii tenebat dom⁸ Petrus Durandi condam, de qua liberi sui sunt computaturi de uno anno. — Castellania Sancti Marcellini valuit 4 l. 6 d. pic. gross.;

expense et deliberationes 4 l. 9 s. 4 d. pic. gross.—Judicaturam
Viennesii et premium sigilli curie tenebat dom⁸ Franciscus de
Cagnio condam, qui non computavit. — Gabellas Viennesii et
pedagia per terram et aquam Rodani et Yssere tenebat Petrus
de Carmigniano, in extenuationem debitorum in quibus
dominus eidem tenebatur. — Et eodem modo dom⁸ Amedeus
de Pictavia tenebat pedagium Pisanciani.

Bayllivia terre Turris.

Turris Pini castellaniam tenebat dom⁸ Beraudus de Laniaco
miles, qui nundum computavit nec eciam de baylliviatu terre
Turris. — Burgondium valuit 11 l. 16 s. 7 d. gross.; expense et
deliberationes 6 l. 7 s. pic. gross.: et residuum retinuit
castellanus, in extenuationem debitorum in quibus dominus
eidem tenebatur. — Crimiacum tenebat dom⁸ Petrus de Loyes
miles, et valuit 16 l. 3 s. 5 d. gross.; expense et deliberationes
13 l. 13 s. pic. gross. — Quiriacum tenet dom⁸ antiquior ad
manus suas et Balmam.—Morestellum valuit 10 l. 16 s. gross.;
expense et deliberationes circa 11 l. gross.— Sanctum Laurentium valuit 6 l. 16 s. 11 d. gross.; expense et deliberationes
19 l. 8 s. 4 d. 3 pic. gross.—Columberium et Grenay valuerunt
circa 16 l. 16 s. 6 d. pic.; expense et deliberationes 14 l. 15 s.
gross.: et residuum retinuit castellanus in extenuationem
debitorum in quibus dominus eidem tenebatur. — Lires
valuerunt 6 l. 10 s. gross., quam tenebat dom⁸ P(etrus) Leycayl-
l(onati); expense et deliberationes plus quam 12 l. gross.: inclusa
magna parte debiti sui pro gagiis ultra marinis et Miribelli. —
Sanctum Andream de Briordo valuit C s. gross.; expense,
soluciones et deliberationes plus quam 18 l. gross. — Bellum
Denisum de Lugnas valuit 29 l. 7 s. 8 d. 3 pic. gross., de III
annis de quibus computavit, quas retinet castellanus, videl.
dom⁸ Matheus Pellerini, pro operibus castri predicti factis
fieri per ipsum, de quibus nundum computavit. — Sanctum
Saturninum valuit de III annis, de quibus tunc fuit computatum,
45 l. 8 s. 7 d. ob. gross.; expense et deliberationes 54 l. 5 s. 5
d. pic. gross. — Montem Sancti Dyonisii valuit de II annis 7 l.
12 s. 10 d. pic. gross.; expense et deliberationes, tam pro
edifficiis quam aliis, 18 l. 9 s. 2 d. gross. — Chasetum valuit

de uno anno 108 s. 8 d. gross.; expense et deliberationes 4 l. 6 s. 6 d. ob. gross. : et residuum retinuit, in extenuationem debitorum in quibus dominus eidem tenebatur. — Maximiacum valuit 4 l. 11 s. 2 d. ob. gross.; expense et deliberationes 8 l. 9 s. 11 d. gross. — Perogie valuerunt 8 l. 14 s. 3 d. pic. gross.; expense et deliberationes 4 l. 8 d. pic. gross.: et residuum retinuit castellanus in extenuationem debiti in quo dominus eidem tenebatur. — Burgum Sancti Xpistofori valuit 51 s. 3 d. pic. gross., quos expendit castellanus et plus in suo salario et reparacione clausure burgi. — Baylliviatum Vallis Bone et castellanias Montis Lupelli et de Satonay tenebat dom* Beraudus de Laniaco, qui nundum computavit. — Miribellum valuit 32 l. 2 s. 4 d. 3 pic. gross. ; expense et deliberationes stabilite et gagia castellani 62 l. 2 s. 8 d. gross. — Valles prope Lugdunum tenebat dom* Guillelmus de Vareyo, qui nunquam de eo computavit. — Bastida Montis Lupelli nichil valet, quia plus adcendunt salaria quam valor.—Sablonerie modicum valent.

⁴ Terra Fucigniaci.

Bellum Fortem valuit de III annis, de quibus tunc fuit computatum, M.VIᶜ 34 l. 19 s. 3 d. ob. Gebenn., de quibus 12 s. valent I flor. grossi ponderis; expense et deliberationes M.VIᶜ 21 l. 7 s. 6 d. dictorum Gebenn.: et residuum retinuit castellanus in extenuationem sui debiti. — Item Flumetum de III annis, de quibus tunc fuit computatum, valuit VIᶜ 46 l. 5 s. 4 d. pic. dict. Geben.; expense et deliberationes Vᵒ 85 l. 12 s. 2 d.: et residuum retinuit castellanus in extenuationem debiti sui. — Montem Gaudium valuit de uno anno 186 l. 16 s. 5 d. 3 pic. Geben.; expense et deliberationes 196 l. 16 s. 6 d. — Salanchiam et Castillionem tenet adhuc ipse dom* antiquior. — Samoyng valuit de uno anno IIIᶜ 11 l. 5 s. 1 d. Geben.; expense et deliberationes 250 l. 14 s. 5 d. ob. Geben.: et residuum retinuit castellanus in extenuationem sui debiti. — Bonam villam tenebat dom⁵ Johannes de Groleya miles, dominus Neyriaci et bayllivus terre Fucigniaci, qui nundum de ipsa castellania nec eciam de dicto bayllivatu computavit. — Bona valuit de VI annis, de quibus fuit tunc computatum, M.IIIᶜ 77 l. 12 s. 9 d. ob. Geben.; expense et deliberationes XIIIᶜ 70 l. 20 d. ob.

Geben.; et residuum retinuit in extenuationem sui debiti castellanus. — Castelletum de Credo valuit de III annis, de quibus tunc fuit computatum, III⁰ 55 l. 18 s. 8 d. pic. Geben.; expense et deliberationes V⁰ 72 l. 9 s. 4 d. ob. Geben. — Ermenciam valuit de uno anno 65 l. 13 d. Geben.; expense et deliberationes 36 l. 8 s. 10 d. Geben. — Fucigniacum valuit de uno anno 138 l. 8 s. 7 d. Geben.; expense et deliberationes III⁰ 94 l. 16 s. Geben. — Alingium valuit de III annis, de quibus tunc fuit computatum, III⁰ 50 l. 17 s. 6 d. ob. Geben.; expense et deliberationes VI⁰ 48 l. 8 s. Geben. — Sigillum, laudimium et vendiciones terre Fucigniaci predicte valuit de uno anno et IX mensibus IIII⁰ 45 l. 19 s. 8 d. Geben; expense et deliberationes IIII⁰ 70 l. 7 s. 3 d. ob. Geben.

(1) Guy Allard, *Documents mss.*, t. X, fos 133-143, papier de la 2ᵉ moitié du XIVᵉ siècle.
(2) On a effacé : « Castellania Vallis Pute valuit 25 l. 12 s. gross. que recepit dom⁰ principissa Aurayce tam pro expensis quam in extenuationem debitorum suorum »; voir plus loin.
(3) Effacé : « Grationopolis valuit dicto anno 7 l. 6 s. 6 d. gross.; et expense et deliberationes, una cum salario bayllivi Graysivodani qui tenet Grationopolim, 20 l. 2 s. 9 d. gross. — Avalonem valuit dicto anno 8 l. 16 s. 7 d. ob. gross. »
(4) Cancellé : « Bayllivia terre Fucigniaci.— Dom⁰ Johannes de Groleya, tunc bayllivus terre Fucigniaci et castellanus Boneville, nondum computavit. — Castellani Bellifortis, Flumeti, Montis Gaudii, Samoyng, Fucigniaci, Bone, Castelleti de Credo, Hermencie et Alingiorum ; et dominus antiquior tenet Salanchiam et Castillionem. — Sigillifer laudum et venditionum nichil remansit debens, nec eciam judex ».
(5) En marge : « Valent IIᵐ VIIᶜ IIII** IIII flor. dy. v. p. »

XLVII¹. *17 avril 1353.*

Dalphinus Viennensis, Dilecto fideli nostro castellano
Ulcii vel ejus locumtenenti.

Fidelis carissime, intellecto quod comes Sabaudie gentium in armis, equitum et peditum, magnam habet multitudinem congregatam pro intrando et offendendo subito terram nostram, mandamus tibi districte precipiendo quatenus incontinenti die et nocte cum tot hominibus in armis, equitibus et peditibus quot habere poteris, nullo remanente, apud Grationopolim venias, paratus librare nobiles et francos tue castellanie : in hoc non defficientes tu nec ipsi, sub pena corporis et anime ; expensas autem inde faciendas volumus et mandamus per auditores computorum nostrorum in tuo primo computo fideliter allocari. Data Gratio(no)polis, die xvıj° mensis aprilis, anno Domini M° IIJ° LIIJ°.

<small>(1) Arch. de l'Isère, reg. *Alter liber cop. Ebredun., Brianson., Vapinc. et Baron.* CCC [XXIX. 5], f° liiij, orig. pap., lettre close pliée en trois, avec trace de sceau plaqué.</small>

XLVII[1].   1er mai 1354.

KAROLUS, primogenitus Francorum regis, dalphinus Viennensis et comes Pictavensis, dilecto fideli nostro bayllivo Ebredunesii vel ejus locumtenenti, salutem. Cum, propter guerram inter nos et comitem Sabaudie existentem, gentibus in armis indigeamus ad presens, vobis districte precipiendo mandamus quatenus, cum tanta gencium equitum et peditum in armis commitiva quantam habere poteritis, die xv^a hujus mensis apud Gratonopolim infallibiliter intersitis, facientes per castellanos baylliviatus vestri librari nobiles et alios librari consuetos pro viginti diebus ad minus; et nichilominus consules et homines de Caturicis ex parte nostra requiratis, ut dicta die, cum quantitate clientum ad quam nobis tenentur, infallibiliter studeant in dicto loco interesse. Expensas autem quas vos et dicti castellani propterea feceritis, in vestro et ipsorum castellanorum computis per auditores computorum nostrorum precipimus allocari. Datum Gratonopoli, die prima mensis madii, anno Domini mill'o CCC° quinquag. quarto.

Per consilium, in quo erant dni " cancellarius, Amblardus dominus Bellimontis, Aynardus de Bellacomba, Rod(ulphus) et Guigo de Comeriis, Jacobus de Dya, Raymundus Falavelli et plures alii. Exped(ita), T. Cavall(erii).

<small>(1) Arch. de l'Isère, original papier, trace de sceau plaqué au dos.</small>

XLVIII[1].   (1355?).

SUPER INFRASCRIPTIS VIDEAT DOMINUS MEUS ET EJUS NOBILE
CONSILIUM, SI PLACET.

SEQUUNTUR ea que petenda videntur a dom° imperatori per dominum meum nepotem suum, ipsius honore et utilitate maximis necnon regni Francorum securitate pro presenti tempore et futuro pensatis; de quibus habendis, diligenti consilio prehabito, dom^s Philippus clare memorie Francorum rex, tempore dom' Benedicti felicis recordationis pape XII^{mi}, totis viribus laboravit pro dom° Johanne, tunc temporis primogenito suo, nunc Francorum rege, licet optatum habere nequiverit pro eo quod in regno Viennensi et Arelatensi nullum domanium tunc habebat, et fuerunt nuncii dni dux Borbonii et archiepiscopus Rothomagensis, qui fuit postmodum papa ?.

Primo petendum est per dominum regnum Viennense et Arelatense, cum juribus et pertinenciis sibi dari, pro se et successoribus suis dalphinis Viennensibus, sub homagio uno et c. in feudum paternum et antiquum quod veram naturam antiqui et paterni feudi habeat et optinere noscatur (comode et ejus nature quam....). Et si dicatur pro parte dom' imperatoris quod non posset hoc facere, pro eo maxime quia non esset augustus[3] et c., probetur per jura quod ymo potest, licet, decet et expedit hoc fieri per eumdem, multis diligenter attentis. — In casu autem in quo nullo modo vellet dictum regnum concedere domino, petat et optineat dominus dari sibi et successoribus suis dalphinis in eternum superioritates et ressorta, homagia et feuda comitum et comitatuum Provincie, Forcaquerii et Venesini[4] (et idem in Ebredun(esio), Vapinc(esio) et Grationopol(itano),) et terrarum, cum juribus et pertinenciis eorumdem et omnium civitatum, locorum et terrarum quos in Provincie partibus et circumvicinis tenebat condam clare memorie dom^s Robertus rex Sycilie et Apulie dum vivebat, (et omnia) in et pro quibus tenentur et que debent dom° imperatori predicta; item superioritates, ressorta, homagia et feuda, cum juribus et pertinenciis, in et pro quibus tenetur et que debet princeps Aurasicensis ; item superioritates, ressorta, homagia et feuda, cum juribus et pertinenciis, et ea omnia in et pro quibus tenentur et que debent eidem episcopus et capitula Valentinensis et Dyensis ecclesiarum (et civitates predicte et subditi et terra ipsorum); item et similiter eadem omnia supra nominata in et pro quibus tenentur et que debent dom' Ay(marus) de Pictavia, comes Valentinensis et Dyensis, et comes Gebennensis, necnon omnium predictorum successores, ac episcopi (et capitula) Gebennensis, Lausanensis et Sedunensis, ac civitates et cives predictorum locorum (et subditi et terre ipsorum) ; insuper superioritates, ressorta, homagia et feuda, cum juribus et pertinenciis, in et pro quibus tenentur et que debent abbas et conventus monasterii Sancti Eugendi Jurensis, Lugdunensis dyocesis, ordinis Sancti Benedicti, (et tota terra ipsorum et subditi) ; et eadem omnia in et pro quibus tenentur et que debent prior et conventus prioratus seu monasterii de Nantuaco, ordinis Cluniacensis : qualitercumque et quibuscumque de causis predicti omnes et singuli superius et inferius nominati tenentur et teneantur dom° imperatori, ratione imperii seu cciam regni Viennensis et Arelatensis prefati (et tota terra ipsorum et subditi).

Item optineat sibi et successoribus suis dalphinis dari castrum Pupeti et domum Canalium de Vienna, et merum mixtum imperium et jurisdictionem altam et bassam de Vienna, que tenent archiepiscopus et capitulum Viennensis in commendam a dom° imperatore, et quidquid in predictis civitate, castro et domo habet dom° imperator ratione regni predicti seu alias quacumque de causa, item superioritates, ressorta, feuda et homagia, cum juribus et pertinenciis, in et pro quibus tenentur dom° imperatori et que debent archiepiscopus et capitulum Viennensis comuniter vel divisim pro quibuscumque rebus eorum, ubicumque in regno Viennensi et tensi consistant.... (,et tota terra et subditi ipsorum, et idem in Lugdunensi archiepiscopo, capitulo et civitate et subditi et terra ipsorum); item jurisdictionem et jura alia imperialia et regalia que competunt dom° imperatori in et pro et super omnibus et singulis allodiis in toto Dalphinatu et in toto regno Viennensi et Arelatensi.

Memor(iale) sit de comitatibus Burgundie et Sabaudie ; — item de archiepiscopis et capitulis Lugdunensi, Bissuntinensi, Ebredunensi, Tarentasiensi, Arelatensi et Aquensi, et episcopis et capitulis regni predicti, et de hiis que tenent a rege Viennensi et Arelatensi.

Item deliberet dominus utrum, salva conscientia, possit peti per eum a dom° imperatore quod ipse concedat domino et ejus successoribus pedagia et gabellas, que et quas dom° H(umbertus) dalphinus condam, conscientia ductus, remissit et quictavit omnino, non obstante remissione predicta, que fuerant allevata per aliquos ipsius predecessores ; — et idem de ultra unum grossum percipiendo pro jurisdictione monetarum in qualibet marcha, non obstantibus libertatibus datis in contrarium subdictis Dalphinalibus.

Item optineat dominus sibi dari et successoribus suis dalphinis omnia feuda et retrofeuda et omnia alia et singula, et jurisdictionem et jura quecumque que ceciderunt condam usque ad diem presentem in comissum dom° imperatori, quibuscumque de causis et casibus quibuscumque in toto regno Viennensi et Arelatensi, eciam si principatus, ducatus seu comitatus existant.

Item, ultra predicta et una cum rebus supra specifice designatis (pure dandis eidem), optineat sibi soli et in solidum dari in commendam regnum Viennense et Arelatense, cum juribus et pertinenciis, ipsiusque administrationem plenam et liberam, etiam cum potestate donandi et pro sue omnimode libito voluntatis donationes quaslibet faciendi et omnia alia faciendi ac si verus rex existeret: duratura predicta (comenda) in eternum tempore illius imperatoris duntaxat, excepto qui dict. commendam revocaret expresse; cum clausula quod si dict. commendam in futurum per quemcumque seu quoscq. imperatores qualitercumque et quandocq. revocari contingeret, revocationes et r-tio huj^{di} totiens quociens eas fieri contingerit numquam, nisi per tempus et pro tempore illius solius imperatoris qui ipsam revocationem expresse faceret duntaxat et non ultra, aliquem sortiretur effectum, sed in omnibus et per omnia in futurum per tempora et totis temporibus omnium aliorum imperatorum firma et illibata in eternum maneant ac si nulla revocatio nulleve r-ones de predictis quomodolibet facte forent seu fuerint, litteris, donis, comissionibus et concessionibus ac privilegiis super premissis... sive super quibuscq. causis principalium causarum et eciam appell(ationum) et quibusvis negociis et juribus seu super aliis quibuscq. per dom. imperatorem et quoscq. i-res condam et futuros factis, datis, faciendis et dandis, emanatis et e-andis, in regno predicto.... in contrarium.... non obstantibus.....

Vel si nollet quovis modo predict. commendam concedere cum aliis supra specifice et nominatim contentis, optineat dominus solus et in solidum vicariatum totius regni Viennensis et Arelatensis cum juribus et pertinentiis sibi committi, cum administratione plena et libera, donandi eciam et quaslibet donationes faciendi et omnia alia faciendi ac si verus rex existeret, prout supra in alia (clausula) quam de verbo ad verbum insere hic; duraturo (vicariatu) in perpetuum pro se et successoribus...., tempore illius et solius imperatoris et non ultra duntaxat, excepto qui contenta in hac clausula revocaret expresse, cum clausulis contentis in clausula suprascripta....

Sane si dom' imperator nec regnum intitulatum nec commende nomine nec vicariatus vellet domino nostro concedere, tunc temporis obtineat dominus saltim alia supra petita supra specifice titulo donationis primo, alias si non posset commende perpetue vel alias quovis modo duraturis in eternum nec per tempus illius solius imperatoris qui ipsam revocaret expresse, ut supra in aliis continetur proxime scriptis que de v° ad v^m hic inserenda sunt.

Et nichilominus una cum hoc ultimo, quod in toto Dalphinatu et in terris suis et.. subditorum (seu vassallorum) suorum necnon feudalibus et retrofeudalibus suis (et ipsorum)... et pertinentiis, et in omn. et sing. dyocesibus, civitatibus, villis, locis, terris in quibus quidquam jurisdictionis seu juris habet vel possidet, ac insuper in omn. et sing. dyocesibus et civitatibus, villis, locis et terris in quibus...vassalli sui.... habent vel possident seu detinent jurisdictionem seu jura aliqua...., eciam si dicta loca non sint seu non essent de feudo nec de retrofeudo ipsius dalphini... ac in toto regno Viennensi et Arelatensi possit de appellationum (eciam pendencium) causis criminalibus, civilibus, realibus seu mixtis et aliis quibuscq. emissarum vel emitendarum ad dom. imperatorem seu ad dominum vice sua per archiepiscopos, episcopos, alios prelatos, corpora, collegia et personas alias singulares ecclesiasticas, seculares et religiosas, principes comitesque, barones, nobiles, populares et plebeyos.... cognoscere, et de et super ipsis.... judices dare eciam ad universitatem causarum..., eciam antequam fuerit appellatum... ipsasque diffiniendi et exequendi, et de et super ipsis justiciam faciendi...; ac super supplicationibus porrectis et porrigendis dom° imperatori vel eidem domino vice imperatoris... in toto regno Viennensi et Arelatensi eandem quam haberet si verus rex esset et quam imperator habet..., habeat dominus et successores sui... in eternum plenam et liberam ac omnimodam potestatem, litteris, concessionibus et comissionibus quibuscq. aliis personis forsan factis et faciendis... non obstantibus..., cum clausula duraturus inperpetuum, prout supra continetur.

Et dominus meus et successores sui omnia que eidem donabuntur, tenebunt pro tempore concessionis et durante tempore ipsius in feudum paternum et antiquum, ac ymo seu pocius in augmentum feudi paterni et antiqui veram naturam ipsius habentis, a dom° imperatore moderno et.. ipsius successoribus infuturum (et sine rest(r)ic(t)o si sit possibile, et quidquid juris ibidem habet imperator ponatur in litteris.)—Et sit memor(ia) quod quidquid obtinebit sit feudale tantum et sine ressorto, si sit quomodolibet possibile(; et quod si regnum concedatur, in litteris ponatur et quidquid juris habet ibidem imperator).

Item, optineat dominus quod nulli persone, de qua suspicari seu dubitari valeat, det dom° imperator, concedat seu confirmet aliquid de predictis, nec quodcumque aliud jus in genere vel in specie in titulum commendamve seu vicariatus perpetui (more) vel ad tempus vel alio quovis modo seu alio colore quesito tribuat in regno Viennensi, nisi dom° nostro dalphino: maxime de comitatu Provincie et Folcaquerii, de quibus vendendis et emendis tractatur per aliquos etc.; et de hoc fecimus fieri verbum dom° pape ut provideret (nuper et) ad finem quod obviaretur multis modis etc.; et obtineat dominus inhiberi regi et regine Sycilie cum decetero quod in aliquem alium non transferant comitatus predictos: rex tamen forsan affectat venditionem prefatam. — Ipsi autem domino meo det imperator potestatem acquirendi comitatus predictos et adispiciendi possecionem ipsorum, sine alia ipsius licencia vel consensu super hoc optinenda. — Circa vero predicta advertat et provideri procuret dominus diligenter, quoniam fertur et a pluribus publice jam dictum est quod aliqui anelant et laborant fortiter, nedum ad dictos comitatus, sed ad regnum Viennense et Arelatense breviter totis viribus acquirendos, que cederent in vituperium domini et dampnum maximum necnon et regni Francorum maximum periculum infuturum.

Item deliberet dominus bene circa confederaciones et ligas faciendas inter imperatorem et reges Francorum et dalphinos imperpetuum vel ad tempus, et fiat super hoc bona collacio et deliberacio, si placet, antequam etc. ; — item, si petatur revocatio cujusdam gardie etc., deliberet dominus; — item, si petatur expeditio cujusdam   *b* et quictatio quorumdam *b* etc., qualiter dominus se habere debeat in predictis.

Item, memor(ia) de (obtinenda) confirmatione omnium et singulorum privilegiorum dalphinalium, et libertatum et donationum factarum per quoscumque imperatores predecessores ipsius, et concessione eorumdem de novo.

Item, si imperator petat sibi fieri homagium per dominum, respondeat dominus gratiose quod informabit se super hoc et libenter faciet quod debebit (,eciam statim si dom. imperator in formam tanquam sufficientem super hoc optineret, vel ac si sub protestatione). Et eciam quod jam misit ad Dalphinatum modo nuper ad informationem habendam super huj^{di} negotio, quam de die in diem habere exspectat.

(1) Guy ALLARD, *Documents.mss.*, t. VI, f°s 380-3, papier; note : « Istum quaternum vide magis consilium ». Cf. doc. XLIV ; les additions sont entre (   ).
(2) Pierre Roger (1330-38), pape sous le nom de Clément VI (1342).
(3) Charles IV fut couronné empereur à Rome le 5 avril 1355.
(4) D'abord « Venesii ». — (5) Mot effacé.

XLIX[1].   *14-5 juillet 1357.*

Anno Domini M°CCC^{mo} quinquagesimo septimo, die XIIII^a mensis julii, fuit facta visio expensarum gencium in armis et peditum mandatorum per dom^m dalphinum venire Romanis, ubi per dies XII^{am} et XIII^{am} dicti mensis steterunt pro spe resistendi quibusdam gentibus in armis et aliis, que ex impresia facta tendebant ad Provinciam, et dubitabatur dicebaturque quod intrarent dictam villam.

Primo fuerunt mandati et venerunt dominus de Chasta et castellanus dicti loci atque de Sona, et adduxerunt tres clientes franchos, quibus computatur ad racionem I grossi cuilibet per diem, VI gros., item alios clientes centum tres, ad racionem xii den. cuilibet per diem, Turono argenti pro xx d., x flor. iii gros. cum dimidio ; item de Sona alios clientes septuaginta unum, pro quolibet xii d. dicte monnete vii flor. i gr.; item gentes in armis viginti tres, computato per diem cuidam militi bannereto xv sol., cuilibet duorum aliorum militum x s. et aliis quibusdam vii s., aliis v s. et aliis iii s., xii flor. cum dimidio : pro eodem pro toto xxx flor. iiii gros. et dy.

Petrus Petinoti, vicecastellanus Sancti Heleuterii, et Guionetus Burnonis adduxerunt clientes franchos, qui fuerunt liberati quindecim ad racionem i gr. cuilibet per diem : valent ii flor. et dy.; item alios clientes, qui non fuerunt liberati, VJ^{xx} vij.

Petrus Quiblerii, vicecastellanus Cabeoli, adduxit clientes franchos quinque, cuilibet ad racionem i gr. per diem : valent x gros.; item alios clientes IIII^{xx} xvj, pro quolibet xii d. monete predicte per diem : valent ix flor. dy. et dy. gr.; et pro dicto vicecastellano qui venit cum duobus equis, vi gr.; pro eodem x flor. x gros. cum dimidio.

Jacerandus Vernolli, vicecastellanus Morasii, adduxit quinque homines in armis, qui steterunt per unam diem dumtaxat, pro quolibet vii s. dicte monete : valent i flor. ix gros.; et IIJ^o clientes qui non fuerunt liberati.

Dom^s Lantelmus de Merenogio, castellanus Sancti Antonii, adduxit homines in armis novem, ipso computato, quibus computatur videl. cuidam per diem x s., cuidam alii vii s. et duobus cuilibet v s. et sex cuilibet iii s.: valent per duos dies predictos quibus steterunt, iiii flor. ii gros. et dy.; item clientes sexviginti, pro quolibet xii d. per diem : pro dictis duobus diebus valent xii flor.; pro toto xvi flor. ii gros. dy.

Franciscus de Sancto Germano, castellanus Belli Visus in Royanis, adduxit homines in armis sex, ipso incluso, quibus computatur per diem videl. pro quolibet milite x s., quodam nobili vii s., tribus aliis cuilibet v. s. et pro alio iii s.: pro dict. duobus diebus valent iii flor. dy.; item clientes VI^{xx}j, pro quolibet xii d.: valent xii flor. i gr.; pro toto xv flor. vii gr.

Petrus Pinabelli, castellanus Sancti Marcellini, adduxit homines in armis, ipso incluso, tresdecim, pro quibus computatur per diem uni vii s., uni alii v s. et residuo cuilibet iii s.: valent pro dict. duobus diebus IIII flor. dy. ; item clientes sexaginta novem, pro quolibet XII d.: valent VI flor. XI gr.; pro toto XI flor. V gr.

Hugononus Gasterelli, castellanus Capriliarum, adduxit quatuor homines in armis, ipso incluso, quibus computatur per diem vid. ipsi VII s. et tribus cuilibet III s.: valent pro duobus diebus I fl. VII gr.; item et IIIJ^{or} clientes franchos, pro quolibet I gr. pro qualibet ipsarum dierum : valent VIII gr.; pro toto II fl. III gr.

Humbertus Colonelli pro Sancto Nazario adduxit decem homines in armis, computato tribus cuilibet per diem VII s. et septem cuilibet per diem III s. : valent pro dict. duobus diebus IIII flor. II gr. et dy. ; item et clientes qui non fuerunt liberati.

Summa totalis parcium predictarum, IIIJ^{xx} xv flor. II gros.

Karolus, primogenitus Francorum regis, dalphinus Viennensis, dilecto nostri Dalphinatus thesaurario, Philippo Gilerii, salutem. Cum, ex deliberacione nostrorum locumtenentis et consilii Dalphinalium, pro tuicione et deffensione ville nostre Romanis et tocius nostre patrie Dalphinalis, sub spe resistendi et obviandi quibusdam gentibus in armis in dicta nostra patria existentibus et ad Provinciam cum magno exercitu, ut dici ur, tendentibus ; de quibus, quod eamdem villam nostram vellent aggredere et intrare dubitaba ur, plures nobiles et communitates dicti nostri Dalphinatus in armis ad dictam villam venire mandaverimus, qui propter hoc per duos dies, ut superius declaratur, steterunt in eadem. Nos volentes eorum stipendia, que ad summam quaterviginti quindecim floren. et duorum gros. nostri communis ponderis ascendunt, ut declaratur in parcellis supradictis, eisdem reddi et solvi prout decet mandamus vobis, districte precipiendo........ Datum Romanis, die XV^a mensis julii, anno Domini mill'o CCC^{mo} quinquagesimo septimo.

Per dom^m locumtenentem dicti domini nostri, in consilio quo vos domini Clavaisonis et Raynaudus Falavelli milites eratis, expedita.

J. Perrini.

(1) Arch. de l'Isère, original parchemin.

L. (1357).

(Fragmentum monstræ gencium in armis equitum) 1.

[..precio] centum flor. ; — [item,] dom^s Corbellonus, mont(atus) supra equm griselli pomellato, C fl. ; — it. dom. Johannes de Bivaco, mont. supra equm pili griselli pomellato, (habentem) duas coronas, pedes albas re[tro], prec. IIII" fl. ; — it. dom. Galiotus de Loyes, mont. supra (equm) pili bay griselli, (s)tellam in fronte, prec. L fl. ; — it. dom. Jacobus de Capella, mont. supra equm nigrum bausanum, pedem cinist(r)um album, tellam in fronte, prec. LX fl. ; — it. dom. Johannes Alamandi, mont. supra equm bay fendutum, tellam in fronte, prec. xxx fl. ; — it. dom. Jaquemetus Arthodi, mont. supra equm bay fendutum, tellam in fronte, tibiam cinestram albam, prec. LX fl. ; — it. dom. Armandus de Burgo, mont. supra equm nigrum, prec. xxv fl. ; — it. dom. Arthaudus Arthodi, mout. supra equm bay fendutum, tibias nigras, prec. LX fl. ; — it. dom. Petrus Arthodi, mont. supra equm bay fendutum, tibias nigras, prec. LX fl. ; — it. dom. Aymo de Sancto Petro, mont. supra equm bausanum, tellam in fronte, pedem cinistrum album, prec. IIII" fl. ; — it. dom Petrus de Sancto Petro, (m. s.) equm favel, tellam in fronte, tibias nigras, prec. LX fl.

Nomina nobilium c..... f.... er.. sunt hec : — item Guillibaudus de Bellosimili, mont(atus) supra equm bausanum fendutum, (habentem) pedem cinistrum album, precio LX fl. ; — it. Franciscus de Cenaf, mont. supra equm bay aytelo, tibias nigras, prec. L fl. ; — it. Humbertus de Langiis, mont. supra equm grisel pomelle fendutum, prec. LX fl. ; — it. Guigo Berardi, montatus supra equm bay fendu, tibias nigras, prec. xxx fl. ; — it. Johannes de Mayson, mont. supra equm bay, tellam in fronte, prec. xxx fl. ; — it. Petrus de Sonnaco, mont. supra equm bay, duos pedes retro albos, prec. xxv fl. ; — it. Johannes de Mouson, mont. supra equm nigrum, pedem cinistrum album, prec. xxv fl. ; — it. Petrus Girardi, mont. supra equm bay estur, tellam in fronte, tibias nigras, prec. xxv fl. ; — it. Giletus Chavaleti, mont. supra equm bay fendu, prec. xxx fl.

(1) Arch. de l'Isère, parchemin ; au dos : « 8° Dauphiné, Roolle d'arriereban, 1357 ».

LI.   26 décembre 1357.

IMPERIALIS CONFIRMACIO MONETARUM ET PEDAGIORUM DALPHINATUS CONCESSA DOM° KAROLO DALPHINO VIENNENSI ET SUCCESSORIBUS SUIS DALPHINIS VIENNENSIBUS [1].

IN NOMINE SANCTE ET INDIVIDUE TRINITATIS, feliciter, amen. KAROLUS QUARTUS, DIVINA FAVENTE CLEMENCIA ROMANORUM IMPERATOR SEMPER AUGUSTUS et Boemie rex, AD PERPETUAM REI MEMORIAM. Et si celeberrime memorie divi Romanorum principes, antecessores nostri, salubribus inducti studiis votivum statum et felix augmentum Delphinatus Viennensis multiplicibus affeccionum amplexibus, quas ad ipsum Delphinatum et ejus principes jugiter habuerunt, diversis libertatibus, privilegiis, donariis, munificenciis, beneficiis, aliisque concessionibus graciosis et specialibus favoribus illustrarunt, nostre tamen majestatis celsitudo preclara ad imperialem reducens memoriam impensa servicia quibus iidem delphini per rerum et corporum exposicionem, ad laudem et honorem sacri Romani imperii ac utilitatem rei nostre publice, singulari fulgore splendidius coruscarunt, non solum beneficia impensa stabilire sed et eadem de novo concedere et graciose ampliare decernit, presertim illustris Karoli, primogeniti regis Francie, ducis Normannie et delphini Viennensis, principis, nepotis et fidelis nostri dilecti, intuitu, cujus suplicacionibus favorabiliter annuentes, sibi, suis heredibus et successoribus delphinus Viennensibus omnes et singulas monetas auri et argenti ac universa thelonea, pedagia seu jura, quas seu que in dicto Delphinatu et terris ejusdem hucusque a dive memorie Romanis imperatoribus et regibus, antecessoribus nostris, habuerunt, tenuerunt, rite et legittime possederunt, juxta eorumdem nostrorum antecessorum indulta, animo deliberato, non per errorem sed ex certa sciencia, auctoritate cesarea et de plenitudine imperialis potestatis approbamus, ratificamus, innovamus, de novo concedimus et tenore presencium confirmamus. Nulli ergo omnino hominum liceat hanc nostre majestatis paginam infringere seu ei ausu quovis temerario contraire, sub pena centum marcarum puri auri quas ab eo qui contravenire presumpserit, tociens quociens

contrafactum extiterit, irremissibiliter exigi volumus et earum
medietatem imperiali camere, residuam vero partem injuriam
passorum usibus applicari. SIGNUM SERENISSIMI PRINCIPIS ET
DOMINI DOMINI KAROLI QUARTI, *(monogramma 2)* ROMANORUM
IMPERATORIS INVICTISSIMI ET GLORIOSISSIMI BOEMIE REGIS. Testes
hujus rei sunt : venerabiles Boemundus Treverensis, Gerlacus
Maguntinensis et Wilhelmus Coloniensis ecclesiarum archiepiscopi ; illustres Rupertus senior, comes palatinus Reni et
dux Bavarie, Rudolphus dux Saxonie et Ludowicus dictus
Romanus, marchio Brandemburgensis, principes electores;
venerabiles Johannes Argentinensis, Ademarus Metensis, Be-
rengarius Tollensis, Hugo Virdunensis et Henricus Lubucensis
ecclesiarum episcopi ; Heinricus Fuldensis, Theodericus
Prumiensis, Androionius Cluniacensis et Eberhardus Viszem-
burgensis abbates ; illustres Rupertus junior, comes palatinus
Reni et dux Bavarie, Wilhelmus Juliacensis et Johannes
Magnopolensis duces, Fridericus marchio Missenensis et alii
quam plures principes, comites, barones, nobiles, nostri et
imperii sacri fideles. Presencium sub imperialis nostre majestatis sigillo testimonio litterarum. Datum Metis, anno Domini
millesimo trecentesimo quinquagesimo septimo, x indiccionis,
vij kalendas januarii, regnorum nostrorum anno undecimo,
imperii vero secundo.

Au bas : Cor(rect)a per Jo. de Prüsincz.

A droite du repli : Per d(om.) cancell(arium) R'. Rudolphus
de Frideburg.

(1) Arch. de l'Isère, original parch. de 22 lig., avec trace de sceau sur
soie jaune et noire à double queue; au dos : « R(egistrat)a Hertirit' ».
Copies dans a) reg. *Privilegia multa concessa dd. dalphinis per imperatores*
[XXVIII.14], f° 169; b) *Cartularium Delphinorum*, f° xxviij (n° 24); c) ms.
5214 de la bibl. nat., p. 265; d) FONTANIEU, *Preuves de l'hist. de Dauph.*,
III, 915. Cf. *Invent. des arch. des Dauph. en 1346* , n° 33. — (2) DUCANGE,
Glossar. lat., éd. Didot, IV, pl. 1, n° 54.

LII. *26 décembre 1357.*

IMPERIALE PRIVILEGIUM SUPER CONFIRMATIONE PRIVILEGIORUM
QUORUMCUMQUE DALPHINATUS CONCESSA DOM° KAROLO DAL-
PHINO VIENNENSI [1].

IN NOM. *(ut n° LI, l. 4)*... C-NTIA... M-RIAM. Imperialis emi-
[nen]tie gloriosa sublimitas, etsi subditorum generaliter

omnium justis votis grata benignitate dignetur an nuere, illorum tamen desideriis condescendere quadam singularitate se sen[tit] obnoxiam, in quibus sacrum Romanum specialius decoratur imperium, quique generis nobilitate et morum venustate conspicui, claris studere cernuntur operibus et variis vir[tu]tum meretis adjuvantur. Sane pro parte illustris Karoli, primogeniti regis Francie, ducis Normannie et delphini Viennensis, principis et nepotis nostri carissimi, oblata nostre [ma]jestati peticio continebat quatenus privilegia et litteras, que et quas olim Viennenses delphini, predecessores dicti nepotis nostri, a recolende memorie divis Romanorum imperatoribus et regib[u]s, predecessoribus nostris, obtinuisse noscuntur, approbare, ratificare et confirmare de benignitate solita dignaremur. Nos, consideracione singularis affectus et amicicie quibus personam dicti nostri nepotis prosequimur, consideratis eciam multiplicibus fidelibus et studiosis obsequiis quibus delphini Viennenses sacro servierunt imperio, et dictus nepos et princeps noster delphinus servire poterit infuturum ; animo deliberato, principum, comitum, baronum et procerum nostrorum accedente consilio, prefato nepoti nostro, heredibus et successoribus suis delphinis Viennensibus imperpetuum omnia et singula privilegia et litteras, que et quas super quibuscumque juribus, jurisdicionibus, terris, dominiis, reditibus, possessionibus, vasallis, vasallagiis, feudalibus sive feudis, immunitatibus, libertatibus, graciis vel indultis aut aliis rebus quibuscq. infra terminos et limites dicti Delphinatus et ejus pertinenciarum ubilibet constitutis ab imperatoribus et regibus Romanorum obtinue[runt hactenus, in] omnibus suis tenoribus, sentenciis, punctis et clausulis, de verbo ad verbum prout scripta seu scripte sunt, sicut rite et racionabiliter proces[serunt, auctoritate impera]toria ac de certa nostra sciencia approbamus, ratificamus et de singulari benignitatis nostre gracia confirmamus : salvis nostris et sacri imperii juribus et quorumlibet aliorum. Nulli *(ut l. 31)* ... quovis ausu... c–ire ; si quis autem contrarium attemptare presumpserit, indignacionem nostram et penam centum marcarum auri puri, quarum medietatem fisci nostri imperialis, reliquam vero lesorum usibus applicari statuimus, tociens quociens contrafactum fuerit ipso facto irremissibiliter incursurum. SIGNUM *(ut l. 37)*... REGIS. Testes hujus rei sunt : venerabilis Boemundus archiepiscopus Treverensis ; illustres Rudolfus dux Saxonie, Ludovicus marchio Brandemburgensis, principes electores; venerabiles Johannes Argentinensis, Ademarus Metensis, Hugo Virdunensis et Heinricus Lubucensis episcopi ; Androynus Cluniacensis, Henricus Fuldensis abbates; et illustres Wenceslaus, frater noster, Lucemburgensis, Brabancie, Lothoringie et Lymburgie, Johannes Magnopolensis duces ; spectabiles Johannes de Saraponte, Johannes de Kaczenelbogen, Johannes de Sal[mis], Fridricus de Lyningen et Hermannus de Geminoponte comites; et alii quamplures nostri et sacri imperii fideles dilecti. Presensium sub imperialis majestatis nostre sigillo testimonio litterarum. Datum M[etis], anno Dom^i mill° trecentesimo quinquagesimo septimo, indiccione deci[ma, vij] kalendas januarii, regnorum nostrorum anno undecimo, imperii vero secundo.

Au bas : Cor(rect)a per Jo. de Prüsincz.

Au repli : Per dom^m imperatorem, cancellarius.

(1) Arch. de l'Isère, original parch. de 22 lig., avec trace de sceau sur soie jaune et noire à double queue ; au dos: « R(egistrat)a Hertirit' ». Copies dans a) *Privilegia m. conc. dd. dalph. per imper.* (XXVIII.14], f° 166; b) *Cartul. Delphin.*, f° xxx (n° 25.; c) ms. 5214 bibl. nat., p. 265; d) FONTANIEU, *Preuves*, III, 907. Cff. *Invent. des arch. des Dauph. en 1346*, n° 34 ; *Ordon. des rois de France relat. au Dauph.*, n° 38.

LIII.   *31 décembre 1357.*

(IMPERIALE PRIVILEGIUM DE CAUSIS APPELLATIONUM)[1].

KAROLUS quartus, divina favente clemencia Romanorum imperator semper augustus et Boemie rex, illustri Karolo, duci Normannie, dalphino Viennensi, principi et nepoti suo precarissimo, gratiam suam et omne bonum. Incumbente nostris humeris pro parte sacri imperii celitus nobis comissi varietate negociorum innumera, quibus pro felici subditorum statu noster animus continua meditatione distrahitur, quia nostram simul in diversis partibus non possumus exhibere presenciam, ad hoc aciem consideracionis nostre dirigimus, ad hoc sedulum destinamus affectum, qualiter illis quibus non assumus vice nostra viros preficiamus insignes, generis et morum claritate conspicuos, in fide probatos et in agendorum experiencia circumspectos. Hinc est quod de dilectione, prudencia et fide tua, nepos precarissime, plenam et indubitatam fiduciam obtinentes, in et super omnibus juribus et jurisdictionibus nobis et sacro imperio in Delphinatu Viennensi et terris ac limitibus ejus competentibus, et nominatim super causis appellacionum ad nos et sacrum imperium per quascumque personas a quibuscumque seu cujuscq. sentenciis, processibus et tribunalibus interponendarum de consuetudine vel de jure, et super omnibus et singulis circa hec et eorum quodlibet neccessariis seu quomodolibet opportunis, eciam in hiis que jam iniciata sunt et actu pendent vel sunt appellacione suspensa, tibi nostrum et imperii sacri vicariatum comittimus; dantes tibi plenam, liberam et omnimodam potestatem predictis juribus et jurisdictionibus utendi, fruendi et ea per te vel tuos officiales, quos ad hoc constituendos duxeris, exercendi, exigendi, levandi et tuis usibus ad beneplacitum applicandi, causas appellacionum predict. audiendi, cognoscendi, decidendi, decernendi, decreta exequendi, exequcioni mandandi, solito et approbato tribunalium more rebelles et eorum excessus puniendi, multandi, penas imponendi et recipiendi, corrigendi nec non omnia alia et singula faciendi que nos facere haberemus si hiis omnibus personaliter adessemus: non obstantibus comissionibus aliis quibuscumque personis factis per majestatem cesaream, quibus quo ad premissa et inquantum presenti comissioni obviare seu contraire censentur, de certa nostra sciencia derogamus. Mandamus igitur universis nostris et imperii sacri fidelibus in dicto Dalphinatu constitutis, quorum interest, vel in futurum intererit, sub obtentu gracie nostre, firmiter et expresse quatenus de juribus et jurisdictionibus supradictis tibi et tuis nunciis integraliter vice nostra respondeant, et ad te super causis appellacionum ipsarum similiter quociens casus emerserit loco nostri incurrant tuisque decretis, sentenciis et jussionibus pareant et intendant in hujusmodi tanquam nostris, sicuti penas per te pro modo rebellionum, racione previa, rebellibus infligendas voluerint evitare; ratum habituri et gratum quicquid per te vel substitutum seu substitutos a te factum, actum et gestum rite fuerit in premissis et quolibet premissorum. Hac nostra constitucione et comissione non amplius nisi usque ad nostre voluntatis beneplacitum duratura; presencium sub imperialis majestatis nostre sigillo testimonio litterarum. Datum Metis, anno Domini millesimo CCC° quinquagesimo septimo, indicione x, ıı kalendas januarii, regnorum nostrorum anno undecimo imperii vero secundo.

(1) Arch. de l'Isère, reg. *Privilegia multa concessa dd. dalphinis per imperatores* [XXVIII, 14], f° 167 (2° cah., f° 1), en subrogation de « Karolus, regis Francie primogenitus, dalphinus Viennensis,.... consiliario et locumtenenti nostro dom° Guillelmo de Vergeyo, domino Mirabelli », inachevée. Cf. *Invent. des Arch. des dauph. en 1346*, n° 32.

LIV [1].   (1360?).

Mémoire soit a mons(eigneur) le Dalphin[2] de prier et requerir les cardinauls qui sont en France, que il facent procès et fulminent sentences spirituelles contre les ennemis du Roy[3], de ly et du royaume, quar il le puent et doivent faire se il ont puissance quant a ce; et se il n'ont le pooir que mess(ires) et et les card(inauls) qui sont par dela escrient au Saint Père[4] et es cardinaulz, que il vuille faire les diz procès les plus fors que il pourra, quar il y est tenuz selon le Viex Testament et Nouvel, et selon droit et raison naturele : considéré que pour maindre cause l'Église a fait autrefoiz procès contre les rois de France en la faveur des rois d'Angleterre, et aussi pour maintes autres causes contre les Empereux.

Item, qu'il plaise a mon dit seigneur escrire au Pape sur les négoces pour les quiex maistre Gontiers est venuz a Avignon, et aussi les card(inauls) qui sont en France.

Item, que mess(ires) escrive au S(aint) Père qu'il vuille envoier deux personnes suffis(antes) au roy d'Ongrie[5], qui est de la maison et de l'ostel de France, qu'il vuille en sa propre personne venir en son ayde et pour la délivrance du roy et la deffense du royaume, et par conséquens de toute Crestienté : et est a merveillier se mess(ires) n'a ja envoié par devers luy personnes sollempn(elles), quar li diz rois est moult vaillans et si ayme moult l'onneur et le proffit de France, et est moult dolans de la prison du roy et de ses domaiges, et si est tenuz le plus puissans roys en gent et qui a la meilleur qui soit ou monde.

Item, a Avignon se merveille touz li peuples de ce que l'ampereur[1] n'est encores venuz en France : sur ce, j'ay escript au maistre de l'ordre des Freres Prescheurs, qui est en Alamaigne, par certain messaige.

Les ennemis du royaume entendent brièment venir tant en France comme autre part, selon ce que on dit a Avignon, c'est ass(avoir) le roy d'Angleterre[2] a Calais, le duc de Lanclastre[8] en Prouvence, en disant que il y a droit, la quelle chose desplaist moult a la court et s'en doubtent moult aucuns ; item uns contes doit venir d'Angleterre en Bretaigne, le prince de Gales[9] en Gascoigne et un autre Anglois en Normandie. Pour quoy ayens bonne fience en Nostre Seigneur, et requerons bien dehuement et brièment noz amis, et mettons bonne et brief ordenance en nous et en noz besoignes, et pour certain Nostre S(eigneur) nous aydera, gardera et délivrera de touz ceulz ci et de touz noz autres ennemis ; et si dient et croient aucuns que il soit pour le meilleur que les tractiez soient brisiez et rompuz par noz diz ennemis, mais que nous faciens les choses dessus dictes.

Item plaise a mons(eigneur) que les lettres qui seront envoiées sur cecy et sur les autres choses a Avignon au Saint Père, qu'elles soient envoiées et baill(ées) a mons. Guillaume Fournier[10] pour présenter et procurer l'effet d'icelles.

(1) Guy ALLARD, Documents mss., t. XII, f° 101, parchemin du temps.
(2) Charles V, fils ainé du roi, 1349-1364. — (3) Jean II (1350), prisonnier des Anglais depuis la bataille de Poitiers (19 sept. 1356). — (4) Innocent VI, 1352-1362.— (5) Louis Ier le Grand. 1342-1352. — (6) Charles IV, 1347-1378. — (7) Edouard III, 1327-1377. — (8) Henri, comte de Derby et duc de Lancastre, † 1362. — (9) Edouard, surnommé le Prince Noir, fils d'Edouard III, † 1376. — (10) Conseiller delphinal, procureur du dauphin à la cour de Rome.

LVI. (Après 1361).

Secuntur feuda ocupata per summum pontifissem, que tenentur et teneri debent sub feudo Dalphinali : — Et primo castrum de Chayrana, cum ejus territorio et districtu, ut pa[tet per] recogniciones olim factas per Hospitalem Sancti Johannis quam dyu castrum ipsum [tenuit] ad manum suam : instrumenta vero et conventiones Poncius Burgondionis [tradidit] dom° Guillelmo de Vergeyo, condam regenti Dalphinatum ; — item castrum Ville Dei, cum ejus territorio et mandamento :

de quo dictus Pon. dicto dom. gubernatori tradidit instrumenta necessaria pro fulcimento juris dalphinali ;—item quarta pars castri, territorii et mandamenti Petre Lapte, cum alb[ergiis] bis in anno in loco predicto recipiendis per dominum Montis Albani seu gentes ejusdem : de quibus idem Pon. ipsi dom. gubern. tr. j. n. p. f. j. d. ; — item castrum de Grilhone, cum ejus territorio et mandamento : de quo nundum habuit instrumenta domino nostro dalphino necessaria, ymo sunt adhuc in potestate notarii seu aliorum qui cartularia habent notarii qui notas concepit et poterunt haberi de facili² ; — item carreriam vocatam el Breu in loco Valriassii scituatam, aquisitam per dom^m Guigonem dalphinum a domino Montis Brisoni cum castro ipso Montis Brisoni, pro castro Chauvassii : de quibus fuerunt tradita instrumenta dom° archidiacono Ludovenci, per dom. Petrum Petri concepta tanquam notarium dalphinalem ; — item feudum vocatum Ruforo, scitum in loco et territorio de Pillis et ejus territorio : de quo idem Poncius tradidit instrumenta dicto dom. gubernatori ;—[item] de feudo Faramancii et Matisvassii, scituata et confrontata inter territoria Montis [Brisonis] et Valriassii, non fuit facta recognitio domino nostro Karolo, Viennensi [dalphino], pro..... dom^i Petri d'Auvarnauda sicut facere tenetur [:.........] ac instrumenta publica concepta per Poncium Laurencii, notarium publicum condam [de N]yhonis, et adhuc sunt in potestate notarii qui cartularia ipsius Poncii habet ; — item Lambertus Fauri interfecit seu interfeci fecit matrem [domini] de Grayano et subsequenter a patria recessit, et tamen tres [homines] dalphinales qui cum eo erant pro sua prava introducxione fuerunt suspenssi, et officiales papales et domini de Grayhano et prioris Sancti Pantaleonis posuerunt ad manus suas feuda[que] sub eis tenebat, et dominus noster dalphinus a quo tenet feudum castri Buxi nichil fecit.

Item secuntur feuda dalphinalia ocupata per dom. Aymarium de Pictavia : — Primo castrum de Teycheriis, de Oudefredo, de Monte Jovis et de Becona, quia domini quorum loca erant et sunt feuda ipsa recognoscebant pro dom° dalphino, nunc recognoscuntur pro dicto dom. Aymario, quia fuerunt trasportata pro feudis Belle Garde et Montis Lauri et non recognoscuntur pro domino nostro dalphino².

Item secuntur res de quibus idem dom. dalphinus debet habere pecunias : — Primo de compositionibus factis per dom. Nycoldum de Glaudis, comissarium debitorum Judeorum : de quibus compositionibus idem Poncius habet instrumenta, sententias, et quantitates et nomina componencium, quas paratus [est] tradere ; — item debet universitas Judeorum Venaychini, tam Leon[....]areis de Nyhonis, cujus bona domino nostro dalphino sunt confiscata, quam Crescono de Sancto Saturnino, cujus bona summo pontifici in quatuor centis sexaginta florenis auri : de quibus idem Pon. tanquam comissarius papalis convenit in Judeos ante dictos pro parte dom! pape, de parte dom! dalphini nundum est conventum ; — item obtinuit idem Poncius tempore predicti dom. Nicoldi de Glaudis litteram a dom° rectore Venaychini, quod cartularia curie Avisani de tempore domini nostri dalphini, in quibus sunt levande certe late et condempnationes, que assendunt ultra summam ducentorum floren. auri ; — item in castro Rupis Acute sunt facte multe inquisitiones et adhuc faciende contra illos qui cum armis terram dalphinalem invasserunt et hominos suos depredarunt, de quibus domini dicti loci et dampnificati seu depredati dabunt gratis medietatem emolumentorum domino nostro dalphino, ut faciat ipsos fortes ad obtinendum aliam medietatem ; — item de facto de Medullione et de multis aliis idem Poncius dom. gubernatorem verbo informabit.

(1) Guy ALLARD, *Documents mss.*, t. V, f°° 87-8, papier du temps. — (2) En marge « Provideatur ».

LVI 1.   *8 août (1362?).*

" RÉVÉREND PÈRE ET CHIERS SIRES,

J'ai mené Girart le messagier jusque à Chalon pour vous repourter les nonvellez, au quel lieu j'arivei le viij° jour de cest mois d'aoust. Si sachés que j'ai trouvé un messagier du roy mons(eigneur), qui m'a porté lettres par les queles il me haste mout fort que je me traie vers li : se y vois du plus tost que je puis ; et quant auz nonvelles de France, touz jours les gens du roy mons(eigneur) gaignent sur les enemis et prengent de forteressez sur eulx, et continue et continuerai, se Dieu plait, sa bonne fortune en touz biens. Je sui passez seurement jusquez à Chalon, le Dieu merci, et pense à l'ayde Dieu que je passerai avant seurement, quar j'ai trouvé les gens dou duc de Bourgougne à Chalon pour moy convoier. J'ai oy nonvellez que les compeignes se tiènent mout mal à paiez du pais du Dauphiné, pour ce que li sires de Vignay a esté en une besongne avec les comunes de Maconois et après une maison du bastart de Lebret, si en vuelent mal tout le pais. Pour ce faites bien garder le pors et le dictes à mess(ire) Guis Coper, qui se preingne garde quant il oira nonvellez que les compeingnes aprocheront le pais, que les pors soient bien gardez, et aussi en escripvez mess(ire) Hug(ues) de Genève, qui a aussi la charge du gouvernement du pais quant à la deffense. Je désire à revenir tost pour ces nonvellez; si hastez nostres(ire) Guis de Morges de venir tost après moy, par quoy on me leisse plus tost revenir. Et croy qu'il soit bon que avec les choses que vous escripverez à Roy vous li mandés ces nonvellez, non pas que je le vous aie mandé. Et vous prie chièrement que vous aiez grant diligence en toutez les besoignez du pais, affin que vous et moy y prengniens honour ; et se aucune chose vous vient de nonvel, mandez le moy touz jours, et aussi ferai je à vous par Pavallon que j'enmoine. Nostre Seigneur soit garde de vous. Escript à Chalon, le viij⁰ jour d'aoust.

Le seigneur de Louppy, gouverneur du Dauphiné, tout vostre.

Au dos: A Révérent père en Dieu mons(eigneur) l'evesque de Gap.

(D'une autre main) Visa presenti cedula, destruatur.

(1) Guy ALLARD, *Documents mss.*, t. VI, f⁰ 16, original en papier.

LVII [1]. 15 août (1362?).

DOMINE ET AMICE PRECARISSIME.

Mei recomendatione premissa, litteras quasdam mihi missas ex parte domini mei domⁱ locuntenentis me recepisse noveritis, quarum tenor insertus est in quadam cedula presentibus interclusa; scientes quod dnis Hugoni de Gebenna et Guidoni Coperii scribo, quod super contentis in litteris dicti dom. locuntenentis invigilent totis mentis affectibus et intendant, sic quod nullum patrie periculum valeat eminere, circa que vos etiam intendatis ; rogans vos quatenus Johanni de Ponte, thesaurario, velitis dicere quod predictas litteras dictis dnis Hugoni et Guidoni velit mictere festinanter, et eidem cum fuero Gracionopoli dabuntur littere de expensis. Ego intendo esse apud Muram die jovis proxima, et deinde quasi statim Gracionopolim me transferre; et si ante velit recedere dom* Guigo de Morgiis, scribatis regi dalphino Viennensi, domino nostro, ex parte vestri et aliorum et mei, sicut videbitur faciendum et sicut orethenus vobis dixi. Salvatoris clemencia presentis vite vobis gaudia conferat et eterne. Datum Pollignyaci, die xv mensis augusti.

Vester in omnibus, G(uillelmus) Vapincensis episcopus.

(D'autre main) Ego procuro quantum possum pecuniam pro expensis meis, nichilominus si ante sit necesse me recedere mandetis in futūrum.

Au dos : Venerabili magne prudencie et aucthoritatis viro dom° Humberto Pilati, preposito Sancti Andree Gracionopolis, regis dalphini Viennensis, domini nostri, consiliario et de ipsius camera compotorum.

(1) Guy ALLARD, *Documents mss.*, t. VI, f° 12, original papier de 8 llg., avec suscription au dos; traces de plis.

LVIII 1. (?).

MEMOIRE soit des gens d'armes, lex quelx a tenulx mons(eigneur) de Breyss(ieux) sur les pors de l'Yxère et par le commandement de mons(eigneur) le Gouverneur, quant les Bretons entrèrent en Viennes :

Premièrement le dit syrex ; — item mes(syres) Jehan Gasteble ; — it. mes. Farque de Moiryueix ; — it. mons. le Borne Falevel ; — it. Aymart Godefroy ; — it. Eumex Rogier ; — it. Fransseix Gasteres ; — it. Antermon Taillebent ; — it. Jehan Guodefroy ; — it. Mondonnet Bataillet ; — it. Jarenton Mouchet ; — it. Ertaut le batart de Breis(sieux) ; — it. Jehan le batart de Breys(sieux) ; — it. Ay. Didier Bonduyn ; — it. Jehan Aynart ; — it. Gefroy Guotefroy[2] : — les quelx le dit syrex de Breys(sieux) a tenulx a ses despenx sux les porx xv jours.

SE sont lez gens d'armex, lex quelx le syres de Breyss(ieux) a tanux aveuq mons(eigneur) le Gouverneur a Pertux Routam :

Premièrement   ; — item Amé de Grellée ; — it. Antermon Taillebent ; — it. le syrex de Silleus ; — it. Guigue

Farssin ; — it. Mondonnet Bataillat ; — it. Ertaut le batart de Breys(sieux) ; —it. Amé de Palargnin ; — it. le bourne de Saint Gemain ; — it. Jarenton Mouchet ; — it. Gefroy Guodefroy : — lex quelx mons(cigneur) de Breyss(ieux) a paiex à Grenoble pour vii meix.

Et ne compte point le dit syres de Breyss(ieux) de xv à vint omnes d'armes et de deux senx servans, les quelx il tenit à La Sonne quant lex Bretonx furent à Saint Laxaire.

(1) Guy ALLARD, *Documents mss.*, t. VII, f° 272, papier du temps. Cf. GIRAUD, *Essai hist.*, 2° p., I, 261-2. — (2) Ajouté après coup.

LIX. *Mai 1365.*

MEMORIALE FACTUM SUPER PETICIONIBUS FACIENDIS DOM° KAROLO QUARTO, IMPERATORI ROMANORUM, QUANDO VENIT GRACIONO-POLIM MENSE MAII, (ANNO) MILL'O CCC^{mo} SEXAGESIMO QUINTO[1].

Primo, petere ab imperatore quod ipse velit confirmare privilegia etc. et eciam de novo ex certa sciencia ea concedere domino et ejus heredibus, successoribus et causam habituris ab eo ; — item, jurisdictionem et dominium civitatis Vienne, olim concessum et concessam in custodiam et comandam archiepiscopo Viennensi ; — item, castrum de Pupeto et domum de Canalibus, que tenent in custodiam et comandam capitulum ecclesie Viennensis ; — item, feudum, homagium, superioritatem et majus dominium imperatori competencia in castris et territoriis Rossillionis et Anjonis, Sancti Valerii et aliorum quorumcumque castrorum et locorum dominorum dict. locorum et aliorum qui in dyocesibus Viennensi, Dyensi et Valentinensi, Ebredunensi et Gracionopolitana aliquid in alodium asserunt se tenere ; — item, jurisdictionem, superioritatem, feudum et majus dominium comitatuum Valentinen. et Dyensis, tam in castris et villis et ceteris que tenet episcopus Valentinen. et Dyensis quam in hiis que tenet dom. Aymarus de Pictavia, comes Valentin. et Dyensis ; — item, feudum, superioritatem et majus dominium strattarum publicarum et pedagiorum mandamenti et territorii castri de Stella, Valentin. dyocesis, et aliorum quorumcumque itinerum publicorum et pedagiorum a loco de Romanis usque ad Castrum Novum de Raco ; — item, feudum, homagium, superioritatem et majus dominium castri, civitatis et tocius principatus Aurasicensis; — it. feud. hom. super. et maj. dom. castrorum et ville Montilii Adhemari et de Garda; — it. feud. super. et maj. dom. castri et territorii Corteysonis; — it. feud. super. et maj. dom. vice comitis et castrorum Talardi et aliorum quorumcq. vicecomitatus Talardi; — it. feud. super. et maj. dom. marquionis Saluciarum ac fratrum et aliorum quorumcq. subditorum suorum, ac ratifficari pactiones et convenciones, infeudaciones et confederaciones factas et habitas per dominum de Luppeyo, gubernatorem Dalphinatus cum dom° Frederico marquione Saluciarum et predecessoribus suis; — item, feudum, superioritatem et majus dominium comitatuum Provincie et (Montis) Fortis, et comitatum Sabaudie et de Gebennis : et dominus tenebit omnia supradicta in augmentum feudi antiqui et paterni a dom° imperatore; — item, quod ipse non velit confirmare sed pocius infirmare seu infirma et nulla pronunciare alienaciones factas etc.; — item, quia multa pedagia in Dalphinatu levantur per nobiles absque concessione imperiali et absque antiqua consuetudine de qua non est memoria in contrarium, quod tollantur; — item, quod nova non concedantur pedagia, quoniam patria Dalphinatus multum est de pedagiis onerata; — item, quod taxetur quantum recipiatur pro rebus que vehuntur causa commercii; — it. quod non mutentur; — it., quod si abutantur, quod amittant jus pedagii et alias multentur prout fuerit racionis; — item, quod cognicio omnium premissorum et confiscacio spectat ad dom. dalphinum qui nunc est et fuerit pro tempore futuro, et quod concessa ob causam, nisi causa sit vera probata in curia dalphinali, tollantur et suspendantur pedagia tallia, donec fides sit facta de titulo et fidem fecerint quod causa qua mediante concessum fuerit sit vera : et super premissis obtineantur lictere opportune.

Item, ipse idem dom. Karolus imperator anno predicto confirmavit dicto dom. dalphino omnia privilegia monetarum et pedagiorum concessa per dnos imperatores dicto d° dalphino et predecessoribus suis; — item, ipse dom. Karolus imperator eodem anno confirmavit dicto dom. dalphino quecumque privilegia sibi et dalphinis predecessoribus concessa per imperatores quoscumque.

(1) Guy ALLARD, *Documents mss.*, t. VII, f°˚ 3-4, papier du temps.

LXI.   *5-6 novembre 1368.*

Anno Domini mill'o CCC° LXVIIJ° et die vi mensis novembris, apud Grationopolim fuerunt recepte mostre infrascripte, tam per dom. Petrum de Sancto Jorio militem, manescallum guerrarum dalphinalium, quam per dnos Rodulphum de Sancto Jorio et Franciscum de Buenco, ejus in hac parte locumtenentes, milites et quemlibet ipsorum.

Et primo, anno et die predictis, prefatus dom. Rodulphus vice manescallus gentes armorum recepit et equos extimavit equittantes sub pennono et comittiva magnifici viri dom. gubernatoris Dalphinatus, ut sequitur : — Primo unum corsserium morellum, quatuor pedes albos habentem, ad II^c flor. ;— item unum alium corsserium Albertini de Chardonia, vexilliferi,... 60 fl. ; — it. recepit Johannem de Marlencort... 160 fl. ; — Johannem de Chardonia... 50 fl. ; — Varinum de Romgnia... 80 fl. ; — Robertum de Solerio... 60 fl. ; — Lorens... 60 fl. ; — Anequinum... 35 fl. ; — dom. Aymarum Alamandi[2]... 70 fl. ; — Humbertum Alamandi... 40 fl. ; — Armandonum Dorerii... 60 fl. ; — dom. Guigonem Coperii[2]... 120 fl. ; — Andream Machi... 30 fl. ; — Stephanum de Volpa... 60 fl. ; — Chios... 15 fl. ; — Petrum Veteris... 25 fl. ; — Johannem de Pratis, armatum de uno capello ferreo,... 20 fl. ; — Petrum Veteris, fratrem dom^i Johannis Veteris,... 20 fl. ; — dom. Richardum de Morestello[2]... 30 fl. ; — Rigoletum de Boyssent... 20 fl.; — Boniffacium de Valle... 25 fl.; — dom. Petrum Arthoudi[2]... 30 fl.; — Guionetum Borne, de Sancto Laterio,... 20 fl.; — Johannem Salamonis... 20 fl.; — Johannem de Maladeria... 100 fl.; — Johannem de Ponte, scutifferum[3],... 15 fl.; — dom. Bartolomeum de Maladeria[2]... 60 fl.; — Johannem Cassen... 25 fl. ; — Johannem Feydeff... 20 fl.; — Jacerandum Lancolmi, armatum de uno capello ferreo,... 15 fl. ; — Boniffacium de Teysio... 25 fl.; — Johannem Charreyrie, de Bello Repayro,... 15 fl. — Guillelmum Gay... 25 fl.; — Johannem Paquini... 40 fl.; — dom. Aymonem de Balma[2], c. 1 roncino extimato, ut asserit, apud Corvum per dom^m Aymarum Alamandi; — Boniffacium Boniffacii... 15 fl.;— dom. Humbertum de Loras[2]... 60 fl.; — Gam'-

gnum Michalli... 30 fl.; — Massiotum Engloysium, archerium,... 25 fl.; — dom. Johannem Gatablier² ... 60 fl.; — dom. Bornum Falavelli² ... 100 fl.; — dom. Aymarum de Anjone²... 25 fl.; — Reynaudum de Revello... 50 fl.; — Petrum de Borse... 30 fl.; — dom. Amblardum de Balma²... 100 fl.; — Petrum de Podio³ ... 40 fl.; — dominum Poepis²... 100 fl.; — Anequinum... 25 fl.; — dom. Guichardum de Poueypia... 80 fl.; — Ravellum Amberti... 30 fl.; — dominum Castri Novi³ ... 50 fl.; — Johannem Grindonis... 30 fl.; — Johannem Aquini, armatum de uno capello ferreo,... 40 fl.; — Petrum de Cugneto... 40 fl.; — Johannem Odini, archerium armatum de uno capello ferreo,... 25 fl.; — Jacobum Mareschaus'... 20 fl.; — Guillelmum Pilati... 25 fl. — Stephanum Chalvetonis... 25 fl.; — Joffredum Domeys, armatum de uno capello ferreo,... 30 fl.: vadit cum domº Bartolomeo de Maladeria; — Sadoudum Textoris... 30 fl.; — Lagerium de Poliniaco...

Cassen(atici).

Item, eadem die, predictus domᵘ Franciscus de Buenco recepit mostram domini de Cassenatico et aliorum qui sub ejus pennono equitarunt, ut sequitur: — Et primo predict. dominum de Cassenatico, militem, habentem unum equm morellum valoris C franchorum; — item dominum de Sancto Andrea, faciens mostram suam,... 50 fr.; — it. Johannes Alamandi... 15 flor.; — Petrum de Fontanis... 50 fl.; — Telmonum Yserandi... 60 fl.; — Borninum de Quinsiaco... 25 fl.; — Telmonum Constantini... 20 fl.; — Bertrandum de Nello... 25 fl.; — Johannem Boverii... 15 fl.; — Bertrandum Philiponis... 15 fl.; — Johannem de Balma... 12 fl.; — Jacobum de Pama... 30 fl.; — Johannem de Bella Cumba, alias Manesaut,... 60 fl.; — Reymundum Franconis... 15 fl.; — Guillelmum de Bello Forti... 20 fl.; — Petrum Alamandi,..., portans 1 capellum de ferro,... 15 fl.; — Bertrandum de Balma,..., portans 1 capellum de ferro,... 15 fl.; — nobilem Ludovicum de Arciis, dominum Bastide,... 30 fl.; — Johannem de Trecastello... 15 fl.; — Petrum Guiffredi... 40 fl.; — Aymarum Argoudi... 15 fl.; — Jacobum Argoudi... 15 flor.; — dom. Eymericum Leuzonis²... 100 fl.; — Petrum Jordaneti... bene 40 fl.; — Johannem de Monte Forti ... 15 fl.; — Anthonium de Vilars, alias Vacunt,... 40 fl.; — Reymundum Leuzonis... 40 fl.; — Berlionem Maleti... 60 fl.; — Petrum Maleti... 15 fl.; — Henricum de Fontana... 80 fl.; — Amedeum de Palma... 40 fl.; — Artaudum Turelli... 50 fl.; — Andream de Valle Navigio... 60 fl.; — Giraudum Falavelli... 60 fl.; — Johannem de Clemis, portans 1 cappellum de ferro,... 20 fl.; — Guillelmum de Reymonda... 25 fl.; — Petrum Clareti... 25 fl.; — Soffredum Guerre... 20 fl.; — Guillelmum Grinde... 30 fl.; — Humbertum de Avinione, habentem capellum ferri, ... 30 fl.; — bastardum de Bella Comba... 25 fl.; — Johannem de Sesilia,... et habet 1 capellum ferri,... 10 fl.; — Glaudum Mathei... 40 fl.; — Humbertum Orselli... 30 fl.; — Telmonum Argoudi... 25 fl.; — Johannem Gentonis... 25 fl.; — Johannem les Ferris... 25 fl.; — dominum de Vado [2] ... 25 fl.; — Johannem de Turre... 20 fl.; — Raynaudum de Colomberio... 10 fl.; — Johannem de Turre... 20 fl.; — Johannem de Sala... 20 fl.; — Albertum de Monte Forti... 40 fl.; — Johannem de Troies... 20 fl.; — bastardum de Buffavent... 20 fl.; — Guillelmum Jauberti... 50 fl.; — Johannem de Asperis... 10 fl.; — Guigonem de Varsia... 25 fl.; — Franciscum Guiffredi... 20 fl.; — Franciscum de Ponte... 35 fl.; — Petrum de Claysio... 10 fl.; — Boniffacium de Valle... 35 fl.; — Guigonem Vilarii, ..., portans 1 capellum ferreum,... 8 fl.; — Melmonum de Teysio... 25 fl.; — Johannem Garcini... 15 fl.; — Gonetum Tallifer... 30 fl.; — dom^m Jacerinum [2] ... 80 fl.; — Hugonem Vidalis... 40 fl.; — Johannem Chavallerii, portat 1 capellum ferreum, ... 30 fl.; — Reynaudus de Parisius ... 80 fl.; — Amedeum de Ruppe... 40 fl.; — Petrum donatum Amblardi de Parisius... portat capellum ferreum, ... 20 fl.; — Petrum Aliondi de Buxia... 40 fl.; — Gonetum donatum Arnaudi de Moyrieff, ..., habentem 1 capellum ferri, ... 40 fl.; — Petrum de Alta Villa, ..., hab. 1 cap. fer., ... 20 fl.; — dom. Johannem B(er)engarii, dominum Morgiarum, ... 70 fl.; — Petrum ejus filium... 25 fl.; — Petrum Tardini... 30 fl.; — Persavallum de Avalone... 15 fl.: recepto pro capello ferri; — Johannem Berengarii donatum... 20 fl.; — Lantelmum de Bardonech(ia)... 30 fl.; — Anthonium Jalate... 35 fl.; — Petrum Grinde... 15 fl.; — Franciscum de Bardoneychia... 16 fl.; — Humbertum Achardi... 30 fl.; — Pontium Gillerii... 15 fl.;

— Richanum de Mansso... 15 fl.; — Lantelmum Ranerii...
25 fl.; — Guidonem de Morgiis... 45 fl.; — Guidonem de Ambello... 15 fl.; — Sibuetum de Darna... 15 fl.; — Petrum Alconerii... 15 fl.: pro capello ferri; — Johannem Salvati... pro cap. fer... 25 fl.; — Disderium Bancheri... 24 fl.; — Oliverium Urtini... 26 fl.; — Oliverium Silvonis... 30 fl.; — Reymondum de Esparono... 20 fl.

CLARIMONTIS.

Item, quinta die dicti mensis, recepit idem dom. Rodulphus dominum Clarimontis cum ejus comittiva, in qua erant infrascripti equittantes equos inferius extimatos : — Et primo ipse dominus Clarimontis, miles, equittans 1 corsserium nigrum in crure sinistro marchatum, extimatum ad CC flor.; — item dom. Johannes de Viriaco [4]... 70 fl.; — it. Sibuetus de Viriaco... 25 fl.: facta est littera de roncino; — Thomas Paniti... 20 fl.; — Johannes de Alta Rippa... 40 fl.; — Guillelmetus Raube... 35 fl.; — dom. Lovetus de Baseys [4]... 80 fl.; — Lantelmus de Alta Rippa... 40 fl.; — Fraquelmus de Alamagnia, cum capello ferreo, ... 40 fl.; — Facolnetus Celaroni... 25 fl.; — Joffredus Chasola... 50 fl.; — Perrinus Rastacii... 40 fl.; — duos archerios, scil. Anequinum et Huginum Theotomcos; — duos alios archerios, scil. Musetum et Franconem; — dom. Aymarus de Claromonte [4]... 140 fl.; — dom. Berlio de Castellario [4]... 25 fl.; — Jaquemardus de Limona... 60 fl.; — Johannes Flandini, capellum ferreum, ... 25 fl.; — dom [4] Lovatus... 60 fl.; — Jaquemetus Corbelli... 40 fl.; — dom. Amblardus Mathi [4]... 50 fl.; — Antelmus Richermi... 25 fl.; — Johannes de Balma... 60 fl.; — Johannes Eynurini... 25 fl.; — Johannes Guerre... 60 fl.; — Reynierius de Conoy... 70 fl.; — Armandus Colling', cum capello ferreo armatus, ... 25 fl.; — Eymarus de Bogiis... 60 fl.; — Joffredus Girini... 30 fl.; — Guionetus de Chastilione... 40 fl.; — Petrus de Chomotz, armatus de 1 capello ferreo, ... 30 fl.; — Guigo dominus Montis Ferrati... 60 fl.; — Guillelmus Gallonis... 60 fl.; — Humbertus de Peladruco... 30 fl.; — dominus (de) Malo Becto [4]... 60 fl.; — dom. Girardus de Briort [4]... 60 fl.; — Guigo de Gronlea... 40 fl.; — Bermondus de Malo Becto... 50 fl.; — bastardus de Gronlea ... 30 fl.; — Giffaudus de Lila... 30 fl.; — Stephanus de Mein

... 50 fl. ; — Henricus Polleutz... 25 fl. ; — Johannes Amblardi ... 20 fl. ; — dom. Aymo de Ameysins 1 ... 40 fl. ; — Guichardus de Balma... 30 fl. ; — Johannes Furini .. 35 fl. ; — Petrus de Monte Ferrato... 60 fl.

Milites x, scutiferos xxxij, capellos viij°.

TERNIACII.

Eadem die recepit dom^m Girardum de Terniaco cum ejus comittiva, in qua erant gentes equittantes equos subscriptos : — Et primo idem dom. Giraudus 4, 1 corsserium gris valentem Cxx flor. ; — item Charreyres... 60 fl. ; — it. Johannes de Moleris... 30 fl. ; — Petrus de Clara Fonte... 25 fl. ; — dominus de Irions 1 ... 50 fl. ; — Petrus de Cycoreris... 25 fl. ; — Fran(ciscus) de Chola, archerius, ... 20 fl. ; — Johannes de Chastilione... 25 fl. ; — Humbertus de Mariota... 25 fl. ; — Guillelmus de Mariata... 20 fl. ; — Giraudus de Liles... 40 fl. ; — Bertrandus de Brisset, armatus de 1 capello ferreo,... 25 fl.; — Johannes de Griva, arm. de 1 cap. fer., ... 30 fl. ; — Guillelmus de Lulie... 60 fl. ; — Morgencol... 30 fl. ; — Hugoninus de Verbo... 50 fl. ; — Johannes de Dorchia... 100 fl. ; — Johannes de Chastellario... 60 fl. ; — Petrus de Faramant... 15 fl. ; — Petrus de Bausuyer... 15 fl. ; — Johannes de Lilie... 50 fl. ; — Johannes de Verbo... 25 fl. ; — Guillelmus de Sancto Andrea... 50 fl. ; — Guillelmus Berardi... 40 fl. ; — Petrus Coste... 40 fl.

(BRISSIACI).

Eadem die, recepit idem dom. manescallus dominum de Brissiaco cum ejus comittiva, in qua erant homines subscripti equittantes equos infra extimatos : — Et primo idem dominus de Brissiaco 4, 1 corsserium bay bausanatum de ante, valentem xx flor.; — item dominus Montis Canuti 4 ... 60 fl. ; — it. dominus de Murinays 4 ... 60 fl. ; — Coquetus de Moyrenco... 30 fl. ; — Boniffacius de Bouchanis... 80 fl.; — Franciscus Gatarelli... 60 fl. ; — Hugo de Chavannes... 25 fl. ; — Lantelmus Tahlibueti... 50 fl. ; — Joffredus Tortia... 25 fl. ; — Joffredus de Riveria... 20 fl. ; — Johannes Girini... 40 fl. ; — Bertrandus de Castro Novo, armatus de 1 capello ferreo, ... 15 fl. ; — Petrus de Chalas, arm. de 1 cap. fer., ... 25 fl. ; — Guillelmus Attenoudi... 25 fl.

De Sancto Jorio.

Item recepit dictus dom. manescallus domᵐ Rodulphum de Sancto Jorio militem, cum ejus comitiva in qua erant gentes equictantes equos infra extimatos: — Et primo idem dom. manescallus, 1 corsserium bay comam et tibiis nigris, valentem C franchos ; — item domᵉ Radulphus de Sancto Jorio... 200 flor. ; — it. Anthonius Richerii... 100 fr. ; — Tibaudus de Veleys... 60 fl. ; — Jovinus, armatus de 1 capello ferreo,... 100 fr. ; — Philipus et Cotinus 5, archerii,.. quilibet... 20 fl. ; — domᵉ Radulphus de Comeriis, dominus Bastide, ... 60 fl. ; — Philipus Manderii... 50 fl. ; — Petrus Broardi, armatus de 1 capello ferreo, ... 40 fl. ; — domᵉ Radulphus de Comeriis 4 ... 100 fr. ; — Johannes de Alavardo... 60 fr.; — Lancelotus bastardus de Comeriis, armatus de 1 capello ferreo, ... 80 fl. ; — Alegretus de Comeriis, bastardus, arm. de 1 cap. fer., ... 60 fl.; — Johannes de Alavardo, frater dicti Johannis de Alavardo, arm. de 1 cap. fer., ... 25 fl. ; — Uugo de Comeriis... 80 fl.; — Guigo de Comeriis... 40 fl.; — Guigo Alamandi... 60 fl. ; — Johannes de Cosonay... 30 fl. ; — Guclissius de Cosonay... 40 fl. ; — Henricus de Boenco ... 50 fl. ; — Johannes de Boenco... 30 fl. ; — Gonetus Gays... 40 fl. ; — Johannes Veyerii ... 50 fl. ; — Andreas Garcini... 40 fl. ; — Franciseus de Comeriis, armatus de 1 capello ferreo, ... 25 fl. ; — Guillelmus de Malaval ... 80 fl. ; — Petrus de Castro Arnaudo ... 100 fr. ; — Partenay ... 60 fl. ; — Amedeus de Miribello ... 30 fl. ; — Rondetus de Reneval ... 120 fr. ; — Guillelmus de Lans, armatus de 1 capello ferreo, ... 40 fl. ; — Guigo Seguini, arm. de 1 cap. ferri ... 100 fr. ; — Johannes Henrici, arm. de 1 cap. ferreo, ... 25 fl. ; — dominus Montagniaci 4 ... 100 fr. : — Johannes d'Eythans ... 60 fr. ; — Bertrandus Broysseti... 40 fl.; — Rocillonus...; — Tarditus...; — Arthaudus de Sancto Pr(e)jeto... 60 fr.; — Henricus de Vagni ... 80 fl. ; — Eynardus de Vagni... 60 fl. ; — Humbertus de Torchifellono ... 60 fl. ; — Johannes de Urre ... 40 fl. ; — domᵉ Hugo de Comeriis 4 ... 70 fl. ; — Johannes Rachecii... 35 fl. ; — Humbertus Maneschaus ... 25 fl. ; — Roletus de Monte Meliano, armatus de 1 capello ferreo, ... 20 fl.; — Humbertus Chambuell ... 20 fl. ; — Thomas Berardi ... 30 fl.; — Gonetus Gumiterii, arm. de 1 cap. fer.,... 25 fl. ; — Bertran-

dus Grinde ... 100 fl.; — bastardus de Valle Treversa, arm. de
1 cap. fer., ... 20 fl.; — Franciscus Cono ...60 fl.; —Stephanus
Robini, arm. de 1 cap. fer., ... 25 fl.; — Guigo Barralis ...40 fl.;
— Johannes de Cerbol, arm. de 1 cap. fer., ... 30 fl.; — Guigo
de Cugneto ...30 fl.;—Johannes Massonis, arm. de 1 cap. fer.,...
25 fl.; —Guillelmus Moracii ... 30 fl.

Tollini: — Primo ipse dom* Jacobus[1], 1 corsserium morellum
totum valentem CC flor.; — item Guillelmus de Opere ... 120
fl.;—it. Johannes Fesoreti ...100 fl.; —Johannes de Panosa...
50 fl.; — dom* Anthonius de Blado ... 30 fl.; — Falconus de
Croso ...30 fl.; — Peyrardus de Puanco ...50 fl.; — Ludovicus
de Balma ... 60 fl.; — Amedeus de Miribello ... 50 fl.; — Anthonius Salis ... 40 fl.; — Guillelmus de Balma ... 40 fl.; —
Parillonus de Tanc' ...50 fl.; — Johannes de Monte Forti ... 40
fl.; — bastardus de Bastida ... 60 fl.; — Ludovicus Arnaudi...
80 fl.; — Petrus de Ponte ... 50 fl.; — Johannes Valleni ... 50
fl.; — Veerius ... 50 fl.; — Ludovicus de Morgiis ... 28 fl.; —
Jacobus de Briva ... 120 fl.; — dominus de Brione ... 50 fl.; —
Johannes Rosseti, archerius armatus de capello ferreo,... 15 fl.;
— Jacobus de Biana ... 60 fl.; — Petrus de Sinoy ... 50 fl.; —
Johannes de Nemore... 80 fl.; — Guillelmus de Montarsis... 20
fl.; — trompeta sua.

Cassen(ati)ci: — Primo dom* Disderius[4], 1 roncinum bay
cum coma nigra, pedibus de retro bausanum, valentem XLVIII
flor.; — item Petrus B(e)n(e)dicti ... 20 fl.; — it. Petrus de
Vercorsio ... 25 fl.;— Odo de Yserone ... 25 fl.; — Jacobus de
Auriis ... 15 fl.; — Bertrandus Rostagni, archerius, ... 15 fl.

Bocozello: — Primo idem dom. Frepetus[1], 1 corsserium
bay estur, valentem LXXX flor.; — item Girardus Gallonis ... 27
fl.; — it. Buetus Mers de Costa ... 35 fl.; —Andreas Chaberti,
armatus de 1 capello ferreo, ... 50 fl.; — Petrus de Sancto
Juliano, arm. de 1 (cap.) fer., ... 25 fl.

Bellomonte: — Primo idem dom. Franciscus, 1 roncinum
gris comam et tibias nigras, valentem C flor.; — item Viller-
mus Morardi... 50 fl.; — it. Petrus Charpini, armatus de 1
capello ferreo,... 30 fl.; — Johannes Berlionis... 40 fl.; —
Telmonus Ranerii... 30 fl.; — Johannes Flacherii... 25 fl.; —
Arthaudus Guiffredi... 15 fl.; — Johannes Gorgie... 20 flor.;

— Anthonius de Grangiis... 25 fl. ; — Arthaudus Boneti... 50 fl. ; — Disderius Vialis... 40 flor.

Guigonis Artaudi : — Primo idem Guigo Arthaudi, 1 roncinum gris pomellatum cum tibiis nigris, valentem L flor. ; — item Ravirinus Guionis ... 15 fl. : — it. Bertonus de Monte Claro... 20 fl. ; — Gonetus de Mornacio... 30 fl. ; — Franciscus de Upia, armatus de 1 capello ferreo,... 25 fl. ; — Guillelmus Jordaneti... 20 fl. ; — Guillelmus de Vorsiria ... 20 fl. ; — Rogninum de Rossilione ... 40 fl. ; — Johannes Gauterii... 15 fl. ; — Albertus de Asperis ... 15 fl. ; — batardus de Arces... 15 fl. ; — Johaninus de Lonnos, arm. de 1 cap. fer., ... 40 fl. ; — Anthonius de Aya ... 30 fl. ; — Arnulphus Castellani ... 30 fl. ; — Jacobus Muisardi ... 10 fl. ; — Mondonus Botahlardi ... 25 fl.

Vinayci : — Primo ipse dominus⁴ fecit mostram de 1 roncino grisart, extimatum C flor. ; — item Turpinus de Brunay ... 40 fl. ; — it. Giraudus Bausaveyt ... 80 fl. ; — Henricus de Valliis ... 40 fl. ; — batardus de Meyrief... 20 fl. ; — Drevetus de Salari ... 15 fl. ; — Reynaudus de Antas Vaus ... 20 fl. ; — Eynardus de Vallinis ... 40 fl. ; — Humbertus de Torchifellono ... 40 fl. ; — Johannes de Brieysi ... 30 fl. ; — Anthonius de Bella Cumba ... 30 fl. ; — Humbertus Boniffacii ... 30 fl. ; — Amedeus de Bocezello ... 50 fl. ; — Anthonius Gauteroni ... 25 fl. ; — domᵘ Baboynus de Aya ... 150 fl. ; — Jaquetus Sivelli ... 100 fl. ; — domᵘ Aynardus de Aya⁴ ... 80 fl. ; — Grisetus Pejuli ... 25 fl. ; — Chabertum de Narpon... 28 fl. ; — Humbertus Nicholay ... 20 fl. ; — Petrus de Traffort ... 30 fl. ; — Anthonius Durbani ... 25 fl. ; — Petrus Dorsa, archerius. ... 30 fl. ; — Roletus de Bastida ... ; — [Guillelme]tus Salvagiiᵘ ... 25 fl. ; — domᵘ Hugo de Briasey ... 80 fl. ; — Johannis Favelloni ... 25 fl. ; — domᵘ Guillelmus Augerii, dominus de Vado⁴ , ... 40 fl. ; — Anthonius de Chabestagno ... 15 fl. ; — Humbertus de Saysio ... 20 fl. ; — Ludovicus de Bardon(echia) ... 80 fl. ; — Villendus Bardi ... 25 fl. ; — Anthonius de Bardon(echia), receptus pro capello ferri, ... 20 fl.

Mostra domini Ventaoni : — Primo ipse dominus⁴ fecit mostram de 1 corsserio bay claro et habentem 1 stellam in fronte, extimato L flor. ; — item Lantelmus Jauffredi ... 100 fl. ; — it. Mondonus Jauffredi ... 50 fl. ; — Reymondonus Boni Filii, receptus pro capello ferri, ... 10 fl. ; — bastardus de Cigoerio ... 20 fl. ; — Rostagnonus Disderii ... 10 fl. :

? : — Primo ipse dom. Petrus⁴ fecit mostram de ɪ corsserio bay, tibiis cum coma nigris, extimato C flor. ; — item Isnardus Rostangni ..., receptus pro capello ferri, 20 fl. ; — it. Guelisius de Cosonay ... 30 fl. ; — Petrus Boniffacii, de Valle Bonesio, ... 20 fl. ; — Lambertus de Garda ... 80 fl. ; — Lambertus Eymarii ... 30 fl. ; — Robertus ... 40 fl. ; — Eymericus de Avalone ... 30 fl.

Mostra dom[i] Raynaudi ALAMANDI militis : — Primo ipse dominus⁴ , ɪ corsserium liardum extimatum ad LXX flor. ; — item Melmetus, archerius, ... 40 fl. ; — it. Guillotus de Revello ... 25 fl. ; — Johannes Arthaudi ... 25 fl. ; — Petrus Beymondi ... 20 fl. ; — Vincencius Chambrerii, armatus de capello ferreo, ... 30 fl. ; — Guigo de Morgiis ... 120 fl.

? : — Et primo ipse dom. Guillelmus⁴ fecit mostram suam de ɪ corsserio bay escuro, extimatum ad Cxx flor. ; — item Guillelmus Coste ... 70 fl. ; — it. Lantelmus Reynaudi ... 10 fl. ; — Johannes Eychaffeti ... 30 fl. ; — Perretus de Vercorsio ... 35 fl. ; — Franciscus de Sala ... 20 fl. ; — Lambertus de Bastida ... 20 fl. ; — Hugo Grinde, dominus de Molasio ... 20 fl. ; — Johannes Giraudi ... 20 fl. , recepto pro capello ferri ; — St(epha- nus) de Verneta ... 30 fl. ; — Jaquemonus Jordaneti ... 20 fl. ; — Anthonius Machinbueti ... 15 fl. ; — Bernardus de Mota ... 40 fl., pro capello recepto ; — Johannes Garini ... 20 fl. ; — Johan- nes de Tensino ... 40 fl. ; — bastardus de Royno ... 20 fl. ; — Poncius de Sayssio ... 60 fl.

Mostra arbaresteriorum recepta Grationopoli, vj nove(m)- bris : Et primo Petrus Payani, item Petrus Jaquemonis, it. Johannes Gaudini, Johannes de Ronsano, Johannes de Arene- rio, Jaquemetus Silvestri, Johannes Chaberti, Drevonus Fabri, Anthonius Vigorii, Roletus de Monte Meliano, Gonetus Vivi- ani, Martinus de Vorey, Johannes Grossi, Johannes Mirileti, Jaquemetus de Rivo, Thomas Juvenis, Johannes Callati, Jo- hannes Fornerii, Jacobus de Arenerio, Humbertus Cardenali, Petrus Basterii, Romanetus Ferpini, Jacobus Guinardi, Du- randus Arnulphi, Michael Arnulphi.

? : — Primo ipse dom. Arnaudus fecit mostram de ɪ corsserio

liardo et habet primas tibias garretas nigras, extimato Cxx flor.;
— item Guillotus de Perituo ... 40 fl. ; — it. Jaqueletus de Lu-
seto, receptus pro capello ferri, ... 25 fl.

?: Primo ipse dom. Guillelmus † fecit mostram suam de 1 roncino morello et habente quandam stellam in fronte, extimato C fl.;
— item Bontosius Ysoardi ... 20 fl. ; — it. Johannes Bertrandi
... 40 fl.: receptus pro capello ferri; — Fortaudus Ausacheti ...
30 fl. ; — Rollandus Amblardi, rec. pro cap. fer., ... 10 fl. ; —
Bertrandus Agoudi ... 120 fl. ; — Nestore, rec. pro cap. fer., ...
15 fl. ; — Lionetus de Campessio ... 15 fl.

?: — Primo Johannes Pinelli fecit mostram de 1 roncino morello, xxx flor. ; — item Peronetus Bigoti ... 25 fl. ; — Jaquemonus Eymeyni ... 30 fl. ; — Ugonetus Aquini ... 30 fl. ; —
Chabertus Pinelli ... 20 fl.

?: Primo Jaquemetus Brutini, Dantinus Vachiis, Philipinus
de Remglacho, Bertol(omeus) de Labruna, Bertinus Alamanus,
Bertol. de Alox⁰, Anthonius Pixues, Anth(on)ius Melmen'rs,
Anthius Exinus, Anthius de Preya, Nicolinus de Ribalba, En-
glonus, Anthius de Constantio, Petrus de Norio, Cagla'nius
de Samberio.

?: Primo Anthius de Cayro, constabilis bander'e; Anthius de
Cassal(i), Anthoniol de Cayro, nepotes ejus; Guido de Cayro,
Nacayo Jenoexius, Petrus de Zastesso, Anthius de Sancto Sal-
vator'o, Boraxius de S⁰ Salvatore, Petrus de S⁰ Salvatore, Johannes de Monte Vito, Petrus de Rocha, Bianchinus de No-
voyra, Nicholinus de Rocha, Johannes Catonexius, Anthius de
Castro Novo, Johannes de Loventillio, Georgius Borgexius,
socius de Alvergno, Niger ejus frater, Perronus Frascha, Bote-
rius de Sancto Moro, Johannes de Sama, Maxius de Castro
Novo, magister Johannes Zaramella.

?: Tanchinus de Cayro, contestabilis, Nicolinus de Deyna,
Anthius de Crexantino, Johannes de Janua, Johannes de Albengano, Petrus de Albengano, Anthius de Sancto Moro, Johannes de Tancino, Guillelmus de Sancto Glascho, Anthius de
Papia, Joh(annes) de Onc'ia, Anthius de Ripa, Petrus de Agu-
glascho, Rufinus de Notario, Georgius de Varcio, Anthius de
Aceceno, Simonellus de Corneglano, Jac(obus) de Cartona, Petrus de Seraval. Nicolinus de Janua, Petrus de Archata, Rufinus de Gaur, Rufinus de Papia, Anthius Canderinius.

?: Primo Rubatus predictus. Jobertus de Castro Novo, Desert' de Cher'o, Obertononus de Cher'o, Johannes de Ripa, Anthius de Villa Nova, Bertol. de Ast(i), Johannes de Asti, Bono de Ancirea, Pedrolus de Mediolano, Rubeus de Remus, Lasclerio, Anthius de Taurino, Guillellmus de Villa Francha, Valfredus de Manta, Petrus Surdus, Nigrinus de Grandona, Anthius de Cantona, Luyssetus de Cantona, Petrus de Setein, Anthius de Trofarell, Jaco' de Romglascho, Anthius de Zascho, Martinus ejus frater, taborninus.

?: Primo Canonicus predictus, Discu'rs ejus frater, Melanus de Moncalero', Marcherotus de Tangano, Victor de Moncaloro', Jac. de Moncalero', Petrus de Mediolano, Anthius de Mediolano, Gritexius Ogerius, Counstant(inus) de Sanill'o, Jac. de Foxano, Anthius de Faymato'e, Rubeus de Asti, Johannes Bonus, Anthius de Sancto Rasco, Anthius de Coste Glolis, Johannes de Verna, Johannes de Alba, Franciscus Lemmis, Constant(inus) Rubius, Gaglardus Karben'is, Anthius de Drano. Petrus de Pinarolio, Johonetus de Palest', Zaramella.

?: Primo Mantaonus predictus, Gido de Imola, Anthius de Bologna, Nat(alis) de Fullino, Maxius de Bologna, Bertol. de Fullino, Jacobus de Hono'e, Jacobus de Fullino, Petrus de Fencio, Cristopholus de Ponte' Mol', Bonacorssus de Bologna, Nigrinus de Fencio, Agastellus de Papia, Boch de Vera, Oppetellus de Alex(andri)a, Rubeus de Gabiano, Anthius de Podio, Brutus de Asti, Anthius de Fentio, Petrus de Imola, Anthius de Verona, Petrus de Cremona, Johannes de Manta, Petrus de Retro, Nicobellus, tronpatris.

?: Primo Johannes predictus, Anthius ejus frater, Johannes de Remglascho, Anthius Papag'la, Bertol. de Saona, Johannes de Pissa, Johellus de Como, Anthius de Benis, Girodus, Jacobus de Baenis, Guillelmus de Ast, Riba Mongardinus, Tironus de Moncalero', Johannes de Taurino, Polo de Navayra, Bertinonus de Podio, Luyssotus de Onci'ra, Johannes de Janua, Janoynus, Anthius de Ponte' Mol', Petrus de Ga'fag'na, Petrus de Laude, Anthius de Genola, Johannes, tronpeta.

?: Primo Garllasch'us predictus, Luq' nus de Alba, Ogerinus ejus frater, Johannellus de Chero', Johannes de Bexio,

Anthius Marchet', Bertolot' Sarnag', Petrus de Cinins, Guillelmus Saluc', Petrus de Bargis, Rubeus de Dravo, Oddinus ejus frater, Tonssus de Chero', Oddonellus de Ca'mag'la, bastardus de Musso, Johannes Cortexus, Guillelmus ejus frater, Rubeus de Banna, Petrus Ballan'rs, Anthius de Pencrag°, Johannes de Siano, Bertol. Laur', bastardus de Prag'la, Perrachinus, Guillelmus Zaramelli.

?: Primo Gido predictus, Anthius de Pissa, Johannes de Florentia, Pero de Roma, bastardus de Vachis, Anthius de Corvo, Georgius de Masaranco, Gualdinus de Bollio, Anthius de Mayf, Johannes (de) Janua, Bertol. de Verna, Franciscus Berra, Dominus Deus de Sancto Salvatore, Vial, Anthius de Buella, Petrus de Veroell', Laur' Agugleu'is, Anthius de Pancalero', Luchinus de Alba, bastardus de Tranpharellis, Pero de Monbell, magister Bertulinus, Anthius de Piaxoenca, tanborninus.

?: Primo Jaquemetus Cupiru cum suo rascassino, it. Petrus Cruelli, Arnaudus de Tholosa; Johannes de Chamberieu, balisterius; Johannes Lobeti, balisterius; Girardus Isnardi; Arnulphus Cordelli, balisterius; it. Johannes de Bulba, balisterius; Bertrandus Morelli, balisterius; Petrus de Sancto Germano, Johannes Brussella; Olivarius Bruni, balisterius; Guillelmus Muitonis, Jaco. Magcham de Vigone; Johannes Humbertus de Terracia, balisterius; Mernonetus Morardi, Thedrinus de Alamania, Nicoletus, Joh' de Villa Franca, Anth. Jalhoni; Jacominus de Crucc, balisterius; Galvagnus de Castignolla, Perrinus de Serro Vall'; Petrus de Vargiis, balisterius; Joh' de Sancto Mommassio, trompeta; Pon' Cacerii, Gauterius de Vapinco; Humbertus de Ruffi, balisterius; Richardus de Aqua Bella, Alamandus Sperverii.

?: Primo dom⁵ Falco de Murinay, miles; Ludovicus de Balma, Siboetus de Seylans, Humbertus de Murinay, Johannes Guerra, Mondonus Batalhar. Joh(annes) de Rivo, Guillelmus Foresii, bastardus Raymundi, Leuzo Berardi.

Comittiva dom! Aymonis de GENEVA, domini de ANTONE: — Et primo ipse dom. Aymo, I corsserium morellum totum, valentem Cxx fl.; — item Guionetus de Loras... 60 fl.; — it. Jacobus de Monte Forti... 60 fl.; — Camusus de Theyria... 30 fl.; — Petrus de Compeseri... 30 fl.; — batardus de Geneva...

40 fl. — batardus de Rocilione... 50 fl.; — Aymarus de Sernay... 60 fl.; — Eyrardus Ch(a)peyron... 60 fl. — Nicoudus de Feras... 100 fl.; — dom* Petrus bastardus... 120 fl.; — dom* Franciscus de Arentons... 80 fl.; — dom* Stephanus Laura... 70 fl.; — Aymo Laura... 50 fl.; — Torellus de Boenco... 70 fl.; — Johannes de Lors, archerius armatus de 1 capello ferreo,... 20 fl.; — Franc(iscus) de Mentonz... 60 fl.; — Richardus de Clarafonte... 50 fl.; — Morellus de Banna... 100 fl.; — Guillonus Campaneys, archerius arm. de 1 chap. fer.,... 40 fl.; — Johannes Nigri... 50 fl.; — Petrus de Vineis... 30 fl.; — Lionus de Valeysons... 30 fl.; — Johannes Crossi... 35 fl.; — Melmetus de Mons... 30 fl.; — Stephanus de Mers... 60 fl.; — Nicoletus de Valeysons, arm. de chap. fer. arbareterius,... 40 fl.; — Tomacinus de Poteria, arm. de chap. fer. archerius,... 40 fl.; — Nicholetus, archerius arm. de 1 chap. fer.,... 30 fl.; — Crato, archerius arm. de 1 chap. fer.,... 50 fl. — 11 menestrerii domini de Antone : primo Bornus et Stephanus, menestrerii domini de Antone. — Item Pejasetus et Frochetus, menestrerii dom¹ Petri bastardi de Geneva : facta est littera domini supra dicti. — Item Johannes de Loras... 40 fl.; — it. Johannes Nigri... 50 fl.; — Petrus de Viverio... 30 fl.

(1) Arch. de l'Isère, reg. *Undecimus copiarum Graisivodani* [XXXV, 13], f°), carnet de 46 feuillets, format d'agenda, papier du temps. — Voici le résumé, en forme de table alphabétique, des descriptions de montures qu'il eut été fastidieux de reproduire intégralement :

« Corsserius, cum 1 oculo; *bay* (2), coma et tibiis nigris (7), pede dextro posteriori albo, 1 stella in fronte ; — bausanatus, b. de ante; — b-nus de 1 pede, de 1 p. de retro, coma nigra, de 2 pedibus posterioribus, de 3 pedibus ; — brunus, coma et tibiis nigris, bausanatus de retro ; — clar, bausanus de 2 pedibus de retro, coma nigra; — c-rus, 1 stella in fronte, tibiis albis ; — cynarliatus, 1 albedine in fronte; — estur ; — e-rus, murro albo; *favellus*; *favo*, 1 albedine in fronte; *gris* (3), coma alba, c. nigra, tibiis nigris ; — mochetatus ; — pomellatus;|*grisellus*, tibiis nigris ; *grisus*, 1 pede bausano, tibiis nigris ; — cynariatus; *liardus* (3), coma grisa et pedibus anterioribus grisatus, primis tibiis garretis nigris ; *morellus* (6, totus 5), sine aliquo signo, 1 albedine in colle,|coma et tibiis nigris, 4 pedibus albis, 1 stella in fronte (5); — bausanus de ante, de retro, de 1 pede de retro (,posteriori), de 2 pedibus de r-o ; — veschir; *niger*, in crure sinistro marchatus; *pullenus*, morellus.

» Equs *albus*, auricula dextra sisa, 4 tibiis nigris ; — marchatus de ruffo ; — mochiatus de nigro in facie; *bay* (2), pede sinistro albo, 1 pede albo retro, 4 pedibus albis, 4 pedibus-tibiis nigris (6), 1 stella in fronte (3, de longo); — albus, 1 stella in fronte; — brunus (2), 4 tibiis nigris (2); — clar, 1 stella in fronte (2), 2 tibiis retro albis, 4 tibiis nigris; — cycur, 1 stella in fronte (2), 2 pedibus albis de retro, 4 tibiis nigris; — cnarrialiatus; — csturus, coma nigra; *charrucus*; *cycurus*, 1 stella in fronte, 4 tibiis nigris; *favellus*, 1 stella in fronte; — niger; gris (2), 1 stella in fronte (, de longo), 4 pedibus -tibiis nigris (3); — cycurus, 1 stella in fronte; — morellus, 1 stella in fronte; — pomellatus; *grisellus*, coma alba, tibiis albis; *grisus*, tibiis nigris; *liardus*, 4 tibiis; — pomellatus retro; *morellus* (8, totus 3), sine aliquo signo, 2 bausaneyriis in fronte, 1 pede albo (, in signo), 4 pedibus albis, 1 stella in fronte (2); — gris; *niger*, pede sinistro albo, 1 stella in fronte (2); — cynarratus, auriculis affeytatis ; pili nigri, bausanatus de longitudine capitis, tibiis nigris.

» Mulus.

» Roncinus (4) *albus* (2) ; — cynarratus, cum 1 oculo : bausanus (2) ; *bay* (13), albedine in fronte (2, parva), 1 albedine in latere dextro, coma grissa, coma nigra (3, 2 pedibus de retro gris), coma et tibiis nigris (14), cum oculo, 1 stella in fronte (14), tibiis albis, tibiis nigris (, marchatus in crure dextro), 1 veta nigra (2) ; — ardent (2) ; — bausanatus de ante, b. de pede retro; — b-nus, b. de ante, in fronte, de 1 pede, de 2 pedibus posterioribus, pedibus de retro, de 3 pedibus (2), de de 4 pedibus ; — bousanus, b. de ante, laboratus de tibiis; — brunus (17), cecus de 1 oculo, coma nigra et 2 pedibus de retro bausanus, coma et tibiis nigris (3), stella in fronte (4), tibiis nigris, b. cynarliatus ; — clar, c-rus (9), coma alba, coma et tibiis nigris (3), pede sinistro de retro albo, 1 stella in fronte (5), alba in longo frontis), tibiis de ante albis, c. bausanus de 4 claponeriis, c. cynarliatus; — cycur, c-rus (2), 1 albedine in fronte (2), cauda et tibiis nigris, coma et tibiis nigris (6), 1 pede posteriori albo, stella in fronte (2), 4 tibiis nigris (4), c. bausanus; — cynarliatus, auriculis fractis; — estur, c-rus (12), cauda nigra, coma et tibiis nigris (2), 1 stella in fronte, tibiis nigris (2), bausanatus de ante et clajorus de retro, b-nus pedibus de retro, cynarratus; — niger; *bousanus*; *brunus*; *charrucus*, coma nigra, 1 stella in fronte ; *favellus* (3), auriculis fractis, coma nigra (2), coma et pedibus-tibiis nigris (3), 1 pede albo, stella longa in capite, 1 stella in fronte (2), tibiis nigris (, hab. magnum capud) ; — bousanus de 4 pedibus; — clarus ; *fau, favus* (2), coma et cauda nigris, 1 stella in fronte, 4 tibiis nigris ; — cynarliatus; *gris* (8, totus), coma et tibiis nigris (3), tibiis nigris (6, albo capite, albo fronte); — bausanus pedibus; — cynarliatus; — pomellatus (4), tibiis nigris, lorderius; *grisardus*, tibiis [nigris ; *g-rt*, hab. capud album, coma et tibiis nigris; *grisellus* (2), fronte albo ; *grisus* (4), coma alba, tibiis nigris (2); — charrucus; — cyati; — marchatus in crure dextro ; — pomellatus; *liardus* (7), coma nigra, 4 pedibus nigris, 4 tibiis grises, tibiis nigris; — cysorchlatus; — cynariatus, c-rli-s; — pomelliatus; *morellus* (23, totus 12), 1 albedine in fronte, sine albedine, 1 magna bausaneria de ante, claponeria de retro bausana, coma nigra et grisa, 1 stella in fronte (9); — bausanus in fronte et 2 pedibus posterioribus, b. 1 pede dextro, b. 1 pede posteriori, b. 1 pede de retro, b. 2 tibiis ; — bousanus de 2 claponeriis de retro ; — cynarliatus (2) ; — morellatus in grogno et tachia in oculo ; *niger* (3), sine aliquo signo ; — cynariatus (2), 2 pedibus posterioribus albis ; pili bay (2) ; — gris ; — griselli ».

(2) En marge : « m(ilitem) ». — (3) Effacé : « archerium armatum de uno capello ferreo ». — (4) En marge : « m(iles) ». — (5) Effacé : « duo ». — (6) Mots raturés et remplacés en surcharge par « dns Petrus Salvagnii ». Cette falsification, incontestablement due au président Salvaing de Boissieu, a échappé aux recherches de M. A. DE TERREBASSE, qui n'aurait pas manqué de la relever dans sa *Relation des principaux événements de la vie de S. de B...* (Lyon, 1850, in-8°; cf. p. 197-9).

LXI. (1369).

Pro domino comite Vallentinensi [1].

Coram vobis reverendissimo in Xpisto patre et domino dom. P(etro) tituli Sancti Laurencii presbitero cardinale [2], etc., cause et partibus infrascriptis auditore specialiter deputato, proponit procurator et procuratorio nomine magnifici et potentis domini dom. Ay(mari) de Pictavia, comitis Valentinensis et Diensis, ac sancte Romane ecclesie et domini nostri pape vassalli, contra et adversus nobiles viros dnos Hugonem de Cabilone, dominum de Arlaco, Johannem dominum de Corgerone, Raynaudum de Andalo, dominum de Creissiaco, et quemlibet ipsorum......et dicit quod cum, in et de anno Domini M°IIJ° LXVIIJ° et mense novembris, moram per aliquod tempus traxisset idem d. comes ac traheret in Dalphinatu et in civitate Grationopolitana pro certis negociis dom^i dalphini et pro tuhitione et deffensione dicti Dalphinatus, et de dicta civitate Grationopolitana, ... die mercurii viij^a dicti mensis novembris, recederet et ad partes suas remearet atque transitum faceret per Moyrencum, diocesis Grationopolitane, ubi prandium dicta die fecit et demum sumpto prandio direxit gressus suos versus Tollinum, volens applicare ad Sanctum Marcellinum, ubi jam miserat gentes suas, eo existente super quadam mula sua et sociatus cum aliquibus sociis suis et scutifferis, videl. Ludovico de Pictavia, domino Chalanconii, Eynerio de Podio, Artaudo de Mornantio, Guillelmo Cornilhoni, Goneto Latgerii, dom° Guillelmo Riverie, canonico Vapincensi, et aliis familiaribus cum reliqui prececissent, et dum esset in via publica juxta quendam magnum campum, scituatum infra mandamentum castri de Tollino, prope quandam aliam viam publicam qua itur versus Bellum Creissentem et versus castrum de Viriaco, et prope quendam pontem qui est supra aquam vocatam Fura et prope quoddam nemus situm in territorio vocato Galandera, diocesis Grationopol., et sic equitando per dict. iter et dum esset prope finem dicti campi, prefati dni Johannes dominus de Corgerone et Raynaudus de Andalo, dominus de Creissiaco, una cum eorum sequacibus, satellitibus et complicibus, de mandato, voluntate et concensu dom^i Hugonis de Cabilone predicti et ejus rati habitione, cui seu quibus dict. d. comes injuriam aliquam non intulerat nec... erat in aliquo obligatus nec in aliquo tenebatur, nec in dicto loco illi seu illis aliqua juridictio competeret seu alias aliquam juridice potestatem haberent ... nec ... a quocumque superiore concessam, saltem infrascripta comittendi, faciendi et perpetrandi, eundem dom. comittem incidiantes cum magna multitudine armatorum et cum armis offensibilibus et deffensibilibus, vid. lanceis, ensibus, gladiis, panceriis et bancinetis de ferro, more predonico et hostili et tamquam depopulatores et agressores viarum publicarum et animo injuriandi dicto d. comitti, in itinere publico predicto agressi fuerunt eundem d. comitem et in ipsum irruentes et manus in ipsum ingessentes, eum de mula quam equitabat ad terram violenter et impetuose et ipsum percussiendo prostrarunt, et cum ensibus evaginatis clamantes contra eum et suos socios et familiares : « à la mort! à la mort! » et eum... in via publica... circa horam none... per vim et violenciam ac potenciam armorum ceperunt et captivarunt, et personaliter de mula in qua equitabat etiam prohiciendo ad terram, familiaresque suos acriter verberando et vulnerando et in injuriam dicti d. comitis, et inter ceteros quendam Guillelmum Cornilhonis, scutifferum dicti d. comitis usque ad mortem cum magna sanguinis effusione vulnerarunt, ac dict. d. comitem preter et contra voluntatem suam per vim et violenciam predict. mulam assendere fecerunt et captivarunt, et sic captivum duxerunt ad quoddam castrum dicti d. Raynaudi, vulgaliter nuncupatum castrum de Creissiaco, in diocesi Bisuntinensi, eumque comitem sic captum, arrestatum violenter temere et de facto tenuerunt per se ac familiares ac satallites et custodes suos per v. menses et ultra in magna necessitate, ac eidem magnas minas, injurias, pericula et dampna cominando in personam ipsius si eorum nequissime voluntati non acquiesseret ....; et predicta dixerunt, fecerunt, perpetrarunt... in grave dampnum, injuriam et vituperium dicti d. comitis et generis sui, que... dict. d. comes.. reputavit ad.. injuriam et offensam.., et noluisset substinere.. pro centum milibus francorum sed tantum de suo potius voluisset solvisse....

Item dicit quod prefati dd. Hugo, Johannes et Raynaudus... compulerunt.. per vim, violenciam, metum et terrorem qui cadere poterat... in constantem virum, dict. d. comittem, tunc per ipsos captum, captivatum et arrestatum.., ad faciendum nonnullos pretensos contractus, obligationes, promissiones, pacta, conventiones et alia.. eciam juramentis firmata, vid. prout.. constat in quad. nota scripta et recepta manibus Guioneti de Foissiaco, de Cusello, Nicholay de Chaffardone, Stephani Trucheti et Guillelmi Girodi, notariorum, predicta.. a dicto d. comite... extorquendo et exigendo, et eo semper in carseribus seu sub fida et magna custodia existendo; necnon etiam alias obligationes... extorquerunt.., vid. quod idem d. comes habuit se obligare et obligavit dict. dd. Johanni et Raynaudo in XIJ^a francorum, eo.. in carsere arrestato et bene custodito existente; ac eciam voluerunt et compulerunt dict. d. comittem ut in loco de Burgo in Breissia se obligaret predict. dd. Johanni et Raynaudo in IIIJ^a francorum, ultra summam dict. XIJ^a franc..., ex causis ficticiis contentis in dicta obligatione scripta et sumpta manu magistri Stephani Trucheti, notarii supradicti.

Item dicit quod dict. d. comes sic.. captus existens fuit per dictos dd. H., J. et R. compulsus... violenter.... ad dandum et prestandum cautiones, fidejussiones et obsides pro predictis tenendis et observandis, vid. nobilem et potentem dominam dom. Margaritam de Pictavia, sororem dict. d. comittis, dom. Franciscum de Bellomonte, dominum de Pelafollo, Aymarium de Montilio, Ludovicum de Pictavia, dom. Joffredum dominum Brissiacii, dom. Joffredum dominum et vicecomitem Clarimontis, dom. Hugonem Ademarii, Montilii et Garde dominum, dom. Aynardum de Turre, dominum de Vinayo, dom. Giraudum Ademarii, Graynhani et Alpium dominum, dom. Brian-

dum dominum Bellicastri et Argentani : omnes fidejussores; et
obsides ex predictis dedit : Ludovicum de Pictavia, dom. Franciscum de Bellomonte et Lambertum primogenitum dicti d.
Hugonis Ademarii ; quos obsides... tradidit in grave dampnum
et prejudicium dicti d. comitis, et in ipsorum dd. H., J. et R.
animarum periculum et jacturam.

Item dicit quod dict. d. comes... de suprad. summis peccunie solvit seu solvi mandavit, eo existente in carsere, dicto d. Hugoni V^m francos et dict. dd. Johanni et Raynaudo V^m francos...;
et ut dict. obsides... a carseribus liberaret..., habuit solvere
et solvit dict. dd. J. et R. M et V^c francos et ultra ; ac etiam eo
existente extra carseres, predict. obligationes et promissiones,
etc. virtute juramenti per eum prestiti ac ne obsides predicti
injuriam paterentur et ut liberare eos posset, habuit ratifficare,
approbare, emologare. . indebite et injuste ....

Item dicit quod occasione dict. pretensorum contractuum,
obligationum et promissionum..... incurrerunt dict. d. comes
et sui magna dampna et expensas ac interesse usque ad summam L^m francorum et ultra, judiciali taxatione semper salva.

Conclusio. Quare petit dict. procurator ... per vos r. p. dom.
cardinalem, auditorem prefatum, et per vestram sententiam
pronuntiari, decerni et declarari dicta juramenta... fuisse et
esse temeraria, illicita et injusta..... et per vos tolli et relaxari;
dict.que pretensos contractus, obligationes, promissiones, fidejussiones... fuisse et esse temerarios, inefficaces, invalidos,
iniquos... et per vos cassari, tolli, irritari, revocari et anullari;
et prefat. d. comitem et fidejussores... absolutos et inmunes et
liberos reddere a predictis., et dictis dd. H., J. et R.... perpetuum silentium ... imponi debere ; ac dictos dd. H., J. et R....
condempnari debere ad restituendum et reddendum dicto d.
comiti illos XJ^m et V^c franc. auri... sic extortos..., et pro injuriis et violenciis predict... ad dandum et solvendum dicto d. comiti dict. C^m fran. auri, ac etiam pro dampnis, interesse et expensis preteritis.... dict. L^m fran. auri...: protestatione tamen
facta quod, una solutione premissorum facta eidem d. comitti,
ipse est contentus......

Et predicta proponit, petit et requirit.... summarie, simpliciter et de plano, sine strepitu et figura judicii, vestrum eciam officium implorando ......

Item protestatur ut moris est.

(1) Guy ALLARD, *Documents mss.*, t. IV, f°ˢ 188-91, papier du temps.
(2) Pierre de Chinac, Français, cardinal prêtre du titre de Saint-Laurent *in Damaso* le 22 sept. 1368, † 1370 (CIACCONII *Vitæ pontif. rom. et card.*, II, 566).

LXII. (1369).
QUERELE CONTRA PROVINCIALES [1].

Sequntur querele quas subjecti Dalphinales habent contra Provinciales : — Primo dicitur pro parte Dalphinatus et proponitur, coram conservatoribus pacis patriarum Provincie et Dalphinatus, quod Provinciales incendia posuerunt in pluribus locis Dalphinatus, nulla diffidatione preced(ente) nec alia legitima causa ; quorum incendiorum pretextu dampnifficarunt Dalphinatum de IJ° milibus floren. et ultra : ad quorum restitucionem debent Provinciales condempnari per conservatores predictos, juxta pacis federa. — Item, cum per dom⁑ Guidonem de Morg(iis), militem, nomine Dalphinali dati fuissent obsides dom⁰ Folqueto de Agouto: dom⁑ P. Bonabelli, nobilis Guigo de Sabina, Georgius de Primer', Raymundus de Veyneto; pro solutione vj milium floren., quod ipse dom⁑ Folquetus post solutionis obtentum predicte ipsos obsides carceri mancipatos detinuit compeditatos sine causa spatio   septimanarum, in quo spatio extorti fuerunt ab eis tam causa custodum quam expensarum mille flor.; extimuntur etiam dampna substenta per eos tam in personis quam bonis ac injuria eis illata ad tria milia floren., et sic tenetur idem dom. Fulco ad emendam dict. iiij⁰ʳ milium floren. : constat quod fuit requisitus debite ipsos expedire post solucionem predict. per instrumentum publicum. — Item, cum capitanei Provincial(ium) qui fuerunt in Campo Sauro, nominibus suis et aliorum suorum complicum in pactis per eos super redemptione focorum Campi Sauri factis, convenissent dampna non inferre in castellania Campi Sauri, nichilominus contra dicta pacta dampna intulerunt que sequntur, quorum restitutio fieri debet subditis predictis, que dampna sunt hec : ....
...... a nobili Raymundo de Aya .... anni LXIX apud Sanc-

tum Laur(entium) . . . .

Hec dampna intulerunt societates, treugis durantibus, in monasterio Bertrandi : . . . .

Querele hominum parrochie Sancti Andree, territorii et jurisdictionis civitatis Ebreduni : . . . .

(1) Arch. de l'Isère, Reg. *Informationes concern. d. n. dalphinum in plur. et div. baillivatibus patriæ Dalphin.* =‖= L (XXVII, 4), f° xxxvij, 15 p. papier du temps.

LXIII. *1364-1370.*

(VALORES PEDAGIORUM ET GABELLARUM DALPHINATUS)[1] .

Item, pedagium Grationopolis fuit traditum ad firmam Henrico Esbaudici alias de Furno et valuit, pro anno finito in sancto Johanne *(24 juin* M III°) LXIIII, IIII^{xx} x florenos.

Item, gabelle Viennesii et pedagium Pisanciani fuerunt tradite ad firmam Nicolao Muleti pro anno finito in sancto Johanne LXV, et valuerunt II^m III° xxi flor. — Item, pedagium Sancti Simphoriani fuit venditum ad firmam Symoneto Joberti pro uno anno finito LXV, et valuit pro dicto anno VII° LXX flor.

Item, pedagium Vapincesii fuit recuperatum per Marmetum Marini nomine dom^e Guiote uxoris dom^i Ay(mari) de Pictavia, et valuit pro duobus annis finitis in sancto Johanne LXVI, II^m IIII^c flor. — Item, dictum pedagium (Sancti Simphoriani) per terram et aquam fuit venditum ad firmam Symoneto Joberti pro uno anno finito in sancto Johanne LXVI, et valuit dicto anno VII° flor. — Item, gabelle Viennesii fuerunt vendite Nicolao Muleti pro uno anno finito in sancto Johanne LXVI, et valuerunt dicto anno XVIII° flor. — Item, pedagium Pisanciani fuit venditum Humberto Colonelli pro uno anno finito in sancto Johanne LXVI, et valuit dicto anno III° flor.

Item, gabelle Viennesii fuerunt vendite Nicolao Muleti pro uno anno finito in sancto Johanne LXVII, XVIII° flor. — Item, pedagium Pisanciani fuit venditum Armanono Dorerii pro uno anno finito in sancto Johanne LXVII, et valuit dicto anno II° LXX flor. — Item, pedagium Vapincesii fuit recuperatum nomine Ludovici de Pictavia per Marmetum Marini pro uno anno finito in sancto Johanne LXVII, M II° flor. — Item, pedagium Sancti Simphoriani per terram et aquam fuit recuperatum per Stephanum Guilloni a die festi beati Johannis LXVI usque ad festum b^i Johannis LXVII, et valuit omnibus parcellis inclusis VII^{xx} xvii flor.

Item, valuit dictum pedagium per terram et aquam, recuperatum per Stephanum Guilloni, a festo beati Johannis LXVII usque ad festum b^i Johannis LXVIII, IIII^c xliiii flor. ix gr. et quart. — Item, gabelle Viennesii et Valentinesii fuerunt vendite ad firmam per Ches' Humberto Colonelli, pro uno anno finito in sancto Johanne LXVIII, XIII^c xlii francos. — Item, pedagium Vapincesii nomine dom^i Ludovici de Pictavia fuit recuperatum per Marmetum Marini et valuit, pro anno finito in sancto Johanne LXVIII, M. II^c flor. — Item, magne gabelle Brianconesii fuerunt vendite Danieli Galvini, pro uno anno finito in sancto Johanne LXVIII, IIII^c xxxiii flor.

Item, parvum pedagium et leyda Brianconesii fuit venditum dicto Danieli, pro anno finito in sancto Johanne LXIX, IX^{xx} flor. — Item, pedagium Sancti Simphoriani per terram et aquam fuit recuperatum per Stephanum Guillonis a die festi beati Johannis LXVIII usque ad diem festi b^i Johannis LXIX et a dicto festo LXIX usque ad diem festi b^i Johannis LXX, VI^c L flor. II gr.

Item, gabelle fuerunt vendite Humberto Colonelli, pro uno anno finito in sancto Johanne LXX, II^m III^c x flor.

(1) Guy ALLARD, *Documents mss.*, t. VII, f° 53-4, papier.

LXIV. *4 juillet 1373.*

(REVOCATIO IN PARTE PRIVILEGIORUM VILLE DE ROMANIS) [1].

IN NOMINE SANCTE ET INDIVIDUE TRINITATIS, feliciter, amen. KAROLUS QUARTUS, DIVINA FAVENTE CLEMENCIA ROMANORUM IMPERATOR SEMPER AUGUSTUS et Boemie rex, AD PERPETUAM REI MEMORIAM. Notum facimus tenore presencium universis quod, licet alias benigna habita consideracione ad grata et accepta obsequia, quibus incole, habitatores et singulares persone ville seu oppidi de Romanis, Viennensis diocesis, nostri et imperii sacri fideles dilecti, complacere nostre Celsitudini actenus curaverunt, ipsis ex inadvertencia et de privilegiis spectabilis Aymarii, comitis Valentinensis, progenitorum pariter, heredum et successorum suorum, comitum Valentinensium, inscii et non informati pro tunc, certas libertates, exempciones et gracias concesserimus, prout ex tenore cujusdam privilegii seu littere lucidius apparet, cujus tenor per omnia sequitur in hec verba : « In nom^e...... recognovi [2]. » Quia tamen nostra serenitas sic suis fidelibus liberalis esse consuevit, ut per eam antiqua et racionabilia privilegia, libertates et gracie divorum Romanorum imperatorum et regum, predecessorum nostrorum, presertim per inadvertenciam non infringantur ; idcirco animo deliberato, auctoritate cesarea, sano principum, comitum, baronum et nobilium, nostrorum et imperii sacri fidelium, accedente consilio, de certa sciencia supradictum privilegium seu litteram, dictis incolis et inhabitatoribus oppidi in Romanis per Serenitatem nostram concessum seu concessam, necnon omnes et singulas libertates, emunitates, indulta et gracias in dicto privilegio contentas seu contenta, si et inquantum antiquis aut prioribus privilegiis dicti comitis Valentinensis, comitum, vicecomitum, progenitorum, heredum et successorum suorum, a predecessoribus nostris, nobis et sacro imperio obtentis, in toto vel in parte adversari videntur aut poterint, revocamus, irritamus, cassamus et annullamus, et revocatas, irritas, cassatas et annullatas penitus esse volumus : sed nullum per hoc dictis incolis, inhabitatoribus et singularibus personis dicti oppidi in Romanis, quo ad aliarum singularium personarum, universitatum, comunitatum, civitatum, villarum et locorum privilegia seu litteras, prejudicium generari. Nulli ergo omnino hominum liceat hanc nostre revocacionis, irritacionis, cassacionis et annullacionis paginam infringere seu ei ausu temerario contraire ; sub pena mille marcarum auri puri, quas ab eo qui contrafecerit tocies quocies contrafactum fuerit exigi volumus, et earum medietatem imperiali fisco, residuam vero partem injuriam passorum usibus irremissiliter volumus applicari. Signum serenissimi principis et domini, dni Karoli quarti, *(monogramma [3])* Romanorum imperatoris invictissimi et gloriosissimi Boemie regis. Testes hujus rei sunt : venerabilis Lampertus Argentinensis episcopus ; illustris Albertus Magnopolensis, Przimislaus Teschinensis, Henricus Saganensis et Rupertus Begnicensis duces ; et nobiles Petrus de Voartemberg, imperialis

curie nostre magister, Benessius de Wartemberg, dictus de
Wessele, Johannes et Wenceslaus de Wartemberg, Henricus
Berka de Duba, Albertus de Leissnil, Wilhelmus de Hasem-
burg, Potha de Czastolonirz, Johannes de Waldemberg, Henricus Reuse, advocatus de Placoen ; et alii quamplures tam
imperii sacri quam regni Boemie nobiles et fideles. Presencium
sub imperialis majestatis nostre sigillo testimonio litterarum.
Datum Mulras, anno Domini mill'o trecentesimo septuagesimo
tercio, indictione undecima, iiij nonas julii, regnorum nostrorum anno vicesimo septimo, imperii vero decimo nono.

Au repli : Ad mandatum dom¹·· imperatoris, Heinricus de
Elbingo.

(1) Arch. de l'Isère, original parch., avec trace de sceau sur soie jaune
à double queue; au dos : « R(egistrat)a, Petrus Ruthenus. — De arca sig¹ᵃ
per D et sacco iiiiᵗᵒ sig¹ᵒ per D ».
(2) Prague, 25 janv. 1366. Cf. Giraud, *Essai hist.*, 2ᵉ p., I, 267-9.
(3) Ducange, *Glossarium lat.*, éd. Didot, IV, pl. 1, n° 54.

LXV. *8 janvier 1375.*

(Convocatio baronum et castellanorum Dalphinatus) ¹.

Nomina baronum, bannaretorum, militum et nobilium Dalphinatus qui comparuerunt Romanis, die octava januarii
anno Nativitatis Domini MᵒCCCLXXV, mandati ibidem per
dom. gubernatorem Dalphinatus :

Dom. abbas Sancti Anthonii Viennensis ; — gentes domⁱ comitis Valentinensis ; — gentes domⁱ administratoris ecclesie
Viennensis ; — gentes domini Rossillionis ; — dominus Clarimontis ; — dominus Vignayci ; — dominus Brissiaci ; — dominus Turnonis ; — dominus Cassennatici ; — dominus de Anjo ;
— dominus Morgiarum ; — dominus de Tullino ; — dominus
Montis Canuti ; — dom. Guido de Morgiis, dominus de Rosanis ; — dom. P. Aynardi, dominus Gerie ; — Bertrandus dominus Castrinovi ; — dominus Chandiaci ; — dom. Raynaudus
Raymundi, dominus Cigoterii ; — dominus Intermoncium ; —
dominus Castrinovi de Galauro ; — dominus Sancti Andree ;
— dom. Turpinus de Turre ; — dominus Chaste ; — dom.
Raymundus Aynardi ; — dominus Sechilline, — dominus Claveysonis ; — dominus Bochagii ; — dominus de Castellario ;

— dominus Mote; — dominus Vallisbonnesii ; — Guigo de Uriatico ; — filius dom¹ Disderii de Cassenatico;— dominus Varsie ; — dominus Pelafolli ;— dom. Franciscus de Bellomonte, dominus de Frayta ; — dominus Sancti Georgii ; = dominus Johannes de Viriaco; — dom. Frepetus de Boczosello; — dom. Guillelmus de Boczosello ; — Hugo Grinde, dominus Miribelli ; — dom. Aymarus Alamandi , dominus Ruppis Chinardi ; — dom. Rodulphus de Comeriis; — Aymonetus Richardi; — dom. Aynardus de Castronovo; — dom. Guido Coperii ; — dom. Johannes Gatablerii ; — dom. Raynaudus Falavelli ; — dom. Amblardus Falavelli ; — Disderius de Briva ; — Jaquemetus de Briva ; — Petrus de Samercio ; — filius dom¹ Villeni de Monte Asclardo; — dom. Guillelmus de Lymona ; — Guiotus de Loras ; · dom. Guichardus de Morestello; — dom. Aynardus Rovoyri ; — dom. Jacobus de Gumino ; — dom. Guido de Torchifellone; — dom. Aymo de Amaysino ; — Aymo de Lemps ; — dom. Jacobus de Quinciaco ; — dom. Aynardonus de Anjo; — dom. Egidius de Podio ; — Artaudus Alamandi ; — dominus de Vado; — dom. Humbertus de Lorasio ; — Johannes de Montefalcone.

Nomina castellanorum, bannaretorum, militum et nobilium Dalphinatus qui fuerunt apud Romanis et se presentaverunt, die octava mensis januarii anno Nativitatis Domini mill'o CCC^{mo} septuagesimo quinto.

Graysivodani. — Voyronis : Guionetus de Lorasio, castellanus, Petrus Grimaudi et Humbertus Marescalci, missi pro universitate ; — Vorapii : Guillelmus Arloti, castellanus, Petrus Belleti et Johannes Feysendaci, sindici ; — Visilie: dom. Rodulphus de Comeriis, castellanus, et Petrus Doncie, consul et missus pro universitate dicte castellanie ; — Mure : Johannes de Ruffo, castellanus, et Johannes Clara, consul et missus pro universitate ; — Corvi et Bellimontis : idem castellanus et Lant'. Valerii, sindicus Corvi, et Johannes Douczani, pro universitate Bellimontis ; — Campisauri : Johannes de Tencino, castellanus, Petrus Montisorserii et Ysnardus Reynerii, missi pro universitate; — Montis Bonoudi : castellanus abest, Johannes Balferdi et Johannes Enjoudrini, missi ; — Buxerie : castellanus

abest, Petrus Fuserii, missus pro universitate ; — Avalonis :
castellanus abest, Stephanus Charreti, sindicus ; — Triviarum :
castellanus abest, Johannes Arnaudi et Gonetus Escaphini,
missi pro universitate, et Guillelmus Grandis, sindicus Mencii ;
— Oysencii : Aymonetus Richardi, castellanus, Bartholomeus
Jovencelli, Petrus Goyraudi, Stephanus de Osso, Petrus Chal-
naroti, Franciscus Garnerii et Hugo Albi, pro universitate
dicte castellanie ; — Curnillionis : Homarus de Fornachia, vicecastellanus, Guillelmus Aujardi et Odo de Vado, missi et
electi pro universitate dicti loci ; — Claysii : Johannes de Vilario, castellanus, pro se et nomine universitatis dicti loci ; —
Vivi : idem castellanus et Guillelmus Burgoudi, mistralis dicti
loci, missus nomine universitatis loci ejusdem.

VIENNESII et VALENTINESII. — Moyrenci : Johannes Berardi,
castellanus, et Michael Macelli, sindicus ; — Ripparum : idem
castellanus et Johannes de Borgeya, sindicus ; — Regalis Montis : Francius Santarelli, castellanus, et Jaquemetus Franconis,
sindicus ; — Chaste : Franciscus Bues, castellanus, et Johannes
de Manso, missus pro universitate ; — Sonne : idem castellanus, Guillelmus Pichodi, missus ; — Sancti Marcellini : Jacobus Payni, vicecastellanus, et Guigo Michalis, sindicus ; —
Sancti Heuleuterii : idem vicecastellanus, Garnonus Bando et
Bernardus Bando, missi pro parte universitatis ; — Payrini :
Disderius de Briva, castellanus, Johannes Barnulphi et Chale-
tus missi ; — Bellivisus in Royanis : Johannes Peronodi, castellanus, Johannes Balani et Petrus Royerii, missi per castellanum;
— de Ysellis : dom. Guigo de Morgiis, castellanus, Johannes
Chambardi et Petrus Ysmidonis, sindici ; — Sancti Stephani :
idem castellanus, Thomas Thomasseti, sindicus ; — Ruppis de
Clivo : Petrus de Samertio, castellanus, Raymundus Maladent
et Johannes Bajuli, missi ; — Albonis : dom. Johannes de Viriaco, castellanus, Laurentius Guilloti et Martinus Roserii, missi;
— Morasii : idem castellanus, Johannes Cogna et Johannes
Clementis, missi.

VIENNESII et TERRE TURRIS. — Crimiaci : Raynaudus Berardi, castellanus, et Hugonetus de Saletis, missus, et Johannes
Xpistini, sindicus ; — Coste : Anthonius Albi, nomine castellani et Guillelmeti Albi, patris sui, et Boneti Pillardi, sindico-

rum de Costa; — Burgondii : dom. Amedeus de Mota, castellanus, Hugononus Bruni et Johannes de Masticone, sindici; — Sancti Georgii : Petrus Berri, castellanus, et Bartholonus Feliani, missus; — Bellivisus de Marco : Anthonius Malignonis, castellanus, et Johannes Alis, sindicus; — Sancti Simphoriani : castellanus abest, Guichardus Macellarii et Jaquemonus de Villa, sindici ; — Turris Pini : Aynardus de Charosa, pro castellano; — Quiriaci : Raynaudus Berardi, castellanus, Guionetus Callati et Stephanus Cochonis, missi; — Balme : idem castellanus et Humbertus de Burgo, missus pro universitate dicti loci; — Belli Repayrii : Raynaudus de Revello, castellanus, Matheus Fagneti et Petrus Guillandi, sindici; — Revelli : idem castellanus, Stephanus Brocherii et Nicolaus Charroti, missi pro parte universitatis; — Pineti : idem castellanus, Jacobus Pilosi et Fran. Girodi, missi pro parte universitatis.

BRIANCZONESII. — Brianczonii : Johannes Bonardelli, Brianczonii, Raymundus Pure, Monasterii, missi pro parte universitatis ; — Cadracii : Petrus Fabri, pro omnibus universitatibus dicte castellanie ; — Vallis Pute : idem Petrus Fabri, pro universitate dicte castellanie ; — Cayrerie : idem Petrus Fabri, pro universitate dicti loci ; — Sesane : Amedeus Tolzani, sindicus, electus et missus pro parte universitatis ; — Valliscluysonis : Petrus Prini, missus pro parte universitatis ; — Ulcii : Amedeus Tolzani, Petrus Prini, pro parte dicte universitatis missi ; — Exiliarum ; — Bardoneschie : Petrus Vacheti, sindicus et nomine universitatis.

BARONIARUM. — Nyhoniis : castellanus abest, Anthonius Arnaudi et Fran. Constancii, missi pro universitate ; — Miribelli : castellanus abest, Bertrandus Segureti, missus pro universitate ; — Mirandolii : castellanus abest, Guillelmus Asterii, pro parte universitatis ; — Vinczobriarum : castellanus abest, Guillelmus Chaberti, missus pro parte universitatis ; — Vinczobriarum *(sic)* : abest castellanus, Franciscus Constancii ; — Buxi : Andricus Morerii et Rostagnus Latilis, missus pro universitate dicti loci ; — Ruppis supra Buxum : Milo Tallevigne, missus pro universitate dicti loci ; — Montis Albani : Petrus

Graneti, missus;— Medullionis : Bertrandus Cuniculi, missus.

(1) Guy Allard, *Documents mss..* t. VI f° 406-7° et 400-6°, papier du temps.

LXVI. *12-4 décembre 1377.*

(Concessio doni gratuiti a nobilibus et universitatibus)[1].

Anno Domini mill'io CCC^mo LXX^mo septimo, die xiiii^ta mensis decembris continuata a die duodecima mensis ejusdem, ad quam diem per litteras spectabilis et magnifici viri dom^i Karoli domini de Bovilla, gubernatoris Dalphinatus, mandati fuerunt barones, bannareti, milites et nobiles pro majori parte patrie Dalphinatus, pro aliquibus arduis et ponderosis negociis statum et honorem domini dalphini et tocius patrie Dalphinatus tangentibus comparituri et venturi apud Gracionopolim, comparuerunt et se personaliter presentaverunt ibidem in aula consistorii dalphinalis barones, bannareti, milites et nobiles patrie Dalphinatus, dalphinales fideles et vassalli; quibus expositis causis per honorabilem et nobilem personam Bernardum de Montelejerico, consiliarium regium, generalem thesaurarium regni, de voluntate dom^i gubernatoris prefati verba ore proprio proferentem, propter quas mandati venire fuerunt, potissime pro gratioso subsidio concedendo, de comuni consensu et voluntate baronum, bannaretorum, militum et nobilium subcriptorum concessa fuerunt libere et gratiose infra scripta, sub modis et conditionibus subcriptis : — Et primo dicti barones, bannareti, milites et nobiles, dalphinales subjecti presentes, homines et jurisditionem habentes, prefato dom° gubernatori, stipulanti et recipienti nomine domini nostri dalphini, dono gratuito concesserunt unum franchum auri semel pro quolibet foco hominum suorum per hunc modum, videl. quod donum gratiosum hujusmodi se extendat dumtaxat in hominibus feudorum et retrofeudorum qui et que tenentur a domino nostro dalphino ; — item, quod donum gratuitum huj^di pro hac vice dumtaxat datum et concessum intelligatur et ad aliqualem consequenciam trahi non valeat in futurum ; — item, quod in dicto subsidio non teneantur contribuere persone pauperes et miserabiles, non habentes in omnibus facultatibus valorem decem florenorum auri ; — item, quod donum predictum levetur per barones et nobiles ad hominibus suis et non per alias personas, et dicti barones et nobiles teneantur pro hominibus suis solvere et cciam respondere, et veraciter foca suorum hominum reddere thesaurario Dalphinatus vel ejus locumtenenti, cui fieri debeat solutio dicti doni hinc ad quindenam post festum beati Johannis Baptiste proximum *(8 juillet)*, et interim ad solvendum compelli non possint, tamen incipiant solvere in octabis Pasche *(5 avril)* si commode fieri possit ; — item, quod nobiles nobiliter viventes in dicto dono non contribuant, sed sint exempti a solutione predicta ; — item, quod dicti barones et nobiles cogi non possint ad solvendum precise francos, sed liberentur et quictentur solvendo de moneta dalphinali currente valorem francorum, prout comuniter cursum habebunt ; — item, quod de concessione huj^{di} et quod ad consequenciam trahi non valeat in futurum predictus dom. gubernator concedat eisdem baronibus, bannaretis et nobilibus licteras opportunas dictandas consilio peritorum.

Nomina vero dictorum comparencium sunt hec : — dominus comes Valentinensis ; — dom. Karolus de Pictavia ; — dominus Clarimontis ; — dominus Morgiarum ; — dominus Gerie ; — dom. Raymundus Aynardi ; — dominus Uriatici ; — dominus Bellimontis ; — dom. Franciscus de Bellomonte ; — dom. Petrus de Sancto Jorio ; — dom. Guillelmus de Morgiis, dominus Castellarii ; — Guigo de Morgiis, dominus Mote ; — dom. Johannes de Grolea ; — dominus Varambonis ; — dominus Montiscanuti ; — dominus Sancti Andree in Royanis ; — dominus Chaste ; — Bertrandus dominus Castrinovi ; — dom. Freppetus de Boczosello ; — Petrus Gerbasii ; — Perretus Revoyrie ; — dominus de Pressino ; — dom. Guillelmus Ogerii ; — dominus Ruppis Arnaudorum ; — dominus Avanczoni ; — dom. Bertrandus de Castello ; — dom. Aymo de Amaysino ; — dom. Guido Copperii ; — dom. G. de Agouto, dominus Saornoni ; — filius domini Belli Vicini ; — filius dom^i Aymari Alamandi ; — filius dom^i Artaudi de Arciis ; — dom. Aynardonus de Anjo ; — dom. Raymundus de Thesio ; — Johannes de Montcorserio ; — Hugo Grinde, dominus Miribelli ; — dominus Pellafolli ; —

dom. Rodulphus de Commeriis; — Artaudus de Arciis; — Ludovicus de Arciis; — Villenus de Monteaclardo; — dominus Bergad', pro domᵃ comitissa Saluciarum; — prepositus Cremiaci, pro domina de Anthone; — dom. G. de Boczosello, pro domino Malibecci; — Lantelmus Tallibuer, pro domino Brissiaci; — dom. Rodulphus de Commeriis, pro dom° Guigone Artaudi; — Andreas de Grolea, pro dom° Guidone patre suo; — Anthonius de Cassenatico, pro se et fratre suo.

Ulterius itaque mandati fuerunt per dom. gubernatorem predictum consules et sindici universitatum castrorum, villarum et locorum domanii Dalphinatus aut major pars ipsorum, et nonnulli alii venturi ibidem cum plenaria potestate nomine universitatum non habencium consules vel sindicos; et comparentibus seque representantibus inferius nominatis nomine suo et singularum universitatum, expositisque eisdem causis quibus mandati fuerunt et quod barones, bannareti et ceteri nobiles patrie Dalphinatus predicte, jurisditionem habentes et homines, subsidium unius franchi pro singulis focis suorum hominum gratanter et liberaliter concesserunt, arrestatum et ordinatum fuit ipsis presentibus et non contradicentibus quod subsidium gratiosum levetur et exigatur, ad utilitatem et commodum excellencie dalphinalis, a quibuscumque hominibus et personis domanii predicti, videl. duorum florenorum pro singulis focis, terminis, modis et formis inferius declaratis: — Et primo quod de dicto subsidio fient solutiones, videl. in festo bⁱ Johannis proximo de medietate et in festo Omnium Sanctorum immediate sequenti de reliqua medietate, apud Grationopolim receptori generali Dalphinatus; — item, quod castellani dalphinales dicti domanii, quilibet in sua castellania, recuperabunt et levabunt et receptori predicto realiter assignabunt in terminis antedictis, nec alii exequtores ad ea deputabuntur: qui castellani habebunt et sibi tradentur de peccunia dicti subsidii pro eorum laboribus et expensis, et eciam notariorum, mistralium ac aliarum personarum, sex denarios pro libra dumtaxat et nichil a solventibus habebunt vel levabunt; — item, quod in casu quo florenos non haberent, recuperabuntur et habebuntur a debitoribus pro singulis florenis duodecim grossi Turonen. dalphinales, aut de moneta dalphinali ad equivalenciam secundum cursum communem dicte monete; — item, quod in contributione et solutione ipsius subsidii divites supportare debebunt et supportabunt pauperes, et quilibet contribuet juxta vires suarum facultatum ; — item, quod omnes et singuli, cujuscumque status et conditionis existant et cujuscumque sint homines, in villis, burgis, castris et fortaliciis dalphinalibus, mandamentis et territoriis eorumdem degentes et laria foventes, quibus juxta vires suarum facultatum in dicto subsidio contribuere tenebuntur, exceptis nobilibus nobiliter et clericis clericaliter viventibus ; — item, quod omnes et singuli castellani domanii predicti dare et concedere valeant auctoritatem et potestatem plenariam singulis universitatibus quibus in sua castellania taillias et collectas faciendi, indicendi et levandi pro dicto subsidio exsolvendo, in quibus sint presentes dicti castellani vel corum locatentes.

Nomina comparencium. — Albonis : Johannes Aymari, Hugo Blayni, missi et electi;—Sancti Symphoriani : Garinus Payre, sindicus, Johannes Guillionis, actor; — Sancti Georgii : Petrus Borno, sindicus, Petrus Revorelli, electus ; — Bellivisus de Marcho : Petrus Burgundionis, Martinus Charannet, electi et missi; — Belli Repayrii : Johannes Tarditi, Johannes Monerii, sindici; — Revelli : Stephanus Brocherii, Nicolaus Charralis, electi et missi ; — Pineti : Jaquemetus Pilosi, Petrus Trivolat, sindici; — Quiriaci : Boso de Bosco, Johannes de Sancto Martino, electi et missi;— Morestelli : Johannes Clera, Johannes de Costa, electi et missi; — Turris Pini : Petrus Allodi, Laurencius Pilati, sindici ; — Burgundii : Johannes Chatillonis, sindicus; — Coste : Martinus Dant, Petrus Gralli ; — Voyronis : Raynaudus de Parisius, Petrus Grimaudi, Martinus Tardini et Guelisius Gay, electi et missi; — Moyrenci : Petrus Gando, Johannes Falconis, consules et sindici;— Mure : Johannes de Borel, consul, Petrus Tanallii et Johannes Bollodi, electi et missi ; — Belli Montis : Johannes Guigardi, Petrus Aymerici, electi et missi; — Corvi : Lantelmus Chappelli, Guigo Bontosii, sindici ; — Campisauri : Guillelmus Autandi, Johannes Oliverii, electi et missi; — Triviarum : Gonetus Alconier, Petrus Charlieu, consules, Petrus Aloardi, pro forensibus; — Morasii : Johannes de

Anthone, Vincencius Brunerii, sindici; — Cabeoli: Petrus Borgarelli, electus et missus pro popularibus; — Sancti Stephani: Franciscus Arnoudi, Guillelmus Divitis, sindici; — Payrini: Petrus Helionis, Bernardus Lobat, electi et missi; — Sancti Marcellini: Anthonius Follonis, consul, Albertus Amicini, electus et missus; — Capriliarum: Drevetus Savoy, Petrus Lacheti et Johannes Boverii, consules; — Romanis: Raymondus Roberti, Johannes Turrichelli, consules; — Oysencii: Johannes Cloti consul, Petrus Gayraudi, Poncetus Raymundi, Hugo Albi, Rodulphus Salvagii, Aymo Fraysi, Petrus Bosonis, electi et missi; — Alavardi: Petrus Gauterii, Gauterius Domengi, consules et sindici; — Buxerie: Johannes Martini, Petrus Fuserii, electi et missi; — Bellecombe: Petrus Brunodi, missus et electus; — Visilie: Johannes Bertrandi, consul; — Curnillionis: Guillelmus Aujardi, Odo de Vado, Johannes de Croso, electi et missi; — Dolomiaci: Hugoninus Bri, Bertonus de Riverio, Hugo Richarmeti, electi et missi; — Chaboncii: Johannes Graneti, sindicus; — Balme, Bertonus de Burgo, Franciscus Amblardi, electi et missi; — Goncellini: Petrus Fabri, sindicus; — Buxi: Albertus de Turenna, consul; — Nyhoniis: Bertrandus Curnillionis, Hugo Lagerii, electi pro popularibus; — Medullionis: Johannes Chalveti, Petrus Johannis, consules; — Montis Albani: Bertrandus Frola, Stephanus Ruffi, consules; — Miribelli: Bertrandus Taranelle, electus et missus; — Serri: Johannes Gay, sindicus; — Brianczonii: Daniel Aloys, Rodulphus Giroudi, Mamfredus Mamfredi; — Cadracii: Anthonius Archini, sindicus; — Vallispute et Sancti Martini Cayrerie: Ludovicus Raymondi, Matheus Gallardi, sindici; — Sesane: Anth(on)ius Lagerii, electus et missus; — Ulcii: Johannes Barberii, electus et missus; — Vallis Cluysonis: Thomas de Alisia, electus et missus; — Exiliarum: Facius Eschalerii, electus et missus; — Bardoneschie: idem Facius; — Grationopolis: Petrus Garcini, Guillotus Seveneti, consules.

(1) Guy ALLARD, *Documents mss.*, t. IV, f⁰ˢ 112-6, copie authentique sur papier : « Facta est collatio de presenti copia cum libro originali arrestorum per me J. N. et per me J. Neulley ».

LXVII. $1377-1381.$

(Valor bladorum in pluribus castellaniis) [1].

Anno Domini mill'io CCC LXXVIJ et die vj maii, per dictos auditores et receptorem fuerunt vendita blada castellanie Albonis pro anno finito in sancto Johanne eodem anno, videl. sestarium frumenti 8 g(rossos), sestarium siliginis et avene quolibet sestario 5 gr. Dalph(inales). — Item, anno quo supra et die ix maii, fuerunt vendita blada de Paris(ius) pro anno finiendo in s° Johanne proxime futuro, vid. tria sestaria siliginis et avene compensando unum pro alio 12 gr., computando iiii^{or} francos pro v parvis florenis.

Item, in computo reddito de castellania Quiriaci pro anno finito in s° Johanne LXXVIIJ, fuerunt vendita blada dicte castellanie, (die xxvj aprilis [2]), vid. sestarium frumenti 1 flor. parvum, sest. siliginis 9 gr. et sest. avene 6 gr. — Item, in computo de castellania Burgondii reddito pro anno finito in s° Johanne LXXVIIJ, fuerunt vendita blada pro dicto anno castellano, (die xxvij aprilis [2]), vid. *ut supra proxime.* — Item, in camera die xviij mensis maii M°CCC°LXXVIIJ per auditores et receptorem fuerunt[3] vendita blada castellanie Parisius et terre dom^i Disderii de Cassenatico Anthonio de Curia, vid. somata frumenti 1 flor., som. siliginis 9 gr. et som. avene 6 gr. dalphinales; et ultra venditionem predict. dictus castellanus habeat de avantagio libero 8 somatas per tercium frumenti, per tercium siliginis et per tercium avene.

Item, anno Dom^i M°CCC LXXIX et die xiiij mensis maii, per Johannem Valleri receptorem et Johannem de Maris auditorem fuerunt vendita blada Parisius et terre dom^i Disderii de Cassenatico Anthonio de Curia, ad rationem somata frumenti do. 1 flor., som. siliginis 9 gr., som. avene 6 gr. parvos; et ultra venditionem predict. dictus castellanus habeat 15 somatas per tercium frumenti et [2] tercium[2] siliginis et tercium[2] avene. — Item, in computo de castellania Burgondii reddito die xj mensis julii M°CCC LXXIX pro anno finito in s° Johanne eodem anno, fuerunt vendita blada dicte castellanie, vid. sestarium frumenti 1 flor. parv., sest. siliginis 9 gr., sest. avene 6 gr.

parv. 4. — Item, in computo de castellania Quiriaci reddito die xvij augusti *ut supra prox. usque* et sest. avone dy(mid.) flor. parv. — Item, in computo reddito de castellania Moyrenci die x mensis novembris M°CCC LXXIX° pro anno finito in s° Johanne eod. an., fuerunt vendita blada castellano, vid. sestarium frumenti 10 gr., sest. avene 5 gr. dalphin.

Item, in computo de castellania Rovonis reddito die xix mensis januarii M°CCCLXXX pro anno finito in s° Johanne LXXIX per auditores recepto, fuerunt vendita blada dicte castellanie, vid. sestarium frumenti 8 gr. parv. et sest. avene 4 gr. parv.

Item, anno Dom¹ M°CCC°LXXX, die ɪɪᵃ mensis februarii, in camera dalphinalium computorum per auditores et receptorem fuerunt vendita blada castellaniarum Parisius, terre Cassenatici et Claysii Anthonio de Curia, vid. somata 5 frumenti 17 gr. parv., computando 4 francos pro 5 flor., et alia blada ad racionem camere, vid. blada dict. castellaniarum debita pro anno finiendo in s° Johanne proxime futuro. — Item, anno Dom¹ M°CCC°LXXX et die ultima augusti, computavit Philippus Seignoreti de castellania Burgondii pro anno finito in s° Johanne eodem anno et fuerunt vendita blada eidem, vid. sestarium frumenti 1 fran., sest. siliginis 1 flor. parvum et sest. avene 8 gr. 4. — Item, anno LXXX et die xj mensis septembris computavit castellanus Quiriaci pro anno finito in s° Johanne LXXX et fuerunt vendita blada dicte castllanie, sestarium frumenti 1 fran., sest. siliginis 11 gr. et sest. avene 7 gr. dy. parv. 6

Item, anno Nativitatis Dom¹ M°CCC IIIIˣˣ primo, (die xiij marcii 2), per dnos receptorem et Johannem de Nominibus et Johannem de Maris, auditores computorum, fuerunt vendita blada castellaniarum Parisius, Cassenatici, Claysii Anthonio de Curia castellano pro anno finiendo in s° Johanne LXXXI° proxime futuro, ad rationem pro qualibet somata frumenti de 14 gr. dalphin., computando 5 francos pro 6 flor., et alia blada ad rationem camere. — Item, anno LXXXI°, die ɪɪᵃ mensis aprilis, per dnos auditores et receptorem fuerunt vendita blada castellanie Burgondii Philippo Seignoreti, vid. sestarium frumenti 1 flor. dalphin. et alia blada ad rationem camere, pro anno finiendo in s° Johanne proxime futuro LXXXI°. — Item, (die xij mensis maii IIII^{xx} I° fuerunt vendita²) blada Quiriaci Anthonio Morelati, quolibet sestario frumenti 13 gr. dalphin. et reliqua ad rationem camere. — Item, die xiij predicti mensis maii M°III°LXXXI°, pro anno finiendo in s° Johanne eodem anno fuerunt blada Moyrenci vendita Guigueto de Burgondio ad rationem pro sestario frumenti de 1 flor. dalphin., computando 5 francos pro 6 flor., et alia blada ad rationem camere, per auditores et receptorem. Item. eidem blada castellanie Rovonis, vid. sestarium frumenti 6 gr. dalphin. et alia blada ad racionem camere, et hoc pro duobus annis finiendis in s° Johanne proxime futuro.

(1) Guy ALLARD, *Documents mss.*, t. VII, f°* 7-9. — (2) Ajouté après coup. — (3) Effacé. — (4) En m. « Perquiratur sacus ». — (5) D'abord « sestarium ». — (6) En m. « Nota ».

LXVIII¹. (?).

SEQUNTUR nomina castrorum de domanio Dalphinali², judicature Viennesii et Valentinensi :

Primo, castrum Cabeoli; — castrum Pisansiani infra judicaturam; — Sancti Nazarii; — Bellivisus in Royanis; — Rovonis; — Moyrenci³; — Regalis Montis; — Ripparum; — Izellis⁴; — Sancti Stephani de Sancto Juers; — Morasii; — Albonis; — Vallis; — Ruppis de Clivo; — Payrini; — Bellimontis prope Romanis⁵; — Sancti Heleuterii; — Capriliarum; — Sancti Marcellini.

NOMINA vero banneretorum et castrorum que tenentur, ut dicitur, a domino nostro dalphino infra fines dicte judicature sunt hec :

Et primo dom* comes Valentinensis et Dyencis, dominus castrorum Cleriaci, de Chantamerle et baronie Cleriaci, et castrorum Stelle, Montis Clari et Belli Fortis; — dominus Turnonis et prior, condomini Tincti; — dominus de Anjo, pro castro Servie et de Jarsieu; — dominus Claveysonis et Mercurolii; — condomini Crosarum et Larnagii; — domina Sancti Donati et Ville Nove Roybonis; — dominus de Artemonay; — dominus Marjaysii; — dominus de Chalmen et Nerpodii, pro parte sua; — dominus

Montis Canuti, Marcoleni et Bellisimilis; — dominus de Reculays; — dominus Murolii; — dom° Karolus de Pictavia, pro domo Reymondi de Miribello, cum suis pertinentiis, condomini [6] Miribelli; — cumdomini Mote Galabri; — dominus de Baternay; — dominus de Lencio, excepta parte quam tenet a domino Brissiaci; — dominus Alte Rippe; — dominus Brissiaci, pro castro Veraceni; — dominus Sancti Anthoni et de Doennay; — dominus Montanee; — dominus Murinaysii; — dominus de Silanis; — cumdomini Fortalicie; — dominus Bellicrescentis; — dominus Tollini et Montis Britonis; — dominus Castri Novi de l'Alben et Sancti Quintini et Montis Ferrerii; — dominus Vignayci [7]; — dominus Yseronis et Montis Rigaudi; — dominus Sancti Andree et de Chalmel; — cumdomini de Clay; — dominus Pontis et bastide [8] in Royanis; — dominus Vallis Sancte Marie; — dominus Ruppis Chinardi; — dom° Karolus de Pictavia, pro loco Sancti Nazarii; — dominus Balme Hosteduni; — cumdomini Hosteduni, Belli Respectus et Maymanis; — dominus Juncherie; — dominus Chaste et Geyssani; — cumdomini Chaste et Sonne; — preceptor Sancti Pauli, Lancii, Montis Falconis [9] et de Montels.

Sequntur bannereti, castra et loca [10] que non tenentur, ut dicitur, de domanio dalphinali tenentes, que castra sunt infra fines judicature majoris Viennesii et Valentinesii [11]:

Et primo, dominus Sancti Valerii, pro dicto loco et castro Pisansiani et castro Miribelli Vallis Clareysii, excepta parte Reymondi de Miribello, condomini condam Miribelli; — dominus Montis Canuti, pro loco de Theudoro et Castronovo Galabri ac de Rateriis; — dom° archiepiscopus Vienne, pro castro Mantalie; — dominus Chaste, pro castro Crispoli; — dominus de Anjo, pro castro de Anjo [12]; — dominus de Lencio, pro parte quam tenet a domino Brissiaci; — dominus Vignayci, pro locis Armevi et Vatillevi; — dominus Castri Novi, pro Nerpodio; — dominus Murynasii, pro Balma Murynasii; — dominus Brissiaci, pro locis de Brissiaco, de Versino, de Lemps, Serra, Montis Mirati, Parnancii, Chastillionis et Veriville.

(1) Arch. de l'Isère, reg. *Plures informat. et script. Vienn. et Valentin. tertius X* [XXXI, 3], f° xxj (minute, *A*) et f° xx (copie, *B*).
(2) *B* c. d-ii d-is. — (3) *B* M-ii. — (4) *A* lsc-s. — (5) *A* des. p. R. — (6) Ajouté en *A* « condam ». — (7) *B* Vin-i. — (8) *B* baste. — (9) *B* Ful-s. — (10) *B* loco. — (11) Ajouté au com¹ du XVI° siècle : « Omnia fere tenentur nunc a dom° dalphino ». — (12) Effacé en *A* « et de Jarcef ».

LXIX[1].

Sequuntur fortalissia et domus nobilium judicature terre Turris. — Et primo Coste : — bastida de Gilonnay, dom¹ Antelmi de Urteriis ; — Malgarin, dom¹ Anthonii de Tholigniaco ; — domus Petri de Boczosello, apud Sanctum Hylarium ; — domus dom¹ Jacobi de Boczosello, apud Sanctum Hylarium ; — domus de Boscheto, dom¹ Johannis de Balma ; — domus Antelmeti Veherii, sita apud Fraytam ; — domus dom¹ Johannis de Viriaco, sita apud Bisonnes ; — domus dom° Marie, relicte dom¹ Petri Barre, sita apud Sanctum Desiderium ; — domus dom¹ Jacobi de Boczosello, dicta Belmont ; — domus Guillelmi de Boczosello, sita apud Edoichi ; item alia domus ejusdem Guillelmi, sita in eadem parrochia ; — domus Guillelmi Porta, sita apud Edoiche ; — domus prioris Coste, sita apud Flacheres ; — item domus du Chastellar, sita apud Champiers ; — it. alia domus ejusdem dom¹ Guillelmi vocata Montgontier, sita in dicta parrochia de Champiers ; — item domus de Montbuffet liberorum dom¹ Johannis Rovoyre, sita apud Nantuy ; — item domus de Villarnot, que est ad manum domini et fuit Andree Rovoyri et vergit ruinam ; — domus de Boczosello, dom¹ Eynardi de Castro Novo.

Apud Chabons : — domus Johannis de Bocczosello, dicta le Verney ; — domus Andree de Lemps.

Apud Pomers : — non est aliqua domus fortis alicujus nobilis.

Apud Bellumreperium : — non est aliqua domus fortis preter castrum.

(1) Guy Allard, *Documents mss.*, t. VI, f° 67, papier du temps.

LXX. 24 avril – 7 août 138..

(Valor prioratuum Ebredunesii et Campisauri)[1].

Enguerrandus de Ejudino, cambellanus et consiliarius regius, gubernator Dalphinatus, dilecto nostro Guid[oni...... judici] Ebre[dunesii et Campisa]uri aut ejus locumtenenti, salutem. Certa suadente causa discretioni vestre serie presencium comictimus et man[damus, quatenus omni] dilacione postposita de numero et nominibus omnium et singulorum prioratuum conventualium et aliorum quorum[cumque in territorio] judicature jamdicte existencium et ad quorum manus tenentur et gubernantur sub pensionibus [annuis], et de valore annuo juxta communem extimationem singulorum prioratuum eorumdem [vos diligenter inform]etis, veritatem perscrutando, et dicta informatione prehabita que inde repereritis nobis mitatis [......... sub sigil]lo dicte judicature veraciter interclusa. Datum Grationopoli, die xxiiii mensis aprilis, anno Domini mill'io [tercentesimo octogesimo.............].

Per dom. gubernatorem, ad rel(ationem) consilii.

J(ohannes) N(icole)ti.

Metuende domine. Receptis vestris litteris suprascriptis cum debita reverencia sicut decet, recepi informationes quas potui super contentis in eisdem. Quibus reperi quod in judicatura mea Ebred(unesii) et Campisauri est prioratus de Rometa conventualis, quem tenet dom⁸ Petrus Flamenchi, prior ejusdem; qui prioratus, omnibus chiargiis subportatis, potest communiter valere per annum CCC floren. auri. Item, prioratus de Chabotis in Camposauro, quem tenet dom⁸ Benedictus de Villa Nova, prior dicti prioratus; qui prioratus, omnibus chiargiis supportatis, valet communiter per annum C flor. auri. Item, prioratus Sancti Boneti, quem tenet reverendus in Xpisto pater dom⁸ Nicolaus cardinalis Chisensis[2] seu Petrus Bruni, faber de S⁰ Boneto, sub pentione annuali C francorum auri, nomine ejusdem dom. cardinalis. Item, prioratus Sancti Andree prope Vapincum, quem tenet dom⁸ Guido de Brolio, prior prioratus predicti; qui prioratus situatur [et] est in terra episcopali Vapincensi, ac tamen percipit et habet in terra dalphinali Campisauri, quod potest valere communiter per annum VIII^{xx} flor. auri. Item, prioratus de Romolono, quem tenet dom⁸ cardinalis Pictaviensis[3], ymo tenet dom⁸ Jo(hannes) Rolini, sacrista Visilie, arrendatum V.I^{xx} franc. Item, prioratus de Valserris, quem tenet dom⁸ Petrus Pellegrini, in quo prior non pêt (?), unde non valet in redditibus xx flor. Item, prioratus Sancti Stephani vallis Ancesoni, quem tenet dom⁸ Johannes [......], qui modicum [valet]. Item, prioratus Sancti Giraudi de subtus

Montegardinum, quem tenet dom⁵ Greulerii, arrendatus circa
LX flor. [Item], prioratus de Culca in terra Sabine, quem tenet
dom⁵ Petrus Bruneti, arrendatus omnibus [chargiis] subportatis Cxx flor. et victum prioris et sui clerici.

(1) Guy ALLARD, *Documents mss.*, t. V, f° 413, orig. papier; trace de sceau plaqué au dos de la lettre ; la réponse est cousue au bas bout à bout. Au dos « Die vii mensis augusti fuit missus presens quaternus per judicem Ebredunesii ». — (2)

(3) Gui de Malsec, évêque de Poitiers (1371), cardinal (1375), † 1412.

LXXI.   *10-1 mai 1386.*

(MANDATUM PRELATORUM, NOBILIUM ET UNIVERSITATUM) 1.

In nomine Domini, amen. Anno Nativitatis ejusdem mill'mo CCC^{mo} octogesimo sexto et diebus infrascriptis fuerunt misse littere clause dom¹ gubernatoris Dalphinatus, quod prelati, barones, nobiles et universitates Dalphinalis patrie sint apud Romanis ad diem xx^{am} maii, coram illustri principe dom° duce Burgondie.

BARONIARUM.

Et primo Perrotinus de Alicourt die x^a maii recepit ad portandum litteras que sequntur judicature baroniarum Medulionis et Montis Albani : — Primo, litteram dom¹ Guillelmi de Baucio; — item, litteram domini de Vinczobriis ; — it. litt. domini Bastide de Verduno ; — it. litt. domini Sancte Jalle ; — it. litt. domini de Riomis; — it. litt. castellani Buxi; — it. litt. castellani Montis Albani ; — it. litt. domini de Aulanco ; — it. litt. Giraudi Adhemarii, domini Graignani ; — it. litt. domini Governeti ; — it. litt. domini de Garda; — it. litt. castellani Miribelli ; — it. litt. castellani Ruppis supra Buxum ; — it. litt. domini de Rosserio ; — it. litt. domini Ruppis Brune ; — it. litt. domini Montis Jaii ; — it. litt. domini Montis Bruni ; — it. litt. condominorum de Vinczobriis ; — it. litt. castellani de Vinczobriis ; — it. litt. domini Podii Guigonis ; — it. litt. castellani Mirandolii ; — it. litt. castellani de Nyoniis ; — it. litt. magnifici dom¹ principis Aurazicensis ; — it. litt. domini Bellecombe ; — it. litt. domini Rillane ; — it. litt. domini Belli Vicini ; — it. litt. castellani Medulionis ; — it. litt. domini Besigniani ; — it. litt. domini Vercoyrani ; — it. litt. domini de Chauvaco.

Comitatus Vapincesii

Tradite Mioneto de Bucurione die predicta x maii : — Primo littera domini Sancte Marie Vallis Olle ; — domini Asperimontis ; — domini de Chaunossa ; — dominus de Broxio ; — domini de Balma Arnaudorum : tradite dom° P. G. ; — condominorum de Jarjaya ; — capituli Sancte Marie Aniciensis, domini Sancti Genisii ; — nobilis Reymbaudi Ozasiche, condomini Sancti Genisii ; — domini de Ripperiis et de Sorberiis ; — domini Saornonis ; — domini Sancti Juliani et Rochete ; — domini Sancti Andree et Buchane ; — nobilis Bondoni de Medulione ; — domini Spine et de Rosanis ; — dom. prioris Sancti Andree in Rosanesio ; — domini Montis Maur(ini) ; — Guillelmi de Medullione domicelli, domini Vallis Barreti ; — domini de Auripetra et de Trisclune ; — dom. prioris et domini Romete : tradite Jo. de Ruffo ; — condominorum Rochete ; — dom. Guillelmi Ougerii Vallis Oze[2] et domini Vitrole ; — condominorum de Veyneto ; — domini Ruppis Arnaudorum ; — condominorum de Argensono ; — domini Firmierii et Montis Rotundi ; — dom. prioris et domini Aregrandis ; — domine castri superioris Balme Arnaudorum ; — domini Poeti ; — condominorum de Sigoerio ; — domini Ventaoni ; — condominorum de Petra ; — domini Montis Alti ; — condomini Montis Maurini ; — dom. prioris et domini Sanctis Sirici ; — dom. prioris de Anthonavis ; — dom. prioris et domini de Lento ; — dom. prioris, capituli de Asperis, domini dicti loci et Montis Brandi ; — castellani de Veyneto ; — castellani de Serro ; — dom. preceptoris Sancti Martini Vapincensis ; — dom. prepositi Beate Marie de Donnis ; — condomini de Syleone[3].

Ebredunesii et Campisauri

Credite fuerunt Jo(hanni) de Ruffo, castellano, die x^a maii : — Primo condominorum de Rama ; — clavarii Caturicarum et consulum ; — domini Vallis Serris ; — condominorum de Sabina ; — condominorum de Crotis ; — condominorum de Pruneriis ; — condomini de Avansone, [4]Girardi de Valserri ; — condominorum de Fraxeneria ; — domini de Argenteria ; — domini de Theusio ; — prioris et domini de Romolono ; — condominorum Montis Gardini ; — condominorum de Rosseto ; — castellani palacii Ebreduni ; — castellani de Riorterio ; — castellani de Sabina : — consulum Ebreduni ; — castellani Campisauri et Corvi ; — condomini de Buchardo ; — condominorum Vallis Gaudemarii ; — condominorum de Aya ; — condomini Montis Orserii ; — domini Avansonis ; — ⁵dom. prioris Romete ; — decani et capituli Vapinci ; — ⁴consulum Ebreduni ; — ⁴ dom. archiepiscopi Ebreduni ; — ⁵dom. abbatis Boscondoni.

Brianczonesii

Tradite vocato Ranerio, die xi maii : — Dom. prepositi Ulciensis ; — condominorum Bardonechie ; — castellano Brianczonii ; — castellano Exilliarum ; — castellano Cadracii ; — castellano Vallis Cluysonis ; — castellano Bardonechie ; — castellano Sancti Martini Cayrerie ; — castellano Sezane ; — castellano Vallis Pute ; — castellano Castri Dalphini ; — castellano Ulcii ; — condominorum Navachie.

Graysivodani

Tradite Johanni de Mares, chaussaterio, die xi maii : — Littera condominorum de Ambello : tradita Jo. de Ruffo ; — item domini de Pelafollo ; — it. domino Cassenatici ; — it. domᵒ Petro Aynardi, domino Gerie ; — it. baylivo terre Tesii ; — it. domino Viratici *(leg.* Uria-i) ; — it. domino Revelli ; — it. domino Morgiarum ; — it. domᵒ Guigoni Arthaudi ; — it. domino Cheysilhine ; — it. domino de Vado ; — it. condominis Parisius ; — it. domino Mote ; — it. dom. Francisco de Bellomonte, domino de Frayta ; — it. domino Montis Eynardi ; — it. domino Miribelli ; — it. domino Intermoncium ; — it. dom. R(aymondo) de Theysio, domino Thorane ; — it. dom. R(odulpho) de Comeriis, domino bastide Campi Rotundi ; — it. domino Castellarii ; — it. domino de Campis et Sancti Georgii ; — it. dom. Vollando de Altovilari, condomino Vallis Alavardi ; — it. domino de Tribus Canutis ; — it. domine de Terracia ; — it. domino de Persico ; — it. domino Montis Romani ; — it. domino Varsie ; — it. dom. Johannis Leusonis ; — it. dom. Arthaudo de Arciis ; — it. domino de Brione : habuit domˢ P. Gill(ini) ; — it. Ludovico de Arciis ; — it. domino Thoveti ; — it. domino Cheycilhane ; — it. Aymoni de Sancto Petro, condomino vallis Alavardi ; — it. domino Bellimontis.

Prelatis : — domº episcopo Grationopolitano ; — dominis decano et capitulo Grationopolis ; — dnis preposito et capitulo Sancti Andree ; — domᵉ priorisse Montis Fluriti ; — domº priori Sancti Roberti ; — dom. priori de Vivo ; — dom. priori Sancti Michaelis de Connexa ; — dom. priori Sancti Martini de Miseriaco ; — dom. priori Sancti Nazarii ; — dom. priori de Comeriis ; — dom. preceptori Triviarum ; — dom. priori Sancti Maurisii in Triviis.

Castellanorum : — Primo castellano Grationopolis ; — item castellano Visilie ; — it. castellano Alavardi ; — castellano Belle Combe ; — castellano Montis Bonodi ; — castellano Sancti Martini de Hera ; — castellano Avalonis ; — castellano Oysencii ; —castellano Vorapii ; — castellano Buxerie ; — castellano Curnillionis ; — castellano Raterii ; — castellano Miribelli prope Scalas ; — castellano Vivi et Cluse ; — castellano Claysii ; — castellano Bellimontis in Mathacena ; — castellano Triviarum ; — castellano Morestelli et Goncelini ; — castellano Valbonesii ; — castellano Corvi : habuit J. de Ruffo ; — castellano Parisius et moncium Cassenatici ; — castellano Mure ; — castellano Voyronis ; — castellano Sancti Laurentii de Ponte.

Viennesii et terre Turris

Tradite Jacobo Guinardi, notario, die xiᵃ maii : — Primo domº archiepiscopo Viennensi ; — item dom. abbati Sancti Petri foris portam ; — it. dom. abbati Sancti Andree ; — it. dom. abbati Sancti Theoderii ; — it. castellano Sancti Simphoriani ; — it. castellano Castri Vilani ; — it. castellano Pineti ; — it. castellano de Pomeriis ; — it. castellano Aziaci ; — it. castellano Revelli ; — it. castellano Quiriaci ; — it. castellano Loci Dei ; — it. castellano Chabuncii ; — it. castellano Coste Sancti Andree ; — it. castellano Vallium prope Lugdunum ; — it. castellano Burgondii ; — it. castellano Vallis ; — it. castellano Balme in Viennesio ; — it. castellano Sancti Georgii ; — it. castellano Belli Visus de Marco ; — it. castellano Crimiaci ; — it. castellano Aveneriarum ; — it. castellano Morestelli in Viennesio ; — it. castellano Falaverii ; — it. castellano Dolomiaci ; — it. castellano Belli Repayrii ; — it. castellano Saboneriarum ; — it. castellano Pontis Bellivicini.

Item nobilium : — Primo domino Sancti Jo(hannis) de Bornay ; — item domino Mali Beci ; — it. domino Montis Revelli ;

— it. domino Ornacevi ; — it. domino Bastide Montis Lupelli ; — it. domino de Johannajes ; — it. domino Falaverii ; — it. dom. Turpino de Turre, domino de Yllino ; — it. domino Chandiaci ; — it. domino de Esclosa ; — it. domino Denteysiaco ; — it. domino de Preysino ; — it. domino Fabricarum ; it. domino de Meons ; — it. domino Pusigniaci ; — it. domino Montis Lionis ; — it. domino Sancti Laurentii ; — it. domino de Palude ; — it. dom. Guidoni de Grolea ; — it. domino de Valle Griso ; — it. domino Montis Ferrati ; — it. domino de Rossilhione ; — it. domino de Marenis ; — it. domino Ville Nove de Marco ; — it. dom. Guichardo, domino de Groleya ; — it. dom. Aymoni de Amaysino ; — it. domino de Boschagio ; — it. dom^e comitisse Saluciarum ; — it. domine de Faramancis ; — ¹ it. littera domⁱ Joffredi, vicecomitis et domini Clarimontis ; — it. litt. domⁱ abbatis Bone Vallis.

Viennesii et Valentinesii

Fuerunt tradite Guigoni Barbothonis, die xi maii : — Primo castellano Moyrencii ; — item castellano Sancti Marcellini ; — it. castellano Sancti Stephani ; — it. castellano Payrini ; — it. castellano Sancti Leuterii ; — it. castellano Bellivisus in Royanis ; — it. castellano Sonne ; — it. castellano Capriliarum ; — it. castellano Morasii ; — it. castellano Regali Montis ; — it. castellano Ripparum ; — it. castellano Bellimontis prope Romanis ; — it. castellano Cabeoli ; — it. castellano de Ysellis ; — it. castellano Sancti Nazarii ; — it. castellano Vallis ; — it. castellano Pisanciani ; — it. castellano Ruppis de Clivo ; — it. castellano Albonis ; — it. castellano Chaste ; — it. castellano Balme Osteduni ; — it. castellano Rossillionis.

Conreario et sacriste de Romanis.

Abbatibus : — dom^o abbati Sancti Anthonii ; — dom. abbati Lyoncelli ; — dom. preceptori Sancti Pauli ; — dom. priori Sancti Donati.

Nobilium : — dom^o comiti Valentinensi ; — dom. K(arolo) de Pictavia, domino Sancti Valerii ; — domino de Turnone ; — domino Tullini et Montis Britonis ; — domino Clavaysonis ; — domino Mirollii ; — domino Chaste ; — domino Montis Rigaudi ; — domino de Dueynay ; — domino Bellisimilis ; — condominis Belli Respectus ; - condominis Osteduni ; — domino Montanee ;

— domino Vignayci ; — domino Castrinovi ; — domino Sancti Andree in Royanis ; — domino Ruppis Chinardi ; — domino de Murinaysio ; — domino Juncherie ; — domino Brisiaci ; — domino de Silanis ; — domino Montis Canuti et Marjaysii ; — domino de Larnajo ; — domino de Anjone ; — domino de Batarnay ; — domino Bellicrescentis ; — domino de Chalme ; — domino Balme Osteduni ; — domino Bellegarde ; — domino Yscronis ; — domino de Fortaresia ; — domino de Laricio.

Quibus prelatis, religiosis, baronibus, banneretis et castellanis supra nominatis fuerunt misse littere formamque sequitur continentes.

Tenor littere prelatorum :

« Reverende pater et domine carissime. Illustris princeps dominus dux Burgondie personaliter intererit apud Romanis, die xx mensis hujus madii, ex parte domini nostri regis dalphini certa ardua, statum ipsius domini nostri et patrie tangencia, expositurus. Quapropter vos requirimus et rogamus, quatenus dicta die ibidem apud Romanis personaliter intersitis coram dicto dom° duce Burgondie, exponenda per ipsum audituri ; et in hoc nullus sit deffectus, in quantum statum et honorem dicti domini nostri cupitis et tenemini conservare. Scriptum Grationopoli, die x mensis madii. — Gubernator Dalphinatus. »

Item fuit scriptum pari modo religiosis et prioribus : — « Venerabilis amice carissime, etc. »

Tenor littere banneretorum [2] et nobilium :

« Gubernator Dalphinatus. — Amice carissime. Ill. *(ut supra)* ... int. in loco de Rom. d. xx h. m. m..... Quap. vobis rogando mandamus quat. d. d. Rom.... aud. ; in hiis non defficientes, in.... mad. »

Tenor littere castellanorum :

« Gubern. Dalphin. — Amice cariss. Ill..... Quap. vobis mandamus quat. d. d. in dicto loco de Rom. p. i. et adducatis vobiscum sindicos castellanie vestre, si qui sint, alioquin duos de probioribus hominibus et sanioris consilii, ab omnibus potestatem habentes, cor.... mad. »

(1) Guy Allard, *Documents mss.*, t. VII, f°⁸ 283-8 (reliés à rebours).
(2) Effacé « domini et Vitrole ». — (3) D'abord : « Item littere judicature comitatus Vapincesii tradite : — Primo littera domini de Saornono ; — item littera domini Auripetre ; — it. litt. condominorum de Cigoerio ;

— it. litt. Guillelmi de Morgiis, domini de Rosanis; — it. litt. domini de Argensono; — it. litt. condominorum de Veyneto; — it. litt. domini de Poeto supra Sanctam Jalam; — it. litt. condominorum de Petra; — it. litt. condominorum de Jarjaya; — it. litt. nobilis viri Baudoni de Medulione, domini Vallis Barreti; — it. litt. domini Belme Arnaudorum: habuit d. Petrus Gillini. » — (4) Article ajouté. — (5) Article effacé.

LXXII. 15 février 1388.

PAPIRUS MANDAMENTI FACTI PRO CUSTODIA PATRIE DALPHINALIS mill'mo CCC^{mo} octogesimo octavo. — HENRICI[1].

✝ In nomine Domini, amen. Anno Nativitatis mill'mo CCC^{mo} octogesimo octavo, indicione xj^a et die xv mensis febroarii, per spectabilem et magnificum virum dom^m Enguerrandum de Eudino, cambellanum et consiliarium regium, gubernatorem Dalphinatus, assistentibus sibi venerabili consilio dalphinali, quo erant domini Johannes Serpe, in utroque jure, Guillelmus Gelinon, in legibus licentiati, Raymundus de Thesio, legum doctor, Bergadanus de Miniculis, judex appellacionum, Jacobus de Sancto Germano, advocatus fiscalis, Johannes Vallini, receptor generalis et auditor computorum, attento quod Anglici et complicitates nonnulle diversarum nacionum, qui breviter regnum exire debent, patriam Dalphinalem subintrare satagentes et proponentes, unde, quod Deus avertat! possent varia dampna sequi, ad evictandum ipsa dampna et pericula fuit consultatum et deliberatum finaliter quod mandentur prelati, barones, nobiles et religiosi, juridicionem habentes et homines, ac castellani dalphinales apud Viennam coram dicto dom^o gubernatore ad secundam[2] mensis instantis marcii, utile consilium super premissis prestituri; et fuerunt facte littere quarum tenor inferius describitur.

Littera prelatorum :

« Reverende pater et domine carissime. Ad nostram pervenit audienciam quod Anglici et complicitates nonnulle diversarum nacionum, qui breviter regnum exire debent, patriam Dalphinalem subintrare satagunt et proponunt, unde, quod Deus avertat ! possent varia dampna sequi; quibus cum Dei, vestri et aliorum dalphinalium subdictorum consilio occurrere cupientes, paternitatem vestram requirimus et rogamus, quatenus die secunda mensis instantis martii apud Viennam, una cum ceteris prelatis et personis ecclesiasticis Dalphinatus, nobiscum personaliter intersitis, utile consilium prestiturus : in hoc non defficientes, in quantum honorem domini nostri dalphini et statum ipsius patrie pacifficum volueritis conservare. Scriptum Grationopoli, die xv febroarii. — Enguerrandus, gubernator Dalphinatus. »

Littera nobilium et baronum :

« Gubernator Dalphinatus. — Amice carissime. Ad nost. *(ut supra)*.... subdict. auxilio occ. cup., vobis rogando mandamus, quat. d. s. i. m. m. a. V., n. c. cet. baronibus et bannaretis Dalph.... — Nobili viro domino Varsie. fideli dalphinali et vassallo. » 3

Littere religiosorum superscripsio :

« Venerabili et religioso viro priori Sancti Martini, amico nostro carissimo. — Venerabilis amice carissime. Ad nost... complices *(!)*.... subd. auxilio oc. c., vos requir.... cet. prel., prioribus et aliis pers.... — Eng., gub. Dalph. »

Littera castellanorum :

« Gubernator Dalphinatus. — Amice carissime. Ad nost.... av. l v. d. p. s..... subd. auxilio oc. c., vobis mandamus, quat. ..... Vien. cum sindicis aut duobus probis sanioris consilii, ab aliis hominibus dicte castellanie potestatem habentibus, una cum ceteris castellanis et aliis subdictis dalphinalibus nob... » — Superscripsio : « Dilecto nostro castellano Grationopolis aut ejus vices gerenti. »

Littere Viennesii et Valentinesii [4].

Castellanorum : — castellano Capriliarum ; — castellano Suanne ; — castellano Chaste ; — castellano Sancti Marcellini ; — castellano Sancti Laterii ; — castellano Bellivisus in Royanis ; — castellano Scabeoli ; — castellano Sancti Nasarii ; — castellano Peyrini ; — conrearios[5] de Romanis ; — castellano Belli Montis prope Romanis ; — castellano Ruppis de Clivo ; — castellano Albonis ; — castellano Vallis ; — castellano Morasii ; — castellano Sancti Stephani de Sancto Juers ; — castellano Ysellis ; — castellano Rigalis Montis ; — castellano Ripparum ; — castellano Moyrencii.[6]

Littere nobilium : — ?domine Belli Similis[8] ; — ?dominis 9 de Duennay ; — domino Montance ; — domino de Murinays ; — domino Belli Crescentis ; — domino de Silanis ; — domino de Fortarisia ; — domino de Lencioz ; — domino Mirolii ; — cumdomino Belli Respectus ; — domino de Larnajo[10] ; — domino Montis Rigaudi et Iscronis ; — domino Ruppis Chinardi ; — ?domino Belle Garde[11] ; — domino de Baternay ; — condominis de Hosteduno ; — domino Balme Hosteduni ; — domino Mote Galabri[10] ; — domino Castri Novi Galabri[10] ; — domino Castri Novi et Sancti Quintini ; — domino de Charment ; — domino de Chasta ; — ?dom° comitisse Saluciarum[12] ; — domino de Margesio ; — ? domino Brissiaci ; — ? domino Montis Canuti ; — domino Claveysonis ; — domino[13] de Anjone ; — domino de Turnone et Tincti ;[14] — domino Tollini ; — domino Vignayci ; — castellano Rossillion(is), pro domino dicti loci[15] ; — dom° Karolo de Pictavia ; — dom° comiti Valentinensi et Diensi ; — domino Juncherie.[16]

Littere religiosorum : — ? dom° abbati Lyoncelli ; — ? priori Sancti Valerii ; — ? priori Sancti Donati ; — ? priori de Tinto ; — priori Vallis Sancte Marie, Cartusiensis ; — preceptori Sancti Pauli ; — preceptori Marnancii ; — vicario monasterii Vallis Brissiaci ; — priori de Soauna[17] ; — ? priori Moyrencii vel ejus vicario ; — sacriste et capitulo Beati Barnardi de Rom(anis) ; — dom° abbati Sancti Anthonii.[18]

VIENNESII et TERRE TURRIS[19].

Littere castellanorum : — honorabilibus viris sindicis, consulibus, civibus universitatis Vienne ; — castellano Crimiaci ; — castellano Adveneriarum ; — castellano Balme ; — castellano Quiriaci ; — castellano Morestelli ; — castellano Turris Pini ; — castellano Burgondii ; — castellano Chaboncii ; — castellano Coste Sancti Andree ; — ? castellano Loci Dei[20] ; — castellano Sancti Georgii Sperenchie ; — castellano Revelli ; — castellano Belli Ripparii ; — castellano de Pomeriis ; — castellano Pineti[11] ; — castellano Bellivisus de Marco ; — castellano Sancti Simphoriani ; — castellano Vallium prope Lugdunum ; — castellano Alsiaci ; — castellano Bastide Montis Lupelli ; — castellano Pontis Bellivicini ; — castellano Dolomiaci ; — castellano Castri Vilani ; — castellano Falaverii.

Littere nobilium : — dom° Johanne de Vergeyo, domine de Anthone ; — domine de Illino ; — dom° vicecomiti et domino

Clarimontis ; — domino Montis Revelli ; — dom° Guidoni[21] de
Grolleya[22] ; — domino Malibeci ; — domino Chandiaci ; — domino de Jaunages[23] ; — domino de Marcins ; — domino Bochagii ; — domino de Esclosa ; — ? domino Faramancii[24] ; —
domino Ornacevi[25] ; — domino Montis Leonis ; — domino
Sancti Johannis de Bornay ; — domino Ville Nove de Marcho ;
— domino Pusigniaci ; — domino de Meons ; — domino Sancti
Laurencii in Vienn(esio) ; — domino de Valle Griso ; — domino Demptaysiaci ; — domino Montis Ferrandi[26] ; — domino
Preyssini ; — domino Fabricarum ; — domino de Palude ; —
? Johanni Machi[27] ; — domino Maysiaci ; — dom° Petro Revoyrie[28] ; — ? dom° Aymoni de Amaysino.[29]

Littere religiosorum : — dom° archiepiscopo Viennensi ; —
dom° abbati Sancti Petri foris portam Vienne ; — dom° abbati
Sancti Andree monachorum[17] ; — dom° priori claustrali Sancti
Theuderii ; — dom° abbati Bone Vallis ; — ?dom° abbati Sancti
Theuderii[30] ; — dom° priori Jalliaci ; — dnis decano et capitulo
Viennensis ; — dom° priori Turris Pini ; — ? dom° priori de
Chavanno ; — ? dom° priori Sancti Simphoriani ; — ? dom°
priori Coste Sancti Andree.[31]

GRAYSIVODANI[32].

Littere castellanorum :[33] — castellano Curnillionis ; — castellano Vorapii ; — castellano Voyronis ; — castellano Sancti
Martini de Hera ; — ? castellano Sancti Laurencii de Ponte ; —
castellano Vallis Bornesii ; — castellano Claysii ; — castellano
Oysencii ; — castellano Corvi ; — castellano Bellimontis in
Montanea[34] ; — castellano Raterii ; — castellano Triviarum ; —
castellano Avalonis ; — castellano de Vivo[35] ; — castellano Alavardi ; — castellano Morestelli et Goncellini ; — castellano Visilie ; — castellano Mure ; — castellano Boysserie[36] ; — castellano Montis Bonodi ; — ?castellano Belle Combe ; — ?castellano
Miribelli prope Scalas.[37]

Littere nobilium :[38] — domino de Molario et Miribelli ; —
Ludovicus de Arciis, dominus Bastide et Meolani ; — domino
Pelafolli ; — ? domino Montis Romani ; — dom° Arthaudo
de Arciis ; — domino Belli Montis ; — dom° Rodeto de Comeriis, domino Bastide ; — domino Chayssillane ; — dom° Johanne Leuczonis, milite ; — domino Morgiarum ; — domino

Gerie ; — ? domino Pelafolli ; — dom° Francisco de Alto Vilari ; — domino39 de Ambello ; — domino Uriatici40 ; — domino Varsie ; — domino de Campis ; — Aymoni de Sancto Petro41 ; — domino Sechilline ; 42 — ? domino de Brione ; — domino de Tribus Canutis ; — domino de Persico ; — dom° Francisco de Bello Monte, domino Freyte43 ; — domino de Terracia ; — domino Intermoncium ; — ? domino Revelli ; — domino Mote ; — domino Castellarii ; — condominis de Paris ; — ? bayllivo terre Theysii44 ; 45 — domino de Thoveto ; — domino de Vado ; — dom° Raymundo46 de Theysio, domino Thorane ; — dom° Guigoni Artaudi, domino de Oysio et de Geissa ; — domino Montis Aynardi.47

Littere religiosorum : — episcopo Grationopolitano ; — priori de Comeriis ; — priori Sancti Roberti ; — priori de Vivo ; — priori Sancti Petri de Alavardo ; — priori Mure ; — priori Domene ; — priori Boxie ; — priori Sancti Michaelis de Connexa ; — preceptori Visilie ; — preceptori de Eschiroliis ; — preceptori Triviarum ; — vicario Prati Mollis ; — priori de Barralibus ; — decano48 Grationopolis ; — preposito et capitulo ecclesie Sancti Andree Grationopolis ; — priori Sancti Martini de Miseriaco ; — vicario49 monasterii Montis Fluriti.50

Judicature BARONIARUM51.

Littere castellanorum : — castellano de Vinsobriis ; — castellano de Nyoniis ; — castellano Miribelli ; — castellano Mirandolii ; — ? castellano Ruppis supra Buxum52 ; — castellano Montis Albani ; — castellano Medulionis ; 53 — castellano Buxi.

Littere nobilium dicte judicature : — domino Graygniani ; 54 — ? dom° principi Auraice ; — domino de Garda ; — ? dom° Guillelmo de Baucio55 ; — ? domino Laborelli56 ; — ? domino Sancte Jalle57 ; — ? domino Besigniani ; — ? domino de Riomis ; — domino Poyeti supra Sanctam Jallam ; — domino Ruppis Brune ; — domino Gouverneti ; — domino Belle Combe ; — domino Bastide de Verduno ; — domino de Rossevo ; — domino de Chauvaco ; — domino Vercoyrani ; — domino Podii Guidonis ; — condominis de Vinczobriis ; — ? domino Montis Bruni58 ; — domino Rillane ; — domino de Alanco59 ; — domino Bellivicini.60

Judicature VAPINCESII61.

Littere nobilium : — domino de Rosanis62 ; — domino Sancti

Andree in Rosanis ; — domino Balme Arnaudorum ; — castellano Auripetre, pro domino dicti loci ; — condominis Cigoherii ; — domino Ruppis Arnaudorum ; — domino Montis Mauri ; — dom° G(uillelmo) Ogerii[63], domino Vallis Oze ; — ? domino Furmierii[64] ; — condominis de Veyneto ; — domino de Argenczono ; — domino Asperimontis ; — domino Vallis Venchano ; — domino Cigoterii et Montis Retoudi ; — condominis de Petra ; — domino Montis Jay ; — ? domino Spine[65] ; — ?domino Vallis Barreti[66] ; — ? Estaudardus de Mosteriis[67] ; — condominis de Jarjaya ; — domino de Saornono.[68]

Littere castellanorum dicte judicature : — castellano Serri ; — castellano Veyneti ; — ? castellano Auripetre ; — castellano Upaysii.

Littere religiosorum : — episcopo Vapincesii ; — priori de Asperis ; — priori Sancti Andree in Rosanesio ; — priori de Rosanis ; — priori de Trescliviis ; — priori Aregrandis ; — capitulo Aniciensi[69].

Ebredunesii et Campisauri[70].

Littere castellanorum : — sindicis et consulibus, civibus et universitati Ebredunesii ; — ? castellano Campisauri ; — castellano Rioterii ; — clavario et castellano Caturicarum ; — castellano Sabine[71] ; — castellano palacii Ebreduni.

Littere nobilium : — ?condominis Vallis Gaudemarii[72] ; — ?condominis Montis Orserii[72] ; — ?nobili viro G(uigoni) de Sabina, condomino Sancti Crispini ; — nobili viro Girardo de Valserris, condomino Avanczoni ; — domino de Theusio ; — domino Avanczoni ; — domino de Valserris ; — condominis Montis Gardini ; — condominis de Crotis ; — condominis Sabine[73] ; — condominis de Pruneriis ; — domino de Rama ; — domino Argenterie.

Prelatorum : — reverendo in Xpisto patri et domino archiepiscopo Ebredunensi ; — rev[do] in Xp. pat. dom° abbati Bosconduni.

Brianczonesii[74].

Littere castellanorum : — castellano Carmagniolie ; — castellano Vallis Pute ; — castellano Cayrerie[75] ; — castellano Bardonenchie ; — castellano Exilliarum ; — castellano Ulcii ; — castellano Sesane ; — castellano Vallis Cluysonis ; — castellano Castri Dalphini; — castellano Quadracii; — castellano Brianczoni.

Prelatorum : — dom° preposito Ulciensi, consiliario dalphinali.

Summa litterarum fiendarum : — primo prelatorum : « reverendorum », xij ; — item religiosorum : « venerabilium », xxxj ; — it. baronum et nobilium : « amice, rogando », VIIJ^{xx} ; — it. castellanorum : « amice, mand(ando) », IIIJ^{xx} xviij.

(1) Arch. de l'Isère, reg. *Quartus Generalia* [B. 180], cah. Cxxiiij, papier. Les corrections et additions, reproduites en notes, sont sensiblement postérieures.
(2) Le ms. porte « stundam ». — (3) Au v° du titre et au r° du dern. f° se trouve à double une minute de cette lettre, en tout identique sauf le lieu de convocation « apud Gronop(olim) ».
(4) En marge « Portavit Berth' Valerii, vj f(ebruarii ?) ». — (5) Addition « consulibus ». — (6) Add. « — castellano Rovonis ; — castellano Castri Novi de Iulsen *(leg.* l'Alben ?) ; — sindicis et cuilibet Valentie ; — item castellano Castri Novi Ysere ; — it. Montis Veneris ; — it. Belli Montis ; — it. Aurioli ; — it. Alesii ; — it. de Mirmanda ; — garderio Dalphinali et Montis Lagerii ». — (7) Article cancellé. — (8) Add. « domino Montis Canuti ». — (9) Add. « abbati ». — (10) Add. en m. « Montis Canuti ». — (11) Add. en m. « Hic ». — (12) Add. « cardinali Saluciarum domino ». — (13) Correction « condominabus ». — (14) Add. « — domino de Serreria ». — (15) Corr. « domino Rosillionis ». — (16) Add. « — domino Sancti Andree in Royanis ; — domine Pontis in Royanis ; — domine de Armevo ». — (17) En m. « Non ». — (18) Add. « abbati Duennay. — Relig(iosorum) x^{em} ; — ij prelatorum ».
(19) En m. « Port(avit) Jaquetus de Jancraut, vj f. ». — (20) Add. en m. « In nobilibus ». — (21) Corr. « Andree ». — (22) En m. « Ob(iit) ». — (23) Add. « et de Sancto Projecto ». — (24) En m. « In Anjone est » ; add. « domina Faramancii ». — (25) Add. en m. « Sancti Quintini ». — (26) Corr. « Ferati ». — (27) Add. « domino Bellegarde ». — (28) Corr. « heredes dom^i Petri Revoyrie, domini Romagniaci ». — (29) Add. « — domino Eyriaci ; domine de Anjone ; domine Faramancii ». — (30) En m. « D(om.) arch(iepiscopus) tenet ». — (31) Add. « — dom° priori de Ternay, de Artasio. — Religiosorum vij ; — v prelatorum ».
(32) En m. « Portavit Joh' Atherii, vj f. ». — (33) Add. « castellano Campisauri ». — (34) Corr. « in Triviis ». — (35) Add. « et Cluse ». — (36) Add. « et Belle Combe ». — (37) Add « — castellano Thesii, Petre et Domene ; — castellano Parisius et moncium Cassenatici ; — Gratienop(olis) ». — (38) Add. « domino Cassenatici ». — (39) Corr. « condominis ». — (40) Add. « et Revelli ». — (41) Add. « condomino ». — (42) Add. « — domino de Brione et Laberelli ». — (43) Add. « et de Adestris ». — (44) Add. canc. « Ad manum dalphinal(em) » ; en m. « castellano de Rigne ». — (45) Add. « — dom° Amedeo, domino Miribelli prope Scalas ; — condominis Vallis Bonesii ; — dom° Rodulpho de Comeriis, condomino Sancti Johannis Veteris ». — (46) Corr. « Mermeto ». — (47) Add. « — domino de Manso, Hug(oni) de Comeriis, Guig(oni) de Comeriis, condominis Sancti Guillelmi ; — item condominis Vallis Gaudemarii ; — it. condominis Montis Orserii ; — it. condominis de Laya ; — it. Anthonio Boyssoni ; — condomino Sancti Laur(entii) de Croso ». — (48) Add. « et capitulo ». — (49) Corr. « dom° priorisse ». — (50) Add. « — item decano et capitulo Diensi ; — it. priori Crucis de Pinea in Triviis. — Religiosorum xviij ; — it. prelatorum j ».
(51) En m. « Portavit Simond' Cornu, cum litteris Vapincensis comita-

tue, vij f. » — (52) En m. « Exped(ita) domino de Aysio ». — (53) Add.
« — castellano de Buxo ». — (54) Add. « dom° Hug(oni) de Saluciis, domino Arpouni, Montis Bruni et Curnerii ». — (55) Add. « Guill'o Rollandi, domino de Albretis ». — (56) Add. « dom° P(ietro) Gill(ini) in Gray(sivodano) ». — (57) Add. en m. « Dominus Cassenatici tenet ». — (58) Add. en m. « Supra est ». — (59) Le ms. porte « al-o ». — (60) Add. « — domino Vallis Barreti ; — domino de Aysio, domino castri Ruppis supra Buxum » (canc., en m. « In Graysivodano ponit »).

(61) En m. « Simond' ». — (62) Add. « et Spine ». — (63) Canc. « G. O-i. — (64) Add. en m. « Tenet Raymundus infra d. Cigot(erii) ». — (65) Add. en m. « Supra est in Rosanis ». — (66) Add. en m. « In Baroniis ». — (67) Add. « dom° Guillelmo de Medulione, domino Pometi et Vallis Clause ». — (68) Add. « — domino Ventaoni ». — (69) Add. « dominis Sancti Genesii ; — decano (et) capitulo Vapinci ».

(70) En m. « Portavit, cum litteris Brianc(zonesii), Petrus Breti et litteram Carmagniole, ix f. ». — (71) Add. « Servit Rod(ulphus) de Fonte, castellanus ». — (72) Add. en m. « Grays(ivodani) ». — (73) Add. « Rodulpho de Fonte ». — (74) En m. « P. Breti ». — (75) Corr. « c. V. P. et C. »

LXXIII 1. (1391 ?).

Cy dessoubz s'ens(uivent) les lieux que tient le conte de Valentinois en propriété de nostre saint Père en l'Empire et les fiez à lui appartenans : — Et premièrement Rochefort en Valentinois ; — item le chastel de Charpey ; — it. le chastel de Chastel Double ; — le chastel de Montmera ; — le chastel du Piet ; — le chastel de la Vache ; — le chastel de Vaunavez ; — le chastel de Crest ; — le chastel de Gigors ; — le chastel de Bays en la montaigne ; — le chastel d'Esglu ; — le chastel de Quint ; — le chastel de Ponteys ; — le chastel de Grane ; — le chastel de Chabrillan ; — le chastel de Marsanne ; — le chastel de Soze ; — le chastel de Savasse ; — le chastel de Chastelneuf de Mesan ; — le chastel d'Oripple ; — le chastel de Saou ; — le chastel de Saint Medart ; — le chastel d'Audeffre ; — le chastel de la Roche Saint Secre ; — le chastel de Nerbonne et la quarte partie de Monteil Aymar, de quoy ledit conte est souverain seigneur.

Cy dessoubz s'ensuivent ceulx qui tiennent en fié du conte de Valentinois : — Et premièrement le chastel de Bellegarde en Valentinois ; — le chastel de Barbières ; — le chastel de Marches ; — le chastel de Barsillonne ; — le chastel de la Balme Cornille ; — le chastel d'Ourche ; — le chastel de la Roche Cornillanne ; — le mandement, terroin et bastide de Baix en Dieys ; — le chastel de Chaylar emprés Esglau ; — le terroin de Vachières ; — le terroin et tènement de Saint Alban emprés

Dye ; — le chastel de Barie en Diez ; — le chastel de Vieil Chenet ; — le chastel d'Espinel ; — le chastel de Chastel Arnaut ; — le chastel de Felines ; — le chastel de Charrols ; — le chastel de Albonesset ; — le chastel d'Autuchant ; — le terroin et mandement de la Motetu ; — le chastel de Roche emprès Grane ; — le chastel de Puy Gros ; — le chastel d'Anconne ; — le chastel de la Laupie ; — le chastel de Montboyssier ; — le chastel de Rochefort en Vaudaine ; — le chastel de Puigeron ; — le chastel de la Touche ; — le terroin de Bonnaysac ; — le terroin de les Serres ; — le chastel de la Roche Baudi ; — le chastel de Manaz ; — le chastel desoubz Pire ; — le chastel du Puy de la Val ; — le chastel de Dieu le fist ; — le chastel du Pont de Barret.

Fiefs appartenans audit conte en l'Empire : — Le chastel de Roynac ; — le chastel du Puy Sala ; — le chastel de Nornans ; — le chastel d'Alemon ; — les trois parties voire oultre du chastel de Comps ; — le chastel de Blacons ; — la moitié du chastel d'Oppègue ; — le chastel de la Garde ; — le chastel de Raac ; — le chastel de Monteson ; — le terroin et mandement d'Aiguebonne ; — le chastel de Condorssez ; — le chastel de Susez les Vielles et les Neuves, qui se tient en flé du seigneur de la Garde et en arrièrefié du conte.

Ce sont les lieux qui se tiennent en arrière flé dudit conte : — Le chastel de Saint Gervais ; — le chastel de Cliau et d'Andrans ; — le chastel du Puy Saint Martin ; — le chastel de la Batie Rolant ; — le chastel d'Espeluche ; — la quarte part du chastel de Pigri ; — it. le chastel des Portes.

Ce sont les lieux que tient ledit conte en propriété de l'empereur, qui sont siens : — Le chastel de Soyans ; — le chastel de Leyne, le peage et le chemin publique ; — it. et tous autres peages et regales qu'il tient en l'Empire ; — it. le chastel et peage d'Estelle et le chemin publique.

Ce sont les lieux que ledit conte tient en propriété de mons^r le daulphin, qui sont siens : — Le chastel et burgade d'Estelle ; — le chastel de Mont Lar, le chastel de Beaufort : et leur terrains ; — item ledit conte en tient toute la baronnie de Clérieu.

Ce sont les lieux que tient ledit conte en flé de mons^r le daulphin : — le chastel de Veronne ; — la moitié de la Thoblilha et du Pont Arnaudi; — la moitié et la xij⁰ partie d'Audeffre, et le terroin qui y est oultre l'aigue; — it. le fié que tient Perre de Mont Joux oultre l'ègue du Lez; — it. la moitié du chastel, mandement et terroir d'Ays en Diez; — le chastel de Bellegarde; — le chastel de Monteilhau; — le chastel de Prabello; — le chastel et forteresse qui fut du Peloux en la Val Drome; — la moitié du chastel d'Eyselon; — la quarte part du chastel et bastie de Bresse; — le chastel de la Roche Arnault en Gappencois; — le chastel de Mont Joux; — le chastel de Tissier; — la bastie d'Alance, qui est des hoirs Bertrand Ligier; — it. le chastel de Beiconne.

Ce sont les chasteaus appartenans au conte de Valentinois en propriété estans au Royaume, que tient de présent l'ancienne contesse de Valentinois : — Et premièrement le chastel de Bays; — le chastel du Pousy; — le chastel de Chasteau Bouc; — le chastel de Chalencon; — le chastel de Mesan; — le chastel de Saint Fortunast; — le chastel de Durfort; — le chastel de Tornon emprés Privaz; — le chastel de Saint Perre de Barre; — le chastel de Saint Vincent de Barre; — la ville de Privaz.

Item, ledit conte ne declare point de présent les fiez qu'il tient ou Royaume, lesquelz sont plus grans le double que ceulx de l'Empire, lesquelz se peuvent toujours declarer en temps et en lieu.

Item, la terre dudit conte vault chascun an, tant en Royaume comme en l'Empire, de XIIIJ à XV^m frans.

(1) Guy ALLARD, *Documents mss.*, t. XV, f°s 12-3, papier du temps.

LXXIV.   *10 janvier 1392.*

MEMORIALIA TRADITA DOMINIS REFFORMATORIBUS SUPER STATU PATRIE DALPHINATUS, die x januarii anno Domini M°CCC IIII^{xx} XII^{do}, anno a Nativitate sumpto, videl. magistris Nicolao de Raucia et Johanni de Draco, in Dalphinatu Viennensi consiliariis regiis, presentibus et recipientibus, per dom. Jacobum de Montemauro, gubernatorem Dalphinatus, in presencia dominorum Jo(hannis) Serpeg', G(uillemi) Gel(inonis), advocati fiscalis, et P(etri) Vallini, consiliariorum dalphinalium¹.

Primo, de notifficando regi et ejus consilio gravamen et dampna que patitur in pedagiis, gabellis, monetis, redditibus et juribus sui Dalphinatus, et que hactenus passus est a tribus annis citra propter guerram dom[i] Raymundi de Tourena, et majora dubitatur habere propter captionem castri de Lazaro in Vapincesio, quod tenet Guillelmus Chemisardi, et estabilita(m) de Egluno et castri de Pellafollo in Viennesio, et estabilitam de Sancto Ferriolo in Baroniis, ubi sunt quamplures Anglici de illis qui redierunt de comitiva deffuncti comitis Armegniaci, et conantur castra domini escalare et decipere, depredanturque subdictos dalphinales et per sua itinera mercatores venientes, comittunt eciam multa alia detestabilia ; ad finem quod provideatur vel saltim ordinetur quod dom[o] gubernator recipere valeat de receptu Dalphinatus a receptori ejusdem, qui alias non traderet nec sibi allocaretur in suis computis, que fuerint opportuna pro faciendo custodiri castra dalphinalia et muniri, qui(a) gentes patrie sunt privilegiate de custodiendo tantum muros receptorum qui faciunt eorum domos fortes, et eciam pro habendo opportunum numerum gentium armorum pro visitando et occurrendo ad deffensionem dicte patrie ubi fuerit opportunum.

2. Item, de notifficando qualiter dom. gubernator Dalphinatus, volens providere contentis in precedenti articulo, fecit congregari die antepenultima mensis decembris *(29 déc. 1391)* aliquos ex prelatis, baronibus et banneretis dicte patrie, pro apponendo in exequtionem ordinationem nuper per ipsum et coram eo factam de summa viii grossorum levanda pro quolibet foco, ad finem quod dictis periculis inminentibus et que de partibus Pedemontium dubitantur oriri occurrere posset, sed fuit responsum eidem dom[o] gubernatori quod in hoc non consentirent nisi ante omnia idem dom. gubernator eorum juret servare libertates sicut sui predecessores juraverunt et rex juravit ; et qualiter inde fuit super hoc dieta recepta ad vicesimam sextam diem presentis mensis januarii, ad quam diem gentes trium statuum dicte patrie vocate debent interesse.

3. Item, quod dictus Guillelmus Chemisardi et estabilita sua dicti castri de Lazaro, non obstante quod dictus dom. gubernator sepius in forma debita eis fecerit inhiberi de non offen-

dendo civibus Vapinci, pro eo quia sunt in salvagardia antiqua dalphinali ibidemque habet judicem comunem, magnam pareriam et redditus datos per dictos cives, acto quod custodiantur per dom. dalphinum ut in cedula lacius continetur; nichilominus dictus Chamisardi respondit quod dictis civibus faciet guerram, non obstantibus dictis inhibitionibus, et est verum quod nullam habet justam causam et, si eam pretenderet, dicti cives obtulerunt et offerunt stare ordinationi dicti dom¹ gubernatoris, sed ipse recipere recusavit et recusat : unde, quia dicti cives requisiverunt dictum dom. gubernatorem ut eos protegat a via facti, sicut dictus dominus noster dalphinus tenetur, ut est dictum, provideatur etc.

4. Item, quod gentes dicti dom¹ Raymundi et estabilite supradicte captivant et captivaverunt et ad redemptionem posuerunt garderios dalphinales antiquos et etiam novos, in quibus consistit magna pars reddituum Dalphin[atus, et licet ipsi] per dictum dom. gubernatorem cum solerti diligentia fuerint requisiti, eosdem garderios liberare [recusaverun]t et recusant; et [sic dict]us dominus noster dalphinus est in periculo perdendi redditus suos, quos pro dictis [garderiis] hactenus recipere consuevit.

5. Item, informetur dom. cancellarius de litteris concessis per regem domº Odoni de Vilars et Alisie de Baucio, comitisse de Avilhino, ejus uxori, ad causam castrorum et terrarum quas deffunctus Beraudus de Bautio in Dalphinatu tenebat et quas rex sibi per suas litteras remisit, non obstantibus oppositionibus advocati et procuratoris fiscalis Dalphinatus in ipsis licteris contentis, quarum copia ipsis dnis refformatoribus est tradita, et quas nomine dalphinali tanquam subrepticias impugnavit et forcius nititur impugnare, etiam quia rex in primo anno sui regiminis etatis xiii annorum vel circa eas concessit de terra valente Vᶜ florenos in annuis redditibus, et quia non transiverunt per cameram computorum, etc.: ut sciatur voluntas regis et dicti dom. cancellarii, et quod alie lictere non concedantur, etc.

6. Item, dicti dni refformatores refferant regi et ejus consilio responsionem ad regis licteras super facto homagii non prestiti per deffunctum comitem Sabaudie, et de aliis contentis in cedula extracta a camera dalphinalium computorum.

7. Item, quia magister Jacobus de Sancto Germano, advocatus et procurator fiscalis dicti Dalphinatus, vivere non potest de suo salario, quod est VIII^{xx} francorum per annum, nec suum statum tenere, habetque magnos et continuos labores dictis dnis reffo.matoribus satis notos pro juribus dalphinalibus prosequendis et deffendendis, et in consilio est continuus servivitque xii annis vel circa, quod dicti dni refformatores apud regem et dom. cancellarium faciant sibi provideri per modum doni vel aliter, taliter quod suum statum possit tenere et quod provisio singulis annis disponatur facta : alias opportebit ipsum patrocinari in causis non tangentibus fiscum, sicut sui predecessores fecerunt, a quo ipse destitit plures anni sunt lapsi sperans sibi provideri, prout in vita domⁱ Enguerrandi gubernatoris deffuncti dictus dom. cancellarius Francie plenius fuit informatus.

8. Item, ad causam terre quam comes Gebennensis habebat in Graysivodano et castri de Fallaverio, etiam advisentur quod non concedantur alie lictere, nisi prius de veritate facti mandata fuerit informacio de Dalphinatu.

9. Item, de facto castri et mandamenti de Chantemerle, baronie Clayriaci, quod petit sibi expediri dom. Karolus de Pictavia, vigore licterarum regiarum per cameram verifficatarum et thesaurarios Parisius sub certis conditionibus et modis ; non obstante pacto quod a dicta baronia, quam tenet comes Valentinensis in feudum a domino nostro dalphino, separari non possit vel disjuntgi, ut dictus comes pro majori terra remaneat subjectus : advisentur quod nichil innovetur, donec dictus dom. gubernator mandaverit effectum processus et advisum suum et consilii dalphinalis, etc.

10. Item, quod propter modica stipendia que dom. Hugo de Roca, camere computorum Parisius quondam auditor, diminuit in Dalphinatu judicibus, procuratoribus et aliis officiariis, non reperiuntur habiles et· sufficientes viri pro ipsis officiis exercendis, propter quod dominus patitur et passus est non modica incomoda et in administratione justicie subdicti detrimentum.

11. Item, quia pericula maxima inminent propter gentes armorum et guerras que circuunt Dalphinatum de presenti, castris

dalphinalibus carentibus bonis castellanis pro majori parte, quia reperiri non possunt propter modica stipendia ut premictitur diminuta : provideatur ut mandetur commissio per regem in forma opportuna dom° gubernatori quod, vocatis gentibus consilii et gentibus camere computorum et visis scriptis camere, augmentet stipendia judicibus, procuratoribus, castellanis et aliis officiariis de quibus videbitur necessarium expedire, et quod inde fecerit una cum causis et motivis suis rescribat, etc.

(1) Guy ALLARD, *Documents mss.*, t. V, f° 217 ; à la fin : « Facta est collacio de predictis undecim capitulis pro memorialibus traditis originaliter per dictum dom. gubernatorem, in presencia quorum supra, dictis magistris Nicolao de Raucia et Johanni de Draco, refformatoribus generalibus in Dalphinatu et consiliariis regiis, pro refferendo regi dalphino domino nostro et ejus magno consilio et obtinendo provisionem super contentis in singulis dict. xi capitulorum. Ita est, P. PANETI ».

LXXV.   *2-8 mars 1393.*

(DIETA TRIUM STATUUM DALPHINATUS GRATIANOPOLIS) 1.

IN nomine Domini, amen. Nomina comparencium in dieta qua fuerunt mandati per licteras dom¹ gubernatoris, de mandato regis domini nostri dalphini, apud Gracionopolim gentes trium statuum patrie Dalphinatus, ad secundam diem mensis martii anno (M° III°) nonagesimo tercio.

Primo PRELATI et RELIGIOSI : — dom. episcopus Gracionopolis ; — primo dom. Odobertus de Ambello, pro priore Sancti Donati ; — item preceptor Sancti Pauli ; — Johannes Brocherii, procurator domini Sancti Laurencii de Ponte et Meysiaci ; — it. Guillelmus de Broseto, pro priore Vivi ; — it. Petrus Joffredi, pro priore Sancti Roberti ; — it. dom. abbas Sancti Anthonii ; — prior Sancti Laurencii Gracionopolis ; — prior de Costa.

BARONES et NOBILES : — Primo Rodulphus de Fonte, pro omnibus condominis terre Sabine et pro Anthonio de Eybreduno et Hugoneto de Bardonechia ; — item Stephanus Faureti, pro domino Chandiaci ; — it. dom. Odobertus de Ambello, pro domᵃ marquisia Saluciarum ; it. idem pro Aymaro de Ambello, condomino Vallis Gaudemarii ; — it. Giletus Richardi, dominus Sancti Prejecti ; — it. Humbertus de Briciaco, pro domino de Marenis ; idem pro domino de Meons ; — it. Johannes Grosseti, vicecastellanus Auripetre, pro domino dicti loci ; — it.

Guigo Alamandi, dominus Hurlatici ;² — it. Alamandus dominus Murinaysii ; — it. nobilis Sibuetus, dominus de Sillanis ; — it. Guigo Facionis, castellanus de Fortarecia, pro domina dicti loci ; — it. nobilis Micalonus Merlo, castellanus Sancti Laurencii de Ponte, pro domino dicti loci ; — it. Petrus Garnerii et Petrus Abbatis, pro domino Sancti Laurencii in Viennesio ; — it. dominus Cassenatici ; — it. dom. Giletus Coperii ; — it. dominus Yseronis et Montis Rigaudi ; — it. dom. Guillelmus de Medulione, dominus de Pometo ; — it. Anthonius Racherii, condominus Montis Gardini ; — it. dom. Petrus Gillini, dominus Laborelli ; — it. dom. Reymundus de Thesio, dominus Thorane ; — it. Guillelmus et Jaquetus de Monte Orserio ; — it. dominus de Mota ; — it. dominus Morgiarum ; — it. dominus Montis Aynardi ; — it. dominus de Castellario ; — it. dominus Pelafolli ; — it. dominus Avansonis ; — it. Petrus de Herbesio, castellanus Terracie, pro domina dicti loci ; — it. Amedeus de Boczosello, pro domino Montis Revelli ; — it. Ludovicus de Boczosello, dominus (de) Eclosa ; — it. Petrus de Chissiaco, castellanus Montis Fluriti ; — it. dominus de Tollino ; — it. dominus Bochagil ; — it. dominus Montis Canuti ; — it. dominus Sancti Valerii ; — it. dominus Vignayci ; — it. dom. Aymarus de Claromonte ; — it. dominus Gerie ; — it. dominus de Aysio ; — it. dominus Claveysonis ; — it. Jo(hannes) de Rama, pro domino Montis Mauri ; — it. dom. Fran(ciscus) de Alto Vilario, alias Volandi ; — it. nobilis Sibuetus Rovoyrie, nomine liberorum dom¹ Petri Rovoyrie, de Bufiere, et pro Petro filio Berliacci Rovoyrie, de Romagniaco, et pro Aymaro et Anthonio, liberis domini de Palude et Ville Nove ; — it. nobilis Petrus, filius dom¹ Aynardi de Aya, domini Belle Garde, pro domino suo ; — it. Franciscus de Alemenco, nomine domini Vallis Grise ; — it. Johannes de Ambello, condominus dicti loci ; — it. dom. Rodulphus de Comeriis, dominus Bastide ; — it. Guigo de Comeriis, dominus de Vors ; — it. dominus de Preyssino ; — it. dom. Henricus de Vallino, pro domino Malibeci, qui reportavit licteram sibi missam et inde habuit eam.

Comunitates et pro eis missi : — Primo Stephanus Faureti, pro castellania Sancti Simphoriani, et Stephanus Galandi ; —

item Johannes Doussani et Joh. Odonis, pro castellania Campi Sauri ; — it. Anthonius de Ruffo, electus pro castellania Corvi; — it. Bertrandus Ruffi, pro universitate Sabine ; — it. Petrus Choulerii, pro universitatibus Crotarum et Reorterii ; — it. Guillelmus Bayardi, pro universitatibus de Orreis et Baraterii; — it. Stephanus Simundi et Johannes Galopini, pro universitate Buxi seu castellania ; — it. Vincencius Fabri, pro universitatibus de Nihoniis, Montis Brisonis, Curnierii, Arpaonis et Montis Regalis ; — it. Stephanus de Osso, Ponceutus Reymundi et Reymundus Galberti, pro castellania Oysencii ; — it.³ Guillaudus Aubriati, pro Royvone ; — it. Thomas Premi, pro castellania Vallis Cluysonis ; — it. Franciscus Richaudi, pro castellania Brianczonis, excepto burgo, et pro castellania Sancti Martini de Queyreria ; — it. Anthonius Pascalis, missus pro castellania Bardonechie ; — it. Petrus Carterii, pro Sesana et Exiliarum ; — it. Guigo Fabri, pro castellania Mure ; — it. Johannes Vererii, pro castellania Raterii ; — it. Berthonus Taravelli, pro castellania Miribelli ; — it. Reymundus Humberti, pro universitate loci de Vinsobriis ; — it. Petrus Greneti, pro castellaniis Medulionis et Montis Albani ; — it. Johannes Giraudi, pro castellania Serri ; — it. Andreas de Bardonechia, pro burgo Brianczoni ; — it. Guillelmus de Comba, pro universitatibus Triviarum ; — it. Johannes Veraceni et Johannes Salicis, pro castellania Caprilliarum ; — it. Humbertus Falconis, pro castellania Veyneti ; — it. Guillelmus Raverii, pro castellania Bellimontis ; — it. Petrus Gonterii, pro castellania Vallis Bonesii ; — it. Girardus Cusini, pro castellania Sancti Georgii Speranchie ; — it. Reymundus Rodulphi, pro mandamento castellanie Cluse ; — it. Johannes Morelli et Joh. Pollati, pro castellania Bellivisus de Marcho ; — it. dom. Guillelmus de la Chant', Eymarus de Verfay et Johannes Rosseti, pro universitate Vienne ; — it. Johannes Gaudilii, pro castellania Aziaci ; — it. Jacobus Clugneti, pro castellania Pineti ; — it Hugo Chaleonis et Johannes Lamberti, pro castellania Claysii; — it. Jacobus Gondre, pro castellania Cadracii ; — it. Franciscus Clareti, pro castellania Bellimontis prope Romanis ; — it. Johannes Foucherii et Stephanus Fabri, pro universitate Chaste ; — it. Johannes Marchandi, pro universitate Sancti

Laterii ; — it. Guillelmus Bolfardi, pro universitate Bellivisus in Royanis ; — it. Johannes de Esperonis, electus pro universitate Miribelli prope Scalas ; — it. Petrus Guilloti et Johannes Gabeti, electi pro universitate Albonis[1] ; — it. Johannes de Voysia, pro universitate Moyrenci ; — it. Johannes Flana, pro universitate Sancti Stephani de Sancto Georgio ; — it. Petrus Gonterii, pro universitate de Ysellis ; — it. Guigo Fromage, electus pro universitate Ripparum ; — it. Petrus Ruybonis, pro universitate Regalis Montis ; — it. nobilis Hugoninus Galonis et Drevonus Durandi, electi pro universitate Voyronis ; — it. Johannes Chappelle, consul pro universitate Avalonis ; — it. Jacobus Rebuti, alias Imperatoris, pro castellania Sancti Marcellini sindicus ; — it. Mondonus Reynaudi, electus pro castellania Vallis ; — it. Petrus Mosnerii, electus pro castellania Ruppis de Clivo ; — it. Bertholomeus Richardi (et) Stephanus Veyreti, pro castellania Coste Sancti Andree ; — it. Gonetus de Pomeriis, pro castellania de Pomeriis ; — it. Franciscus Mercerii, sindicus pro universitate Pontis Belli Vicini ; — it. Stephanus Torelli, procurator Vallium et Bastide Montis Luelli ; — it. Johannes Pichonus, sindicus Castri Villani ; — it. Anthonius Nardi, sindicus Chabonis ; — it. Guionetus de Rivero, electus pro universitate Dolomiaci ; — it. Jaquemetus Charbodelli, consul pro universitate Turris Pini ; — it. Johannes Odonis, electus pro universitatibus Campi Sauri ; — it. Johannes Grassati, electus pro universitate Vivi ; — it. Durandus Yranet, consul pro universitate Mencii ; — it. Guillelmetus Masson, electus pro universitate Morestelli in terra Turris ; — it. Petrus Andrevonis et Johannes Motonis, sindici pro universitate Crimiaci ; — it. Berthonus Albi, electus pro universitate Sancti Martini de Hera ; — it. Johannes de Mogin et Joh. Voerii, sindici castellanie Morasii ; — it. Petrus Mourini, pro castellania Vorapi ; — it. Johannes Mourini, pro castellania Curnillionis electus ; — it. Petrus Eschalerii et Petrus Duiaro, castellanie Parisius electi ; — it. Petrus Treyne et Johannes Revolli, pro castellania Cassenatici electi ; — it. Guigo de Jaecos[5], alias Rossier, et Guigo Boneti, pro universitate Montis Bonoudi ; — it. Petrus Richerandi, consul pro universitate Goncelini ; — it. Johannes Valerii et Petrus Gercini, electi pro universitate

mandamenti Quiriaci ; — it. Jacobus Valerii, sindicus ville Cabeoli ; — it. Petrus Alioni, electus pro universitate de Peyrino;
— it. Telmetus Pinelli notarius et Henricus Alamandi, alias de
Ponte, pro universitate Visilie ; — it. Petrus Teysonis, consul
de Saysiaco, mandamenti Turris Pini ; — it. Johannes Guersi,
sindicus Ulcii et pro Salabertano ; — it. Anthonius Vouleti,
pro universitate Burgundii ; — it. Franciscus de Fabrica, pro
universitate Sonne electus; — it. Petrus Beroardi et Stephanus
de Monteacuto, sindici universitatis Belliripperii ; — it. Nicho-
laus Gilberti, electus pro universitate Revelli ; — it. Guion(etus)
Columbeti, electus pro universitate Balme, tradidit cedulam ;
— it. Guillelmus Bayardi, consul pro universitate de Aveneriis.

Die quarta marcii fuerunt presentes in consilio cum dom°
gubernatore : dni Nicolaus de Raucia, Joh(annes) de Draco,
Petrus Aynardi, Joh(annes) Serpe, Guill(elmus) Gelinon, R(aymundus) de Thesio, P(etrus) Gillini, doctores, advocatus, Jo-
(hannes) Vallini, judex appellationum, bayllivus Vapincesii
et Ebredunesii, Graysivodani et Ebredunesii judices.

Die IIII^a marcii comparuerunt supra nominati coram dom°
gubernatore, N-ao de Raucia, J-ne de Drac, consiliariis regiis,
in consilio ; quibus fuit assignatum ad comparendum et au-
diendum exponen(d)a pro parte regis, domini nostri dalphini,
die presenti hora vesperorum.

Die martis IIII^a marcii, in auditorio curie superioris Dalphinatus, dom^s gubernator in manibus domⁱ episcopi Grationopolis juravit libertates, lectis prius licteris regiis et instrumento
juramenti facti per dominum de Bovilla, juxta tenorem et
formam dicti juramenti facti per dominum de Bovilla et sub
eisdem protest(ationibus) ; de quibus domini presentes pecie-
runt instrumenta tot quot fuerunt neccessaria. Presentibus dnis
Henrico de Vallino, Disderio de Luna, militibus; Hectore de
Cayllano, baillivo Graysivodani ; Francisco Comborserii, castellano Mure, Petro de Combellis, castellano Morasii ; discre-
tis viris Jo(hanne) Meolini, Petro Paneti, Alberto Fabri, Petro
Chantarelli, Hug(one) Foresterii, secretariis dalphinalibus, et
pluribus aliis testibus, etc. : presentibus in consilio dnis N.,
J. de Draco, Ser., G., ad., Grays., app-t. Andr. Vallis, Tholos.

Die predicta, hora vesperorum fuit facta peticio consimilis

concessionis quando rex accessit ad partes Lingue Occitane, tam pro occurrentiis regis supportandis et pro nativitate dalphini[o], etc. et date littere comunitatibus, etc. et ad respondendum cra(s)tinum. Quo crastino fuit contramandatum ad jovis vj marcii. — Qua die facta fuit responsio per d. P. G(illini), habitis licteris nomine gentium trium statuum et responsum quod actentis oneribus et paupertate etc., non potuerunt concedere nisi pro deffectu pare quod leva vuj gros. dudum ordinata recuperetur et...... parati semper facere ad bonam voluntatem, etc. Deinde fuit replicatum quod melius deliberent et responsionem magis claram faciant ad crastinum vij marcii. — Quo crastino fuit responsum per d. Pet. Gill. ut prius. Et dom. gubernator et comissarii ad cameram se retraxerunt et deliberarunt quod acceptetur dicta leva, ita quod de libert....
... juxta receptis, solutionibus et computis auditis, quia in expensis totum videre venirent. Et fuit replicatum per dom[m] P. Gill. quot prout alias fuit ordinatum levetur, ita quod si sint aliqua reparanda, quod deliberent ipse gentes et post prandium simul conveniant in Sancto Andrea et respondebunt; non fuit presens dominus Cassenatici in predictis, etc. Deinde fuit responsum ut prius et petitu(m), et fuerunt assignate comunitates ad sabbati crastinum. — Quo crastino vuj marcii, dicte comunitates responderunt prout fuit respondendum per d. P. Gill., etc., et fuerunt licenciate, etc.

Item, die quinta marcii per dominum in consilio, presentibus dnis N., de Drac, Ser., ad., ver.... fuit concessa licencia comunitatibus et universitatibus patrie Dalphinatus essendi cum prelatis, baronibus, nobilibus dicte patrie Dalph. et tractandi pro ista vice, sine prejudicio domini. Et dicti prela(ti), barones, nobiles et comunitates, quando predicta per me Joh(annem) Henrici, secretarium, fuerunt pro parte dicti dom. gubernatoris in aula Fratrum Minorum deputati dicta, ipsi fuerunt protestati quod etiam privilegiis, libertatibus et consuetudinibus non valeat prejudicium generari, etc.

(1) Guy ALLARD, *Documents mss.*, t. XV, cah. 398, pap. format d'agenda; le texte a subi plusieurs additions de la même main.
(2) On a effacé: « it. Stephanus Torelli, procurator Vallium et Bastide Montis Luelli; — It. Johannes Pochonis de Ca... ». — (3) Effacé « Joh. de Laya et ». — (4) D'abord « Durbonis ». — (5) D'abord « Geco ». — (6) Charles, fils de Charles VI, né le 6 févr. 1592.

LXXVI. (Mars 1393 ?).

(Terræ non moventes de feudo dalphinali) 1.

In Graysivodano : — Castra Teysii, Petre et Dome(ne), cum eorum resortibus et pareriis, in quibus sunt pars juridicionis dom¹ Johannis Leusonis ; — item parrochia de Adextris, dom¹ Francisci de Bellomonte ; — it. parrochia Sancti Stephani de Valle, dom¹ Joh(annis) Alamandi et heredum Petri de Comeriis ; — it. domus fortis de Manso, heredum dom¹ Hugonis de Comeriis militis ; — it. domus fortis de Stapes, heredum nobilis Hugonis de Comeriis ; — it. domus fortis de Vors, nobilis Guigonis de Comeriis ; — it. domus fortis Sancti Johannis Veteris, dom¹ Rodulphi de Comeriis ; — it. castrum de Revello ; — it. castrum Bucurionis, potentis viri domini Cassenatici ; — it. castrum Sancti Georgii, domini de Campis ; — it. locus de Comeriis, dom¹ prioris dicti loci ; — it. partem competentem dom° priori de Vivo in ipsius loco et mandamento ; — it. et pars Guigardi de Vado ; — it. castra de Tresmenis ; — it. castrum de Folhanis ; — it. castrum de Prato Buxo ; — it. tota alia terra existens in Triviis, movens inmediate de feudo ecclesie et capituli Diensis ; — item advertatur de parrochia Herbesii ; — it. de alia terra dom¹ episcopi Grationopolis ; — it. de terra ecclesie Grationopolis, si et in qua reperiatur habere juridicionem ut in certa parte mandamenti Claysii vocata Balma ; — it. de dom° priore Sancti Roberti ; — it. homines Saysini et Yscronis, quos asserit non teneri a domino, etc.

In judicatura Viennesii et terre Turris : — Castra Sancti Jorii ; — item castrum Vallis Serre et alia non movencia de feudo dalphinali, videl. C(l)arimontis ; — it. consimiliter castrum et alia terra domini Rocillionis ; — it. castrum et terra de Anjo ; — it. castrum de Suriaco ; — it. parrochia Ville et castrum Montis Superioris ; — it. medietas de Eylino ; — it. castrum Sancti Theodorii ; — it. castrum Mantalie et alia terra dom¹ archiepiscopi Viennensis, et quere que sit ; — it. castrum de Comenay et alia terra capituli Viennensis, et quere que sit illa ; — it. castrum Ruppis Malibecci et alia terra, si quam tenet non moventem de feudo dalphinali ; — item vide de do-

15

mino Chandiaci, si tenet aliqua que non solverint ; — it. vide de abbate Bonarum Vallium, si habet juridicionem.

In judicatura Viennesii et Valentinesii : — Castra domini Brissiaci, vide Brissiacum ; — item castrum Bressini ; — it. castrum de Lemps ; — it. castrum de Virivilla ; — it. castrum Montis Mirati ; — it. castrum Sancti Johannis de ante Bornay ; — it. castrum de Serra ; — it. castrum Castillionis ; — it. castrum   , dom¹ abbatis Sancti Anthonii ; — it. castrum Ceodoli, domini Montis Canuti ; — it. bastida de Murinaysio ; — it. castrum Armevii ; — it. castrum de Vatillief ; — it. castrum de Crepol ; — it. castrum de Basternas ; — it. castrum Sancti Valerii ; — it. castrum Miribelli ; — it. castrum de Valle Cler(iaci) ; — it. castrum de Nerpoz ; — it. castrum de Moresta ; — it. castrum de Teypia ; — it. medietas castri Pisansani ; — it. preceptor Sancti Pauli pro terra sua ; — it. dominus Sancti Andree ; — it. dom. Giletus Coperii ; — it. Arnaudus de Fabrica.

In judicatura Vapincesii : — Prioratus de Asperis ; — item castrum Montis Brandi ; — it. castrum et territorium Montis Mauri ; — it. castrum Manteyerii ; — it. castrum Rabaoni ; — it. civitas Vapincensis ; — it. castrum Poligniaci ; — it. castra bastidarum nove et veteris dom¹ episcopi ; — it. locus Gleysilii.

In judicatura Ebredunesii : — Civitas Ebreduni ; — item castrum Catoricarum ; — it. medietas Montis Gardini ; — it. castrum de Espinasses ; — it. castrum Rosseti ; — it. prior de Costa ; — it. castrum Rodulphi ; — it. castrum Guillestre ; — it. castrum Sancti Clementis ; — it. castrum Sancti Crispini.

Item in judicatura Briansonesii : — Castrum Chomontium.

(1) Guy Allard, *Documents mss.*, t. IV, fᵒˢ 324-8, agenda papier du temps ; mêmes papier, filigrane, format et écriture que le doc. LXXV.

LXXVII.   *(?)*.

Memoriale sit domᵒ receptori super agendis Parisius [1].

Primo, super facto judicature communis civitatis Vapinci, quia dubitatur verisimiliter quod episcopus facto non resistat, et de injuriis alias per ipsum comissis, etc.

Item, de facto dom¹ Augouti de Agouto si condempnetur, quia omnia possidet que habet in Provincia; habere mandatum a rege si vult quod exequatur in Provincia, si defficiant officiales regine in ministranda justicia et quia domⁱ gubernator non intrare Provinciam sine mandato regis promisit, etc.

Item, super castro Belli Similis ratione manus mortue fundande, etc. et ad utilitatem domini nostri dalphini.

Item loquatur quod nullum recipiatur in Francia appunctuamentum cum domᵒ comite Gebennensi, nisi prius vocatis et auditis gentibus domini nostri dalphini.

²Item, de concordia facta cum capitulo ecclesie Sancti Andree, ad exonerationem anime regis et predecessorum suorum, juxta formam litterarum regiarum et dalphinalium super hoc emanatarum.

Item, quod non dentur officia in Dalphinatu nisi faciant continuam residenciam.

Item adviset dominos de camera computorum et eciam cum domᵒ cancellario de facto domini Bressiaci.

(1) Guy ALLARD, *Documents mss.*, t. VI, fᵒ 14, papier du temps. La date de ce mémoire peut être approximativement fixée à l'aide du nᵒ 493 de l'*Invent. des arch. des Dauph.* en *1346* (p. 96), relatif au 3ᵉ §. — (2) On a effacé : « Item, de facto veri bladi quod tollatur in Dalphinatu ».

LXXVIII. *8 novembre 1398.*

(CONVENTUS TRIUM STATUUM DALPHINATUS) [1].

IN nomine Domini, amen. Anno Nativitatis ejusdem mill'imo CCCᵐᵒ nonagesimo octavo et die veneris octava mensis novembris, ad quam diem vocate et mandate fuerunt gentes trium statuum patrie Dalphinatus per litteras spectabilis et magnifici viri domⁱ Jacobi de Monte Mauro, cambellani et consi(liarii regii, gubernatoris......).

PRELATI ET RELIGIOSI : — Dom. episcopus Grationopolitanus; — item procurator capituli[2] Vienne; — it. domⁱ Petrus Marqueti cap(ellanus), cellarerius, nomine dominorum capituli Diensis ; — it. domⁱ abbas Sancti Anthonii misit litteram, et magister Bernardus ejus secretarius ; — it. domⁱ prior de Vivo ; — it. Arthaudus Armueti, procurator domⁱ prioris Sancti Roberti.

BARONES et NOBILES : — Dominus Cassenatici et Vignayci; — dominus Montis Rigaudi ; — dominus Bochagii ; — dominus Chastellarii; — dominus de Mota ; — dom. Arthaudus de Arciis; — dom. Siffredus ejus filius ; — dom. Rodulphus de Comeriis, dominus Bastide; — dom. Rodulphus de Comeriis, condominus Sancti Johannis Veteris ; — item pro domino de Tollino, dom. Guigo de Chaboncio, capellanus et secretarius suus, tradidit litteram ; — it. nobilis Johannes de Alta Rippa, pro dom° vicecomite et domino Clarimontis et pro domino Montis Ferrati ; — it. nobilis Fran(ciscus) de Sancto Andrea, bayllivus Graysivodani, pro dominis Miribelli et Sancti Laurentii de Ponte ; — it. nobilis Franciscus Sibueti, pro domino Brissiaci; it. ut castellanus dominarum de Anjone ; — it. Jacobus de Monte Orserio, dominus de Theucio ; — it. Guillelmus de Monte Orserio ; — it. Johannes de Aya, filius Eymerici de Lay; — it. nobilis Petrus de Royns, pro domino Fabricarum ; — it. dom' Franciscus dominus Malibecci; — it. domina de Faramansio et de Anjone misit litteram ; — it. nobilis Johannes de [Ruina, pro domino Montis Mauri] ; — it. Melmetus de Thesio ; — it. nobilis Guillelmus de Hosteduno ; — it. Reymundus Eymerici, procurator domini de Aysio ; — it. nobilis Gaudemarus de Fayno, dominus Sancti Johannis de Bornay, consentit prout alii facient ; — it. dominus Castri Novi ; — it. nobilis Aynardus de Lay, castellanus Columberii, pro domina de Antone ; it. idem tamquam dominus Belle Garde.

COMITATUM GRAYSIVODANI : — Nobilis Guignotus Guiffredi, pro parrochia de Morestello ; — Johannes Fabri et Jacobus Jordani, consules Goncellini ; — item Anthonius Domeni, consul Alavardi ; — it. Petrus Sarraceni, consul de Mura ; — it. Johannes Pinelli de Vivo, nomine universitatum dicti loci et de Clusa electus ; — it. Johannes Feydef notarius, electus pro universitate Montis Bonoudi ; — it. Telermetus Opinelli notarius, consul Visilie ; — it. Petrus Fabri, nomine universitatis Vallisbonesii electus ; — it. Gononus Magistri, pro universitatibus montium de Cassenatico electus ; — it. Johannes Giroudi, electus pro universitate de Claysio ; — it. Petrus Chalveti notarius, Andreas Bornendi, Guillelmus Conati et Michael Garnerii, misi pro universitatibus Thesii, Petre et Domene, cum

Aymone de Lusino vicecastellano; — it. Bertholomeus Salamonis, electus pro universitatibus Triviarum; — it. Petrus Athierii, nomine universitatis Sancti Martini de Hera electus; — it. Johannes Cervalis, consul de Burgo, et Poncetus Raymundi, nomine universitatum Oysencii; — it. Guilhelmus Vathonie et Johannes de Fura, electi pro universitate Voyronis; — it. Petrus Cornuti et Berthonus de Masoudo, electi pro universitate Curnillionis; — it. Petrus de Sancto Michaele et Johannes Dousani, pro castellania Campisauri electi; — it. Johannes de Cloosto sindicus, pro universitate mandamenti Mure; — it. Gononus Auberti et Gonetus Tasserii, electi pro universitate Bellimontis.

VIENNESII et TERRE TURRIS : — Petrus Berthoni, de Castro Villano consul ; — item Petrus Amblardi et Petrus Gautereti, consules de Revello; — it. Johannes Oriolleti, consul de Chabontio; — it. Jacobus Charbotelli, consul Turris Pini; — it. Johannes Bellivisus, consul de Pineto; — it. Johannes filius Falconeti Guillocti, electus pro universitate Bellivisus de Marco; — it. Petrus Ponchoni, electus pro universitate Falaverii; — it. Bonifacius Dan, consul Coste Sancti Andree; — it. Franciscus Cristini notarius, procurator consulum Crimiaci et asserit quod Petrus Paneti habet procuratorium; — it. Petrus Michaelis, consul Pontis Bellivicini; — it. Petrus de Rivis, sindicus Burgondii; — it. Alamandus Clera, electus pro universitate Morestelli; — it. Johannes Pellerini, castellanus, et Matheus Rostagni, de Quiriaco; — it. Petrus Anthonii, consul Aveneriarum; — it. Berthonus de Burgo nomine universitatis Balme in Viennesio;[3] — it. Ludovicus de Brissiaco, consul Sancti Simphoriani de Auzone; — it. magister Michael de Albrella, alias Picoudus, et Guigo Cristini, electi pro civitate Vienne; — it. Petrus de Ponte, nomine universitatum Vallium prope Lugdunum et Bastide Montis Luppelli missus; — it. Petrus Actuherii, castellanus et pro universitate Dolomiaci; —

VIENNESII et VALENTINESII : — Petrus de Vornassio et Petrus Lagerii, consules Capriliarum; — item Johannes Michonis, consul de Moyrenco; — it. Berthonus Montanerii, consul Ripparum; — it. Guillelmus Floris, electus pro universitate Chaste; — it. Johannes Pogeti et Johannes Apostoli, consules de

Morasio ; — it. Bernardus Oyselli et Guillelmus Chastagni, consules de Payrino ; — it. Johannes Voleyronis et Johannes Lapre, electi pro universitate Rovonis ; — it. Johannes Felisacti, consul Regalis Montis ; — it. Joffredus Vallini, consul Sancti Marcellini ; — it. Johannes Bajuli, electus universitatis Ruppis de Clivo ; — it. Johannes Rollionis, consul Bellireperii ; — it. Vincencius Cassardi, consul de Sauna ; — it. Johannes Pellisonis, sindicus Cabeoli ; — it. Johannes Euglentini et Petrus Davidis, procuratores ut asserunt universitatis Albonis ; — it. Guillelmus Mercerii, consul ville de Romanis ; — it. Ludovicus Yserandi, castellanus Bellivisus.

Terre Valentinensis : — Gerentonus Ebraudi, pro universitate civitatis Valencie ; — item Joffredus Gauterii, electus et missus pro universitate de Mirmanda ; — it. Gonetus de Metaura, electus pro universitate Castri Novi Ysere.

Vapincesii : — Bondonus Agullionis, missus pro universitate Upasii ; — Jacobus Arnaudi, sindicus de Serro.

Baroniarum : — dom. Raymundus Lagerii, pro universitate de Nyhoniis electus et pro universitatibus Miribelli, de Vinsobriis et de Mirandolio, et dom. Petrus de Faya, castellanus Nioniis : — item Johannes Graneti, pro universitate Montis Albani, Medulionis et Sancte Heuphemie electus.

Brianczonesii : — Antonius Bonerii notarius et Johannes Ferrusii, pro universitatibus judicature Brianczonesii.

(1) Guy Allard, *Documents mss.*, t. XV, f⁰ 348-55, papier du temps ; en tête : *De viij° ystagio came*¹°. — (2) La lettre de procuration des chanoines de Vienne se trouve dans le même vol., f⁰ 388, origin. papier, avec trace de sceau plaqué :

« Egregie et magnifice domine. Humili recomendacione preposita, nos et nostrum capitulum ad vestri bene placita et mandata noverit vestra potens dominatio. Scientes quod, propter adventum dnorum cardinalium Pictav(ensis)[4], Saluciarum[5] et de Turi[6], qui hic destinati per collegium sancte sedis apostolice, ad regem transituri sunt, cum quibus propter negotia nostre ecclesie multa habemus peragere, ad vestram dominationem non potuimus accedere ; sed procuratorem nostrum, sufficienter fundatum ad consensiendum hiis que per vestram dominationem fuerit ordinatum, ad vos mittimus : offerentes nos et nostram ecclesiam facturos que per vos et alios dominos de consilio fuerit ordinatum. Supplicantes vestre egregie dominationi, quathenus nobis provisionem neccessariam et utilem concedere dignemini super supplicatione per nos vobis Vienne tradita, sicut confidimus in vestra dominatione. Vestrum nobilem statum consorvare dignetur Altissimus. Scriptum Vienne, die vij novembris *(1398).*

» Vestri toti capitulum et singulares canonici et incorporati sancte Viennensis ecclesie ».

Au dos « Egregio ac magnifico et potenti domino, dom° gubernatori Dalphinatus ».

(3) On a ajouté ici « — it. dominus de Palude; — it. dominus de Pressino ». — (4) Voir p. 200, n. 3. — (5) Amédée de Saluces, évêque de Valence et cardinal (1383), † 28 juin 1419 *(Obituar. Lugdun. eccl.,* éd. Guigue, 56-8); cf. p. 212, n. 12. — (6) Pierre de Thurey, évêque de Maillezais, cardinal (1385), † 1410.

LXXIX¹. *(?).*

Regula generalis est in toto Dalphinatu quod castellani possunt et debent recip(er)e a subditis seu aliis debentibus florenos dalphinales xvii scudos turonenses, valentes xiii grossos papales aut regios cum iii quartis unius ; et pro quolibet grosso dalphinali xvii denarios turonenses, quorum xv valent unum grossum papale vel regium aut regine.

Est enim verum quod omnes floreni et grossi recogniti in recognicionibus castellanie Buxi, receptis per Raymundum Meyfredi alias de Fara et Guillelmum Meruli, qui fuerunt recogniti ut floreni auri interpretantur et advaluantur sicuti floreni dalphinales, videl. quilibet ad xvij solidos turonenses valentes xxxiiij sol. monete currentis in Dalphinatu, et quilibet grossus ad xvij denarios turonen. valentes xxxiiij den. monete currentis ut supra.

In castellaniis Buxi, Ubrilis, Mirandolii, Medulionis et Montisalbani ac ceteris bailliviatus Baroniarum ab antiquissimis temporibus consueverunt vendi cujuscumque valoris existerent et venderentur in foro, videl. gallina i grosso dalphinali, libra piperis iiij°' grossis dalphin., libra zinziberis totidem, libra cimini i grosso dalphin. et libra cere ii grossis dalphin. : verumtamen debentes non possunt nec debent compelli ad solvendum nisi gallinas, piper, zinziber, c(u)minum aut ceram, dumtamen solvant in termino quo debentur ; sed si fuerint negligentes aut morosi de solvendo in termino, ipso termino lapso est in auxione castellani compellendi ipsos ad solvendum res predictas aut precium si malluerit, tamen non debet excedere precia supra declarata.

Item, quo ad florenos et grossos, pro quolibet floreno parvo debent solvi et recipi xvi solidi turonen. valentes xxxij sol. monete currentis in Dalphinatu, et pro quolibet grosso parvo xvi den. turonen. valentes i grossum papale seu regis aut regine et ij den. monete dalphin.

Quo vero ad recepcionem reddituum que debentur in pecunia, licet videatur habito respectu ad computos antiquos esse majoris valoris quam fuerint in aliquibus annis non est diu preteritis computatum, tamen pronunc super hoc non fit aliqua declaracio nec mutacio, nec fiet quousque super hoc habita fuerit major deliberacio.

(1) Guy ALLARD, *Documents mss.*, t. XV, f° 237, minute papier.

LXXX [1].   *1400—2.*

CY après s'ensuit l'estat de la valeur du Dalphiné, fait par nous Jehan de Marveil et Andry Garin, auditeurs des comptes du dit paiz, pour trois ans finis à la saint Jehan MCCCC et deux, par vertu de certaines lettres closes du roy nostres, signées de sa main et seelées de son seel secret, à nous presentées par Jehan de Villins, tresorier d'icellui paiz, le xx° jour du mois de novembre MCCCC et deux.....

Et premièrement pour l'an fini à la Saint Jehan MCCCC.

RECEPTE en GRAYSIVODAN.

La castellenie de Grenoble valu cel an en toutes choses, deduite toute despence ordinaire, VI^{xx} flor. iii gr. iii quart. Dalph. ; — la chastellenie de Saint Martin de Aire, 4 fl. ; — la chastellenie de Vizille, 353 fl. ; — la chastellenie de La Mure Mathesine, 155 fl. ; — la chastellenie de Ratier, 104 fl. ; — la chastellenie de Montbonost, 424 fl. ; — la chastellenie de Claix, 80 fl. ; — la chastellenie d'Avalon, 57 fl. ; — les chastellenies de La Boixière et de Bellecombe, néant, mais doit l'en au chastellain pour cause des ouvrages et de la despence des recognoissances ; — la chastellenie de Morestel en Graysevodan, 146 fl. ; — la chastellenie de Cornillon, 299 fl. ; — la chastellenie de Voyron, 233 fl. ; la maistralie d'icelle chastellenie, 118 fl. ; — la chastellenie de Voraipe, 114 fl. ; — les chastellenies de

Vif et de Cluse, 95 fl. ; — la maistralie de Valdent, 30 fl. ; — la chastellenie de Trièves, 340 fl. ; — la chastellenie de Oysans, 250 fl. ; — la chastellenie de Champsor et Montorsier, 691 fl. ; — la chastellenie de Paris, 43 fl. ; — la chastellenie de Chassenages, 157 fl. ; — la chastellenie de Corp, 184 fl. ; — la chastellenie de Biaumont en Graysevodan, 221 fl. ; — la chastellenie d'Alavart, 147 fl. ; — les chastellenies de Theis, Domeine et La Pierre, 300 fl. ; — de la pescherie de l'estang de Voiron, néant car il ne fu pas peschié en celle année. — Somme : 6172 flor. 4 gr. 1 tiers 2 quins et demi quart Dalph.

Seaulx et escriptures : — l'esmolument du seel du gouvernement, 411 fl. ; — l'esmolument du seel de la grant court de Graysivodan, 490 fl. ; — l'esmolument du seel de la court des appeaux, 80 fl. ; — la notairerie de Montbonost, 31 fl. ; — la notairerie de la court commune de Grenoble, 46 fl. — Somme : 1059 fl. 1 quart de gr. Dalph.

Exploiz de justice : — les exploiz de la grant court de Graysevodan faiz en cel an par le juge d'icelle court montent 344 l. 10 s. de monnoye courant, valent 206 fl. 8 gr. 2 quins ; — les exploiz de la court commune sont comprins ou compte de la chastellenie de Grenoble et pour ce néant ; — les exploiz de la court des appeaulx de cel an 78 l. 5 s. de monnoye courant, qui valent à flor. Dalphinaulx 46 fl. 11 gr. 2 quins. — Somme : 253 fl. 7 gr. 4 quins.

Gabelles et peages : — le peage de Grenoble fu baillié à ferme celle année à 103 frans, valent 130 fl. ; — le peage d'Alavart à 120 fl. ; — le peage et bastiage de La Boissière à 46 fl. ; — le pontonnage de Claix à 115 fl. ; — le moulin du Pont de La Roche à 8 fl. ; — le pontonnage du port de La Roche à 20 fl. ; — la leyde et gabelle de Goncelins à 22 fl. — Somme : 462 fl. 6 gr. 1 quint et demi.

Plais ou muages, néant. — Peinnes, néant.

Laus et ventes : — de los et de ventes fu receu en cel an par le tresorier, qu'il rent ou chappitre de Graysivodan, 179 fl. courans, valent à flor. dalphinaulx 161 fl.[2] ; — les exploiz de la souverainne court de celle année montent en somme toute, pour tout le paiz du Dalphiné, 4599 fl. — Somme par soy.

Première somme grosse : 12547 flor. 1 quint de gros.

Viennoiz et la terre de La Tour.

La conté de Vienne a valu en toutes choses, deduite toute despence par le gardier, ou dit an 228 fl. ; — la chastellenie de Revel, 152 fl. ; — la chastellenie de Biau Repaire, 180 fl. ; — la chastellenie de Falavier, 71 fl. ; — la chastellenie de Pinet, 63 fl. ; — la chastellenie de Saint Saphorin, 352 fl. ; la pescherie de l'estang d'icelle, néant cest an ; — la chastellenie de la Coste, 581 fl. ; — la chastellenie de Pommiers, 64 fl. ; — la chastellenie de Chabons, 25 fl. ; — la chastellenie de la Balme, 132 fl. ; — la Tour du Pin, 237 fl. ; — Chasteauvillain, 149 fl. ; — Vaulx, 208 fl. ; — la Bastide de Montluel, 200 fl. ; — Cremieu, 319 fl. ; — Sablonnières, 16 fl. ; — Quirieu, 253 fl. ; — la chastellenie de Bourgoing et de la terre de Ruy, 171 fl. ; — Morestel en Viennoiz, 169 fl. ; — Dolomieu et la terre de Champaigne, néant, car les ouvrages excedent la valeur ; — Asieu, 35 fl. ; — le Pont de Biauvoysin, 241 fl. ; — les Avenières, 219 fl. ; la pescherie de l'estang du dit lieu des Avenières, néant cest an ; — la pescherie de l'estang de Falavier, 90 fl. ; — la pescherie de l'estang de Vezeronce, 187 fl. ; — la conrerie imperial de Vienne, 103 fl. ; — de la fille et heritière de Loys Bonet, Lombard, pour sa maison de Vienne 1 marc d'argent, vault 7 flor. ¹/₂. — Somme : 4264 flor. 9 gr. 2 tiers et quart.

Seaulx et escriptures : — les exploits de la grant court de Viennoiz et terre de la Tour, 326 fl. ; — le seel de la dite court, 690 fl. courans, valent à dalphinaulx 621 fl. ; — les monnoyes de Cremieu, 29 l. 7 s. tournois, valent à flor. dalphin. 35 fl. 2 g. — Somme : 981 flor. 3 g. ¹/₂.

Gabelles et peages : — le peage de la Bastide de Montluel, 30 fl. ; — le peage de Saint Saphorin, 390 fl. ; — Saint George d'Esperance et Biauveoir de Marc, 950 fl. — Somme : 1370 flor.

Seconde somme grosse : 6616 flor. 1 gr. ¹/₂.

Viennoiz et Valentinoiz.

La chastellenie de Moyranc valu cel an en toutes choses, deduite toute despence ordinaire, néant car les ouvrages du pont ont excedé la valeur ; — la chastellenie de Rovon, 28 fl. ; — Royalmont, 23 fl. ; — Rives n'a valu, pour ce que le demourant a esté converti ès euvres du pont de Moyranc, que 20 fl. ; —

Saint Estienne, 47 fl. ; — Yseaulx, 44 fl. ; — Moras, 214 fl. ; — Albon, 89 fl. ; — Val, 67 fl. ; — la Roche de Cluy, neant car à painnes se puet recompenser la recepte à la despence et n'a point le chastellain compté ; — Peyrins, 67 fl. ; — Pisançon, les despens ont plus monté que la recepte du dit an 32 fl. ; — Chevrières, 244 fl. ; — Beaumont, 67 fl. ; — Chabueil, 212 fl. ; — Saint Marcellin, 7 fl. ; — Saint Nazaire, 67 fl. ; — Saint Latier, 24 fl. ; — Beauvoir en Royans, 53 fl. ; — la ville de Rommans, 50 fl. ; — l'critière de Loys Bonnet, 15 fl. ; — la pescherie de l'estang de Ville Neuve de Berthieu, ou mandement de Val, néant en cel an. — Somme : 1308 fl.

Seaulx et escriptures : — le seel de la grant court de Viennoiz et Valentinoiz, 390 fl. ; — les exploiz d'icelle court, 171 fl. ; — les exploits de la court commune de Rommans, neant car à peinne atteignent il aux gaiges de officiers du dit lieu. — Somme : 561 flor.

Gabelles et peages : — les grans gabelles de Viennoiz et le peage de Pisancon, 1850 frans valent 2220 fl. dalph. ; — le peage de Chabueil, 118 fr. valent 136 fl. ; — le peage de Saint Rambert, 16 fr. val. 19 fl. ; — le pontonnage de Confolent, neant car il fut clos tout l'an ; — les monnoyes de Rommans, 219 li. valent à flor. dalph. 263 fl. — Somme : 2638 flor.

Tierce somme grosse : 4507 flor. 7 gr. $^1/_4$ quart.

BARONNIES.

La chastellenie de Nihoms valu en cel an, deduite toute despence ordinaire, 8 fl. ; — Arpaon, les ouvrages ont plus monté que la recepte 54 fl. dalph. ; — Saint Maurise, néant pour les recognoissances ; — Mirebel, 91 fl. ; — Boix et Ubril, 237 fl. ; — Mirandol n'a pas compté et aussi a grant garde, et pour ce néant ; — Mont Alban et Saint Euphemie, 182 fl. ; — Meulhon, néant pour cause des ouvrages. — Somme : 464 flor.

Seaulx et escriptures : — le seel de la grant court des Baronies, 88 frans valent 106 fl. ; — la notairerie de la grant court, 51 fr. val. 61 fl. — Somme : 167 flor.

Gabelles et peages : — le peage de Nihoms, 120 fr. val. 144 fl. dalph. ; — la leyde de Nihoms, 25 fr. val. 30 fl. — Somme : 174 flor.

Quatrième somme grosse : 804 flor. 3 gr. $^1/_2$ et 2 quins.

Gappensois.

La chastellenie de Serre a valu cel an 184 fl.; — Upaix, néant pour cause des ouvrages; — Montalquier, 97 fl.; — Veyne, 223 fl. — Somme : 504 flor.

Seaulx et escriptures : — le seel de la court de Gappensois, 100 fr. val. 120 fl.; — les quartons et le ban du vin de Serre, 58 fl.; — les moulins de Serre, 33 fl. cour. val. 30 fl. — Somme : 208 flor.

Gabelles et peages : le peage de Serre, 528 fl. — Somme par soy.

Cinquième somme grosse : 1239 flor. 10 gr. 1 tiers et quart dalph.

Ebrunois.

Le palais d'Ebrun et ses appartenances, 200 fl.; — Reortier, 60 fl.; — la clavairie commune d'Ebrun, 18 fl.; — la clavairie de Chaourges, 4 fl.; — la leyde et le consolat d'Ebrun, 64 fl. cour. val. 58 fl. — Somme : 340 flor.

Seaulx : — le seel de la grant court, 10 fl. — Somme par soy.
Sixième somme grosse : 444 flor. 2 gr. $^1/_3$ et 1 quint.

Brianczonnois.

Brianczon, 580 fl.; — Queyras, néant car les ouvrages excedent la valeur; — Valpute, 42 fl.; — Saint Martin de Querière, 9 fl.; — Chastel Dalphin, 55 fl.; — Exilles, 226 fl.; — Oulx, 8 fl.; — Valcluson (et) Sesanne, 46 fl.; — Bardonnesche, 298 fl. — Somme : 263 flor.

Seaulx et escriptures : — le seel de la grant court de Brianczonnois, 36 fl.; — la notairie, 54 fl. — Somme : 90 flor.

Gabelles et peages : — les grans gabelles de Brianczonnois, la leyde et le petit peage de Brianczon, 432 fl.; — les peages, la leyde et les fours de Sesanne, 162 fl.; — la foire de Nostre Dame de septembre, 177 fl. — Somme : 771 flor.

Les pensions de Brianczonnois, 4423 fl. de bon pois qui valent 4976 fl. — Somme par soy.

Les marcs d'argent que payent les Juifs de tout le Dalphiné, 15 m. d'arg. valent 93 fr. $^3/_4$ et à dalph. 112 fl. $^1/_2$. — Somme par soy.

Le proffit de l'or receu pour l'année en la tresorerie a valu 236 fr. val. 283 fl. — Somme par soy.

Septième somme grosse : 7495 flor. 9 gr.

Somme de toute la valeur de la dite année : XXXIII^m VI^c LIII flor. xi gr.

DESPENSE.

Et premierement à heritage : — les religieuses Chartreuses de Salettes, les religieuses Jacobines de Mont Flori, Anthoine Berart, Thomas et Anthoine Ourcel prennent chascun an par leur main sur les pensions du Brianczonnois 793 fl. dalph.; — le prevost et chanoines et colleige de l'esglise Saint Andrieu de Grenoble, 400 fl. dalph.; — l'evesque de Veyson, 9 fl.; — l'ospital du Pont Saint Esperit, 3 fl.; — le chappelain de La Roche de Cluy, 24 fl.; — les hoirs de Guillaume de Varilles, 48 fl. — Somme à heritage : 1277 flor.

A vie : — le seigneur de la Rivière, 2000 fl. dalph.; — mons. Almaurry d'Orgemont, 600 l. p. val. 900 fl. dalph. — Somme: 2900 flor. dalph.

Dons à voulanté, creue de gaiges et pensions : — monseigneur le gouverneur mess. Jaques de Mont Mor, 1000 fl.; — mess^e Girart de Grant Val, 150 fl.; — maistre Symon Bourich, procureur du roy en court de Romme, 240 fl.; — mess^e Reymon Bernart Flamenc, advocat du roy en court de Romme, 96 fl.; — Gauvain Michaille, 95 fl. — Somme : 1591 flor.

Gages ordinaires : — m^r le gouverneur dessus nommé, 2000 fl. dalph.; — le tresorier, 500 fl.; — la chambre des comptes, 1095 fl.; — le conseil, c'est assavoir maistre Jehan Sarpe 200 l. par., maistre Guillaume Gelinon 200 l. p., mess^e Soffrey Thoulon 160 l. p., l'advocat fiscal 128 l. p., le juge des appeaulx 64 l. par., les iij secretaires 76 l. 16 s. p., le huyssier du conseil 16 l. p.: 844 l. 16 s. p. valent 1267 fl.; — le contreroleur de la recepte general 60 fl. pet., le maistre des euvres 100 fl. pet., l'inquisiteur 190 fr. val. 237 fl. 1/2 pet.: pour ces iij parties 397 fl. 1/2 pet. val. 382 fl. dalph. — Somme des gaiges dessus diz à flor. dalph. : 5244 flor. dalph.

Le baillif de Graysivodan prent de gages par an 80 fl. petiz, le juge 100 fl., le procureur 50 fl.; — le baillif de Viennoiz et de la terre de la Tour 100 fl., le juge 100 fl., le procureur 50 fl.; — le baillif de Viennoiz et de Valentinoiz 100 fl. petiz, le juge 100 fl., le procureur 50 fl.; — le baillif des Baronies 65 fl., le juge 45 fl., le procureur 25 fl.; — le baillif de Gappensois 40 fl., le juge 30 fl., le procureur 20 fl. ; — le baillif de Ebrunoiz 30 fl., le juge 25 fl., le procureur 15 fl. ; — le baillif de Briançzonnois 70 fl., le juge 35 fl., le procureur 25 fl. ; — le juge de la court commune Grenoble, 40 fl. petiz dont l'evesque paye la moitié et monseigneur le Dalphin l'autre, pour ce 20 fl. pet. — Somme des diz gaiges à flor. petiz : 1175 flor. pet. valent à dalphinaulx 1128 flor. dalph.

Somme de touz les gaiges qui se payent par le tresorier : 6371 flor. 9 gr. 3 quins dalph.

Item se doit reprendre en despence ce que dessus est rendu en recepte du proffit des monnoyes, car pour cest an le dit tresorier estoit chargié de le rendre à part pour convertir en la despence de l'ostel du roy, du quel proffit se rendent en recepte 298 fl. — Somme par soy.

Somme de toute la despense ordinaire dessus dite : XII^m xxv flor. 1 gr. et demy.

Ainsi restent 21629 flor. 9 gr. et $^1/_2$, qui valent à frans 18024 frans 13 gr. 1 quint, sur quoy doivent avoir esté payez : — ouvrages faiz à Grenoble, — dons à une foiz se aucuns en y a, — legacions et voyages, — menues messageries, — despence commune, — achat de rentes et heritages, — achat ou change d'or à monnoye, — portage de deniers, — la despence de l'ostel du roy, — et l'escripture triple avecques les despens faiz pour la reddicion du compte : de toutes les quelles choses la chambre des comptes du Dalphiné ne puet riens savoir, pour ce que la despense ne se renvoye point comme elle souloit.

(1) Guy Allard, *Documents mss.*, t. IV, f°s 102-9, minute papier.
(2) En marge « Soit royé, car il doit estre fait par les explois ».

LXXXI [1]. (1403-)4.

....;

— les hommes dudit lieu de Moresta, qui sont à messire Emar de Brive, à Artaut de Beaumont et à Francoys Revola, pour viij feux paié Michelot Tubia... viij flor. ; — les hommes de Vourey, qui sont audit sire de Tollins, pour 11 feux paié (... Andreos Tornel, qui se dit estre exsens par liberté à luy donnée par ledit seignieur de Tollins) 11 fl. ; — les hommes de Lantio, pour la partie qui se tient du sire de Bressieu, pour 3 feux...

4 fl. 6 g.; — les hommes de Vatilleo, pour 10 feux... 10 fl.; — la balme de Murinais, pour 5 feux... 5 fl.; — les hommes de Rochi, qui sont au sire de Malbec, baille le dit seignieur pour 12 feux... 12 fl.; — les hommes de Yseron, qui sont de franc alou, pour 16 feux... 16 fl.; — les hommes de Saint Clar, qui sont au chappitre de Vienne, rapporte... qu'il y a 7 feux, paié ... 7 fl.; — les hommes de Saint Jehan d'Autaveon, de Chatilhon et de Parnans, pour 18 feux... 17 fl.

Recepte faitte des alloux, depuis que j'ay rendu mon compte de ceste taille, qui fu le xxii° jour de novembre l'an MCCCC quatre : — Premierement les homes de Comenay, qui sont au chapitre de Saint Muris de Vienne, pour 7 fueux... 7 fl.; — les hommes de Batarnay, pour 5 fueux... 5 fl.; — les hommes de la moitié de Theolignan, qui ne se tient point de mons. le Dalphin, pour 6 fueux... 6 fl.; — les hommes de Reventin, qui sont au chapitre de Vienne, pour 3 fueux; — les hommes du prieur de Saint Sir, pour 2 feux payé mosseu Jehan Viels, juge des apels... 2 fl.

(1) Guy ALLARD, *Documents mss.*, t. VI, f°s 213-5, papier du temps.

LXXXII [1]. (*1404-5*).

(Le domaine de GRAYSIVODAN : — ....);
— des habitans de la chastellenie d'Alavard, pour IJ° XLIJ feux;
— d. hab. de la chastellenie de La Buxière, pour 136 feux; — d. hab. de la chastellenie de Belle Combe, pour 60 feux; — d. hab. de la chastellenie de Morestel et Goncellins, pour 170 feux; — d. hab. de la chastellenie de Mont Bonost, pour 294 feux; — d. hab. de la chastellenie de Vif, pour 103 feux; — d. hab. de la chastellenie de La Cluse, pour 41 feux; — d. hab. de la chastellenie de Clays, pour 48 feux; — d. hab. de la chastellenie de Cornillon, pour 284 feux; — d. hab. de la chastellenie de Voyreppe, pour 117 feux; — d. hab. de la chastellenie de Voyron, pour 447 feux; — d. hab. de la chastellenie de Chassenages, pour 54 feux; — d. hab. de la chastellenie de Paris, pour 37 feux; — d. hab. des chastellenies de Theys et La Pierre et Domène, pour 455 feux, payé... par les mains de mosse Anthoine Guiffré, licencié en leis, 67 flor. — Summa focorum ordinariorum Graysivodani, 6625 foca. — La recepta

du domaine de Gresivodan faitte par Perrin d'Origny monte 5858 flor.

Le demaine de Viennoys et la terre de La Tour : — Des habitans de la cité de Vienne, pour 600 feux ; — d. hab. de la chastellenie de Revel, pour 139 feux... 139 fl. ; — d. hab. de la chastellenie de Beaurepère *(al.* Bel Repaire), pour 90 feux ... 90 fl. ; — d. hab. de la chastellenie de Chasteau Villain, pour 148 feux... 148 fl. ; — d. hab. de la chastellenie d'Ayzieu, pour 20 feux... 10 fl. ; — d. hab. de la chastellenie de Vaulx et de la Batie de Montluper *(al.* Bastide de Mon Luel), pour 37 feux(... de Jonnages)... 37 fl. ; — d. hab. de la chastellenie de Bourgoing *(al.* Berguoing), pour 236 feux... 236 fl. ; — d. hab. de la chastellenie de Saint Saphorin, pour 187 feux... 187 fl. ; — d. hab. de la chastellenie de La Balme en Viennoys, pour 81 feux... 41 fl. ; — d. hab. de la chastellenie de Cremieu, pour 439 feux (... Francoys de La Balme, chastellain dud. lieu')... 439 fl. ; — d. hab. de la chastellenie de Sablonnières, pour 32 feux (... de Tirieu)... 19 fl. ; — d. hab. de la chastellenie de Chabons, pour 38 feux... 22 fl. ; — d. hab. de la chastellenie de Pinet, pour 255 feux... 255 fl. ; — d. hab. de la chastellenie de Pinet, pour 255 feux... 255 fl. ; — d. hab. de la chastellenie de Quirieu, pour 376 feux... 376 fl. ; — d. hab. de la chastellenie de Beauvoir *(al.* Beauver) du Marc, pour 163 feux... 163 fl. ; — d. hab. de la chastellenie de Saint George *(al.* Jorge) d'Esperance, pour 121 feux... 121 fl. ; — d. hab. de la chastellenie du Pont de Beau Voysin *(al.* Beauvoisin), pour 137 feux... 137 fl. ; — d. hab. de la chastellenie de Dolomieu, pour 94 feux... 94 fl. ; — d. hab. de la chastellenie de Pommiers, pour 24 feux... 24 fl. ; — d. hab. de la chastellenie de La Coste *(ad.* Saint Andrieu), pour 507 feux (... Jehan Liezart, chastellain dud. lieu)... 507 fl. ; — d. hab. de la chastellenie de La Tour du Pin, pour 424 feux... 424 fl. ; — d. hab. de la chastellenie des Avenieres, pour 104 feux... 98 fl.; — d. hab. de la chastellenie de Morestel en Viennoys, pour 229 feux... 229 fl. ; — d. hab. de la chastellenie de Falavier, pour 99 feux... 99 fl. — Summa, 3970 foca. — Recepte faicte par Perrin d'Origny du domaine de la terre de La Tour monte 85 flor.

Le demaine de Viennoys et Valentinoys : — Des habitans de la ville de Romans, pour 600 feux... 600 fl.; — d. hab. de La Roche de Cluy, pour 40 feux... 40 fl.; — d. hab. de la chastellenie de Chevrières, pour 242 feux... 188 fl.; — d. hab. de la chastellenie de Chaste, pour 89 feux... 89 fl.; — d. hab. de la chastellenie de La Sonne, pour 54 feux (... de Jehan Sirvent et Jehan Plasse de La Sonne, qui se dient estre nobles, payans.. par toute leur taille 2 fl.)... 54 fl.; — d. hab. de la chastellenie de Moras, pour 127 feux... 127 fl.; — d. hab. de la chastellenie de Rives, pour 61 feux; — d. hab. de la chastellenie de Moyreinc, pour 121 feux; — d. hab. de la chastellenie de Royaulmont, pour 64 feux; — d. hab. de la chastellenie de Val, pour 99 feux... 98 fl. 6 g.; — d. hab. de la chastellenie de Payrins, pour 124 feux... 124 fl.; — d. hab. de la chastellenie de Beauvoir en Royans (*al.* Beauver), pour 87 feux... 87 fl.; — d. hab. de la chastellenie de Saint Nazaire, pour 106 feux ... 106 fl.; — d. hab. de la chastellenie de Chabeuil (*al.* Chabueil), pour 111 feux... 111 fl.; — d. hab. de la chastellenie de Rovons, pour 21 feux... 12 fl. 6 g.; — d. hab. de la chastellenie de Saint Marcellin, pour 80 feux... 41 fl.; — d. hab. de la chastellenie de Saint Latier, pour 57 feux... 57 fl.; — d. hab. de la chastellenie d'Albon, pour 120 feux... 118 fl.; — d. hab. de la chastellenie de Saint Estienne (*ad.* de Saint Juers), pour 94 feux... 94 fl.; — d. hab. de la chastellenie de Yseaulx (*al.* d'Iseux), pour 25 feux... 25 fl.; — d. hab. de la chastellenie de Beaumont emprès Romans (*al.* B. près de R.), pour 6 feux (... Thevenin le Flament, payant par les hommes de mons. le Dalphin comme de ceulx qui se dient estre hommes du comandeur de Saint Pol [3])... 6 fl.; — d. hab. de la chastellenie de Pisancain (*al.* Pisançon), pour 29 feux et demi... 29 fl. 6 g. — Summa, 1757 foca cum dymidio. — Recepte faicte par Perrin d'Origny du domaine de Viennoys et de Valentinoys monte 349 fl. 6 g.

Le demaine de Brianczonnoys : — Des habitans de la chastellenie de Brianczon, pour 326 feux; — d. hab. de Saint Martin de La Carrière, pour 25 feux; — d. hab. de la chastellenie de La Val Pute, pour 57 feux; — d. hab. de la chastellenie de Sezanne, pour 106 feux; — d. hab. de la chastellenie de Val Cluson, pour 104 feux; — d. hab. de la chastellenie de Oulx, pour 82 feux; — d. hab. de la chastellenie de Exilles, pour 83 feux; — d. hab. de la chastellenie de Bardonnesche, pour 56 feux; — d. hab. de la chastellenie de Quéras, pour 218 feux; — d. hab. de la chastellenie de Chasteau Dalphin, pour 36 feux. — Summa, 1093 foca. — Monta ly recepte faicte par Perrin d'Origny du domaine de Brianczonnoys par composicion 1000 flor.

Le domaine d'EBRUNOYS : — Des habitans de la cité d'Ebrun; — d. hab. du lieu de Chaorges, par composicion 24 fl.; — d. hab. de la chastellenie de Reortier, pour 22 feux; — d. hab. de la chastellenie de Orres, pour 60 feux; — d. hab. de la chastellenie des Crotes, pour 17 feux; — d. hab. de la chastellenie de Sabine, de Realons, de Saint Apolinaire, de Prunières et de La Culce, pour 26 feux; — des hommes dalphinaux du lieu de Barratier, pour 15 feux. — Summa, 140 foca. — Monta ly recepte faicte par Perrin d'Origny du domaine d'Ebrunois 314 fl.

Le domaine de GAPPENCOYS : — Des habitans de la chastellenie de Serre, pour 36 feux; — d. hab. de la chastellenie de Upays, pour 36 feux; — d. hab. de la chastellenie de Veyne, pour 35 feux; — des hommes dalphinaux de Jarjaye. — Summa, 102 foca. — Monta ly recepte faicte par Perrin d'Origny du domaine de Gappencoys, mis hors Sainte Jaille, 102 flor.

Le domaine des BARONNIES : — Des habitans de la chastellenie de Mont Alban, pour 10 feux... 5 fl.; — d. hab. de la chastellenie de Saint Euphemie, pour 7 feux... 3 fl. 6 g.; — d. hab. de la chastellenie de Meuillon, pour 12 feux... 6 fl.; — d. hab. de la chastellenie de Mirebel, pour 15 feux... 15 fl.; — d. hab. de la chastellenie de Arpaons, pour 10 feux... 5 fl.; — d. hab. de la chastellenie de Nyhons, pour 109 feux... 109 fl.; — d. hab. de la chastellenie du Boix, pour 107 feux... 53 fl. 6 g.; — d. hab. de la chastellenie de Mirandol, pour 6 feux... 3 fl. — Summa, 266 foca. — Monta ly recepte faicte par Perrin d'Origny du domaine des Baronies 76 flor.

Les hommes des GENS D'ÉGLISE et BANNERETZ, qui se tiennent de mons. le Dalphin en la jugerie de Graysivodan : — Des hommes de Hugues Bataille et Baudon Danzeut, pour 6 feux; — d. hom. maistre Jaques de Saint Germain, condomine de La

Val Godemar, pour 5 feux; — d. hom. dudit maistre Jaques du lieu de La Villecte, pour 11 feux; — d. hom. de Francoyse femme de Perre Roux, pour 9 feux; — d. hom. de Marguerite de Montorssier, pour 6 feux; — d. hom. de Sochon de Mont Orssier, pour 10 feux; — d. hom. de Jaques de Montorssier le viel, pour 10 feux; — d. hom. de Jehan de Mont Orssier, pour 15 feux; — d. hom. de Rostaing de Montorssier, pour 7 feux; — d. hom. de Anth. vefve de feu Estienne de Mont Gardin, pour 4 feux; — d. hom. de Francoys de Laye, pour 10 feux; — d. hom. de Anthoine de Laye, pour 9 feux; — d. hom. de Aimery de Laye, pour 4 feux; — d. hom. de Jaques Muisard, pour 12 feux; — d. hom. de Jehan Gras, condomine de Val Godemar, pour 35 feux; — d. hom. des hoirs de feu Jehan du Roux, du lieu de Chicheliane, pour 41 feux; — d. hom. desdits hoirs, du lieu de Saint Heusèbe, pour 12 feux; — d. hom. de Perre Raymon, du lieu de Corp, pour 19 feux; — d. hom. des seigneurs d'Ambel, pour 11 feux; — d. hom. de Aymard d'Ambel, condomine de La Val Godemar, pour 39 feux.

(1) Guy ALLARD, *Documents mss.*, t. VI, f°s 216-38, papier du temps, sans commencement ni fin; on peut conclure des détails de solde. supprimés comme inutiles, que la taille était alors payable par moitié en deux termes égaux, l'un en octobre, l'autre en avril, l'année commençant à la Saint-Jean (24 juin). — (2) Effacé au f° 219b « D. hab. de la chastellenie de Mont Lupel, pour 6 feux ». — (3) Les mots « comme.... Pol » sont cancellés.

LXXXIII [1].   *19 juillet (1415).*

DE PAR LE DUC DE GUIENNE, DAULPHIN DE VIENNOIS,

A nostre amé et féal conseillier et chambellan,
messire Jehan d'Angennes, gouverneur de nostre Daulphiné.

Nostre amé et féal. Les gens de nostre conseil à Grenoble nous ont rescript aucunes choses touchans la ville de Gap, de certainne voye de fait que beau cousin de Sicile s'efforce de vouloir faire, ne savons à quelle cause, contre ladicte ville; sur quoy lui rescrivons en la manière qui s'ensuit : —

A treshault et puissant prince, nostre treschier et tresamé cousin, Loys par la grace de Dieu roy de Sicile, Loys ainsné filz du roy de France, duc de Guienne, daulphin de Viennois, salut et dilection. Treshault et puissant prince, et nostre treschier et tresamé cousin, il est venu à nostre cognoissance que vous mettez sus certainne quantité de gens d'armes, pour aler devant la ville de Gap et porter dommage aux habitans d'icelle ville et du territoire, ne savons à quelle cause ni qui vous meut ; mais pour ce que lesdiz habitans d'icelle ville sont en la protection et sauvegarde de monseigneur et de nous, et que entre nous et lesdiz habitans a certaines pactions et convenances par lesquelles nous leur devons et sommes tenuz baillier secours, conseil et ayde et de ce sont requis noz officiers dalphinaulx, et que une partie de ladicte ville est tenue de nous et la plusgrant partie du terrouoir d'entour icelle du propre patrimoine de nostre Daulphiné, et que ou territoire de ladicte ville de Gap n'a aucuns villages pour logeiz de gens d'armes et est nostredit pais du Daulphiné près d'icelle ville tout en villages, par quoy le plusgrant dommage pourroit cheoir sur nous et noz subgiez, en quoy nous pranrions grant desplaisir et y voulons bien obvier, et pour les causes dessusdictes ladicte ville de Gap et les habitans d'icelle preserver d'oppressions et des dommages qu'ilz pourroient avoir et soustenir, se vous faisiez fère sur eulx aucune emprinse ; nous vous prions et requerons en toute affection, comme sachans que aucune chose ne voudriez faire à nostre desplaisir, que vous vueilliez deporter de procéder ou faire procéder par voye de fait ou de guerre à l'encontre de ladicte ville et habitans d'icelle, et que vous députez aucuns de voz gens pour estre et convenir avec aucuns des nostres que pour ce nous députerons, lesquelx ensemble auront advis à la matière et aux choses pour lesquelles vous avez causé de vous douloir de ceulx de ladicte ville de Gap, et y pourverront et en ordeneront par telle manière que vous en devrez estre content ; et à cest appoinctement vous vueilliez de présent arrester, en nous faisant savoir de vostre estat et s'aucune chose voulez par devers nous, et nous le ferons trèsvoulentiers. Trèshault et puissant prince, nostre treschier et trèsamé cousin, le Saint Esperit et c°.

— Pourquoy nous vous mandons que vous envoiez nosdictes lettres à nostredit cousin, en le requerant de par nous que il soit content de l'appointtement par nous advisié et pris, comme contenu est en nosdictes lettres, et nous en faites savoir la response au plus brief que faire se pourra, ensemble de l'estat de nostre pais de par delà ; nous envoions par delà noz lettres patentes adrecans à vous et aux gens de nostre conseil pour pourveoir par justice à l'excès fait en la personne de Guionnet de Torchefelon par Aynart de Beaumont, et pour fère cesser toute voye de fait : si y pourveez en manière que plusgrant inconvenient n'aviengne, en faisant aux parties raison et justice. Nostre amé et féal, Nostre Seigneur soit garde de vous. Escript à Paris, le xix° jour de juillet.

MILET.

(1) Guy ALLARD, *Documents mss.*, t. XV, f° 236, origin. pap. avec suscription au dos ; trace de sceau plaqué fermant les quatre plis.

LXXXIV¹. (*1416*).

Copia inventarii facti per curiales Cabeoli, de quibusdam libris legis Moseyce captis in dicto loco, occasione pedagii dicti loci de et pro dictis libris fracti, adjudicatatis occasione dicte fractionis domino nostro dalphino : — Et primo unus liber orationum scriptus in forma ; — item unus liber de Nyda ; — it. unus liber orationum scriptus in scriptura seu lictera currali ; — it. unus liber mandamentorum seu preceptorum Legis cum aliis orationibus, scriptus in lictera currali ; — it. unus liber de Nydas et de Javaumos ; — it. unus liber questionum de Bavacama ; — it. unus liber de Ravel Alfes et de Sevezerin ; — it. unus liber glose de Genesis, cum quinque parvis libris in eodem ; — it. unus liber orationum de Turobos, qui dicitur in diebus festivis ; — it. unus liber parvus orationum in lictera forme ; — it. unus liber orationum que dicuntur in diebus festivis ; — it. unus liber parvus preceptorum Legis, in lictera currali ; — it. similis liber ; — it. unus liber glose quinque librorum Genesis ; — it. unus liber questionum Boa'no Messiana ; — it. unus liber orationum in lictera forme ; — it. unus liber Quedussim et Quessubos ; — it. unus liber de Midos ; — it. unus liber de Nyda ; — it. unus liber de Rafel de Bavos ; — it. unus liber glose de Hulyn ; — it. unus liber de Bòna Bassera ; — it. unus liber questionum de Nyda ; — it. unus liber glose de Quessubos et de Quedussim et de Naziro ; — it. unus liber glose de quinque libris de Genesis et octo Prophetarum ; — it. unus parvus liber preceptorum Legis ; — it. unus liber glosarum et orationum ; — it. unus liber orationum que dicuntur in diebus festivis ; — it. unus liber Saurin, de Diva et de Mordaquin ; — it. unus liber questionum de Ervyn ; — it. unus liber de Mordaquin tort ; — it. unus liber Sabas, Erubin et Pissassem in uno volumine ; — it. unus liber glose d'Erubin scriptus in papiro ; — it. unus liber glose de Jop.

Supplicatur humiliter exellentie dalphinali, pro parte firmarii dicte curie, sibi expedire facere pro decima dict. librorum sibi pertinente, occasione condempnationis predicte, prout in aliis condempnationibus est fieri consuetum, decimam partem dict. librorum seu precii eorumdem; — etiam supplicatur humiliter, pro parte Hanequini de Bruges, firmarii pedagii dicti loci, ad quem pertinet tercia pars dict. librorum. videl. terciam partem.

(1) Arch. de l'Isère, reg. *Sextus liber copiarum Viennesii et Vallentin.* GG [XXXI, 7], cah. xxviij (f° 333-4ª); en haut : « De hoc mencio in computo Cabeoli anni MCCCCXVJ ».

LXXXV¹. *(1418).*

SEQUNTUR nomina illorum qui non prestiterunt homagia domino nostro dalphino : — Primo heredes domᵉ Ginocte, relicte domⁱ Aymonis de Boczozello, militis condam, sororisque et heredis pro media parte domⁱ Aynardi Rovoyrie, militis condam ² ; — item nobilis Sebilia de Liberone, uxor nobilis Stephani de Alto Vilario ³ ; — it. Stephanus de Alto Vilario, alias Binot ³ ; — it. nobilis Guillelmus Guidonis ³ ; — it. heredes nobilis Dalmacii Durandi ³ ; — it. nobilis Caterina, relicta nobilis Guillelmi Ebrardi, filia condam Jacobi Roberti, alias Ales ³ ; — it. nobilis Fran(ciscus) Reynerii, filius Guillelmi Reynerii, de Salliente ³ ; — it. nobilis Guillelmus Chabreta, filius quondam Lantermi Chabreta ³ ; — it. nobilis Biatrisia, filia condam Eynerii Reynaudi ³ ; — it. nobilis Borgeta, relicta domⁱ Petri Blayni de Crista, et Dediseta uxor Petri Emaberti, Diensis diocesis, sorores filieque nobilis Audisie de Liberone³ ; — it. nobilis Lyoneta, uxor Glaudi Chaberti ³ ; — it. heredes Petri Falavelli et Falconis ejus filii ³ ; — it. nobilis Pagana Arthaude, relicta nobilis Lantermi Reynerii de Gigorcio ³ ; — it. heredes domⁱ Borliaci de Fayno, militis condam ³ ; — it. heredes Pauleti de Vicedominis ³ ; — it. Johannes Dorerii, pro bonis que habet in loco et mandamento Cabeoli ³ ; — it. vocati Vignayci ³ ; — it. Guillelmus Gasconis, ad causam sue uxoris ³ ; — it. Peronomus de Saletis, civis Valentinensis ³ ; — it. heredes domⁱ Josserandi Gotaffredi ⁴ ; — it. ecclesia cathedralis et capitulum Ebreduni ⁵ ; — it. nobilis et egregia domᵉ Johanna de Claveysone, uxor nobilis Anthonii de Claromonte, domini Monteysonis [2]; — it. nobilis Ludovicus Adhemarii [6]; — it. Gaucherius Adhemarii; Jo. de Salice obtulit homagium prestare pro eodem [7]; — it. dom˙ Guillelmus de Medullione, pro terra dom¹ Johannis Leussonis : presentavit facere homagium⁸ ; — it. dominus de Turnone, de loco, territorio et mandamento de Tincto [4]; — it. dominus Sareric [4]; — it. nobilis Fran(ciscus) Reynaudi, de hiis que tenet in mandamento Vallis [4]; — it. nobilis Johannes Vignayci, pro hiis que tenet apud Sanctum Johannem Altiveonis [4]; — it. dom˙ prepositus Ulcii, pro facto Chamoncii [9]; — it. dom˙ princeps Aureyce, pro castris Montis Brisonis, castro de Noveysano cum majori dominio aliorum pareriorum dicti castri[10]; — it. heredes Guigonis Barralis, mandamenti Buxerie [8]; — it. heredes Mermeti de Brugniaco, Gebennensis diocesis, patris dom¹ cardinalis Vivariensis[11], de domo forti de Rigaudena reddibili [2]; — it. prior de Anthonavis, pro hiis que habet in Castronovo de Capra[12]; — it. Petrus de Insulla sive ejus heredes [3]; — it. Micael Fabri [4]; — it. Paulus de Sancto Dyonisio, de Nyoniis et[10]; — it. dominus de Intermontibus [8]; — it. heredes Marqueti de Thoria [8]; — it. heredes dom¹ Rodulphi de Comeriis [8]; — it. dom˙ Johannes Alamandi, dominus Uriatici [8]; — it. Franciscus de Lemps [4].

(1) Guy ALLARD, *Documents mss.*, t. IV, fᵒˢ 117-8, papier; au dos une note du 9 août 1418. — (2) En marge « Terre Turris (al. Turis) ». — (3) En m. « Cabcoli ». — (4) En m. « Viennesii et Valentinesii ». — (5) En m. « Ebredunesii ». — (6) En m. « Vapincesii et Baroniarum ». — (7) En m. « Capriliarum ». — (8) En m. « Graysivodani ». — (9) En m. « Brianconesii ». — (10) En m. « Baroniarum ». — (11) Jean de Brogny, né en 1342, évêque de Viviers en 1385, cardinal prêtre du titre de Sainte-Anastasie le 12 juil. 1385, ensuite évêque d'Ostie, archevêque d'Arles, administrateur du diocèse de Genève, mort le 16 févr. 1426 (historiens divers; J. L. G. SOULAVIE, *Histoire de J. d'Alonzier Allarmet de Brogny, cardinal de Viviers*, Paris, 1774, in-12; J. CROSET-MOUCHY, *Notice historique sur J. Allarmet de Brogny*, Turin, 1847, in-8). — (12) En m. « Vapincensis comictatus ».

LXXXVI.   *14 juillet (1418).*

(ENTRÉE DE LA REINE ET DU DUC DE BOURGOGNE A PARIS) [1].

Des novelles de Paris, de l'entrée de la Royne et de monseigneur de Borgongne et venue d'iceulx devers le Roy, playse voz savoir que jeudi xiiii jour de cest moys de julliet, environ quatre heures après midy. la Royne et monseigneur de Borgongne, qui tousjours estoit au plus prest de son charriot, entraront en la dite ville, en la manère qui s'ensuit :

Premèrement vindrent ceulx de la ville de Paris, en nombre de environt XIJ° des borgois de la ville, tous vestus de pers, au devant jusque à michemin du pont de Charenton, tous arrenchiés en belle ordonance ; et par devant eulx passa l'avant garde, en laquelle avoit environ XV° archiers, bien joins et bien sarrés ensamble ; et assés tout passèrent v estendars, acompagniés de mil hommes d'armes bien armés, les quelx estoient de Picardie, soubz le governement de messire Jehan de Lucenbour, du seigneur de Sosseux [2], du vidame d'Amiens, du seigneur d'Aucourt [3] et autres grans seigneurs d'Artoys.

Et après estoit la bataillie en la quelle n'avoit que l'estandart de monseigneur de Borgongne, et soubz ycellui bien XV° hommes d'armes qui tous pourtoyent en leur lances à rebos, et là estoit la Royne et mondit seigneur ; et après à loint aloit la rèregarde, en la quelle avoit environ V° hommes d'armes, et la conduysoyent messires d'Arloy et de Saint George. Et tous par belle ordonnance entrèrent en la dite ville, et ceulx de Paris devant la Royne.

Avient aussi au devant jusques un peu outre Saint Anthoine ors de Paris les cardinaulx de Bar et de Flisco, Carles de Borbon, Jehan d'Arecourt et le conte Tripoli ; lez quelx cardinal de Bar, Charlez, Jehan et conte estoyent bien gardés de gens d'armes à ce ordonnés, et furont remis ou Loure, ou quel lyeu le Roy est.

Tous alirent ou long de la ville jusque audit Loure, et là descendirent et alirent de vers le Roy en tel estat qu'il estoit la Royne et mondit seigneur qui la menoit ; et s'ajonollièrent davant le Roy, et le Roy s'abauca et vient baisier la Royne en disant : « Voz soyés la trèsbien venue », et la rebaysa ; et après dit à mondit seigneur : « Biaux cosins, voz soiés le trèbien venus », et luy mercia lez biens qu'il avoit fait à la Royne ; et lez volit fère relever, mais il ne volirent fère de grant pièce : là furent maintes gens qui de pidié plorent. Finellement furent aportés le vin et lez espices, mez la Royne ne monseigneur ne volirent ne voyre ne mengier for fère continances ; et d'ilecques s'en alirent la Royne et mondit seigneur avoy elle, et mit mondit seigneur la Royne en sa chambre et s'en ala en son hostel d'Artois logier.

Après, le venredi ensuyant que fut yer, vindrent ceulx de l'université fère leur excusacion dez choses qu'il avoyent fait contre mondit seigneur, disant celley n'avoir pas fait l'université mez l'adviersité.

Vindrent aussi après la messe en conseil le prévost dez merchians et lez eschivins de Paris, d'une part, et lez ambeysours de la ville de Ruant, lez quelx par avant avoyent esté à Provins pour haster mondit seigneur, et firent leurs proposicions : notablement pour mettre remide et secours ou siège du Pont de l'Arche, que le Roy d'Engleterre tien, car s'il ne sont secouru dedens le xxme jour de cest moys il rendront la ville et chastel; et dirent ceulx de Ruant en leur thème : « Domine, succurre nos quia perimus », en plains, en lamentacion, et requirent aussi que l'on pourveu ez autres sièges que ledit Roy de Engleterre tient davant Chiebourg et davant Aunflour; à quoy monseigneur leur respondit que pour ce il estoit venus.

Et à ce est fayte porvision pour lever ledit siége, c'est à savoir que mondit seigneur il envoye mil V^c hommes d'armes et mil archiers, et mandet à ceulx de Ruant qu'il alent là avoy les comunes dez villes dudit Ruant, d'anviront et de toutes le villes dudit pais; et à l'oyde de ceulx de Paris qui porront estre près de XIJ^m comunes, IJ^m hommes d'armes et mil hommes de trait, ledit siége se poura lever : sur quoy est fait apointemant et demain partiront ceulx à ce ordonnés.

Quant est du cardinal de Saint Marc il est alés à Borges, de par le Roy et la ville de Paris, devers monseigneur le Dauphin, pour le fère venir. Quant dez garnisons de ceulx de Monstereul, que tien le sire de Guytri, et aussi de Melleum, de Monaguillón et de autres garnisons de la partie dez Arm(a)gnaz, l'en a leysié par tout garnison; et le sire de Sale Nove et le sire de Chatel Viel a prins le conte de Jougni et autre contre ceulx, au quelx dejà la Ville Nove le Roy c'est rendue, et ne aumoins l'en tracte avoy heux de rendre les dictes qui tignon.

Quant dou governement de Paris, tous ceulx qui paleysement tenoyent la part dez Armignas, lez ungz ont estéz tués, lez autres apprisonés, lez autres fuis et leurs hostés pilliés et rogiés. Sur le fait de la justice, rien non est pourveu, fors que l'on a crié toutes pilleris et voye de fet cessent; et sera chancellier maistre Ytasse de Lestre. Des offices, pour chascun office vj. demandeurs. Tout est ou gouvernement de monseigneur de Borgongne: Diu par sa grace luy en donne fére bon governement et salut de son ame, et du bien et honeur du Roy et de luy. Amen.

(1) Guy ALLARD. *Documents mss.*, t. IV, f° 17-8, original papier; en haut (d'une autre main) : « M°IIIJ°XVIIJ°, die xiiij jullii », date qui concorde avec les historiens du temps (MONSTRELET, éd. Douët d'Arcq, III, 272-3; Pierre DE FENIN, éd. Dupont, 94). Au dos essai de réponse : « Treschiers frère, je me recomande... Primo, nottandum) de quo... Machod (?) ». — (2) Lis. « Fosseux ». — (3) Lis. « Aric-t ».

LXXXVII.

9 février 1420.

LITTERA CONCESSIONIS AD PRECARIUM PRO DOM° (DALPHINO) AD CAUSAM CASTRI DE PUPETO [1].

Nos decanus et Capitulum Viennensis ecclesie notum fieri volumus universis quod nos, precibus et rogatu illustrissimi principis et domini nostri dom¹ Karoli, Francorum regis filii, regnum regentis, dalphini Viennensis, ducis Biturie, Turonie et comitis Pictavie, Valentinensis et Dyensis, noviter transitum suum faciendo per patriam Dalphinalem nobis porrectis, cupientes totis viribus eidem domino complacere; castrum nostrum de Pupeto, absque tamen censibus, redditibus et juribus ejusdem, concedimus et tradimus eidem domino nostro regenti et dalphino, tenendum et custodiendum per eumdem seu capitaneum ab eodem deputandum, nobilem et compatriotam, ipsi ecclesie non malivolum vel suspectum, ad precarium seu precario nomine nostrum decani et capituli predict., spacio quatuor annorum a die tradicionis ejusdem computandorum et finitis dictis quatuor annis complendorum; qui capitaneus jurare tenebitur super sancta Dei Euvangelia, in manibus dom¹ gubernatoris Dalphinatus seu deputandi ab eodem, dict. castrum bene et fideliter custodire ad honorem, utilitatem et tuicionem dicti domini nostri dalphini ejusque patrie et capituli ac ecclesie Viennensis. Acta fuerunt hec in dicta ecclesia Viennensi, videl. in magno capitulo dicte ecclesie, et data die nona mensis febroarii, anno Domini mill'o quater-

centesimo decimo nono ab Incarnacione sumpto, ubi eramus
Leuratonus Barletonis, decanus, Aymarus Rovoyrie, precen-
tor, Disderius Gilbertonis, Petrus Coste, Jacobus de Boczosello, Anthonius de Cheynay, Petrus Neutrixcis, cancellarius,
Gauffridus de Monte Canuto et Caterinus Moyssardi, canonici
dicte ecclesie simul adinvicem pro negociis dicte ecclesie ad
sonum campane, ut moris est, convocati et congregati; presentibus venerabilibus viris dnis Jacobo Baudichonis, in legibus
licenciato, Humberto Teste, in legibus licenciato militibusque
dicte ecclesie, Andrea de Ballone, in decretis bacalario, Petro
Roybonis, Stephano Aprilis, presbiteris dicte ecclesie, testibus
ad hec vocatis specialiter et rogatis. In quorum omnium et
singulorum premissorum robur, fidem et testimonium sigillum nostrum magnum nostri capituli presentibus licteris duximus apponendum, cum apposicione signeti nostri secretarii
infra nominati. Ita est, S(tephanus) TABERNARII.

(1) Arch. de l'Isère, *vidimus* orig. parch. en date du même jour (a. 1420
« ab Incarnacione secundum consuetudinem dyocesis Viennensis », indict.
13). Par un acte de la veille (« Vienne. 8 febr. 1419, presente archiepiscopo Bituricensi »), le régent avait déclaré « quod per huj[ti] tradicionem,
concessionem et custodiam dicti castri nullum prejudicium generetur
dictis decano et capitulo in suis juribus, nec aliquod jus nobis acquira-
tur in eisdem in proprietate seu possessione...; promictentes bona fide
quod incontinenti lapso dicto precario seu tempore quatuor annorum,
predict. castrum restituemus seu restitui faciemus dictis decano et capitulo seu eorum procuratori... » Au bas de l'acte, sur lemnisque, fragment
de sceau (avec contre-sceau) du chapitre de Vienne.

LXXXVIII. *(1420).*

MEMORIALIA TANGENCIA DALPH(INATUM) LECTA LUD(UNI?)
IN ADVENTU DOMINI NOSTRI DALPHINI, IN SUO CONSILIO [1].

PRIMO, quod ordinetur fieri moneta minuta in Dalphinatu liar-
dorum, cartorum. ad arma dalphinalia, quia alias popul(a-
res)et subdicti dalphinales nequeunt mercari, victualia emere,
etc.; et insuper eorum actentis libertatibus et dnis dalphinis (l),
cui domino nostro dalphino ut veri fideles afficiuntur et consolantur videre monetam signo dalphini signatam, et hactenus
extitit inconcusse observatum. [VIII

2. Item informetur d' n' dalphinus et ejus consilium de causis quare
nichil est mutandum in ordine, modo et regimine Dalphinatus acthenus
observatis, actenta situacione patrie vicinis non subdictis circondata,
etc. [X

3. Item, de facto comitatus Valentinensis advideatur.

4. Item, de homagio prestando d° n° dalphino pro comitatu Gebennensi, prestito dom° Ludovico dalphino, primogenito, per dom. comitem Sabaudie Parisius, etc. [I-II

5. Item, de facto marquionatus Saluciarum et Carmanolie loqui, si expediens videatur, etc. [V

6. Item, de facto excessuum perpetratorum, delictorum et contempcionum in abbacia Sancti Anthonii Viennensis, et portentur processus pro remedio apponendo. [XI

7. Item et de facto prioratus de Buxia, considerato tenore litterarum et processus exequcionis ipsarum litterarum apostolicarum necnon litterarum a d° n° dalphino impetratarum per Cartusienses, ut ponatur conclusio etc. de beneplacito et voluntate dicti domini et ejus consilii oportuna, vissis litteris et processu antedictis.

8. Item, de facto monetarum dalphinalium, que nunc curssum habent in Dalphinatu recipique recussantur, pro minori de medietate quam cursum suum habeant in Dalphinatu, unifformiter in Sabaudia, in Provincia, in Avinione, in Veneycino et Pede Moncium aliisque partibus circumvicinis: ut videatur provisio adhibenda oportuna, si expediet quod d° n° dalphinus scriberet super hoc dominis dict. patriarum et gentibus etc. [IX

9. Item, de provisione adhibenda super stilo curie Buxi et Baroniarum, de quo conqueruntur subdicti et convicini, et ideo ad ipsam curiam non habent recursum pro eo quia, incontinenti facta peticione seu querela contra aliquam personam de aliqua summa quantacumque sit, firmarii exigunt ante cognicionem factam a parte rea debente vel non clamorem, videl.   , et de modicis et vilibus summis pro qualibet dieta a qualibet parcium unum grossum. [XX

10. Item, quod d. n. d. s. c. e. d. a. E., quod v. d. p. p. sua u. j. a. in E-no et j. c., p. a. f. t. et arrestatum i. d. g. Dalphinatus et d. A. de P., n. ipsius d. a.; et i. d. n. d. vel g. D. p-r d. e. judicem concorditer e. pro omnibus et singulis causis appellationum et nullitatum pendentibus et interjectis ac infuturum contingentibus, per c. t. inter dict. condominos arrestandum, ad finem quod justicia non pereat et emolumenta, que magna essent si ita fieret, ulterius non perdantur propter contradicionem d. archiepiscopi antedicti. [XIX

11. Item, si gentes patrie ulterius conquerantur de taxacione sigilli consistorii superiori dalphinalis, respondeatur quod advocatus et procurator fiscalis generalis Dalphinatus respondit supplicacioni procuratoris trium statuum patrie coram d. gubernatore Dalphinatus et suam compacionem tradidit in scriptis, et non stetit per eum neque stabit quominus in ea procedatur, sed per procuratores dicte patrie etc. ut apar(er)e potest.

12. Item, de facto Champanie si loquantur domini de Correnco et filius et heres dom¹ Petri de Monasterio, respondeatur quod non stetit per d. gubernatorem ac gentes consilii dalphinalis quominus causa debati et controversie, inter ipsos et d. advocatum et procuratorem dalphinalem habita, fuerit determinata et sopita, sed quia noluerunt venire se excusando apud Gronopolim, audituri ordinacionem dicti d. gubernatoris cui se submiserunt stare summar(i)e et de plano.

13. Item, de facto controversie super limitibus et terris inter d. archiepiscopum Lugdunensem, ex parte una, et d. advocatum et procuratorem fiscalem, ex parte alia deffendentem, ad causam Castri Villani etc., si idem d. archiepiscopus loquatur, respondeatur quod est appunctuatum inter dict. partes ut die concorda futura supra locum vel in loco ibi prope eligendo, conveniant super hoc electi seu eligendi pro salubri appunctuamento apponendo.

14. Item, de remedio apponendo pro mercatoribus et subdictis dalphinalibus de Crimiaco, captivatis et appreysonatis in Dalphinatu
, et reductis in Sabaudiam et ad financiam (IXᵃ franc.) positis per bastardum Sanbertier, qui bastardus captus et incarseratus extitit ad requisitionem d. gubernatoris in Sabaudia; et requisitus dom. dux, ejus officiarii et consilium de remictendo ipsum bastardum dicto d. gubernatori, exhibitis informacionibus debitis, juridicis et opportunis (super) factis et habitis pro parte dalphinali non sine magnis sumptibus et expensis, etc., hoc tamen non obstante, dict. bastardus de carcere et arresto, in quo captus erat ad instanciam procuratoris dalphinalis et dict. mercatorum, fuit relaxatus et inde recessit, nulla satisfactione facta dict. mercatoribus nec remissione de ipso curie dalphinali etc., contra justiciam et debitum racionis : unde dicti mercatores subditi dalphinales remanent exheredati et juridictio dalphinalis injuriata, etc. [III-IIII

15. Item, de rota seu guerra mota et habita inter dominos de Bello Castro et fratres domini de Tollino, incursibus, capturacionibus et aliis excessibus perpetratis hinc inde, portentur processus et littere super hoc facti et habiti, qui pendent in superiori consistorio dalphinali etc. [XII-III

16. Item, si gentes patriarum Oysencii et Brian(conesii) conquerantur de exactione seu recuperacione nomine dalphin' facta et facienda contra eas, racione pensionis dalphin' ac aliorum serviciorum et debitorum, respondeatur quod sunt et fuerunt specialiter obligati dᵒ nᵒ dalphino tam per pactiones quam recognitiones ad solvendum florenos boni auri et boni ponderis ac bonam monetam, etc. et quod d⁴ n⁴ dalphinus vel sui thesaurarii et receptores per se et suos locumtenentes ita consueverunt exigere et recuperare per tempus et tempora preterita, etc.

17. Item, de maleficio perpetrato per Guillelmum de Monte Orserio in personam prioris de Pinea si petatur in curia, dicatur status processus maleficii perpetrati etc.

18. Item, si dominus de Bouchagio loquatur vel supplicet de facto domus dalphinalis Sancti Gervasii prope Viennam, sibi tradite et infeudate pro se et suis nomine dalphin' per imperpetuum, et quam promisit et juravit ediffcare, meliorare et non deteriorare etc., dicatur opinio facti veritatis habita etc.

19. Item, super laudimiis et vendicionibus nomine dalphin' ab ipso domino de Bochagio petitis pro facto de Brengo, ascendentibus ad octocentum fran. recta calculacione facta, post conclusionem factam cum ipso ultimo tempore Auberti Fabri super resta per dᵐ nᵐ dalphinum debita que petabatur a domino de Bouchagio predicto, et laudimiis et vendicionibus ab ipso domino de Bouchagio petitis pro castro de Brengo, si ascenderent usque ad ɪɪɪᵒʳ C libras etc., refferatur tenor et veritas scriptorum visorum in camera super hoc etc.

20. Item, quia petuntur a domino Cassennatici laudimia et vendiciones racione contractus habiti inter eum et d. Alisiam de Cabilione, de terra Pontis in Royanis etc. pro dotalitio sibi tradita pro summa decem Mᵐ floren. donec et quousque dicta dos sive summa fuerit restituta soluto matrimonio, et pro acceptacione facta dicte d. Alisie summe dicte dotis solvit ipsa domina sive alius pro ea laudimia dᵒ nᵒ dalphino quia approbavit ipsum contractum ; unde petuntur modo a dicto domino Cassennatici consimilia laudimia et in eadem summa, ut dictum est, per dict. dominam soluta. Ipse vero, adversus peticionem advocati fiscalis et procuratoris generalis dalphinalis se opponendo, dixit se non teneri quia tale dotalicium sive assignacio facta mulieri causa dotis assequrande non tranffert dominium, et tam de jure quam consuetudine observata in patria Dalphinatus non est vel fuit consuetum solvi laudimium seu vendiciones de tali contractu etc., quod resultare dicit ex tenore contractus, eciam quia dicta terra ad eum pertinet vigore testamentarie substitucionis suorum predecessorum etc., maxime quia in dicto contractu dicitur esse clausula quod facta solucione et restitucione dotis casu contingente, debet et debebit pertinere et reverti eidem domino Cassennatici et suis dicta terra pro dotalicio tradita plene et integre restitui : si fiat in curia predicta peticio, respondeatur veritas etc.

21. Item, de c. A. que nundum prestitit h. d. n. d. moderno, prout tenetur, p. t. q. h. in baroniis terre D-us : deliberetur quid agendum. [VII

22. Item, si dom. Humbertus de Groleia loquatur de juridicione quam pretendit se habere in domo et ejus pertinentiis de Girboles, mandamenti Bellivisus de Marco, de qua pendet processus in superiori consistorio Dalphinatus inter advocatum et procuratorem fiscalem, nomine dalphinali, et procuratorem nobilis Andree de Groleia, ejus patris actoris condam : respondeatur quod perquiretur et visitabitur processus, et mediante justicia terminabitur.

23. Item, quia dom. princeps Auraice sollemniter requisitus pro parte dalphinali de faciendo homagium et fidelitatis sacramentum d° n° dalphino seu d. gubernatori Dalphinatus ejus nomine, ut tenebatur et tenetur pro castris Albe Ripe, Auripetre, Trisclivis, Curnerii ac aliorum castrorum, villarum et locorum que habet et sui predecessores habuerunt in Dalphinatu, post mortem patris sui, quia ipse est filius et heres eciam in dict. castris et locis dicti patris sui, non fecit sed negligens fuit homagium et fidelitatis sacramentum huj^{di} prestare : provideatur et advideatur quid agendum, atento maxime quod fecit ac facit guerram contra dict. d^m n^m dalphinum, felloniam notorie comittendo. [VI

24. Item, quia domus nova dalphinalis in civitate Gronopolis, ex magna deliberacione consilii et ex urgentibus causis neccessariis, fuit continuata fieri, sed maxime pro tuta et perpetua conservacione et custodia litterarum, instrumentorum, recognicionum ac librorum patrimonii dalphinalis, actentis maximis periculis ignis et pluviarum contingencium in antiqua domo dalphinali ubi existunt et conservabantur, estque dicta domus nova incohata et quasi pro medietate facta pro conservacione predicta, ita quod non restat nisi eam compleri; qua completa, tenebitur infra consilium audienciarum, servabun-

tur dicte scripture, thesaurus dalphinalis in forcia et tubicione perpetua, cum maximo honore dalphini ac comodo : impetrentur littere ideo opportune quod compleatur, quoniam dicitur quod fieri poterit pro quinque millibus francorum monete currentis. [XIIII

25. Item, capella que est infra castrum Curnillionis dalphinal' patitur ruynam, quam tenetur prior Sancti Roberti refficere et tenere in (bono) statu, et licet requisitus hoc facere recusat et recusavit in dampnum d^t n^l dalphini et parrochianorum ibi; quodque in Dalphinatu sunt alii plures viri ecclesiastici beneficiati, qui eorum ecclesias et domos ecclesiasticas permictunt ipsorum negligencia et deffectu demoliri, et non potest bono modo remedium adhiberi quia non faciunt moram in eorum beneficiis, sed in Sabaudia et aliis partibus circonvicinis d° n° dalphino non subjectis, et pro obtinendo solucionem fructuum et reddituum ipsorum suorum beneficiorum per rescripta appostolica subdictos dalphinales citari faciunt extra Dalphinatum eosque excomunicari, agravari et reagravari, cessus et interdicta ecclesiastica apponi faciunt, in tantum quod juridicio dalphin' impeditur, enervatur et ejus subdicti opprimuntur et exheredantur : ut apponatur remedium opportunum etc. [XV

26. Item, alias fuerunt obtente littere a predecessoribus domini nostri pape, quod pro debito peccuniario in aliquo locorum patrie Dalphinatus non possit apponi ecclesiasticum interdictum, contra tenorem extravagantis Boniffacii pape VIII *Provide* 2, aliqua occasione vel causa etc.; nichilominus contra ipsarum litterarum tenorem dicti loci ecclesiastici obtinuerunt litteras per quas auctoritate appostolica citari, excomunicari, agravari fecerunt et faciunt de die in diem subdictos dalphinales, et loca supponi ecclesiastico in no(n) modicum scandalum etc. [XVI

27. Item, quod predicta fiunt et facta fuerunt quia a paucis temporibus citra nulli vel pauci de partibus Dalphinatus oriundi vel subdicti habent vel obtinere potuerunt prelaturas, dignitates vel beneficia in dicto Dalphinatu ; tamen esset opportunum quod d^s n^r dalphinus provideret erga d^m n^m papam quod in terra sua Dalphinatus provideatur de personis ydo-

neis oriundis et subdictis ipsius patrie in beneficiis etc.; presertim quia ita observatur et fuit observatum in dict. patriis circonvicinis, propter quod ibi cessant dicta inconveniencia etc. [XVII

28. Item informetur dict. d⁺ nʳ dalphinus quod ecclesia Beati Andree Grationopolis collegiata, preposito, canonicis, capellanis et clericis in magno numero fondata et dotata extitit per dnos dalphinos, ipsius d. dalphini predecessores, multum notabiliter et devote; quo non obstante, ibi d⁺ nʳ papa posuit et ponit prepositum et canonicos de alienis partibus extra Dalphinatum, qui habent custodiam jocalium et ornamentorum auri et argenti ac reliquiarum notabilium per dnos dalphinos antecessores suos ibi positorum etc.: ad finem quod de cetero d⁺ nʳ dalphinus et sui successores ibi providere possint de preposito et canonicis, vel saltim presentare et quod ad ejus presentacionem instituantur ibidem etc. [XVIII

(1) Guy ALLARD, *Documents mss..* t. V, fᵒˢ 338-44, papier du temps; autre titre : *Memoriale de et super agendis apud dominum nostrum dalphinum in consilio.* Les documents LXXXVIII et LXXXIX se complètent mutuellement, à l'aide des nᵒˢ d'ordre placés au commencement et à la fin de chaque article.
(2) *Extravagant. commun.*, l. V, tit. x, c. 2 *(Corp. jur. canon.*, ed. Boehmer, II, 1199).

LXXXIX. *15 (-?) janvier 1420.*

MEMORIALIA DE ET SUPER AGENDIS PRO FACTIS CONCERNENTIBUS DALPHINATUM, MODO IN ADVENTU DOMINI NOSTRI DALPHINI APUD LUD(UNUM?) LECTA ET CONSULTATA, Mᵒ.IIIIᶜ.XXᵒ A NATITATE, A DIE XV JANUARII CUM SEQUENTIBUS [1].

Primo, quia dom. comes Sabaudie, nunc dux, tenetur prestare homagium et fidelitatis sacramentum domino nostro dalphino pro terris scambiatis et permutatis, traditis suis predecessoribus vigore scambiorum per predecessores dⁱ nⁱ dalphini, et pro quibus prestitit comes Amedeus, avus dicti d. ducis Sabaudie moderni, homagium ligium et fidelitatis sacramentum serenissimo domᵒ Karolo, regi Francorum, dalphino Viennensi condam, tanquam dalphino, pro se et ejus heredibus et successoribus, exceptis homagiis imperatoris et regis Francie, etc.; quodque d. dux modernus Sabaudie, insequendo ut tenebatur dicti avi sui homagii ac fidelitatis predicti prestacionem ac suorum predecessorum, prestitit pro dict. terris homagium et fidelitatis sacramentum bo. me. dom° Ludovico dalphino Viennensi, tanquam dalphino, primogenito regis Francorum et dalph° Vien., modo antedicto et in forma debita, ut constat litteris que exhibentur patentibus. Nichilominus post mortem dict. d. Ludovici, ducis Acquitanie et dalphini Viennensis, dict. comes seu dux Sabaudie fuit et est deffectuosus ac negligens offerre et prestare dict. homagium d° n° dalphino moderno et dom° Johanni ejus fratri, predecessori dalphino, et nedum per annum et mensem sed per bienium, trienium, quadrienium et ultra, et adhuc est morosus („negligens) et deffectuosus, licet (exhabundanti) fuerit [2] somatus et requisitus (per dnos Philippum, Girardum et Humbertum de Groleya nomine dalphini : quare [3]) videatur quid agendum et [4] procedendum contra dict. comitem pro jure dalphinali conservando (, maxime quia fuit et est in dampno dicti d^i n^i dalphini passiendo subditos suos dicti feudi dalphinalis facere gueram contra ipsum d^m n^m dalphinum dominum suum).

ij. Item, dictus d. comes seu dux Sabaudie post mortem dom^i Petri comitis Gebennensis occupavit et recepit possessionem comitatus Gebennensis, qui de feudo dalphinali tenebatur et fuit recognitus de dominio et fidelitate (dalphin'), et ut verum est ante dict. permutationes, certo precio dato per eum dom° Odoni de Vilariis (videl. xlv^m floren.) et aliis qui pretendebant ipsum comitatum Gebennen. ad eos pertinere; quem comitatum Gebennen. idem dux Sabaudie modo tenet et possidet, nulla licencia, auctoritate et investitura a d° n° dalphino, de cujus feudo et dominio (directo) movebatur et fuit recognitum (in superioritate per dict. comitem post dict. permutationes) ut est dictum, petita vel obtenta etc. : quare videatur quid agendum et providendum pro jure d^i n^i dalphini conservando, quoniam non videtur potuisse immutare dicti feudi naturam et qualitatem, etc. sine licencia dicti d^i n^i dalphini superioris. [4

iij. Item, gentes et subdicti dicti d. ducis Sabaudie, retroactis temporibus venientes de Sabaudia cum armis in Dalphinatu, subdictos, mercatores ac officiarios dalphinales capere, injuriari et ad patriam Sabaudie transducere clam et occulte, apreysonatos reduxerunt et ad financiam posuerunt ; et maxime die sabbati xᵃ mensis decembris M⁰IIII⁰XVIII⁰ bastardus Sambertier vocatus Crochery, junior bastardus de Veras, Michael du Creis, Matheus de Fusel et Arthaudus Bruni de Sabaudia, eorum dampnata impreysia precedente, clam intraverunt venientes de Sabaudia Dalphinatum, ubi in judicatura Viennesii et terre Turris, terre et jurisdicionis dalphinalis, vi armata ceperunt et captivaverunt Johannem Tibaudi, Julianum Grafredi, Petrum et Anthonium Carra alias Venon, mercatores et homines ligios dalphinales ville Crimiaci, paciffice venientes ad dict. villam eorum habitacionis, et ipsos ita appreysonatos et ligatos de Dalphinatu ad terram Sabaudie transduxerunt, et finaliter redimi fecerunt in loco Masticonis ad novem centum francos et ultra per vim et violenciam et cruciatum terribilem personarum ipsorum.

IIIJ. Item, quod dom. gubernator Dalphinatus, audito dicto maleficio perpetrato, capi fecit informaciones, quibus visis in consilio requiri fecit sollenniter dict. d. ducem Sabaudie, ejus consilium et officiarios suos de Breysia, ubi dict. bastardus Sanbertier esse dicebatur in loco seu castro de Romans, et factis pluribus requisicionibus cum informacionibus in forma juris et secundum pactiones requisivit dict. bastardum capi et sibi remicti nomine dalphin' per plures commissarios dalphinales ad hoc deputatos, in tantum quod dict. bastardus fuit captus non sine magnis sumptibus dalphini et expensis, et in carceribus Burgi in Breysia terre Sabaudie positus; quo facto iterum dictus d. dux, ejus consilium et officiarii Breysie iterato fuerunt requisiti per licteras dicti d. gubernatoris cum dict. informacionibus in juris subsidium et in forma debita, quod eidem d. gubernatori remicteretur pro debita justicia ministranda de dict. maleficiis per eum in Dalphinatu perpetratis. Tamen ipsam remissionem facere noluerunt, sed ipsum bastardum delatum relaxaverunt et abire permiserunt in delusionem jurisdicionis dalphinalis et predict. mercatorum, subdictorum dalphinalium, quos opportuit eorum financiam solvere predictis non obstantibus totalem exheredacionem : licet servatis pactionibus inter predecessores d¹ n¹ dalphini et d. comitis Sabaudie, nunc ducis, in permutacionibus inter eos factis habitis de faciendo remissiones hinc inde sibi ad invicem de delatis, etc., pars dalphinalis observaverit remissiones ipsas facere officiariis dicti d. comitis, quando fuerunt requisiti, specialiter de quodam Judeo capto in Crimiaco, nuper remisso eidem d. duci seu ejus officiariis, a quo habuit ut fertur II^m floren. [14⁵

v. Item, quod detestabilius est, dict. d. comes Sabaudie, homo et vassallus dalphinalis ut est dictum supra, vi armorum et de facto invasit marquionatum Saluciarum et locum Carmanolie, feudi inmediati dalphinalis, et sibi contra Deum et justiciam appropriavit, et d^m n^m dalphinum, dominum suum et dicti feudi, expoliatum detinet, prout fuit et est notorium, feloniam comictendo, etc. : unde ad videatur qualis provisio sit melior adhibenda etc., atento maxime quia passus est et patitur subditos feudi dalphinalis gueram facere contra d^m n^m dalphinum. [5

vi. Item, princeps Auraice, heres domini de Arlaco ultimi deffuncti, patris sui, in castris et terris in Dalphinatu existentibus, que d. pater suus et ejus predecessores ab antiquo recognoverunt de feudo ligio dalphinali fidelitatem prestando, requisitus dict. princeps sollenniter per commissarios deputatos per d. gubernatorem Dalphinatus longe post mortem dicti patris sui, quod veniret ad ipsum gubernatorem prestiturus homagium et fidelitatis sacramentum in quibus tenebatur d° n° dalphino pro castris et terris predict. et prout sui predecessores prestiterant ; hoc tamen facere contempsit et adhuc contemnit (,gueram f. et f. c. d. d. n. d., f. c.) : quare, etc. [23

vii. Item, dom^a comitissa Avellini fuit et est deffectuosa et morosa de prestando homagium et fidelitatis sacramentum in quibus tenetur d° n° dalphino, videl. dicto d. gubernatori nomine dalphin', pro terra quam habet in Dalphinatu et sui predecessores, a quibus causam habet, habuerunt et recognoverunt (; quod prestare neglexit) : quare provideatur etc. [21

viii. Item, provideatur quod in monetis dalphinalibus cudantur liardi et quarti grossorum ac minuta moneta ad arma dalphinalia, prout acthenus exstitit observatum secundum libertates Dalphinatus, quia gentes trium statuum, que hoc requisiverunt, quamplurimum consolantur et letantur videre in dicta moneta arma dalphinalia eorum domini ligii d¹ n¹ dalphini ; actento maxime quod populus in ipsa patria Dalphinatus comode vivere nequit cum moneta nunc currente grossorum seu duplarum, ymo jurgia ac rote frequenter oriuntur quia non habent dict. monetam minutam de qua possent emere panem et vinum minutatim, et satisfacere invicem sibi quod minus debent de valore duple seu simplicis parpall(iole) seu albe, maxime quia illi qui dicuntur habere auctoritatem d^i n^i dalphini, administracionem et ordinacionem dicte monete, (firmarii) super hoc requisiti dixerunt quod non paterentur cudi dict. monetam minutam sine expresso jubsu ipsius domini nostri, quia innovarent pactis seu derogarent in firma eis tradita habitis. [1

ix. Item, quia monete predicte duplarum seu grossorum, que cuduntur in dict. monetis Dalphinatus, in patriis circonvicinis, videl. Sabaudie, Pede Moncium, Provincie, Veneycini et in Avinione, non subdictarum d^o n^o dalphino, recipi recusantur et, si recipiantur, cum dumgerio longe minus de medietate quam cursum habeant in Dalphinatu recipiuntur, et demum reportantur per mercatores dict. patriarum ad Dalphinatum pro emendo animalia et alias mercaturas, ipsam monetam quam ut dictum est receperunt vili precio ponentes in Dalphinatu secundum cursum suum, unde subdicti dalphinales lesi et exheredati remanent nisi eis provideatur, petentes eis provideri etc. : ideo advideatur si fuerit expediens quod d^s n^r dalphinus scribat dominis dict. patriarum circonvicinarum, ut predict. monetam suam recipiant seu recipi faciant per suos subdictos quilibet in sua terra secundum cursum suum quam habent in regno et Dalphinatu, offerens eis pariter fieri facere de eorum monetis in Dalphinatu, vel alia advideatur apponi melior provisio que poterit arbitrari. [8

x. Item, quia a tempore translacionis Dalphinatus in regem d^m n^m dalphinum et liberos suos dalphinos fuit notorie observatum quod gubernator Dalphinatus habuit et habet omnimodam potestatem, talem qualem d^s n^r dalphinus qui eos constituit habet, excepto quod crimen lese majestatis remictere nequit, domanium dalphinale alienare et peccunias dalphinales donare non potest, et hoc ideo propter pacta habita in dicta translacione et quia d^s n^r dalphinus non residet in ipsa patria et ut ipsa patria majori auctoritate, tuhicione et deffencione fruatur, et dominium dalphinale plus timeatur per supra dict. dominos circonvicinos et alios non subdictos dalphinales, nunc de novo dicti firmarii monetarum contra morem solitum et debitum derogare nictuntur potestati dicti gubernatoris et thesaurarii dalphinalis (vigore licterarum a dicto domino nostro super hoc impetratarum, videl.) quod non se intromictant de dict. monetis recepta nec expensa in aliquo, quod non videtur consantaneum quia melius et honestius fieri potest per eos in Dalphinatu prout acthenus extitit observatum quam per alios extra Dalphinatum, ad tollendum suspicionem et omnia inconveniencia que sequi possent et ne circonvicini presumant ut dicunt non dubitare dict. gubernatorem, quia non potest resistenciam seu offensam facere cum non habeat peccuniarum sufficientem administracionem seu potestatem, etc.; atento maxime quod utique per licteras (dicti domini nostri seu) eorum qui deputabuntur vel sunt deputati extra Dalphinatum dicti gubernator et thesaurarius dalphinales poterunt facere expediri peccunias dalphinales ad honorem et utilitatem d^i n^i dalphini sine difficultate, honore et dominio domini servatis : quare provideatur etc. [2

xi. Item, die 1^a mensis junii proxime lapsi M°IIII°XIX°, Peronetus Clerici sartor, Guillelmus Pastisserii, Jacobus Mounerii cum eorum complicibus, in informacionibus et processu super hoc habitis nominatis, de nocte hora suspecta infra claustrum, clausuras et domus monasterii Sancti Anthonii violenter et cum armis intraverunt, et familiares ven^{lis} fratris Johannis de Poyliaco, celerarii dicti monasterii S^i Anthonii et preceptoris domus de Renverso, in eorum lecto repertos verberaverunt atrociter : videl. Petrum Borrelli in capite usque ad magnam sanguinis efusionem ac alium secum existentem in lecto verberaverunt familiarem dicti celerarii ; et de hoc non contenti Andream Simeonis, opperarium dicti monasterii, Glaudium Brocherii, Petrum Rigaudi et Anthonium de Sancta Cruce, fratres et religiosos dicti monasterii, insecuti fuerunt cum ensibus evaginatis, Guillelmum Prepositi archipresbiterum et alios familiares dicti celerarii quos reperire potuerunt verberaverunt et vulneraverunt, et fratrem Rembaudum de Chassonolia, custodem magni altaris, eciam insequti fuerunt pro offendendo ; et de hoc non contenti die xv mensis novembris, circa x^{am} horam noctis, ex impresia dampnata venerunt ad domum dicti celerarii infra clausuram et cepta dicti monasterii, fenestras et vitria domus celerarie Sancti Anthonii vi armata fregerunt ac hostium domus ipsamque domum intraverunt, in qua mille ducatos auri repositos pro vestiariis fratrum et infirmorum, pro vinis et carnibus emendis pro provisione dicti monasterii, unum calicem et quatuor tacias argenti ac plura alia bona mobilia ceperunt et secum deportaverunt : super quibus cum omni diligencia fuit factus processus contra ipsos delatos et culpabiles, et proceditur contra ipsos fueruntque lictere papales et d^i n^i dalphini que debent exhiberi in presenti curia ; quibus visis est providendum de celeri remedio ne peregrinagium, quod est tam notable et devotum ac domino nostro et ejus patrie honorabile et comodiosum, perdatur seu diminuatur occasione controversie ipsorum contendencium et eis adherencium. [6

xii. Item, quia certa rota sive occasio guerre habita fuit inter dom. Odonem de Turnone, dominum Belli Castri, ex parte una, Humbertum et dominum de Tollino fratres, parte ex altera, ac eorum valitores, unde dict. dominus Belli Castri capi et appreysonari fecit in terra Dalphinatus certos subditos dalphinales, qui eorum bonis fuerunt expoliati ; propter quod d. gubernator Dalphinatus, audito clamore valido, informaciones capi fecit de comissis per dict. delatos hinc inde et informacionibus visis, prehabita consilii dalphinalis deliberacione matura, mandavit per suas licteras dom. Anthonium de Lay, baillivum Viennesii et Valentinesii, in cujus bailliviatu ipsa maleficia extiterant commissa, et nobilem Giletum de Podio, officiarium dalphinalem, pro inhibendo dict. partibus et specialiter dicto domino Belli Castri et eorum secacibus ne sibi offenderent et via facti procederent per se vel vel eorum quoadjutores quoquomodo, paratum se offerens utrique parcium et de quibuscunque subditis dalphinalibus ministrare expeditum justicie complementum, et quod relaxaret personas et bona subdictorum dalphinalium per eum captorum, scribendo sibi licteras super hoc graciosas. Nichilominus dict. dominus Belli Castri dict commissarios dalphinales voluntarie, innominiose et de facto capi et appreysonari fecit (, et eorum fidem extorsit) et captivos detinuit per plures dies appreysonatos cum eorum equis et bonis victuperose, in dicti d¹ n¹ dalphini non modicam injuriam et sue jurisdicionis contemtum; propter quod opportuit quod dict. d. gubernator, ex deliberacione consilii dalphinalis, miserit ad dict. dominum Belli Castri dom. Ludovicum Porterii, legum doctorem, camere computorum dalphinalium auditorem, et nobilem Anthonium de Monte Canuto, commissarios dalphinales, pro requirendo et obtinendo ipsorum expedicionem et citando dict. dominum Belli Castri, instante advocato et procuratore fiscali dalphinali nomine dalphini, ac alios delatos super predictis responsuros, jus et justiciam subituros, etc. : unde, quia predicta quamplurimum concernunt bonum justicie, d¹ n¹ dalphini honorem et sue justicie conservacionem, videatur processus apportatus super hoc per Catalanum Chantar', secretarium dalphinalem, et provideatur ut decet et expediens fuerit, non obstantibus licteris per dict. dominum Belli Castri ut dicitur impetratis, etc.

xiii. Item, dict. dominus Belli Castri vi armata, pluribus hominibus armorum associatus, invasit castrum Belle Garde, domino ipsius castri absente, matre ipsius domini ibi existente et de nullo dubitante, quia dict. dominus Bellegarde non se intromiserat de dicta guerra sive rota, et per vim et violenciam castrum ipsum intravit, bona mobilia ibi existencia capi et deportari ultra Rodanum de Dalphinatu in Regno fecit, vim publicam commictendo et in penis tam juris quam inhibicionum super hoc factarum temere incidendo. [15

xiiii. Item, ad finem quod opus constructionis domus dalphinalis Gracionopolis non retardetur, attento maxime quod urgentibus causis neccessariis, pro conservacione r., l., i. et l. p. d., prehabita matura consilii dalphinalis deliberacione, incohata fuit et acthenus continuata, quia prout modo et de presenti existunt pluribus vicibus maximo periculo evidenti ignis et pluviarum fuerunt in statu perdicionis, eruntque ipsa domo completa in tuto; et in ipsa domo honorabiliter audiencia superioris consistorii, consilium dalphinale, camera computorum poterit teneri et haberi, prout est neccesse etc.: i. l. ideo o. q. dicta domus c. et quod thesaurarius solvat peccunias ad hoc opportunas, q. d. q. p. omnino compleri p. V^m f. m. nunc c. [24

xv. Item, c. q. e. i. c. C. d. p. rui., q. capellam p. S. R. t. in b. s. manut. et r.: tamen h. f. r. licet fuerit debite requisitus; q. i. D. quam p. u. s.

v. c. b., q. e. c. et d. c. i. n. et d. p. d.; et quia pro majori parte sunt de Sabaudia ac de a. p. c., facientes moram extra Dalphinatum, compelli non possunt, et si eorum fructus sequestrentur vel per eos haberi impediantur, per eorum privilegia f. c., c. et a. ac i. c. a. per suos judices conservatores ecclesiasticos, unde officiarii et s. dalphinales quam plurimum o. et c. : ideo advideatur apponi remedium. [25

xvi. Item, dudum per predecessores d¹ n¹ dalphini o. f. l. a p. d. n. p., q. p. d. p. in a. l. p. d. a. n. p. e. i., c. t. c. *P. B-ifacii* p. octavi; n. dicti viri c. contrarium f. et f., in n. m. s. et gravamen subdictorum patrie Dalphinatus. [26

xvii. Item, p. f. et f. f. q. n. v. p. de p. D. obtinuerunt vel obtinent d. v. b. ecclesiastica in D.; unde expediret quod d. n. d. in t. s. faciat provideri in b. vacaturis de p. y. et s. p. Dalphinatus : actento maxime quod alii domini circonvicini in eorum terris procurarunt et faciunt ita observari. [27

xviii. Item, i. d. n. d. de statu capelle et ecclesie sue B. A. Gracionopolis, fondate et dotate n. per d. d. ejus p., quod in eadem ecclesia prepositus et canonici de cetero per ipsum dᵐ nᵐ dalphinum presententur et instituantur : actento maxime quod ibi sunt jocalia auri et argenti et reliquie date per predecessores dicti d¹ n¹ dalphini in periculo perdicionis, quod periculum cessaret si dᵐ nʳ dalphinus provideret in eadem ecclesia de personis ydoneis, vel si saltim ad ejus presentacionem instituerentur dumtaxat ibi instituendi prepositus et canonici. [28

xix. Item, dᵗ nʳ dalphinus scribat cum effectu dom. archiepiscopo Ebredunensi, ut velit deputare pro sui parte unum judicem appellacionum in civitate Ebreduni et juridicione comuni, et ipse dᵗ nʳ dalphinus seu gubernator sui Dalphinatus pro parte sua pariter deputabit eundem ydoneum comuniter eligendum et in dict. civitatem morandum ad certum tempus, prout alias fuerat tractatum inter dict. d. gubernatorem nomine dalphin' et dom. Anthonium de Perrilons, nepotem dicti d. archiepiscopi; sed idem d. archiepiscopus ipsum tractatum adimplere recusavit, unde condempnaciones et emolumenta ipsarum curiarum comunium, que essent magna, perduntur et justicia ministrari impeditur. [10

xx. Item, adhibeatur provisio in curia Buxi et Baroniarum, super eo quod firmarii dicte curie exigunt clamores eciam pro modicis et vilibus causis contra personas conventas, incontinenti et antequam cognitum sit quod teneantur, etc. [9

(1) Guy ALLARD, *Documents mss.*, t. V, fᵒˢ 218-30, papier du temps; quelques additions postérieures sont entre ( ). Voir doc. LXXXVIII, n. 1. — (2) D'abord « l. dicatur fuisse ». — (3) D'abord « propter quod ». — (4) Add. « de modo ». — (5) Sur ce fait le même vol. renferme (fᵒ 340) : « Memoria extracta ab informacionibus contra bastardum Sanbertier Crochiry,

juniorem bastardum de Varas, Michalem de Creys, Matheum de Chusel et Arthaudum Bruni, pro cap(t)uracione facta in Dalphinatu de mercatoribus de Crimaco ».

XCI.   *2 juillet 1420.*

Anno Domini mill'io CCCCXX et die secunda jullii, apud Sanctum Marcellinum, in consilio quo erant cum dom° gubernatore Dalphinatus domini Johannes Generis, Jacobus de Sancto Germano, advocatus fiscalis, Johannes de Barra, thesaurarius, Johannes de Marolio et Ludovicus Porterii, auditores comp(utorum), et Nicolaus de Magnovico. — Notifficato per dictum dom. gubernatorem quod nuper, de mense junii proxime lapsi [2], ad ejus noticiam pervento quod magna quantitas Burgondigenorum congregabantur in armis in partibus Bressie, ipse ex deliberatione consilii accessit supra flumen Rodani ad advidendum portus et passagia ne alique gentes in armis per vim intrare possent Dalphinatum, dampnum ibidem illature [3] ; et ibidem fecit venire plures nobiles et comunitates ad finem antedictum. Ubi per certos dies et noctes ad dict. custodiam steterunt, non sine magnis laboribus et expensis: in tantum quod ea supportare specialiter comunitates ulterius non valebant ; cujus rei causa prefatus dom. gubernator dictas comunitates licenciavit et ordinavit quod baillivus Viennesii et terre Turris, associatus viginti nobilibus et viginti balisteriis in armis supra ripperiam Rodani se continue teneant, durante toto mense isto, ita quod x hominibus armorum et decem balisteriis ascendentibus per dict. ripperiam alii decem armigeri et x balisterii descendant continuo, et curam vigilem habeant circa custodiam et deffensionem predictas, quibus promisit de eorum vadiis facere satisfieri. Hec predictis de consilio notifficans ad finem quod, si eis videantur bene fuisse ordinata, maneant et, si aliud eis videatur esse flendum, mutandum, augmentandum vel minuendum, hoc dicant et declarent ; quibus per dict. dominos de consilio auditis et eorum oppinionibus singulariter exquisitis, unanimiter responderunt dicta ordinata per dictum dom. gubernatorem fore bene ordinata et ipsa debere sic remanere dicto durante tempore, et si aliud majoris periculi, quod Deus advertat! interim eveniret vel minoris, providebitur juxta casus exhigenciam, ibidemque fuit precepta littera de vadiis dict. xx^ii armigerorum et xx balisteriorum juxta formam consuetam.

(1) Arch. de l'Isère, papier du temps. — (2) D'abord « q. circa finem m. j. n. l. » — (3) D'abord « inferture. »

XCI. *(1442?).*

CASTRA ET VILLE QUE SUNT IN COMITATU DIENSI [1].

Primo civitas Diensis (DIA[2]), que est ecclesie, jacens in plano super fluvium Drome, habet terram Lucii a parte meridiei, et terram domini de Aysio et Montismauri et patriam Triviarum Dalphinatus ex oriente, et terram dicte ecclesie ex parte occidentis, et castrum Quincti ex parte boree; et est una leuca inter Dyam et Quinctum, descendendo juxta aquam Drome.

Castrum Quincti (Q-NTUM[3]), de domanio comitatus Diensis, scitum in alta ruppe super Dromam, habens pontem et transitum sub se fortissimum, ita quod potest tollere accessum ad civitatem Diensem, et habet magnum territorium; et confrontatur cum territorio civitatis Diensis a parte orientis, et cum monte de Vacivo a parte boree, et cum monte de Valle Sancte Marie distante per duas leucas, et cum territorio Pontaysii et Egleduni et Cheylarii; et est per dymidiam leucam prope castrum Pontaysii, et ibi est pedagium.

Castrum Pontaysii (P-sium[1]) super Dromam, bonum castrum et bene ediffcatum cum villa de subtus simul juncta, et est fortissimum habens pontem supra Dromam et potest prohibere ingressum ad civitatem Diensem sicut Quinctum; confrontatur cum territorio Quincti et de Barre et territorio Egleduni et Montis Clari, et distat a dicto castro de Barre per dymidiam leucam.

Castrum de Barre [4] est cujusdam nobilis de Castillione [5] et est in summitate cujusdam ruppis in loco fortissimo male domifficatum, et est prope Dromam et confrontatur cum territorio de Espenello et cum territorio Pontaysii et Montis Clari, et est feudale comitatus.

Territorium et mandamentum Egludini (EYGLEDUNUM[3]) cum masagiis suis, cum nemoribus et pascuis, quod confrontatur a partibus venti et orientis cum territoriis Quincti et Pontaysii et cum territorio de Cheylario et cum mandamento Sancti Nazarii et terra de Royanis, prout dividit montanea Salse et de Tholau, et cum mandamento Castri Duplicis; et durat territorium circa tres leucas et distat a Bello Forti unam leucam, et est de domanio comitatus et est in montibus bonis, videl. Ambelli et plurium aliorum, et fuit deruptum castrum quia nimis sumptuosum erat in custodia.

Castrum BELLIFORTIS (B-LUMF-TE³), de domanio comitatus, prope Egludunum ad unam leucam, est in ruppe supra ripperiam Gervane et habet villam clausam sub se; et confrontatur cum dicto territorio Egludini ab oriente, et cum territorio de Gigorcio a borea, et ab occidente cum territorio Montis Clari.

Castrum GIGORCII (G--CIUM³) in ruppe alto fortissimum et habet villam sub se, et est in domanio comitatus et distat a castro Bellifortis una parva leuca; et confrontatur juxta territorium Bellifortis et de Cobona ab occidente, et juxta territorium Secusiarum, et a partibus boree et orientis cum territoriis Banii in montibus et Castri Duplicis.

Castrum Cheylarii (CHELARIUM⁴) est feudale et est Petri de Urro.

BANIUM IN MONTIBUS³ est de domanio et non habet castrum, et distat per dymidiam leucam a Gigorcio et Belloforti.

DUE SECUZIE⁴, videl. parva et magna, et Cobona sunt simul castra contigua, et confrontantur cum territoriis de Belloforti et de Gigorcio, de Monteclaro et de Ruppeta, et distant a Gigorcio per unam parvam leucam et tantum ab aliis predictis, et sunt feudalia et ea tenet dominus Monteysonis.

Castrum MONTISCLARI (MONS--RUS³), domi comitis et quorumdam nobilium, supra parvum montem et habet villam sub se, et distat a Saliente una leuca; et confrontatur a vento et occidente cum territoriis de Salhiente et Mirabelli, et distat a castro Bellifortis per unam leucam; et dicti nobiles tenent pareriam a domº comite.

Castrum et villa de Salhiente (SALLIEN.²) sunt ecclesie Diensis, super Dromam in plano et confrontatur juxta territorium Montis Clari ex partibus orientis et boree, et juxta territorium Mirabelli eciam a borea et cum territoriis ALBENASSONI

(Arb-sium) et Castri Arnaudi, que eciam sunt feudalia ultra Dromam.

Castrum de Mirabello (Mirib-lum[2]), ecclesie Diensis, distat a Salliente per unam leucam et est prope Dromam de super iter publicum; confrontatur cum territoriis predictis et cum territorio de Augusta ex borea et cum territorio de Podiogrosso ex vento.

Villa de Augusta[2], ecclesie Diensis, super aquam Drome, confrontatur cum territorio de Miribello et cum territorio Criste et de Podio Grosso, et distat a Mirabello per unam leucam et a Crista Arnaudi per dymidiam leucam.

Castrum Criste Arnaudi[3] cum villa est in diocesi Diensi ultimum a parte Valencie, et est super Dromam. Dictum castrum est in ruppe fortissimum, cum pulcherima et fortissima turri quadrata; ducitur in patria illa tanquam principalius castrum in dictis comitatibus Valentinensi et Diensi, et habet bonam villam et mercabilem; habet magnum forum qualibet die sabbati et pedagium bonum, quia ibi est magnum iter Avinionis propter pontem qui est in exitu ville, quem nemo potest tollere, et continue est ibi transitus mercaturarum de partibus Dalphinatus, Sabaudie, Alamanhie; et habet bonum et pingue territorium, et ibi est sedes principalis justitie dict. comitatuum et eciam ibidem devolvuntur appellationes aliorum judicum inferiorum; et confrontatur juxta territorium de Augusta ab oriente et territorium de Dei Adjutorio ex parte venti et territorium de Urro ex parte occidentis et territorium Vallis Navigii a borea.

Ultra Dromam de eodem comitatu Diensi.

Castrum Podii Grossi[4] cum villa ultra Dromam erat dom[i] Ludovici de Pictavia ante obitum dom[i] comitis et est feudale comitatus; et confrontatur juxta forestam de Sol ex parte venti et juxta territorium Auguste, et est ad unam leucam cum dymidia de Sool.

Castrum et villa de Sool [*add*. seu de Saone] (Sou[3]) in domanio comitatus, in loco fortissimo supra ruppem et habet abassiam de Sainthiers, et habet bonum territorium et be(ne) situatum, et non posset capi dum tamen habeant victualia et habet gradus lapideos ad ascendendum concavatos in ruppe numero sexcies viginti, salvo pluri, amparatos et habet siternam bonam; et habet forestas et venaciones grossarum bestiarum, aprorum, ursorum, servorum [*al.* ce-m], danorum, chomassiorum et bochum stagnorum, et habet pulcherrimos montes nemorosos et erbosos, sicut ruppem Columbe, ruppem Rossani et plures alios, in quibus pascuntur animalia; et durat territorium duas aut tres leucas, et ibi fluit ripperia de Robione que labitur per dictum comitatum per Valdaniam ad Montilium et deinde in Rodanum; et confrontatur juxta territorium Podii Grossi ex parte boree, et territorium Castri Arnaudi et Albenassoni a partibus boree et orientis, et cum territorio de Mornancio ex oriente et vento.

Castrum MORNANCII in monte distat a dicto castro de Sol seu de Saone per dymidiam leucam et est de feudo comitali, una cum castro de Fellinis (FELINI [4]) eidem propinquo per unam leucam cum dymidia : que duo castra tenet dominus Monteysonis de dicto feudo.

Castrum de SOYANCIO [4] est de feudo dicti comitatus et ipsum tenent heredes dom¹ Guillelmi bastardi Pictavensis, et est ad unam leucam de Saone super ripperiam Robionis.

Castrum PONTIS BARRETI [4] e(s)t quorumdam nobilium et est de feudo comitatus, et est super dictam ripperiam Robionis et distat una leuca de Soyancio.

Castrum RUPPIS BODINI [4] e(s)t domini Monteysonis et confrontatur ad unam leucam prope castrum Pontis Barreti, et tenetur de feudo comitali et confrontatur cum territorio Castri Novi Dalmaseni ad unam leucam cum dymidia.

Castrum MANACII, cum preceptoria Sancti Johannis de Jherusalem, et est super ripperiam Robionis cum [*add.* castro ESAU et aliis] pertinenciis suis prope Castrum Novum ad unam bonam leucam cum dimidia, et est in plano et est in feudo comitali, et est unita cum preceptoria Pogeti Vallis.

CASTRUM NOVUM DALMASENI (D-ACENI [6]) est eciam de dicto comitatu Diensi et de eadem diocesi, et est super ripperiam Jabronis a parte venti et habet villam sub se clausam et est fortissimum supra ruppem dominans patriam Valdanie, et de quo castro videntur viginti castra et ultra tam propria quam feudalia dicti comitatus; et habet pulcrum territorium sub se et fertilem cum magna planissie et pulcra nemora, specialiter nemus vocatum Frarc Johan, et habet pedagium bonum quia in itinere publico Avinionis sicut villa de Crista Arnaudi; et habet castrum Podii Sancti Martini, comitatus Valentinensis, ad unam leucam cum dymidia ex parte boree et confrontatur juxta locum de Souppera ex oriente et juxta terram preceptoris de Valle ex parte orientis, et juxta territorium de Salis domini Greynhani feudi comitatus Provincie ex parte venti, et juxta territorium Bastide Rolandi et Sancti Gervasii a parte occidentis; quod castrum tenet nobilis Lancelotus bastardus dom¹ comitis ultimi defuncti ; et habet puteum infra castrum, et ibi crescunt optima blada et vina.

Castra de Dieu le fit (DEULEFIT) et de POGETO IN VALLE 3 sunt retro Castrum Novum in quadam valle a parte orientis et (comitatus) Diensis, ad unam leucam prope dictum Castrum Novum in quadam valle, et sunt forcia et ea tenet preceptor Manassii, ordinis Sancti Johannis Jherusalem, prout supra dictum fuit in Manassio, et sunt feudalia dicti comitatus et vocatur frater Johannes Clareti, fratris domini de Tres Chanus.

Castrum Podii Selaris (P–IUM SELLAR.⁴) est de feudo comictatus et est ad unam leucam cum dymidia prope dicta castra et confrontatur cum territorio eorumdem, et eum tenet dictus Lancellotus bastardus et frater Johannis de Urro, et est ad tres leucas prope Castrum Novum.

Castrum MONTIS JOVIS 4 est feudale et eum tenet dominus Montis Jovis, et est ad unam leucam prope castrum de Becona.

Castrum BECONE 4 tenet dominus Becone de feudo comitatus et est super ripperiam de Lers, confrontatur cum territorio Alansonis et territorio Montis Jovis.

Castrum ALANSONIS (A-NUM 4) de feudo comitali et est ad dymidiam leucam de Becona, et eum tenet Giraudus de Bolonhia, et confrontatur cum territorio Castri Novi et cum nemore Fratris Johannis.

CASTRA DE BLACONIS (B–NA), de Ruppe SANCTI SEGRETI et AUDEFREDI (AUDIFF-I) 3 sunt de domanio comitatus Diensis; et nunc tenet dictum castrum Audefredi nobilis Johannes de Urro, ex titulo aquisito a domº Ludovico de Pictavia post obitum dom¹ comitis : alia vero duo sunt dirrupta et modici valoris pro nunc, verumtamen sunt ibi bona pascua et aliquod pedagium, et sunt valde bone venacionis.

Castrum de Condorseys 4 est principis Aurayce et est de feudo comitali.

Castrum Ruppis Arnaudorum 4 in Vapincesio, quod tenet dominus dicti loci, est feudale comitatus; et fuit antiquitus quorumdam magnatum qui vocabantur Arnaudi et fuerunt comites Marsane in Valdania, et erant domini Criste Arnaudi et patriarum circumvicinarum : et reperiuntur lictere in abbatia Sancti Thirici de Saone et in prioratu de Brisis juxta Cristam, quod rex Anglie habuit unam ex filiabus dicti comitis Marsane in uxorem.

Castra comitatus Valentinensis tam propria quam feudalia, incipiendo a parte Ysere.

Et primo castrum Belli Respectus (B-lum R-um 4), inter castrum Osteduni ex parte boree et castrum Ruppis Fortis ex parte venti, quod tenent de feudo comitali certi nobiles.

Castrum Ruppis Fortis 3, in domanio comitis, fortissimum in ruppe alta, in espenderia comitatus a parte Dalphinatus, et habet villam clausam et castrum habens citernam bonam, demum forestas et venationes, montes fertiles; et confrontatur ab oriente et borea cum mandamento Sancti Nazarii in Royanis, terre Dalphinatus, et cum mandamento Castri Duplicis; et est magni valoris et ibi sunt nemora nigra pro edifficiis, de quibus venditur per dominum emere volentibus.

Castrum Pellafolli (Pela-lum 7) tenet dom^s Humbertus de Bellomonte ab ecclesia Valentina et nichil habet territorii nisi quantum durat situatio castri.

Castrum Barberie 8 est feudale comitis, cum montanea et plano et villa, et tenet dictus dom. Humbertus; et confrontatur cum mandamento Castri Duplicis ex parte orientis, et territoriis de Charpey, de Marchiis et de Ruppe Forti, et distat a castro Ruppis Fortis per dymidiam leucam.

Castrum Marchiarum (M-ie 4) est feudale et tenet ipsum vocatus Barrachin, et est in plano supra quoddam molare et habet villam sub se; et confrontatur juxta territorium de Charpey a vento et est ad unam leucam prope Romanis.

Castrum de Charpey [3] est in domanio comitatus, licet eum teneat dominus Bouchagii in pignore, et habet villam clausam et bonum territorium, et distat a castro Ruppis Fortis per unam leucam et a villa de Romanis per duas, et confrontatur juxta territoria Castri Duplicis, Alexia, Montilisii et Cabeoli.

Civitas Valencie est ecclesie et habet circa se castra : Castrum Novum Yscre a parte boree super Yseram, castrum Alexiani et castrum Montilisii a parte orientis, castrum Bellimontis et castrum Montis Lagerii ex parte venti ; que castra sunt propria ipsius ecclesie, una cum castro Montisveneris, infra distancium trium leucarum vel duarum bonarum leucarum circa dictam civitatem.

Castrum Cabeoli (C-lum [9]) est de antiquo patrimonio domini nostri dalphini, et confrontatur ab oriente cum territoriis Barcelhone et Castri Duplicis, et territoriis Montilisii et Montisveneris a vento et borea ; bonum castrum cum villa, bone valoris, et distat a dictis locis una parva leuca.

Castrum Duplex [3], de domanio comitali, castrum fortissimum cum villa super ruppem et habet muros latissimos, et distat a Cabeolo per unam leucam et a Barcelhona per dymidiam leucam et a Ruppe Forti per duas leucas ; et confrontatur cum mandamento de Gigorcio a parte venti, et cum montibus mandamenti Egluduni a parte orientis, et cum territorio Cabeoli a parte occidentis ; et habet citernam infra castrum et murum in angulo dicti castri, in quadam turri in mantello, qui murus est spissus de xi^{cim} passibus ; et habet bonum territorium et fertile de bladis, vinis et pascuis, nemoribusque et venacionibus, et habet ripperias que vocantur Veura et Lierna.

Castrum Barcilhone (Barsallona [4]), ad dymidiam leucam prope Castrum Duplex predictum, est in ruppe et est feudale, et ipsum tenent a dom° comite tres nobiles.

Castrum Balme Cornilhane (B-ma C-llana [4]), ad unam parvam leucam a dicto castro, est in ruppe et est dom¹ Petri Cornilhani militis, et est de feudo dom¹ comitis.

Castrum Orchani (O-nus [4]), ad dymidiam leucam a dicta Balma tendendo versus Cristam, et tenetur de feudo dicti dom. comitis per nobilem Amedeum Berlionis, dominum dicti loci.

Castrum Rochete [4], ad dymidiam leucam a dicto loco Orchani tendendo versus Cristam, tenetur de feudo dom! comitis per illos de Morgiis.

Castrum Vallis Navigii [3], ad dymidiam leucam a dicto loco Ruppete, est de domanio comitatus et habet bonum pedagium quod levatur in Crista Arnaudi, que est ad unam leucam prope.

Que quidem loca Balme, Orchani, Rochete et Vallis Navigii seu eorum mandamenta confrontantur cum mandamentis Montis Meyrani et Uppiani a parte occidentis.

Castrum Montis Meyrani (Montm-n [3]) cum villa est de domaynio comitatus et est in bono territorio, ad duas leucas prope Valentiam veniendo apud Cristam et ad dymidiam leucam prope Uppianum a parte venti, et juxta territorium Monteysonis ad unam parvam leucam etiam a parte venti, et juxta territorium Vachie et Stelle a parte occidentis ad unam leucam qua distant dicta castra ad invicem, et juxta territoria Belli Montis et Montis Veneris a parte boree; et habet bonum mandamentum, magnum et fertile, et est ad duas leucas prope Cristam.

Castrum et villa Uppiani (U-a [3]) est in domanio comitatus et habet bonam domum pro mansione et pulcras venationes, et ibi crescunt bona vina ; et confrontatur cum dictis territoriis Monteysonis, Montismeyrani, de Urro, Alesii et Vallis Navigii.

Castrum Monteysonis (M-n [4]) tenet dominus Monteysonis de feudo comitis, et distat a dicto castro Uppiani per dymidiam leucam et a castro Stelle per unam leucam et a castro de Liberone per unam leucam et a castro Alesii per unam leucam.

Castrum Stelle [3] est pulcrum castrum et magnum ac delectabile, spaciosum ad recipiendum reges et principes quando faciunt transitum per patriam, prout alias visum fuit, et habet putheos et fontes infra cum habundantia, et est forte castrum cum villa bene clausa, habens territorium et patriam fertilem et habundantem in victualibus, et est prope iter tendens Avinionem et habet magnum pedagium ; habet etiam silvas et forestas pro venationibus et chalfagio, nec non habundanciam piscium quia ejus territorium coheret fluvio Rodani, et etiam transit per dictum castrum aqua de Veura que intrat Rodanum ibidem prope per dymidiam leucam ; et dictum castrum est prope Valentiam ad duas leucas et prope Liberonem ad unam leucam, et est in patria amena et delectabili pro residentia persone domini.

Item, ibidem prope ad quartum leuce est aliud castrum dicti dom. comitis vocatum de Vachia [3], pulcrum et delectabile, prope magnum iter regale ad videndum et sciendum introytum et egressum civitatis Valentie.

Castrum Liberonis (Livron) est ecclesie Valentine de super Dromam et est fortissimum castrum cum villa, supra riperiam Drome et super iter dictum iter regale. — Et deinde sequitur aliud castrum vocatum Alesium, quod est capituli Valentini, supra lictus Drome tendendo versus Cristam, distans una parva leuca a Liberone. — Deinde sequitur aliud castrum vocatum Urre, quod tenent ab ecclesia Valentina nobiles Eymarus et Glaudius de Urro, et distat alia leuca a dicto castro Alesii; quod castrum Urri distat a Crista Arnaudi per unam parvam leucam. — Et sunt dicta tria castra juxta ripperiam Drome a parte boree seu Valentie, et confrontantur cum territoriis Stelle, Monteysonis, Uppiani, Vallis Navigii et de Crista.

Castra dicti comitatus Valentinensis tam propria quam feudalia, existentia ultra Dromam a parte venti.

Et primo castrum et villa Montilii Adhemarii[10], in quo sunt duo castra, unum bonum et forte dom[i] comitis Valentinensis a parte orientis et boree, et aliud non ita pulcrum nec altum quod est domini nostri pape a parte venti, et sunt quasi unum juxta aliud quodam modico spacio intermedio, verumptamen castrum comitis est in superiori loco et dominanti; villa vero subtus dicta castra clausa et mercabilis et in itinere regali Avinionis habet forum qualibet septimana duobus diebus, videl. mercuri et sabbati, et est in bona et fertili patria cum maxima habundancia victualium, et habet pedagium, territorium et juridictionem communes pape ; et comiti et confrontatur a parte venti cum territorio Castri Novi de Rac, et cum territorio de Rac et Alondi et cum fluvio Rodani a parte occidentis, et cum territorio Savassie, Sauzeti et Montis Bocherii et Ancone, et est ad quinque leucas prope villam Sancti Spiritus a parte venti, et prope civitatem Valentie per sex leucas, et prope Avinionem ad xii leucas et prope Auraycam ad septem leucas ; et castra cum quibus confrontatur sunt sibi propinqua ad unam leucam et Rodanus ad unam parvam leucam, et ibi transit aqua Rubionis, et sunt ibi venationes cuniculorum et perdricum, et est in meliori disposicione patrie pro habundancia victualium.

Castrum SAVASSIE [3] est in domanio comitis, ad unam leucam Montilii a parte boree veniendo Valentiam, et est in alto monte dirruptum propter guerras et sunt alique muralhie adhuc circumcirca ; et habet bonum mandamentum et territorium, et ibi crescunt optima vina, et habet nemus per spacium unius leuce vocatum Rentalon pulcrum et habundans ad venaciones aprorum ; et confrontatur a parte occidentis cum Rodano ad dymidiam leucam, et juxta territorium Sauzeti a parte orientis, et cum territorio de Calma abbatis Crudacensis.

LENA [3] et pedagium ejusdem sunt prope dict. castrum Savacie ad unam leucam a parte boree, et erat ibidem castrum sed est dirruptum per guerram ; ibi est iter magnum regale tendens Avinionem, et est ibi magnum pedagium dicti loci et eciam Savassie, pertinens dom° comiti, et habet territorium confrontatum cum Rodano et cum territorio Savassie et de Calma.

MIRMANDA est castrum ecclesie Valentine, ad unam leucam cum dymidia de Lena, et est forte castrum cum villa et non est super iter regale.

AURIOLUM est villa in plano clausa, pertinens dicte ecclesie Valentine, supra dict. iter regale et distat a Mirmanda per unam leucam et a Liberone seu Droma per quartum leuce.

Castrum GRANE [3] est dom¹ comitis pro sua residencia, super ripperia Drome ex vento et super quadam alia riperia que vocatur Graneta, et habet hospicium pulcrum et magnum cum putheis et citernis, et est super ruppem ; et habet bonum territorium et pingue, habundans in bladis et vinis optimis, et habet villam sub se clausam ; et est prope castrum Liberonis ad 1 bonam leucam, et eciam cum mandamentis Aurioli et Mirmande ad 1 leucam, et cum territorio Marsane a parte venti, et juxta territorium Chabrilhani a parte boree seu Valencie ; et ibi est aliquod pedagium, et est prope Cristam Arnaudi ad 1 leucam.

Castrum cum villa Chabrilhani (C-llian ⁵) prope Granam ad dymidiam leucam et prope Cristam ad 1 leucam parvam, et confrontatur cum territorio Grane et territorio Alti Campi et Dei Adjutorii, et habet bonum territorium, et est bonum castrum et forte ; et ipsum tenet dom^a comitissa, relicta dom^i comitis deffuncti, quamdiu abstinebit a secundis nuptiis.

Castrum Alti Campi ⁴ cum villa prope Chabrilhanum et prope Cristam ad 1 leucam tendendo ad Montilium, et distat a castro Grane per 1 leucam cum dymidia, et ipsum tenet dom^s Humbertus de Bellomonte de feudo dom^i comitis. — Et ibi prope est castrum Ruppis, quod erat uxoris Gileti de Podio, quod etiam tenet in parte dictus dom. Humbertus et est feudale.

Castrum Auriple ³ est in domanio comitis fortissimum in alta ruppe, super magnum iter Avinionis transeundo per Cristam et Castrum Novum, et habet pedagium et est bene situatum in bona patria pro victualibus ; et est in tam eminenti loco quod possunt videri cetera castra dict. comitatuum et fieri signa tempore guerre, et est clavis patrie, in aspectu Criste Arnaudi prope ad 1 leucam cum dymidia, et prope Castrum Novum Dalmaceni ad 11 leucas cum dymidia ; et confrontatur cum territorio Saonis a parte orientis, et cum territorio de Soyancio a parte venti et cum territorio Podii Sancti Martini, de Roynaco et Alti Campi a parte occidentis.

Incipit Valdania.

Castrum de Roynaco (R-at ⁴) tenet dom^s Guillelmus de Medullione miles et erat de terra Garde feudali, et est prope castrum Podii S^i Martini ad 1 leucam et prope Marsanam ad aliam leucam et prope Alticampum ad 1 leucam.

Castrum Podii Sancti Martini ⁴ est feudale et tenetur per dominum de Garda, Eynardum Cornilhani et Ludovicum de Teolinhano, et est ad 1 leucam cum dymidia prope Castrum Novum Dalmasseni, super iter regale tendens a Crista versus Avinionem.

Castrum et villa Marsane ³, in domanio comitis, est villa clausa situata in dicta valle in bona patria, distat a dicto castro Podii per 1 leucam ; et confrontatur juxta territorium Grane a parte boree, et juxta territoria Alticampi, Roynacii et Podii S^i

Martini a parte orientis, et juxta territorium Sauzeti et de Laupia a parte venti.

Castrum Clivi (C-vum) d'Andrans [4] est feudale et ipsum tenet Anthonius de Theulinhano alias Barrachi, et confrontatur cum territorio Marsane (et) Laupie a parte occidentis, et cum territorio Podii S[t] Martini a parte orientis, et cum territorio S[t] Gervasii a parte venti, et distat a Marsana per 1 leucam.

Castrum et villa Laupie [4], super riperiam Robionis, est de feudo comitatus et distat a Sauzeto per dymidiam leucam et a Marsana per unam leucam, et ipsum tenet dominus Sancti Remigii pro uxore sua.

Castrum Sauzeti (S-tum [3]) est dom[l] comitis cum suo hospitio pro ejus residentia, et est pulcrum et delectabile in situacione et victualibus, venacionibus, quasi supra riperiam Rubionis, et ibi libenter manebat dom[s] comes deffunctus propter amenitatem dicti loci, et habet aspectum ad quamplurima castra circumvicina usque ad Castrum Novum et totam Valdaniam; et est prope Montilium per 1 leucam et prope Marsanam ad aliam leucam, et est super itinere tendente a Crista Arnaudi versus Montilium.

Castrum Montis Bocherii (M-tbuchier [4]), prope Sauzetum ad dymidiam leucam et prope Montilium ad 1 leucam et prope Bastidam Rollandi ad 1 leucam, est feudale comitatus in pulcra planicie et fuit de terra Garde feudali, et ipsum tenet dom[s] Guillelmus de Medulione.

Castrum Bastide Rollandi [4] est feudale et ipsum tenet dom[s] Humbertus de Bellomonte miles; habet Castrum Novum Dalmacenum ad 1 leucam a parte orientis et castrum Podii Gironis a parte venti et castrum S[t] Gervasii a parte boree per 1 leucam, et est in pulcra planicie et super itinere a Castro Novo versus Montilium Adhemarii.

Castrum Sancti Gervasii [4], per 1 leucam prope Castrum Novum et ad 1 leucam prope Sauzetum et prope dict. Bastidam ad dym. leucam, super itinere tendente de Sauzeto ad Castrum Novum de Mazeno; et est feudale, et ipsum tenent dictus dom. Guillelmus de Medulione et Gaucherius Eymarii de feudo comitatus.

Et est sciendum quod in dicta Valdania est quedam magna

foresta que vocatur d'Andrans, durans per tres leucas pro venacionibus et spaciamento dom¹ comitis.

Castrum Podii Gironis (P-ium G-n⁴) est feudale comitatus in Valdania, habet ad 1 leucam cum dym⁴ Castrum Novum a parte occidentis et Bastidam Rollandi ad dym. leucam a parte boree et nemus de Aqua Bella a parte venti, et in dyocesi Tricastrinensi et ipsum tenent quidam nobiles de Limosino.

Hec sunt castra feudalia dicti comitatus in exponderiis.

Et primo castrum et villa Tonlignani, quod fuit de dicto comitatu et non (nunc?) tenet dominus de Campis pro ejus uxore, et est ultra nemus Fratris Johannis ad ii leucas prope Castrum Novum, et habet villam Valriassii terre Venessini ad ii leucas, castrum et villam de Salis domini Greniani ad 1 leucam et juxta nemus Fratris Johannis.

Castra de Valloria et de Rossas sunt vice comitis Utessie et sunt feudalia cum eis que percipit in Petralata, et sunt dicta castra cum suis territoriis simul contigua in diocesi Sancti Pauli; et confrontantur cum castro de Garda ad 1 leucam cum dymia,. et cum territorio de Cliensays terre Garde et Alandi, feudi Provincie quod tenet Lancellotus bastardus Vallentinensis, ad 1 leucam.

Castrum Garde cum sua villa est pulcrum et sollenne, feudale de feudo reddibili Vallentinensi et ipsum tenet dominus Garde Ludovicus Adhemarii; et habet castrum Bolene comitatus Vennesini a parte venti et castrum de Donsera, episcopi Vivariensis, comitatus Vennessini ad 1 leucam ex parte occidentis, et civitatem Sancti Pauli ad 1 leucam cum dimia ex parte venti, et castrum de Rac ejusdem terre Garde ad 1 leucam cum dimia ex parte boree et castrum de Olando ex eadem parte, et castrum de Rossa ex alia, et est dict. castrum Garde per ii leucas cum dimia prope Montillium ex parte venti.

Castrum de Rac, ejusdem terre Garde, ad 1 leucam cum dimia prope Gardam et ad 1 leucam prope Montillium, ad 1 leucam prope Castrum Novum de Rac et est feudale.

Castra dicti comitatus Valentinensis in Regno.

Et primo castrum de Banio (Bays) de super Banium, dyocesis Vivariensis, habet duo castra unum super aliud cum villa de subtus, super Rodano, in quadam magna ruppe; et sunt fortissima castra et unum prope aliud ad tractum unius archus, et sunt magni valoris propter bonitatem territorii, propter villam que frequentatur per mercatores et ibi est pedagium magni valoris per terram et per aquam, et ibi levantur emolumenta pedagiorum Rodani que pertinebant dicto dom. comicti; et habet castrum Crudacii ad i leucam a parte venti, et castrum Pousini a parte boree ad i leucam, et cum terra de Barresio dicti comitatus ad i leucam a parte occidentis; habet fontes et cisternam, est ad iii leucas de civitate Vivariensi et de v a villa Sancti Spiritus; habet venaciones, et transit mandamentum ultra Rodanum usque ad iter regale et Mirmandam ac Auriolum et juxta mandamentum Lene, et habet Montilium ad iii leucas.

Castrum et villa Pousini [3], dicti comitatus, super Rodanum habet Banium ad i leucam ex parte venti, Voutam ad i leucam a parte boree et juxta terram de Chalmeyraco terre de Vouta, quam tenet dominus Ruppis pro ejus uxore, de feudo comitatus et est ibi pedagium.

Castrum Sancti Petri de Barres [3] fortissimum in alta ruppi et impugnabili et in bono territorio, et habet castrum Sancti Vincencii de Barres ad i leucam, et montem de Coyrone et castrum Banii ad ii leucas.

Castrum Sancti Vincentii de Barres [3] est subtus dict. castrum St Petri, ad i parvam leucam descendendo versus Rodanum, et confrontatur cum territorio de Banio.

Castrum et villa Privacii [3] clausa habet Banium ad ii leucas a parte orientis et Pousinum ad ii leucas, et territorium Sancti Albani feudalis; et est bona villa et mercabilis, et bene frequentata et magni valoris.

Castrum Turnoni [3] est fortissimum supra ruppem et habet duas riperias de subtus, et est prope Privacium ad tres jactus baliste et habet multa vilagia subtus se, et est sicut Privacium quo ad territorium.

Castrum cum baronia Chalanconis [3] in boteria : ipsum castrum est in dyocesi Vivariensi et etiam ejus territorium, et castra ac feuda quamplurima que habet sub se se extendunt usque prope civitatem Aniciensem et circumcirca ipsum castrum per septem leucas, et habet sub se homagia dominorum

Vote, Ruppis, Gaudiose, Montis Laud', de Petra, vicecomitis Poliniaci, de Turnone, Belli Castri, Cruccoli, dom¹ Boniffacii de Chalant, de Brione, de Chesia et plurium aliorum dominorum, militum et domicellorum.

Mandamentum Duri Fortis ³ et habet castrum dirruptum, et confrontatur cum territorio Chalanconis et cum castro S¹ Fortunati, cum suis vilagiis et pertinentiis.

Castrum Sancti Fortunati ³ est mandamenti Duri Fortis et est boni valoris.

Castrum de Mesencolli cum montibus, territorio et mazagiis, de domanio dicti comitatus, et ipsum tenet uxor domini Belli Similis sub reacheto.

Castrum Bocli, econtra Ruppem de Clivo a parte Regni, cum suo pedagio tenet dict. dominus Bellisimilis ut supra sub reacheto.

Et in dicta parte regni dicuntur esse plura castra feudalia sub homagiis et qualitatibus feudorum numero IIII^{xx} et ultra, et ita in majori numero quam in Imperio.

Item prior Sancti Egidii in Provincia et magnus prior Alvernie, ordinis Sancti Johannis Jherusalem, sunt homines dicti comitatus racione plurium feudorum que tenent a dicto dom. comite.

Baronia Cleyriaci.

Primo castrum Cleyriaci cum villa in plano supra riperiam Herbacie, prope Romanis ad ɪ leucam et ad ɪɪ leucas prope Ruppem de Clivo, et cum mandamento Belli Montis prope Romanis, terre Dalphinalis.

Castrum Mocheti, ad ɪ leucam prope castrum Cleyriaci, habet castrum Sancti Donati a parte orientis et boree.

Castrum Mirabelli in Valle Claresio, ad ɪ leucam cum dym⁂ prope castrum Mocheti, et habet castrum S¹ Donati a parte una et castrum seu mandamentum Cleyriaci ex aliis partibus.

Villagia de Cursone et de Chanosco sunt infra mandamentum Cleyriaci in bona patria et fertili, et in Cursone est pedagium in itinere publico tendendo de Dalphinatu ad portum Castri Novi de Ysera ; et confrontantur dicta loca cum territoriis Ruppis de Clivo et de Tincto ac de Mercurolio, et est ad ɪɪ leucas prope Romanis.

Item racione dicte baronie barones et banareti infrascripti sunt homines : — Et primo dominus Montis Canuti ; — item dominus Clavaysonis, pro Mercurolio ; — it. dominus Neyriaci, pro castro de Chantamerle ; — it. dominus Sancti Prejecti et plures alii nobiles.

CASTRA SPONDERIA JUDICATURE BARONIARUM.

Castrum Clarimontis,   Ycaris.   Castrum Rozanis. de ressorto partim Provincie, partim Dalphinatus.   de

Castrum Vallis Clause in Dalphinatu, super quodam monticulo ; habet ex opposito a parte boree castrum Clarimontis in valle Olle per spacium medie leuce, quod est super quodam alto monte, et de subtus dicta castra fluit fluvius Ycaris ; et habet ex parte venti, dicto fluvio medio, castrum Lencii spacio parve leuce in ressorto Provincie, quod est super quodam monte alto ; ex parte orientis habet castrum de Rosanis partim in judicatura Baroniarum et partim in Vapincesio, situm in plano per spacium dy(me) leuce.

Castrum Lencii (dom¹ G. de Sanhis).

In hoc medio sunt plura castra non sponderia.

Castrum Medullionis est in summitate cujusdam montis alti, et a parte boree jungitur et continuatur cum quadam ruppe ciza, de super plana, herbosa et nemorosa, ad quam non potest intrari nisi per medium castri, que habet in spacio in longitudine quartam partem leuce Francie et in latitudine octavam partem leuce ; a parte meridiei cum villa Medullionis, que jungitur dicto castro ; et in conjunctione castri et ville est quedam turris rotunda grossa, et deinde versus boream extra principium ruppis est alia turris quadrata grossa, estque dict. castrum super dicta ruppe et circumquaque in pede ruppis et montis sunt fontes vivi et lavoragia plura. Habet ex opposito inter orientem et meridiem in Provincia Sadaronem (domᵉ comitisse Avellini) ad spacium unius leuce, et habet introitum dict. locus Sadaronis per quemdam passum ruppis et de subtus fluit ripperia parva inter duos montes, et de supra passum in supercilio montis est quedam grossa turris quadrata, custodiens passum et villam seu burgatam. Inter Medullionem et Sadaronem est planicies per quam fluit modica ripperia que conjungitur cum ripperia Sadaronis.

Sadaron (domine Avellini).

Sunt magni montes.   Laborelli.   Auripetra
(d. principis Aurayce).

Castrum Montis Albani (Dalphinatus) habet ex opposito ab oriente in Vapincesio castrum Auripetre distans tribus leucis, et inter ea est magnus mons et villa Laborelli.

Castrum Pometi (d. G. de Medulione).

Castrum Balomis (domini Garde) in monte parvo, habet ex opposito ad Vapincesium ex parte orientis castrum Pometi super quadam ruppe ad leucam, et inter ista sunt montes.

Castrum Cleis (d. G. de Medulione).

Castrum de Calma (domini de Garda) in plano habet villam de Calma ex parte venti, et ex opposito inter orientem et ventum habet ad mediam leucam castrum de Cleis in Vapincesio, in loco aliquantulum eminenti, et inter dicta castra est planicies.

Castrum de Curello (domini de Garda) in monte modico, habet ex opposito a parte orientis ad dymidiam leucam castrum Sancti Vincencii in Provincia in parvo monticulo, et de subtus dicta castra fluit modica ripperia.

Castrum Sancti Vincencii.

Castrum de Monte Froco (domini de Garda) super quodam monte satis alto, habet ex opposito inter ventum et occidentem castrum de Amenicis in Provincia, quod est in quodam monte satis alto, et ibi est pulcrum castrum quod est Hospitalis.   Castrum Amenicarum.

Designacio castrorum Baroniarum.

Barretum.

Castrum Montisbruni, partim movens de feudo dalphinali et partim movens de feudo domini Saltus, est situatum super quodam monte: in capite ab oriente est castrum, et a parte meridiei et occidentis est villa. Habet ex opposito in Provincia spacio parve leuce Barretum (domini de Misone) inter orientem et meridiem, qui locus de Barreto est in quodam monte alto jungiturque castrum dicti loci cum villa, et in pede dicti montis oritur quedam parva ripperia que transit per subtus Montem Brunum.

De subtus Montembrunum est castrum et locus Relhanie, quem tenet dominus de Saltu spacio quatuor tractuum baliste, super quodam monte; castrum illud est quadratum et est super ruppe, murus undique habet in spissitudine unam cannam, in quolibet quadro est tornella rotunda et iter medium, a capite est una grossa turris quadrata, et de subtus dict. castrum a parte venti est villa. Habet ex opposito in Provincia locum Saltus, grossum locum super quadam ruppe bene et firmiter clausum, distans a dicto loco spacio 1 leuce; et inter dicta loca est quidam alter locus clausus vocatus Aurel in Provincia, etiam fortis et bene clausus.

Saltus.   Aurell.

Locus Plasiani in Dalphinatu, dom^e comitisse Avellini, est situatus super quadam ruppe alta, ad quem non est accessus animalis nisi per quandam partem ex parte boree, et ibi super portali est ruppes alta quam deffenderint duo aut tres homines contra omnes intrare volentes : ex parte venti est solius hominis difficilis accessus per quosdam gradarios. Habet ex opposito in comitatu Venayssini locum et castrum de Brantulis distantem spatio 1 parve leuce, ejusdem dom^e comitisse, super ruppem, habens in capite castrum quadratum cum quatuor turibus et de subtus ex parte venti est villa, inter ea est quidam mons et in pede montis ex parte Plasiani est modica ripperia.

Brantulis.

Castrum Petre Longe, forte et inhabitabile (domini de Garda).

Castra et locus de Mollanis in plano, quorum superius est heredum nobilis condam Bernardoni de Serris et inferius nobilis Ludovici de Garda, sita sunt super quadam ruppe suntque sibi contigua : castrum superius est ad modum unius magne turris quadrate, longitudinis circa xii cannarum, latitudinis circa viii° cannarum, habens ex parte castri inferioris in angulo sinistro unam turrim rotundam, murus dicti castri est spissitudinis octo palmorum et ultra; castrum inferius est bene domificatum et habet a parte pontis duas grossas turres, unam in quolibet angulo. Villa seu locus est subtus dicta castra super ruppe, in exitu ville a parte Venaissini sunt due grosse turres rotunde et de subtus fluit ripperia Ovidie, super qua est constructus pons lapideus in exitu portalis, bene et notabiliter edificatus, in fine pontis de versus comitatum est turris et ultra

turrim est parvus pons inter ruppem et primum pontem, qui
fustatus est et possunt fustes ad libitum removeri, quibus
amotis non potest ex parte Venayssini super ponte magno
ascendi. Habet ex opposito a parte Venayssini castrum et locum de Intercallis, dom¹ episcopi Vasionensis, quod castrum
est super quadam ruppe alta multum forte, quod non potest
bombardari, in quo sunt tres aut quatuor quadrate turres, et
de subtus castrum super ruppe est villa clausa, distat a loco
de Mollanis per dim(i)diam leucam ; inter ipsa loca sunt due
ripperie, que invicem subtus Mollanis quasi per quartam partem leuce junguntur. Castrum Intercallis.

Civitas Vasionensis habet castrum dominans ville cum duabus turribus a parte meridiei, et villa super ruppe ex rotundo
scissa et de subtus est ripperia Ovidie et super ripperia pons
lapideus.

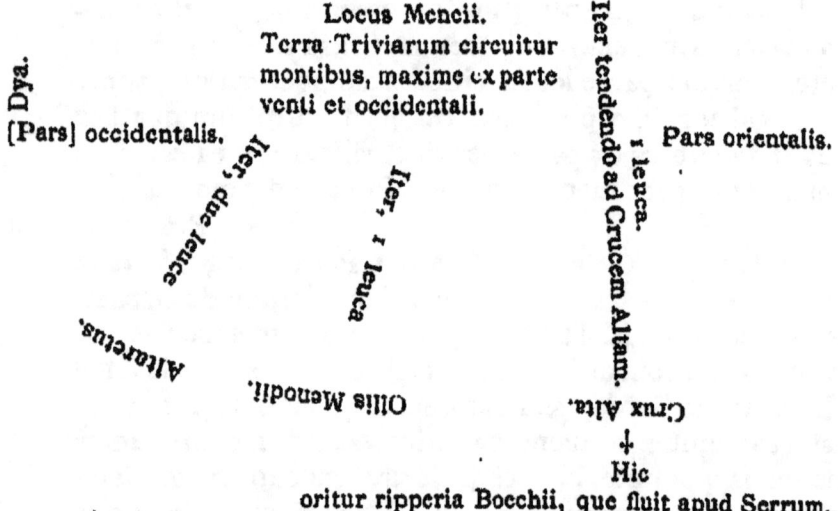

oritur ripperia Boechii, que fluit apud Serrum.

(1) Guy ALLARD, *Documents mss.*, t. XV, fᵒˢ 468-86, papier du temps. Les
noms répétés en marge du ms. sont ici en petites capitales ; le texte des
fᵒˢ 483-6 est distribué en forme de cartes géographiques, reproduites ici
aussi approximativement que l'ont permis les exigences typographiques.
— (2) En m. « ecclesie, c. Diensis ». — (3) En m. « domanii, in d-nio ». —
(4) En m. « feudale ». — (5) En m. « Emit de novo episcopus Valentinen.
et Diensis ». — (6) En m. « Erat in domanio tempore obitus dom¹ comitis ». — (7) En m. « feudi ecclesie Valentin. » — (8) En m. « feudi comitatus Valentin. » — (9) En m. « Dalph. » — (10) En m. « pape et comitis ».
— (11) En m. « post redum ».

XCII. (1424?).

Plaise au Roy nostre s(ire), daulphin de Viennois, adviser et ordonner ainsi qu'il luy plaira sur les choses qui s'ensuient [1].

Premièrement, il est vray que mess(ire) Symon Charles chevalier, conseillier du roy, escripvit jà pieça, par ung de ses serviteurs qu'il envoyoit par devers le roy, aux gens du conseil du roy ou Daulphiné que l'empereur avoit donné et octroyé à monseigneur le daulphin le vicariat par tout son païs du Daulphiné et par tout le royaulme d'Arle, et que pour avoir sur ce les bulles de l'empereur convenoit avoir et finer mil ducatz : dont lesd(ites) gens du conseil du Daulphiné furent très joyeux, et leur sembla que c'est l'ung des grans biens que faire se pouoit pour la conservacion et exaltacion de la seigneurie du roy ou païs du Daulphiné ; mesmement que se ledit vicariat venoit en aultre main, chascun puet assez savoir et cognoistre clèrement les grans dommages et inconvéniens irréparables qui s'en ensuyvroient à ladite seigneurie et à tous les loyaulx subgiez d'icelle ; et de ce ont lesdiz du conseil du Daulphiné naguères chargié mess. Guillaume Juvenel chevalier, conseillier du roy et lieutenant de monsr le gouverneur ou dit païs, pour en parler et advertir le roy et messrs de son conseil, lequel a fait savoir ausdiz du conseil du Daulphiné que ledit fait a esté moult pesé par le roy et par messeigneurs de son grant conseil, et que sur ce le roy a deliberé et conclu que la chose vieigne à effet et que pour y donner provision au regard de la finance il en a chargié aucuns de sondit conseil : dont lesdiz du conseil du Daulphiné sont très joyeux et desirent moult que la chose feust perfaicte, pour doubte que inconvenient ou empeschement n'y survieigne.

Item, maistre Robert Rogier, secretere du roy, par ses lettres escriptes à Florence le xve jour du moys passé, a fait savoir ausdites gens du conseil du Daulphiné que nostre saint père le pape, pour contemplacion du roy, est d'acord de deslaisser au roy la payrrie qu'il a avecques luy au Monteil Aymar en la conté de Valentinois et de Dyois, parmy ce que le roy lui en face homage et service de xx lances et qu'il lui quicte et remecte les XXX^m florins de chambre qu'il doit à cause de certain traitié pieça fait entre aucuns saintz pères ses predecesseurs et le feu conte de Valentinois : et semble ausdites gens du conseil du Daulphiné qui scevent que c'est dudit lieu du Monteil, que ce sera ung trèsgrant bien pour la seigneurie du roy et de monseigneur le daulphin.

Item, la veille de la Chandeleur derr(enièrement) passée, Pierre Symon, clerc de monseigneur de Saint Valier, vint environ heure de vespres devers Jehan de la Barre, tresorier general du Daulphiné, et luy appourta certaines lectres de par le prieur de Guynaise, aussi serviteur dudit mons^r de Saint Valier, contenans en effet que ledit mons^r de Saint Valier l'envoyoit par deça pour savoir se sa finance, que par le tractié fait derrenièrement à Vienne par le roy avecques ledit seigneur de Saint Valier luy devoit estre payée dedens ledit jour de Chandeleur ou au moins par tout ce moys, seroit preste audit terme, et luy monstra une copie et vidimus dudit tractié qui contient en effet que le roy lui doit faire paier dedens ledit terme la somme de VJ^m escuz, à prendre pour partie d'icelle somme la pension de IIJ^m V^c ducatz que doivent chascun an audit jour au roy ses subgiez du Brianczonnois et pour la quelle some il rendi au roy ses joyaux qu'il avoit en gaige, et pour seurté dudit payement le roy lui engaiga ses chasteaulx du Monteilaymar et de Chasteau Double, lesquelx ledit prieur doit tenir en sa main jusques audit terme ; et en deffault de payement total les doit bailler audit seigneur de Saint Valier, au quel les subgiez desdiz lieux seront tenuz de faire serement, et ainssi doit ledit de Saint Valier tenir lesdiz chasteaulx en gaige, oultre la dite somme de VJ^m escuz, pour la somme de XVJ^c escuz d'or que le roy luy acorda pour ses interestz du temps passé ; et que se ledit seigneur de Saint Valier n'est payé desdites sommes dedens ledit terme, il doit prendre et avoir pour chascun an que l'en differra son dit payement sur le roy VIJ^c escuz pour ses interestz, c'est assavoir IIJ^c sur la dite pension de Brianczonnois et les IIIJ^c sur les revenues desdiz chasteaulx : come ces choses sont plus à plain contenues oudit traitié, dont l'en envoye présentement la copie.

En verité lesdites gens du conseil du roy ou Daulphiné n'avoyent oncques maiz estez advertiz du contenu oudit tractié, dont ilz sont très desplaisans : car se plustost l'eussent sceu, ilz en eussent fait. advertir par ledit mess. Guillaume Juvenel le roy et mess{n} de son conseil, afin que oultre la dite somme de IIJ{m} V{e} ducatz de Brianczonnois il eust pleu au roy faire pourveoir au payement desdites sommes acordées audit seigneur de Saint Valier; car pour ce que ceulx dudit conseil du Daulphiné ont peu sentir par ledit Pierre Symon, se lesdites sommes ne sont entièrement payées au dit seigneur de Saint Valier audit terme, ilz tiennent que ledit prieur luy baillera lesdiz chasteaulx et qu'il conviendra que les subgiez d'iceulx lui facent le serement contenu oudit tractié; autres dommages et inconveniens assez en pourront sourdre, comme de monseigneur de Savoye substitué ausdiz contez de Valentinois et Dyois, quant il verra que lesdites places seront en la main dudit seigneur de Saint Valier, et ne regardera ou ne vouldra regarder la manière comme le roy les lui aura baillées; voyent aussi lesdiz du conseil du Daulphiné que les subgiez et homes de Valentinois et Dyois, qui tousjours ont eu esperance de demourer soubz la seigneurie de monseigneur le daulphin, quant ilz verront lesdites terres ainsi bailler et aliener et que ou cas dessusdit ne demourra a monseigneur le daulphin desdiz contez que le Crest Arnault, seront refroidiz de leur dicte esperance et de la bonne et vraye amour qu'ilz ont eu au roy et à monseigneur le daulphin jusques à present.

Ces inconveniens que voyent à l'ueil lesdiz du conseil du Daulphiné et les doivent avoir plus à cuer que ceulx qui sont plus loingtains, et pour ce que les muevent comme desplaisans qu'ilz en sont les escrire et notiffier au roy, et supplier tant et si très humblement comme plus puevent que il luy plaise les considerer et y pourveoir et y ordonner ainsi qu'il luy plaira.

(1) Guy ALLARD, *Documents mss.*, t. VI, f{os} 18-9, papier du temps; au dos : « Hic fit mentio de XXX{m} ducatis debitis per papam domino nostro dalphino ad causam certi tractatus per eum habiti cum dom° comite Valentinensi ».

XCIII. *(1428?).*

PRECONISACIONES FIENDE IN CIVITATE PRESENTI GRATIONOPOLIS EX PARTE NOBILIS JOHANNIS GRINDE, CAPITANEI DICTE CIVITATIS, DE VOLUNTATE ET CONSENSU CONDOMINORUM DICTE CIVITATIS [1].

Et primo, quod nullus, cujuscunque status vel condicionis existat, ire audeat de nocte per presentem civitatem post pulsacionem grossi simbali sine candela vel lumine, nisi ordinati per dictum cappitaneum, exceptis officiariis hujus civitatis : sub pena pro quolibet et vice qualibet decem solidorum monete currentis quoad habitantes, quantum tamen ad extraneos sub pena incarceracionis.

2. Item, quod nullus audeat de die vel de nocte incedere per presentem civitatem cum armis, sine licencia dicti capitanei, exceptis dictis officiariis : sub pena predicta et amissionis arnesiorum.

3. Item, quod omnes et singuli qui ordinati et vocati fuerint ad gaytum et eychargaytum per dictum cappitaneum vel deputandum ab eodem, quod ipsi personaliter illud accedant sine substituto, nisi per dict. capitaneum fuerit admissus vel legitime impeditus propter senectutem vel aliam causam racionabilem, quo casu sufficiat mictere ydoneum substitutum : sub pena, videl. pro vocato seu ordinato ad gaytum decem solid., et pro vocato et ordinato ad eychargaytum viginti solid. dicte monete.

4. Item, quod nunciati ad gaytum faciendum, ad ipsum gaytum accedant hora crepisculi, et ab eo non discedant donec deputati ad custodiam portarum in sua custodia intersint : sub pena decem solid. dicte monete.

5. Item, quod custodes portarum a sua custodia non discedant donec deputati ad gaytum faciendum in loco sui gayti intersint : sub pena decem solid. monete currentis.

6. Item, quod custodes portarum in sua custodia intersint hora solis ortus vel cicius : sub pena proxime dicta decem solid. monete currentis.

7. Item, quod nullus sit ausus ludere ad aliquos ludos pre-

ter quam ad arcum, balistam et alia que deffensionem respiciunt : sub pena proxime dicta.

8. Item, quod nullus sit ausus de die vel de nocte ire per supra menia dicte civitatis neque ea visitare sine licencia dicti capitanei, nisi causa racionabili et legitima et sine suspicione hoc fieret : sub pena proxime dicta et incarceracionis.

9. Item, quod omnes et singuli albergatores presentis civitatis incontinenti quod unus, duo vel plures hospites ad domos suas venerint et fuerint hospitati, dum tamen extranei fuerint, incontinenti dicto capitaneo talium hospitum numerum et modum per quem incedunt nunciare teneantur : sub pena sexaginta solid. et incarceracionis quousque solverint.

10. Item, quod custodes portarum, cum aliquem seu aliquos extraneos ad presentem civitatem affluere contingerit, se informare et cum eis inquirere habeant de nominibus et cognominibus eorundem, locis unde et quo peragunt, et ad quam hostellariam hospitabunt : sub pena decem solid.

11. Item, quod dicti custodes portarum neminem extraneum a presenti civitate exire permictant, nisi tales extranei recedere volentes bulletam vel insignum a dicto dom. cappitaneo obtentum exhibeant aut alias ab eodem dom. capitaneo obtinuerint licenciam, que bulleta sine custu benigne concedatur : sub pena proxime dicta.

12. Item, quod si contingeret aliquos extraneos venire cum armis vel sine armis numerum sex hominum excedentes et presentem civitatem int(r)are volentes, non permictant intrare nec eis adhitum prebeant sine licencia dicti dom. capitanei : sub pena viginti solid. dicte monete currentis.

13. Item, quod nullus, cujuscunque condicionis existat, audeat vel presumat intrare vel exire presentem civitatem, a quacunque parte existat, de die vel de nocte nisi per portas ad intrandum vel exeundum paratas : sub pena decem librarum dicte monete, ultra penam juris.

14. Item, quod consules presentis civitatis hora crepisculi, qua hora custodes portarum se reducent, portas presentis civitatis principales claudere habeant nec eas in crastinum aperiant, donec ipsarum portarum custodes ibidem applicuerint : sub pena decem solid. dicte monete.

15. Item, quod ipsis portis clausis, ipsi consules dictas portas aliqualiter nemini apperire nec introhitum seu exitum dare audeant, sine licencia dicti dom. capitanei : sub pena decem librar. dicte monete.

16. Item, cum alias per dictum dom. capitaneum certis personis injunctum fuisset quod ipsi retro domos suas clauderent et palissiari facerent de bonis et sufficientibus palis vel muro, tam a parte Ysere quam rupis de Chalemon, quod fortassis factum non fuit, injungitur et precipitur talibus clausuras ipsas facere debentibus ut ipsi tales clausuras, prout alias eis fuit injunctum, compleant et faciant seu compleri et fieri faciant hinc ad quindecim dies : sub pœna decem librar. dicte monete. — Ordinatur per dictos condominos presentis civitatis quod dictus dom. capitaneus nominatim notifficet et injungat injunctionem proxime scriptam cuilibet predicta facere debenti.

17. Item precipitur quibuscunque operariis et artifficibus qui requisiti fuerint operari ad utilitatem fortifficacionis hujus civitatis, quod ipsi quamprimum fuerint requisiti de operando, operari teneantur indifferenter, congruo salario contenti : sub pena pro quolibet et vice qualibet decem solid. dicte monete.

Quarum penarum supra declaratarum per unumquemque et vice qualibet in contrarium facientem inremissibiliter comictendarum, due partes applicentur prefatis condominis huj^{di} civitatis et tercia pars dicto dom. capitaneo. — Voluerunt autem condomini de gracia quod dicte due partes eisdem pertinentes convertantur et implicentur in fortifficacione dicte civitatis, prout alias fuit ordinatum.

Et fuit ordinatum per dictos condominos presentis civitatis quod per dictum dom. capitaneum visitentur omnes et singule porte presentis civitatis, potissime porta de Ulmo in qua fieri faciat unam seram novam cum unica clave. — Item, quedam posterla heredum Moneti Rollandi condam, que est inter duas portas Perrerie, et alie quecunque posterle existentes retro domos carrerie Sancti Laurencii a parte vinearum, in quibus fieri faciat provisionem condignam. — Item, et cathenas hujus civitatis, si aliquid in eis defficiat, et eas taliter ordinari et aptari faciat quod si opus adesset possint subito claudi; et similiter grossam cathenam novamque debet poni supra Yseram si fuerit perfecta, et (si) non sit perfecta compleatur et affigatur bene et secure.

(1) Guy ALLARD, *Documents mss.*, t. IV, f° 13-6, papier du temps.

XCIV[1]. *Juin–juillet 1428.*

COMPUTUS quod reddit nobilis Petrus Capellensis, de Sancto Marcellino, custos monetarum que cuduntur apud Montillium Adhemari, de hiis que recepit ad causam cujusdam commissionis eidem orethenus facte per dom. Arziarium Rigaudi, locuntenentem dom! gubernatoris Dalphinatus, sibi assistente dom. Stephano Durando, consiliario dalphinali in loco Montillii Adhemari, de anno Domini mill'io IIIJ° XXVIIJ et die xv mensis junii, pro fieri faciendo.... certa artillieria apud Avignionem, sicuti bannerias, vexilla, penuncellos armis Dalphinalibus depictos, lanceas, pulveres et lapides bombardarum, cum pluribus aliis rebus....; et hoc pro ponendo occidionem ante castrum Lauppie in Valentinesio, pro certis inobedienciis per dominum dicti castri adversus dominum nostrum regem dalphinum seu officiarios suos tunc factis et illatis.

RECEPTA.

Et primo computat recepisse pro premissis... a provido viro Guillelmo de Baus, procuratore comitatuum Valentinensis et Diensis, ... in moneta tunc currente......... IIII[xx] floren.

EXPENSE hujus computi.

Et primo petit et supplicat... sibi deduci et... allocari quos solvit pro rebus que sequuntur, contentis in parcella cujus... tenor sequitur..:

« Issy après est escripta so qui a costa li banière, les penons et l'estendars, et li poudra de la bombarda, li mantel et les pierres pour asseger la Laupi, à moy Pierre Capellin, comis de fère fère cestes dictes chouses en Avignon per mons[r] le lieutenant et mestre Estienne Duran :— Et premièrement, pour le tercellin de ladicte banière, penon et estandart XL pans, qui costent d'achet III g(ros) le pans, X flor. ; — item, pour IX pans de bocassin pour fère les garnimens des lances, VI g. ; — it. pour XXI onses de soy et dime, à VIIJ g. l'onse, XIIII flor. IIII g. ; —

it. pour v cernans de soye pour coudre les dictes franges, v g. ;
— it. pour iii lances, iii flor. ; — it. pour la fasson, fet marché
avec le peintre et doyt fère de fin or, xxv flor. ; — it. pour deux
quintaulx de poudre de bombarde, xxviii flor. ; — it. pour les
viii mantiaulx, viii flor. ; — it. pour xxv pierres de bombarde,
à v g. la pierre, x flor. v g. ; — it. pour i home et une beste qui
a apporté les dictes chouses d'Avignon au Monteil, iii flor. ; —
it. pour les parpellieres et sac et una queyssa et autre dispense,
ii flor. — Somma, I° iiii flor. viii g. ; — de la quelle summe ay
receu par la main de Guillaume de Baus, procureux de Va-
len(tinois), IIII×× flor. : — reste que ay mais amployé que re-
cep, xxiii flor. viii g. — Item, pour vii jours que ay vaca à fère
fère les dictes chouses alant et itant en Avignon, taxés pour
luy et son valet à ii chevaux pour chascun jour xvi g., valent
vii frans que sont ix flor. iiii g. : — ainssi luy det on xxxiiii
flor. — Item, pro dictis xxv lapidibus bombarde adducendis a
loco seu locis ubi facti fuerunt apud Montillium in castro Nar-
bone, vi flor. — Donné mandement per mons' le lieutenant,
assisten' avec luy mess. Estienne Duran, le ix jour de julliet
l'an M IIIJ° XXVIIJ. »

Item plus petit et requirit supra nominatus Petrus Capellensis sibi deduci et hic allocari pro quinque diebus quibus
vacavit cum suo famulo et duobus equis veniendo a loco Montillii Adhemarii pro apportando supra dict. banneriam, vecil-
lum et pennonum apud Gronopolim in camera dalphinalium
computorum......

(1) Arch. de l'Isère, papier du temps.

XCVI.   *1429.*

Nomina nobilium personarum, que tenent et possident feuda,
castra, loca, census et redditus a domino nostro dalphino,
que recognoscere et sua homagia facere neglexerunt : — Primo
nobilis et potens dominus de Garda, de castris et locis que
tenet a d° n° dalphino ; — item nobilis Alaysia de Barcillona,
condomina dicti loci ; — it. nobilis Petrus de Veesco, dominus
de Becona et sexte parte Balme, Diensis diocesis ; — it. nobiles
Joffredus et Alamandus Gotaffredi, de censibus, rebus et bonis

que tenent in territorio et mandamento de Maymanis et Belli Respectus ; — it. nobilis Anthonius de Theolignano, dominus Marchiarum in Valentinesio, de dicto castro, territorio et mandamento ; — it. nobilis et potens vir dom. Boniffacius de Chalan, dominus Montis Britonis, de dicto castro, juribus et pertinenciis ejusdem ; — it. dominus Belli Fayni et Sancti Heusebii in Campo Sauro, de dictis locis, censibus et redditibus eorumdem ; — it. dominus Vignayci, de dicto castro, juribus, censibus et pertinentibus ad dict. castrum ; — it. dominus Montis Rigaudi, de dicto castro ac censibus, juribus et obvencionibus ipsius et loci Yseronis ; — it. heredes domini de Vado, de censibus, juribus et obvencionibus dicti castri et de Percico ; — it. heredes domini Ruppis Arnaudorum, de dicto castro et de bastida Montis Celey ; — it. nobilis Telmetus Liotardi, Ruppis Maure, Vivariensis diocesis, census, redditus et res quos et que habet, tenet et possidet in castris Sigonterii et Petre, ac territoriis et mandamentis eorumdem.

(1) Guy Allard, *Documents mss.*, t. IV, f° 348 ; état inséré dans un mandat de saisie émané de « Radulphus dominus de Gaut Court, consiliarius et cambellanus regius, gubernator Dalphinatus......; dat. Gracionopoli, d. xvii° m. octobris an. D. M° CCCC° XIX° », orig. pap., trace de sceau plaqué au dos.

XCVI.   (?).

Allodialia 1.

Graysivodani : — Primo homines domini Uriatici in loco de Revello, pro medietate xii flor. dy. ; — item parrochia Vennonis et homines dom' episcopi Gronopolis in mandamento Gerie, 10 fl. ; — it. pro villa Domene² ; — it. parrochia Sancti Martini Vinosi, que est dicti dom. episcopi et capituli Sancti Andree, 30 fl. ; — it. mandamentum Sancti Georgii, nobilis Anthonii de Campis, 30 fl. ; — it. vallis de Comeriis, pro dom° priore dicti loci, 30 fl. ; — it. mandamentum Sancti Illarii, dom' episcopi Gronopolis, 30 fl. ; — it. feuda allodialia in Triviis, capituli ecclesie Diensis, 50 fl. ; — it. homines Bucurionis, 6 f.; — it. homines domini Montis Rigaudi quos habet in mandamento Parisius, 15 fl. ; — it. homines de Claysio, 40 fl.

Viennesii et terre Turris : — Et primo civitas Vienne, 300 fl.; — item locus Sancti Clari, 25 fl.; — it. locus Seysioli, 40 fl.; —

it. locus de Comenay, 15 fl. ; — it. locus Sancti Albani, abbatis Sancti Petri foris portam Vienne, 7 f. ; — it. homines loci de Bechivilein prope Lugdunum, dom¹ archiepiscopi ; — it. homines loci et mandamenti de Yllino, pro parte que non tenetur a domino, 12 fl. dy. ; — it. magister, officiarii, operarii et monetarii monete Crimiaci, 11 fl. ; — it. castrum et mandamentum de Lemps, pro sex partibus que sunt alodiales, 30 fl. ; — it. castrum et mandamentum Montis Superioris, 12 fl. dy. ; — it. parrochia de Polieu prope Sanctum Laurentium in Viennesio, dom¹ abbatis Actenacensis, 7 f. dy. ; — it. mandamenta Clarimontis, Sancti Georii et Altifortis, 100 fl. ; — it. castrum de Anjone cum baronia, 50 fl.[3] ; — it. mandamentum Ruppis, domini Malibecci, 10 fl. ; — it. villa Sancti Theoderii, 150 fl. ; — it. castrum et mandamentum Rossilionis, 100 fl.

VIENNESII et VALENTINESII : — Castrum et mandamentum Brissiaci, pro sex partibus allodialibus, 30 fl. ; — it. castrum et mandamentum Montis Mirati, pro sex partibus allodialibus, cujus medietas pertinet domino Clarimontis et alia domº Humberto de Groleya, domino de Yllino, 28 fl. ; — it. locus et mandamentum de Berzino, pro sex partibus allodialibus, 6 f. ; — it. castrum Viriville, 30 fl. ; — it. castrum et mandamentum de Theodoroz, 15 fl. ; — it. castrum et mandamentum Serre, tam pro domina quam priore, 60 fl. ; — it. castrum et mandamentum Crispolii, 7 f. dy. ; — it. locus et mandamentum Sancti Johannis Altiveonis, 15 fl. ; — it. castrum et mandamentum Parnancii, 7 f. dy. ; — it. castrum et mandamentum Castillionis, 7 f. dy. ; — it. castrum et mandamentum Mirabelli Vallis Clareysii, 15 fl. ; — it. castrum Armevi, 12 fl. dy. ; — it. castrum Vatillievi, 6 f. ; — it. Castrum Novum Galabri, 12 fl. dy. ; — it. locus de Rateres, 6 f. ; — it. castrum Nerpodi, 25 fl.[4] ; — it. castrum et mandamentum Bellifortis, 25 fl. ; — it. castrum et mandamentum Mantalie, 30 fl. ; — it. pareria Pisanciani, domini Sancti Valerii, 25 fl. ; — it. castrum et mandamentum Sancti Valerii, 40 fl. ; — it. magister, officiarii, operarii et monetarii de Romanis, 32 fl.

Dom¹ ARCHIEPISCOPI EBREDUNENSIS : — Castrum Rodulphum, 120 fl. ; — item castrum Sancti Clementis, 40 fl. ; — it. castrum Guilhestre, 120 fl. ; — it. castrum Sancti Crispini, 60 fl. ; — it.

castrum Varcii, 50 fl. ; — it. de Reysoliis, 20 fl. ; — it. castrum Trevolis, 15 fl.

Dom¹ episcopi Vapincensis :—Civitas Vapinci *b*;—item bastida nova, 30 fl. ; — it. locus de Gleysilio, 5 f. ; — it. bastida antiqua, 20 fl. ; — it. castrum Rambaudi, 25 fl. ; — it. castrum de Lazaro, 3 f.; — it. castrum et mandamentum de Pologniaco, 50 fl. ; — it. Castrum Vetus, 20 fl.; — it. castrum de Noerio, 7 f. ; — it. homines prioris de Asperis *b*; — it. homines prioris Sancti Siricii, 3 f. ; — it. castrum Rabode, capituli Vapinci, 20 fl. ; — it. homines prioratus Monasterii Alemonis, 3 f.; — it. homines prioratus de Lentio, 10 fl.; — it. homines prioris Sancti Mauricii et de Pinea, 10 fl.

Brianconesii : — Locus Chomoncii, dom¹ prepositi Ulciensis, 50 fl.

Graysivodani.

Franchi Buxerie : Johannes Roberti, mercator, 2 fl. ; Reymondus Roberti, 2 f.; Johannes Silvestri, 2 f.; Jacobus Cassardi, 2 f. ; Johannes Espa, 2 f. ; heredes Johannis de Soturno, 2 f. ; Gonetus Daragnerii, notarius, 2 f. ; Anth(onius) Borrelli, not. 2 f.

Bellecombe : Guillelmus Girodi, 2 f.; Petrus Burnodi, 2 f.; Petrus Ogerii alias Torver, 2 f.; Anthonius Ogerii, 2 f. ; Johannes de Insula, 2 f.

Cornillionis : Petrus Beatricis, not. 1 f.; Johannes Melati, 2 f. ; Petrus Milonis alias Torver, 2 f. ; Johannes et Guillelmus Fabri alias Blet, 2 f ; heredes Johannis Girodi, 2 f.; heredes Johannis Oblati, 2 f.

Mure : Berthonus Turrelli, 2 f. ; Jacobus Girardi, 2 f. ; Durandus Imperatoris, 2 f. ; heredes Guillelmi Moysencii, 2 f. ; Petrus Molaris, de Petra Chastelli, 2 f. ; Michael Marconis, 2 f. ; Johannes Grassi, 2 f. ; Reynaudus Grassi, 2 f.

Bellimontis : Oliverius Chomari, 2 f.; heredes Aymari Chomari, 2 f.; Petrus de Ochiis, 2 f.; Johannes Romani, 2 f. ; Johannes de Podio Bosini *a* ; Johannes Spre, notarius, 2 f. ; Anthonius Scalonis, not. 2 f. ; Petrus Terrassii, not. 2 f.; Guillelmus Isterii, not. 2 f.

Corvi : Jacobus Galvagnii ? ; Lantelmus de Pologniaco, 2 f. ; Johannes de Pologniaco, 2 f.

CAMPISAURI : Petrus de Rosseto, 2 f. ; Johannes de Orcerio alias Rodulphi, 2 f. ; Guillelmus Goberti, 2 f. ; Glaudus Ysoardi, 2 f. ; Anthonius Scalerii alias Abonis, 2 f. ; Hugo Batallie, 2 f. ; Johannes de Volodro, 2 f. ; Johannes Saureti, 2 f. ; Martinus et Jacobus de Bona, 2 f. ; Johannes Ysoardi de Aucella, 2 f. ; Franc(iscus) de Bona, 2 f.

Castellanie dalphinalis TRIVIARUM : Glaudius Riconis, 2 f. ; Giraudus Riconis, 2 f. ; Lantelmus de Bardonenchia, 2 f. ; Humbertus de Tanco, 2 f. ; Petrus de Pelafollo alias Filion, 2 f. ; Georgius Alborgii, not. 2 f. ; Guillelmus Vulsonis, not. 2 f. ; Petrus Silvonis, not. 2 f. ; Petrus de Combis, 2 f. ; Guillelmus Chippri, 2 f. ; Johannes Chippri, 2 f. ; Petrus Reynaudi, 2 f. ; Johannes de Fano, 2 f. ; Johannes Rolandi, 2 f. ; Petrus Odonis alias Bornocti, 2 f.

Vicecomitatus CLARIMONTIS IN TRIVIIS : Giraudus Juvenis [8] ; Arnaudus de Clocto, 2 f. ; Disderius et Johannes Faucheti, 2 f. ; Johannes Bloceti ; Andreas et Anthonius Bloceti, 2 f. ; Andreas Syboudi, not. 2 f. ; Guigo de Peladruco, 2 f. ; Hugo Ruffi, 2 f. ; Berthonus de Canali ; Petrus et Henricus de Serro, 2 f. ; Humbertus Ruffi alias Machira, 2 f. ; Petrus de Comeriis ; Guillelmus Chavalerii, not. ; Syboudus Porreti, not. ; Bolonus Porreti ; Petrus Syboudi. — Franchi vicecomitatus Triviarum : Guillelmus Veray, 2 f. ; Jacobus Franconis, 2 f. ; Petrus Franchonis ; Giraudus Bloceti, de Sancto Paulo ; Andreas Bloceti, macellarius ; Hugo Veteris ; Petrus Pic ; Guillelmus Perardi ; Guillelmus Rousini ; Petrus de Serro ; Bolonus Syboudi ; Chapanus Faber ; Anthonius et Franciscus Fabri ; Johannes Usoardi ; Petrus Armandi, not. ; Anthonius Alamandi ; Johannes Ronsini ; Anthonius Coctini ; Petrus Alamandi ; Glaudius Alamandi.

GRESSA : Mondonus Eymerici, not. 2 f. ; Johannes Roberti, 2 f. ; Michael Terrerii, 2 f. ; Hunbertus de Sala [7] ; Johannes Boneti alias Janin, not. 2 f.

VIVI : Guigo de Turre de Saignia[6] ; Lanceloctus Syboudi[6] ; Glaudius Martini[9] ; Johannes Corroabouchii, 2 f. ; Johannes Ysmidonis, 2 f. ; Johannes Botini, not. 2 f. ; Franciscus de Miribello[6] ; Petrus Villaris, 2 f. ; Goninus Porreti [6].

VOYRONIS : Petrus Chivilliardi, 2 f. ; heredes Petri Miribelli¹⁰ ; Jacobus de Crolardo, not. 2 f. ; Petrus Buxi, 2 f. ; Franciscus de Monte Majori, 2 f. ; Drevonus Durandi, 2 f.

Vizilie : Johannes de Ruyna, 2 f. ; Guillelmus de Malliis⁶ ; Amedeus Martini, 1 f. ; Petrus Malini, 1 f. ; Johannes Rolandi, de Girvachi, 2 f. ; Jacobus de Vado, 2 f. ; Johannes Reynaudi, not. 2 f. ; Rodetus Pellisserii, 2 f. ; Johannes Bertrandi, 2 f.

Oysencii :

Montisbonodi : Guionetus Rodulphi, not. 2 f. ; Petrus Tissotti, not.¹¹ ; Anthonius Sappeti, not.¹¹ ; Petrus Alberti, 2 f.; Michael Robodi, not. 2 f. ; Johannes Pagnioni, not. 2 f.

Alavardi : Richardus et Glaudius Albi, 2 f.; Petrus Aquini⁶; Johannes Eymini⁶ ; Johannes de Malliis⁶ ; Johannes Morardi alias Cochi, 2 f. ; Johannes Scriptoris alias Rufflani¹¹ ; Anthonius Pilosi alias Robert⁶ ; Aynardus Gilbergie, 2 f. ; Anthonius et Johannes Gilbergie, 2 f. — Franchi mandamenti Alavardi : Termonus Rossigniolis, 2 f.; Michael Rossigniolis, 2 f.; Jaquemonus de Passu, 2 f. ; Johannes Guiffredi alias Gentil, 2 f.; Guillelmus de Salanova, 2 f. ; Johannes Savinelli, 2 f.; Anthonius Vincentii, 2 f. ; Johannes Chassande, 2 f. ; Franciscus Chassande, 2 f.

Morestelli et Gonsolini : Petrus Albi alias Borno, 2 f. ; Johannes Bonifacii, not. 2 f. ; Gonetus Teneti, not. 2 f. ; Odo Fabri, not. 2 f. ; Jacobus Coques, not. 2 f. ; Joffredus Morardi, not.¹²

Thesii, Petre et Domene : Arthaudus et Oddo Buxerie, not. 2 f. ; Guigo Aussonis, not. 2 f. ; Petrus Bonarocti alias Trovet, 2 f. ; Hugonetus Juliani, not. 2 f. ; Johannes Juliani, not. 2 f.; Stephanus Barberii, not. 2 f.; heredes Petri Boniffacii, not. 2 f.

Avalonis : nullus.

Seyssini et Parisius : Johannes de Colungiis, 2 f. ; Stephanus de Granello, not. 2 f. ; Petrus de Colungiis, not. 2 f.

Bellimontis, Thoveti et Freyte : Anthonius de Sancto Johanne, 2 f. ; Franciscus Guillelmerii, 2 f. ; Anthonius Guillelmerii, not. 2 f. ; Reymondus Ranerii, not. 2 f. ; Blaysius Garnodi, not. 2 f.; heredes Aymari Motarsini, 2 f.; Johannes Chastagnii alias Rogerii, not. 2 f.

Terrassie : nullus.

Uriatici et Revelli : Anthonius Revoyrie, not. 2 f. ; Johannes Ferrati, not. 2 f. — Franchi : Petrus Cornerii, 2 f.; Guigo Cornerii, 2 f.; Hugo Boluti, 2 f.; Anthonius Ysimberti, 2 f. 13

Raterii et Vallisbonesii : Guillelmus Vererii, not. 2 f.; Petrus Boniffacii, 2 f.; Guillelmus de Belloforti et ejus nepotes, 2 f.; Johannes Boerii, not. 2 f.; Petrus Faverii, not. 2 f.

Claysii : Johannes de Chesia, 2 f.; Petrus Melati, 2 f.; heredes Jacobi Talliffer, 2 f.; Berthonus Pleytruti, not. 2 f.

Sancti Laurencii de Ponte : Michael et Johannetus Reynerii, 2 f.; Bartholomeus de Viriaco, 2 f.; Franciscus de Verneto, 2 f.; Jacobus Fratris, not. 2 f.; Johannes Grosseti, serviens, 2 f.; Hunbertus de Coux, 2 f.

Castenatici : Guigo Magniani alias Chaberti, 2 f.; Petrus Garcini, 2 f.; Amedeus Vercorcii, 2 f.; Aymarus Repellini, 2 f.; Gonetus de Riveriis, 2 f.; Franco Yberti, 2 f.; Guillelmus Falavelli, not. de Noyarey, 2 f.; Henricus Franconis, not. 2 f.

Varsie : Jaquemonus de Revello, 2 f.; Johannes et Guigo Melati, 2 f.; Guillelmus de Comeriis, not. naturalis, 2 f.; heredes Johannis Vachonis, 2 f.; Petrus Furonis, not. 2 f.; Petrus Gorjonis, not. 2 f.

Miribelli : Johannes Guilliocti, 2 f.; Johannes Guersini, not. 2 f.

Vapincesii : Jacobus Blache, not. de Sancto Juliano, 2 f.; Bertrandus de Vilariis, habitator Sancti Andree, 2 f.; heredes Guillelmi Silvi, hab. Asperimontis, 2 f.; Glaudius Bonardelli, hab. dicti loci, 2 f.; Guillelmus de Chabestanno, de Balma, 2 f.; Rostagnus de Lechis, de Balma, 2 f.; Johannes Garcini, not. de Argensono, 2 f.; Guillelmus Reymondi, de Sygoterio, 2 f.; heredes Berthoni, de Chabestanno, 2 f.; Lantermus Achardi, not. 2 f.; Anthonius Odiberti, not. 2 f. 14; Petrus Garini, de Laborello, 2 f.; Belmondus de Lacu, de Laborello, 2 f.; Jacobus Albi, de Arzeleriis, 2 f.; Anthonius Rambaudi, Montis Eyglerii, 2 f.; heredes Johannis de Ranco, 2 f.; Anthonius de Podio, not. de Ruppe Arnaudorum, 2 f.; Reymondus Reynerii, 2 f.; Guillelmus de Chabestagno, de dicto loco, 2 f.; Glaudius Gruelli, not. 2 f.; Anthonius de Belloforti, not. de Jarjaya, 2 f.

(1) Guy Allard, *Documents mss.*, t. IV, f°² 184-98, papier du temps.

(2) En marge « Item super focis [ter]re Domene [que nu]nc est allo[dia]lis ». — (3) D'abord « it.... Anjone et medietas de Serra pertinens domino de Anjone, 50 fl. ; — it. alia medietas de Serra pertinens dom⁰ priori dicti loci ». En m. « Cadit in Vien. et Valen. » — (4) En m. « Est feudale, ideo ponatur in ordinario ». — (5) En m. « Faciunt servientes ». — (6) En m. « Nobilis ». — (7) En m. « Nobilis et pauper ». — (8) En m. « Nobilis et castellanus ». — (9) En m. « Nichil habet ». — (10) En m. « Pupillus ». — (11) En m. « Contribuit ». — (12) En m. « Est nobilis ». — (13) En m. « Isti quinque simul collati contribuunt cum popularibus, ut constat relacione officiariorum; ideo ex ordinacione ven^{lis} consilii dalphinalis cancellantur de isto libro ». — (14) En m. « Isti duo sunt de Nyhoniis ».

XCVII.   *Juillet 1430.*

PROCESSUS SUPER INSULTU GUERRÆ ANTHONIS [1].

Prohemium, in quo inseritur causa recollectionis materiarum.

MATERIA que ad Dei laudem deducenda et media pro conservacione honoris et juris serenissimi principis dom^l Karoli VII^i, regis Francorum, dalphini Viennensis, domini nostri tangenda, informando processum contra magnifficum et potentem virum dom. Ludovicum de Cabillone, dominum de Arlato, olim principem Aurayce, ad causam ingratitudinis, fellonie, rebellionis et infidelitatis contra dict. dominum nostrum, cui homagium ligium fecit et prestitit, sicut constat publicis instrumentis in camera dalphinalium computorum existentibus, commissarum videretur prout infra, eciam ad perpetuam rei geste memoriam habendam describitur; ex quibus materia ac mediis, de hoc mense jullii M⁰ CCCC^{mo} tricesimo, ad veritatem recollectis inferri possunt conclusiones infra descripte, et alie que magis utiliores ac meliores subtilius et melius intuentibus videbuntur.

J. *Deductio feudi castri et tocius terre Anthonis.* — In primis namque sciendum est quod castra, loca et mandamenta Anthonis, Sancti Romani et Columberii sunt et hactenus fuerunt de feudo reddibili d^i n^i dalphini, et ita fuerunt hactenus recognita per nobiles ac potentes viros dd. Hugonem de Gebennis, Aymonem ejus filium ac heredem testamentarium, necnon rever^{mum} in Xpisto patrem et dominum d. Amedeum, sacro sancte Romane ecclesie dyaconum cardinalem, de Saluciis vulgariter nuncupatum, in terra et baronia Anthonis, in casu quo dictus d. Aymo sine liberis masculis decederet, prout et quemadmodum decessit, substitutum, tunc possessores dict. locorum, castrorum et mandamentorum ; cujus d. cardinalis heres testamentarius expost fuit et sibi in dicta baronia successit Bertrandus de Saluciis : prout de premissis constat publicis instrumentis, dicta homagia et testamenta in se continentibus, eciam in camera compotorum registratis.

IJ. *De reductione castri et terre Anthonis ad manus dalphinales facta.* — Item, quod dict. Bertrandus ex post, ut et tamquam heres dicti d. cardinalis dict. baroniam et castra predicta per multos annos tenuit, donec die xvij° mensis augusti M°CCCC°° XX° IIII°, qua die ipse prope villam de Verneul in bello campestri ibidem inter Anglicos, ex parte una, conestabularium et capitaneos dicti d¹ n¹ Francorum regis dalphini, ex parte altera, habito obiit; in quo bello eciam quam plures alii barones, bannereti et nobiles hujusmodi patrię Dalphinatus, tamquam veri et fideles vassalli dicti domini nostri, fuerunt interfecti : sicut notorium existit, re, voce et fama publica eciam sic se habentibus.

IIJ. *De apposicione armorum dalphinalium, in signum feudi reddibilis, in castris terre Anthonis mandato dominicali facta.* — Item, quod deffuncto dicto Bertrando, nullis liberis masculis neque femellis ex se legitime procreatis superstibus relictis, quamvis in uxorem haberet nobilem Annam, filiam domini Camere, vicecomitis Mauriane, que pregnans post ejus obitum non fuit reperta, castra, loca et mandamenta jamdicta, tamquam de feudo reddibili existencia, fuerunt de mandato magn°¹ viri d. Randoni domini Gaudiose, tunc gubernatoris Dalphinatus, ad manus dalphinales posita et reducta, sicut redi, reddi et reduci debuerunt juxta naturam et condicionem feudi quod redibile seu reddibile existit; et in signum reddicionis seu redicionis arma dicti d¹ n¹ dalphini, tam in valvis dict. castrorum quam in donjonis et summitatibus eorumdem, posita fuerunt virtute litterarum a predicto d. gubernatore emanatarum, ad finem eciam ne quis ignoranciam de premissis pretendere posset.

IIIJ. *De homagio per genitorem dicti dom. Ludovici domino nostro dalphino facto.* — Preterea est sciendum quod magn°°° vir d. Johannes de Cabilone, miles, dominus de Arlato ac princeps Aurayce, confessus fuit ac recognovit tenere in feudum a d° n°

dalphino castra, loca et mandamenta Alberippe, Auripetre, de Trisclivis, Montis Brisonis, Curnierii, Noveysani, Montis Realis et   , cum juribus ac pertinenciis suis, necnon eciam certa alia castra, loca et mandamenta in patria Burgondie existencia, designata in instrumento talem recognicionem in se continente; pro quibus homagium ligium pro se suisque heredibus et successoribus d° n° dalphino, pro se suisque heredibus ac successoribus in Dalphinatu, fecit ac prestitit : sicut constat per tenorem publicorum instrumentorum super hoc confectorum, eciam in camera jandicta existencium ac registratorum.

v. *Quomodo dictus dom. Ludovicus patri suo successit Johanni nuncupato* ?. — Qui d. Johannes ab humanis decessit, duobus filiis naturalibus et legitimis superstibus relictis, videl. prefato d. Ludovico et Johanne; suo per prius condito nuncupativo testamento, in quo dicto Johanne herede particulari instituto, prenominatum d. Ludovicum heredem instituit universalem, qui inter cetera sibi successit in castris, locis, territoriis et mandamentis tam in huj^{di} patria Dalphinali quam in patria Burgondie situatis, per ipsum d. Johannem ut dictum est recognitis ; fuitque et est ejus heres universalis et pro tali habetur, tenetur et reputatur publice et notorie : prout eciam de premissis constare potest per tenorem testamenti dicti quondam d. Johannis.

vj. *De policitacione per dom. Ludovicum de Cabillone, tunc principem Aurayce, de homagio suo prestando domino nostro dalphino in regressu Lingue Occitane facta.* — Et ita dictus d. Ludovicus, tamquam heres et successor prefati sui genitoris et dict. castrorum, locorum et mandamentorum possessor, fuit homo ligius et vassallus d^i n^i dalphini jamdicti; cui eciam facturum homagium se obtulit, tempore regiminis magn^d viri d. Henrici domini Cassenatissi, gubernatoris Dalphinatus, dum suum per huj^{di} patriam Dalphinatus transitum faceret de patria Lingue Occitane, quam in prejudicium dicti domini nostri occupaverat, redeundo : licet tamen tale homagium facere non curaverit, quamvis de faciendo debite fuerit requisitus, ut constare dicitur quodam publico instrumento super hoc confecto et per   , secretarium dalphinalem, recepto.

vij. *De primo processu per dom. marchionem Saluciarum coram ven^li consilio dalphinali incohacto.* — Item, quod dict. castris, locis et mandamentis Anthonis, Columberii, Sancti Romani, aliisque castris, l-s et m-s dicte baronie Anthonis ad manus dalphinales, sic ut dictum est, existentibus ac reductis, illustris princeps d. Ludovicus, marchio Saluciarum, heres a dicto nobili Bertrando universaliter institutus ac eciam virtute testamenti dicti quondam d. cardinalis, in quo ipse dicto Bertrando casu quo sine liberis decederet, prout et quemadmodum decessit, substitutus erat, suam obtulit supplicacionem coram ven^li consilio dalphinali, concludentem super beneficio edicti divi Adriani [3], petendo et requirendo manum dalphinalem tolli ac removeri, et ipsum in possessionem eorumdem micti et alias prout in supplicacione ipsa legitur contineri; super qua supplicacione processus quidam extitit formatus, procuratore fiscali generali dalphinali et dicta nobili Anna de Camera se opponentibus: cujus processus scriba et notarius fuit Johannes Pavioti, secretarius dalphinalis, penes quem dict. processus existit.

viij. *De cessione castri et terre Anthonis dicto dom. Ludovico, processu jamdicto pendente, facta et per eum subdole procurata.* — Quo processu sic pendente, dictus d. Ludovicus sibi cedi atque vendi quedam jura pretensa, que dicta nobilis Anna asserebat se habere et sibi in dict. castris, locis et mandamentis competere, procuravit; que de facto sibi cessit ac vendidit, in quantum tamen in ea fuit, ad tractatum d. Humberti Marescalli, domini de Meyssemieu, cui dictus d. Ludovicus pro suo corratagio dare, ut dicitur, convenit mille scuta auri: prout de huj^di cessione constat quodam publico documento super hoc confecto, quod tamen nunquam exhibere voluit coram dicto ven^li consilio dalphinali; qui tamen contractus fuit et est utroque jure, canonico et civili, improbatus.

ix. *De prima garnisione in terra Anthonis de ejus mandato apposita; de protestacione debita subjuncta; de prima capturacione vassallorum et aliorum hominum ac subdictorum dalphinalium per satalitates dicti dom. Ludovici facta; discursus patrie et subdictorum dalphinalium depredacio.* — Item, quod dicta cessione sic facta, ipse sua propria auctoritate et non obstante manus apposicione jamdicta, de qua ipse ac dicti d. Humbertus et Anna ignoranciam pretendere non poterant, presertim cum arma dalphinalia inibi essent apposita, dicta castra, loca et mandamenta cepit et se in eisdem intrusit, garnisionem tam de Anglicis quam de Burgondis et Sabaudiensibus in magna quantitate posuit, qui habitatores et subdictos dict. locorum et mandamentorum forragiaverunt et fuerunt depredati : in omnibus tamen citra injuriam tam dicti d. Ludovici quam eciam cujuscumque, tam respectu jamdictorum quam eciam dicendorum infra loquendo ; et bona talium habitatorum in dict. castris reduxerunt locaque circonvicina discurrerunt, et quam plures homines dalphinales et alios per illac transeuntes appreysonaverunt et fuerunt depredati, quos infra dicta castra reduxerunt et retraxerunt : presertim d. Johannem dominum Miribelli militem, vassallum et hominem dalphinalem, Johannem de Valericinis, gardam dalphinalium monetarum Crimiaci, Anthonium de Chapponnay, domicellum, Petrum Pascalis, notarium, nobiles Leuzonem de Varey, Falconem de Aqua et plures alios loco et tempore nominandos; a quibus magnas financias tamquam hostes et inimici extorserunt, ante quam liberari potuerint: sic more hostili et contra debitum fidelitatis qua d!cto d° n° dalphino et suo tenebatur procedendo, et se jure quod in talibus castris habere poterat sui temeritate et presumpta audacia privando.

x. *De summa expensarum per h(ab)itatores patrie pro deffensione ejusdem factarum* [4]. — Item, quod gentes dicti ven[lis] consilii ac miles strenuus d. Humbertus de Grolea, marescallus Dalphinatus, et alii quam plures fideles, vassalli et officiarii dalphinales, dubitantes et non inmerito huj[di] patriam per dictum d. Ludovicum et suos alligatos occupari, cujus gentes jamdict. patriam sic discurrerant, consilium inter se tenuerunt de ponendis garnisionibus in certis castris et locis dalphinalibus, et de faciendo certas gentes armorum ad obviandum dampnate dicti d. Ludovici impreysie, certaque castra et loca dalphinalia muniri et custodiri fecerunt : pro quibus magne expense fuerunt facte et sustente, ultra dampna passa ascendencia ad centum millia florenorum auri, salvo pluri.

xj. Et dicta invasione et occupacione ut premictitur facta,

predictus d. Ludovicus virtute cessionis predicte, a jure tamen improbate, partem facere in jamdicto processu contra prefatum d. marchionem, tamquam subrogatus loco dicte nobilis Anne, voluit sicut inferius in xiii° articulo plenius dicetur.

xii. *De tractatu incohacto et habito cum dicto dom. Ludovico; de avisamento comiti Convennarum, tunc gubernatori Dalphinatus, dato ne in tractatu inchoacto concluderetur; de conclusione tractatus predicti; de homagio nomine dicti dom. Ludovici domino nostro dalphino prestito; de pactis adjectis in conclusione tractatus jamdicti; de sigillato dicti dom. Ludovici et ratifficacione gestorum per suos procuratores sub suo sigillo facta.* · Tandem post cessionem, invasionem et occupacionem jamdictas et a jure improbatas, certus tractatus appertus fuit fieri inter magn^{eum} virum d. Matheum de Fuxo, comitem Convenarum, tunc gubernatorem Dalphinatus, ac gentes dicti ven^{lis} consilii nomine dⁱ nⁱ dalphini, ex parte una, et prenominatum d. Ludovicum, ex parte altera, qui tam in civitate Vienne, in domo archiepiscopali, quam in loco Pontis Bellivicini per plures dies fuit proloqutus et habitus, comparentibus pro dicto d. Ludovico prenominato d. Humberto Marescalli, d. Guilliermo de Sauleu, domino de Albapinu, et nobili Fromondo de Liconnas; qui tractatus fuit completus et conclusus Gracinopoli, de mense augusti, die   ejusdem, M° CCCC^{mo} XX° VIII°, in presencia dicti d. comitis Convenarum, gubernatoris pro tunc Dalphinatus, ultra et contra consilium et advisamentum sibi dom° gubernatori per virum egregium d. Stephanum Guillionis, legum doctorem, tunc gencium trium statuum patrie huj^{di} advocatum et procuratorem, et nunc dicte patrie et in consilio dalphinali presidentem, satis clare et ad plenum in presencia dicti ven^{lis} consilii et plurium baronum et banneretorum data et in apperto declarata. Cujus tractatus virtute castra, loca et mandamenta Thesii, Petre, Domene et Falaverii, cum juribus ac pertinenciis suis, fuerunt dicto d. Ludovico tradita ac expedita; pro quibus et aliis locis, castris et mandamentis jamdictis, tam in huj^{di} patria quam in patria Burgondie situatis, de quibus supra in iiii° articulo mencio habetur, dicti dd. Guillelmus de Alba Pinu et Guillelmus de Sauleu, potestatem sufficientem ad hoc habentes, homagium nomine ipsius d. Ludovici ligium dicto d° n° dalphino in personam prefati d. gubernatoris fecerunt : acto tamen inter alia quod dictus d. Ludovicus in propriam personam infra festum beati Johannis Baptiste tunc proxime futurum dict. homagium facere deberet et teneretur, actoque eciam quod dictus d. Ludovicus stare deberet juri, cognicioni et ordinacioni curie superioris dalphinalis ad causam dict. locorum, castrorum et mandamentorum Anthonis, Columberii et Sancti Romani, presertim si aliquis ab eodem dicta castra vel ad causam ipsorum aliquid petere vellet, in quibus remanere et inibi officiarios pro custodia dict. locorum, qui essent grati et obedientes officiariis dalphinalibus, tenere eciam fuit conventum, et quod per dicta castra vel alterum ipsorum nullum dampnum in huj^{di} patria neque in patria Lugdunensi nec habitantibus in eisdem eveniret. Que pacta dictus d. Ludovicus laudavit, confirmavit et suis juramento ac sigillo seu sigillato approbavit : prout de premissis constat per tenorem instrumentorum dicti contractus ac prestacionis homagii, per dict. Johannem Parvoti, Franciscum Joffredi, Johannem Fabri, Franciscum Nicoleti et Johannem Guiffredi, secretarios dalphinales, receptorum, ac eciam instrumentorum procuracionis, ratifficacionis et approbacionis jamdict., sigillo dicti d. Ludovici sigillatorum, in camera compotorum jamdicta existencium ac repositorum.

xiij. *Quando et quomodo dictus dom. Ludovicus primo facere incepit et venire contra promissa per eum et jurata ; de processu inter dom. marchionem Saluciarum contra prefatum dom. Ludovicum pro terra Anthonis coram ven^{ii} consilio incohacto.* — Qui tamen d. Ludovicus, tunc Aurayce princeps, officiarios gratos et obedientes officiariis dalphinalibus in dict. castris Anthonis, Sancti Romani et Columberii ponere non curavit, sed Anthonium Ferrerie in castro Anthonis et Jacobum ejus fratrem in castro Columberii, proditores regi Francorum, d° n° dalphino et suis officiariis rebelles, capitaneos et castellanos constituit et ordinavit, nec eos mutare voluit quamvis de hoc faciendo in personas certorum suorum procuratorum secretariique sui vocati Saget, nobilis Johannis de Vaux, castellani Theysii, Petre et Domene, et quam plurium aliorum suorum servitorum fuerit pro parte dalphinali eciam judicialiter requisitus ac exortatus. Licet tamen ipse certos procuratores fecerit ac constituerit, cum potestate comparendi in dicta superiori curia et ipsum deffendendi ad causam dict. locorum, castrorum et mandamentorum sic per eum, ut dictum est, occupatorum in forma debita et valida, ut constat publico instrumento in processu jam dicto inserto; cujus virtute Johannes de Perrosa et Disderius Gonterii in processu jam dicto partem fecerunt et peticionem sibi offerri per dictum d. marchionem postulaverunt, quam offerri fuit per dict. ven^{le} consilium ordinatum; a qua ordinacione assertum fuit fuisse pro parte dicti d. marchionis supplicatum, sic quod procurator dicti d. marchionis per plures menses in dicta causa comparere supersedit.

XIIIJ. *Quomodo, dicto processu pendente, partes ipse se submiserunt stare ordinacioni domⁱ ducis Sabaudie; de processu amicabili coram dicto dom. duce Sabaudie pro dicta terra Anthonis habito; quomodo princeps dictum dom. marchionem per dilaciones ducere intendebat, et de mala voluntate dicti dom. Ludovici detecta et declarata in quadam lictera per eum dicto duci Sabaudie missa; quomodo et quo tempore ipse dom. dux dictos marchionem et Ludovicum licenciavit; de uno quesito respectu machinatorum contra dominum nostrum dalphinum per dictum dom. Ludovicum subjuncto.* — Postque, hiis sic pendentibus et peractis, dicti dd. marchio et Ludovicus ad tractatum ill^{mi} principis d. ducis Sabaudie se submiserunt stare ordinacioni ejusdem, de et super castris predictis ac juribus que ipsorum quilibet in et super eisdem habere pretendebat; coram quo d. judice ipsi quemdam processum amicabilem incohaverunt et suas peticiones tradiderunt, et quam plura instrumenta et alia documenta pro justifficacione suarum peticionum producerunt; et quam maxime procuratores dicti d. marchionis, qui in prosequcione talis processus tantum diligentes fuerunt, quod ipsi jus dici et ordinari per dictum d. ducem postulaverunt. Quam ordinacionem evadere volens dictus d. Ludovicus non nulla frivola proponi fecit et plures dilaciones sibi dari postulavit; quibus pendentibus ipse quamdam licteram missoriam, sigillo suo sigillatam, dicto d. duci transmisit, in qua inter alia requisivit quod ipse « la » dicte cause luy playse tenir en delay jusques à tant que l'on

» voie quel branle prendra le royaulme de France », et alias prout in ipsa lictera, cujus copia est in jamdicta camera reposita et ejus exemplari infra descripta, plenius dicitur contineri. Qua lictera per dictum d. ducem prefato d. marchioni tranmissa et ab eodem habito responso, ipse dux de mense septembris anni proxime lapsi, currente M° IIIJ° XXIX, procuratores ipsorum dd. marchionis et Ludovici coram ipso comparentes licenciavit, et eisdem licenciam impartitus fuit quod quilibet jus suum prosequeretur ubi et coram quo prosequi vellet : prout de premissis constat licteris patentibus a dicto d. duce emanatis et in processu, cujus scriba existit dict. Parvoti, insertis. Et si ista sic machinata promissioni, fidelitati et juramento per dictum d. Ludovicum ac suo nomine factis et prestitis, necnon homagio quod in propriam personam facere infra festum beati Johannis Baptiste M° IIIJ° XXIX debebat, sicut dictum fuit supra in XII° articulo, conformia existant aut a fidelitate dissona seu devia, arbitretur et judicet fidelis quicumque vassallus, affectione quacumque inordinata cessante ac rejecta.

Tenor licterarum...de quibus supra...mencio habetur :

« A mon treschier et treshonnoré seigneur le duc de Savoye, Loys de Chalon, prince d'Orenge et seigneur de Arlay, tout voustre.

» Mon treschier et treshonnorer seigneur, je me recomande à vous tam chièrement comme je puis. Mon treschier et treshonnorer seigneur, je croy que assés soiez recors que naguières vous ayt rescript, qu'il vous pleut prolongier la jornée pendant par davant vous entre moy et le marquis de Saluces, la quelle de vostre grace prolongestes jusques aut IJ jour de septembre prochain venant, à la quelle avoie deliberé de faire tout devoir tellement qu'il vous en apparra de mon bon droit ; or est ainsi que à cause des trobles et divisions qui à présent sont survenuz, et mesmement que mon seigneur m'a mandé estre par devers luy en armes, pour quoy ne m'é possible recovrés mes drois ne faire ma diligence ansi que bien faire voudroie ; veu aussi que ceulx du conseil de Grenoble, ayant regart ad ce qu'il volent de la disposicion des besoignies, font plusieur difficultées de moy baillier mes procès, testamens et autres escriptures, non obstant vous lectres à eulx envoiés : pour la quelle cause j'ay anvoié presentement par devers le daulphin, pour obtenir lectres de lui adresant à son conseil pour le moy deliverer. Si vous supplie que la dicte journée vous plaise prolonguer jusque à certain termen long, pendant le quel l'en puisse voir quel branle et quelle conclusion prendron les affaires du royaulme⁶, et ausi que je puisse recouvrer les dis processes, testamens, substitucions et autres escriptures servant la matière, pour satisffere pour devant vous la dicte journée que me assignerez. En verité il me desplait de la prolongacion, ma vous savés acez la neccessité des nouveaulx de pardeçà ne mais aucuns que facen à escripre, mais que acuns dient qu'il li aura tractié; je n'atent de jour en jour novelles, et tant tout que je n'auray nouvelles, je le vous feray savoir. Mon treschier et treshonnorer seigneur, tous jour vous plaise moy mander vous bons plaisirs pour les complir de tout mon povoir, priant au benoit Filz de Dieu que vous ait en sa sainte garde, et vous doient bonne vie et longue. Escript à Lens le Solonier, le xvj° jour d'oaust » *(1429)*.

xv. *Libelli nomine dom¹ marchionis Saluciarum contra dictum dom. Ludovicum fit in consilio dalphinali oblacio; de provisione consilii dicto dom. marchioni facta; de revocacione procuratorum per dictum dom. Ludovicum judicialiter facta ; nititur sedicionem in patria dictus dom. Ludovicus seminare et ponere; de licteris mendosis et diffamatoriis per dictum dom. Ludovicum in patria missis; de capcione et relaxacione portitoris talium licterarum.* — Et post premissa procurator dicti d. marchionis, insequendo ordinacionem jamdict. de peticione offerenda factam, informatusque quod dictus d. Ludovicus promiserat et juraverat stare ordinacioni, juri et cognicioni curie superioris Dalphinatus si quis ab eodem ad causam dict. castrorum petere vellet, sicut dictum fuit suprà in xii° articulo, suam contra dictum d. Ludovicum obtulit peticionem, ignorans dicti d. Ludovici dampnatum propositum, et sibi de advocatis provideri postulavit, videl. de viris egregiis dd. Anthonio de Nyevro et Johanne de Sancto Germano, in legibus licenciatis : quod per ven^k consilium prefatum factum extitit. Cum quorum consilio dict. novam peticionem fuit prosequtus, et copia dicte peticionis procuratori dicti d. Ludovici concessa et per eum habita, assignatisque eidem competentibus terminis ad dandum excepciones et facta contraria, insequendo statuta dalphinalia novissime edita⁸ : ipse assignacionibus sibi datis satisfacere non curavit; et pro tanto via fuit sibi preclusa juxta cominacionem super hoc factam et assignatam eidem ad respondendum peticioni articulate dicti d. marchionis ad certam et competentem diem super hoc prefixam : qua die respondere non curavit, sed aliam diem sibi dari postulavit, que sibi fuit data cum cominacione quod, si non responderet, fieret ac decerneretur missio ex primo decreto postulata. Qua dilacione sic concessa et pendente, ipse evadere volens cognicionem et ordinacionem dicte superioris curie, cui se submiserat et stare promiserat ac juraverat, prout dictum est supra, procuratores suos in dicta causa constitutos per licteras suas patentes ibidem judicialiter exhibitas revocavit, que in processu jam dicto sunt inserte : qua revocacione audita, dict. ven^le consilium, adveniente sibi termino assignato ad respondendum dicto libello, quia nullus pro eodem comparuit, duxit eum expectandum usque ad certum et competentem terminum, ad quem ex habuntanti cauthela ordinavit ipsum citari in loco Anthonis quem detinebat pro tunc, cum ad partes Burgondie tunc non foret tutus accessus : prout constat in dict. licteris que debite fuerunt excequte ; procuratore dicti d. marchionis continue comparente et sue peticioni respondere requirente, alias missionem in possessionem ex primo decreto sibi decerni postulante. Et adveniente termino in dict. licteris comprehenso et dicto d. Ludovico non comparente, sed expectato usque ad diem xviij mensis marcii proxime lapsi, currente M° IIIJ° XXX°, responsuro peticioni oblate vel audituro ordinacionem fiendam ex primo decreto ; ipse, dicto pendente termino, per quendam cursorem et servitorem suum, nominatum, arma sua et d. consortis sue in apperto defferentem, certas et quam plures licteras vim famosi libelli habentes ac sedicionem seu divisionem populi huj^di patrie Dalphinatus, qui semper fuit nedum fidelis domino suo sed fidelissimus, re, voce et fama publica sic se habentibus notorie, in se eciam continentes, ad onus et infamiam officiariorum dicte superioris curie cedentes, misit certis prelatis, baronibus et quam pluribus banneretis, necnon civitatibus et insignibus locis, clero ac sindicis et procuratoribus eorumdem. In quibus licteris ab omni obediencia fideli deviantibus, que date fuerunt et erant die vj^a mensis marcii predicti, inter alia, contra tamen omnem veritatem, asseruit quod sentencia seu ordinacio super missione in possessionem ex primo decreto, ut dictum est, postulata contra ipsum et in favorem predicti d. marchionis fuerat lata contra justiciam et omnem racionem, prout in ipsis licteris penes curiam detentis plenius dicitur contineri. Cum quibus dict. cursor ac servitor, de mandato ven^lis consilii, cujus presidens et ministri de eisdem et non inmerito male contenti cum de talibus innocentes totaliter forent et ab eisdem penitus alieni, captus fuit et per plures dies detentus; qui tandem, ob reverenciam d° consortis dicti d. Ludovici, cujus arma defferebat, fuit per ipsum ven¹ᵉ consilium cum certis inhibicionibus sibi factis et per Franciscum Joffredi, secretarium dalphinalem, receptis et scriptis relaxatus.

xvj. *De die qua interloqutoria missionis ex primo decreto postulata fuit contra dictum dom. Ludovicum prolata; qui fuerunt consultores dicte interloqutorie.* — Ex quibus minime perterriti ministri dicti venᵗⁱˢ consilii tamquam viri justicie cultores, de dict. licteris mendosis non curantes recolentesque sanctionis imperialis dicentis : « Non quemquam dubites, si pro te lex et imperii favor », ad suam ordinacionem super missione in possessionem ex primo decreto postulata processerunt dicta die xvIIIᵃ marcii sic ut premictitur assignata, et ita per xII dies post datam jamdict. licterarum : predicto d. Ludovico per se neque per alium minime comparente. In cujus ordinacionis deliberacione et conclusione interfuerunt viri egregii dd. Jo-(hannes) Girardi, locuntenens, Guiffredus Valerii, legum doctores, Johannes Duri, Stephanus Durandi, in legibus licenciati, Ludovicus Porterii, compotorum dalphinalium auditor, Johannes de Poligniaco, legum doctores, Matheus Thomassini, procurator generalis Dalphinatus, et Humbertus Achardi, judex major Graysivodani, in legibus licenciati : prout per tenorem ipsius ordinacionis, per dictum Parvoti recepte, plenius potest videri. Ex qua et ex aliis jamdictis propterea apparet et colligi potest jamdict. licteras mendosas fore divinatoriasque ac diffamatorias, indebite et sine causa processisse, justicieque dⁱ nⁱ dalphini ac ministrorum justicie sue in dicta superiori curia contrariari, necnon a veritate tam juris quam facti totaliter deviare, et ipsum d. Ludovicum in eis scribendis et transmictendis multum graviter delinquisse, et contra fidelitatis juramentum quo fuit et erat dicto d° nᵒ dalphino et justicie sue astrictus venisse et fecisse.

xvij. *De municione et garnisione portus Anthonis, per quem ingressus in hac patria habetur; de magna et hostili municione castrorum terre Anthonis per capitaneos dicti dom. Ludovici facta; de licteris capitaneo Anthonis pro invasione patrie transmissis ac earum designacione.* — Qui d. Ludovicus de premissis non contentus, cupiens huj^(di) patriam Dalphinatus sibi appropriare, presertim mediantibus dict. castris Anthonis, Columberii et Sancti Romani, cum per portum Anthonis suum haberet ingressum et regressum ad huj^(di) patriam, dict. portum et castra predicta muniri, vallari et diversis modis fortifficari mirabiliter fecit, et garnisiones in dict. castris positas augmentavit ipsaque bombardis, canonibus, lapidibus ad hoc neccessariis, pulvere, balistis grossis et comunibus, arcubus, sagitis, balistariis et sagitariis, in mirabili et maxima quantitate, farinis, bladis, sale, carnibus salsis, vino et aliis diversis victualibus muniri, ac eciam castra Falaverii et Alberippe fecit; et pro suo malo proposito ad effectum deducendo duos rebelles dicto d° n° regi dalphino, videl. prenominatos Anthonium et Jacobum Ferrerie, fratres, capitaneos in dict. castris Anthonis, Columberii et Sancti Romani posuit, quibus in socios seu coadjutores tradidit plures et diversos Anglicos, Burgondes et Sabaudienses in magna quantitate; et ulterius sibi quesivit confederaciones magnas cum diversis capitaneis et gentibus armorum diversarum nacionum, inimicis dicti domini nostri sicut notorium est, quorum aliqui in licteris suis infra descriptis sunt nominati et ex gestis de quibus infra dicetur magis potest perpendi. Cui Anthonio Ferrerie, capitaneo Anthonis, quam plures licteras suo signo manuali signatas per verba « Loys de Chalon » transmisit, que in dicto castro Anthonis, in camera in qua dict. capitaneus jacebat, fuerunt reperte: quarum prima legitur data die ultima junii M° IIIJ° XXVIIJ°, sicut verba ibidem descripta sonant et important; secunda legitur data die 1ª augusti anni, prout creditur, proxime lapsi, currente M° IIIJ° XXIX, et hoc habent et important verba dicte lictere, si bene considerentur; alia data legitur die xiij mensis novembris proxime lapsi, sicut etiam habent verba dicte lictere; quarta legitur data die xiª mensis aprilis proxime lapsi; quinta legitur et apparet data die xviij dicti mensis aprilis, que est infidelitatis, rebellionis, fellonie et ingratitudinis dicti d. Ludovici totaliter detectiva, non obstante assercione in principio dicte lictere descripta, que enunciative a dicto d. Ludovico apparet emissa ad aliqualem sui excusacionem, de qua cum non appareat legitime sibi in ipsius favorem non debet credi, quia non probat hoc esse quod ad hoc non contingit abesse, nec est verissimile tantum principem sicut dux Burgondie existit guerram facere velle in Dalphinatu, presertim sine diffidio precedente : cujus quidem lictere, tanti facinoris detective, tenor inferius est insertus; sexta legitur data die xxiiii* dicti mensis aprilis; septima legitur data die iii* maii ; et octava legitur data die vi* dicti mensis maii proxime lapsi : quarum siquidem licterarum, videl. v*, vi*, vii* et viii*, licet in jamdicta camera compotorum dalphinalium pro custodia una cum aliis supra designatis repositarum, tenores eciam inferius inseruntur.

V.

« A nostre treschier et bien amé escuier, Anthoine Ferrière, nostre cappitaine d'Anthon,   le prince d'Orenge.

» Chier et bien amé, nous avons eu lectres de mgr monseigneur de Bourgoigne, lesquelles contiennent en effait qu'il veult que nous faisions guerre aut Daulphiné la plus fort que nous porrons, et pour icelle faire nous envoyera gens qui sont pardevers luy bien brief, mais ce pendant il est necessayre de gaignier des places ou pays par divers moiens, sans faire semblant que nous y tenions poin la main; pour quoy veuilliez besoignier en la manière que s'en suit, et dedans huic jours vostre frère sera à l'antour de Blecterus, a tout assez de gens d'armes pour fère ce que vous savés ; et aussi de tous costés nous assemblons gens d'armes secretement pour les emploier selon ce que adviserez par delà, mais nous ne advouherons riens que se face jusques ad ce que nous gens soient venuz, affin que ceulx du pays ne se puissent appercevoir que nous leur voulsissions faire guerre. Nous avons lectre de mons' le duc où sont nonmé Jaques Ferrière, mess' Johan Grand, Baudet Tabour, mess' Hugues de Vauldrey et pluseurs autres, par lesquelx mondit seign' advoue la guerre que iceulx feront tant ou Dauphiné comme en Lionnoiz, et mande à tous ses subgès de les secourir à toute puissance, se mestier en ont. Si parlez incontinent à ceulx ci après nommez. Treschier et bien amé, Nostre S(eigneur) soit garde de vous. Escript à Chastillon sur Curtine, le xviij* jour d'avril *(1430)*.

» Premièrement, quant à l'entreprise pour quoy vostre frère est par deca, faites qu'elle soit toute preste pour l'acomplir quant vostre dit frère sera venu, car nous vous asseurons veritablement qu'il aura assez gens pour icelle mener affin.

» Item, remectez l'entreprinse de Rommans, car nous avons gens pour l'acomplir.

» Item, prouveez sur toutes aultres places à l'antour de vous que vous pourrez, et especielement se l'on povoit trouver manire d'entre(r) en la plasse de mess' Guillaume de la Balme, si le nous faites savoir.

» Item, faites que vous parliez aux bastard de Martel et de Rousserzat, à celle fin qu'il veulient entreprendre de prandre Ornacieu, Pipet ou la Bastie.

» Item, si vous avez parlé à Denisot de Bion, si le nous faites savoir comme vous avez traitier avec luy, et trouvez toutes manières que vous pourrez de actraire toutes gens d'armes pardevers vous ; et aussi laissiez prandre à iceulx des vivres graciousement sur nostre terre, car aussi bien sera elle destruite quant nous y passerons, que sera bien brief : touteffoiz saignez tousjours que nous ne volons point de guerre, et faites tousjours obeyssance la plus grant que vous pourrez ez gens du conseil du Daulphin, affin qu'ilz ne se appercoivent de riens ; et sur le tout nous faites response le plus brief que vous pourrez, en tenant la chose secrète comme la vostre.

» S'il se povoit trouver manière de prendre de bons prisonniers, tant au païs de Lionnoiz comme aut Daulphiné, nous en sonmes bien content, pourveu que nous en ayons la moytié du prouffit, et nous ballierons retrait pour les diz prisonniers : mais advisez bien que les choses se facent par telle manière que l'en ne sache point qu'elles soient faites par nous gens, ne que iceulx qui prendront les diz prisonniers ne passent point à nostre port.

» Loys de Chalon. »

VI.

« A nostre... *(comme au n° VI)*,   le prince d'Orenge.

» Treschier et bien amé, nous avons receu voz lectres et aussi avons oy bien au long Fauz Visage, nostre chavauchieur, et en tant qu'il touche du fait de Saint Romain, il nous samble que l'en y doit brief besoignier, et quant vous serez prest le nous faites savoir : quant de nostre costé, nous serons tout prest passé jeudi qui vien ; et quant au fait des compaignons, ne les laissiez point partir, mais les entretenez le mieux que vous pourrez, et brief vous aurés nouvelles de nous ; et se plus grant quantité de compaignons povez trouver, si les boutez tousjour dedens, pour la cause que vous dira vostre frère, le quel est alé pa(r) devers vous ; en tan qu'il touche de Vagny le prisonnier, tené le tousjours prisonnier sans le faire morir jusques à tant que l'en voye comment les besoignies se pourteront ; et en tan que touche la justice, informez vous qu'elle a esté au temps passé et la faites fère pareille ; et au surplus faites très bonne diligence sur les lectres que naguères vous avons envoyés. Treschier *etc.* Escript en nostre chastel de Lons le Salan(ier), le xxiiij° jour d'avril après Pasques *(1430)*.

» Loys de Chalon. »

VII.

« A nostre.... *(comme au n° V)*,   le prince d'Orenge

» Treschier et bien amé, au xiiij° jour de ce mois de may nous aurons de gens grant foison, car nous en mandons de pluseurs costez ; et si avons nouvelles qu'il nous en vient assé, pour quoy meetez telle diligence ès choses que savez, que dedens le dit xiiij° ou xv° jours elles soient faictes et acomplies; et se riens vous vient de nouvel, fêtes le nous tres-diligentement assavoir, et l'en trouvera nouvelles de nous tousjours à Arlay et à Blectereus. Treschier *etc.* Escript à Cuysel, le iij*e* jour de may.

» Loys de Chalon. »

VIII.

« A nostre *(comme au n° VI,* le prince d'Orenge.

» Treschier et bien amé, nous avons incontinent receu nouvelles de Charmaille, de mess* Johan de Dian, cappitaine de Montigny, et selon ce qu'il nous samble ledit Charmaillie ne viendra point ne les compaignons; touteffoys, ce non obstant, nous avons desjà avecques mess* Hugues de Vauldrey et avec mess* Johan Grand environ cent honmes d'armes, et auront au xiiij*e* jour de ce moys à l'entour de Sangey cent hommes d'armes, qui feront en nombre IJ*c* hommes d'armes et mieulx: pourquoy dès maintenant veuilliez adviser tout vostre fait et tellement conduire que vous enprises sortiont toutes en une nuit lur effet, car quant l'une sera fête les autres se garderoient tellement que l'en ne sles pourroit acomplir. Et nous samble qu'il s'en puet bien fère trois, dont mess* Johan Grand conduira l'une, vous condurés l'autre, et Lancellot et Ogier du Sel l'autre; et en tant qu'il touche le fait de la dame George de Chastillon et les gens du seigneur de la Cullie, qui sont bien L. honmes d'armes, le conduront tresbien. Si veuilliez sur le tout prandre une conclusion fermée, le jour et la manière ne commant vous voulez que l'en vous anvoye les dictes gens, et incontinent le nous faites savoir bien à plain ce que sur ce aurez advisé; et en fuysant les entreprise advisé, que les gens d'armes passent par delà par telle manière que l'en ne se puisse appercevoir que nous tenons la main ès dictes entreprises. Item, envoyez incontinent à Pierre de Varges la lectre que nous lui envoyons tochant le fuit du Verrier. Treschier et b. a., Dieu s. g. de v. Escript à Lons le Salon(ier), le vj*e* jour de may *(1430).*

» Loys de Chalon. »

xviij. *Discursus patrie hostiliter per gentes armorum dicti dom. Ludovici factus.* — Unde dict. licteris transmissis, prefatus d. Ludovicus magnam quantitatem gencium armorum diversarum nacionum ad castra predicta Anthonis, Columberii, Falaverii et Alberippe necnon Auri Petre et ad civitatem Aurayce transmisit. Que gentes armigere huj*di* patriam Dalphinatus a die i*a* mensis maii proxime lapsi citra discurrerunt, hominesque et subdictos quam plures dalphinales captivaverunt et appreysonaverunt, bona sua quam plura mobilia, oves, boves, vacas et jumenta*v* ceperunt et rapuerunt violenter et de facto; quos, quas et que incarceraverunt et ad partes tam ducatus Sabaudie quam eciam ducatus Burgondie transduxerunt, et per dict. portum Anthonis transiverunt tamquam hostes notorii : per quem eciam portum ipse gentes armorum primo hujdi patriam intraverunt. Et de premissis non contente, ipse gentes castrum dalphinale Aziaci more hostili aggressi fuerunt et sine justa causa ceperunt, et se infra intruserunt et garnisionem magnam ibidem posuerunt ; quod pariter fecerunt de castro Pusigniaci, clandestine tamen et proditorie : cujus pars de feudo dalphinali existit. De et cum quibus castris sic invasis et occupatis eciam guerram appertam in hujdi dalphinali fecerunt, sicuti de et cum ceteris castris jamdictis : jubente, mandante, volente et consenciente dicto d. Ludovico, prout ex jamdictis ac eciam ex tenore jamdict. licterarum clare liquet et apparet.

XIX. *De binis ambaxiatis apud ducem Sabaudie, cum certa credencia tradita, factis ac responsione data.* — Et hiis ad noticiam magnd viri d. Radulphi domini de Gaucourt, gubernatoris Dalphinatus, militis strenui et in gestis armorum expertissimi, tunc noviter ad hujdi patriam per dict. dm nm regem dalphinum transmissi, deventis, ipse volens talibus periculis impreysie et inconvenientibus toto suo posse, sicut ejus officio et honori congruebat, obviare auditaque relacione verbali sibi et dicto venli consilio per nobilem Bernardum Regentis, scutifferum scutifferie dicti domini nostri, facta; quem dict. venld consilium ad presenciam dicti d. ducis Sabaudie, tunc in loco Thononi existentis, in ambaxiatorem cum certis licteris credencie bene et humiliter dictatis transmiserat : qui inter alia eidem retulit dictum d. ducem sibi dixisse, quod ipse non pateretur aliquod dampnum inferre in hujdi patria et habitantibus in eadem, per suam patriam neque per habitantes in eadem, sicut nec fuerat passus temporibus retrolapsis. Deliberavit Bernardum iterato ad prefatum d. ducem transmictere et ipsius d. ducis responsionem super certis aliis licteris et credencia sibi tradictis, cujus tamen tenor inferius est insertus, licteratorie habere; qui Bernardus, dicto d. gubernatori sicut decet obediendo, ad prefatum d. ducem cum licteris suis clausis ac credencia rediit: quo in civitate Gebennensi reperto et licteris sibi presentatis per eum lectis et exposita sibi sua credencia, bonum responsum ab eodem prout supra et simile in effectu habuit, licet nullus inde effectus fuerit sequtus;

quod tamen responsum in scriptis seu licteratorie sibi tradere noluit. Et inter alios cum eodem ibidem reperiit dict. dominum de Alba Pinu, qui illuc pro ambaxiatore pro parte dicti d. Ludovici fuerat transmissus ; et ita predict. nobilis Bernardus dicto d. gubernatori, in loco Coste Sancti Andree existenti et reperto, inter alia sibi relata vera esse asseruit.

Tenor licterarum et credencie...de quibus...mencio habetur :

« Mon tresredoulté seignieur, il est vray comme ansi vous les sauvés, que les gens du pais de la Daulphiné son et ont toujours esté à voustre et de vous predecessours commandemen, et vous et eux vous estes aidiez en vous armées de gentil hommes du pais, comme de ceux de voustre pais sen nulle difference ne difficulté : pour ce vous prie et supplie monseigneur le governeur que il vous playse avoir tout jourt le dit pais pour recomander.

» Item, mon tresredoulté seignieur, mondit segnieur le gouverneur a entendu pour notables gens tam de voustre pais comez d'aultre, que le prince d'Orenge feit ou gran mandemen de gens d'armes et de trait, et se diont auccuns que il les veux metre ou pais de la Daulphiné, la quelle il ne puit fère se non pour voustre pais : si vous prie et supplie mondit seignieur le gouverneur que vous plaise de non ly donner passage par voustre pais, et pourvoir en tiel manière que par voustre pais ne vient aucunt mal ne inconvenien audit pays de la Daulphiné.

» Item, mon tresredoulté seignieur, que avoy vous playse de fère deffendre que nul de voustre pais ne se arme ne pourtet damage aut dit pays de la Daulphiné ne ès habitans de celli.

» En vous prians et supplians que vous plaise de avoir toujourt pour recommandé le dit pais et les habitans de selli, comme vous aviés feit jusque yci, comen ansi mondit seignieur en a tresgran confiance ; et se il vous playt de ly mander ou comander aucune chose, il est tout prest de la acomplir à son povoir. »

Similis in effectu fuit credencia per dominos ven[lis] consilii dalphinalis dicto d. duci per prefatum Bernardum per prius transmissa.

Lictere autem credencie transmisse non inseruntur, tum quia penes dictum d. ducem remanxerunt, tum eciam quia nichil in se continebant nisi quod dict. Bernardus ad eum transmictebatur, cui dignaretur in dicendis plenam fidem adhibere.

xx. *De mandamento generali et congregacione gencium trium statuum patrie, pro deffensione patrie, apud Costam factis; ubi et quando requiritur nobilis Rodrigue quod veniat ad secursum et deffensionem patrie cum sua armatorum comitiva; quando et quomodo intravit hanc patriam dictus Rodrigue cum sua comitiva.* — Qui dictus d. gubernator, tali audita relacione certificatusque de discursu quem gentes armorum et garnisiones prefati d. Ludovici per huj^di patriam continue faciebant, et quod dicti dd. dux et Ludovicus in loco Sancti Glaudii insimul convenerant et certum consilium inter se tenuerant, postquam dict. nobilis Bernardus ab ipso d. duce postremo discesserat, mandamentum suum generale per huj^di patriam fecit, ut omnes venirent ad deffensionem patrie huj^di, pro ipsa dicto domino nostro conservanda; necminus dietas seu congregacionem gencium trium statuum in dicto loco Coste teneri ordinavit et mandavit, ad diem xx^m mensis maii proxime lapsi. Quo termino pendente ipse, habito consilio multum stricto et secreto cum dicto d. marescallo Dalphinatus, milite strenuo, se ad locum Anoniaci et ad certa loca regni secrete et sine armis transtulit, et procuravit sub promissione, juramento et sigillato suis habere in adjutorium nobiles Rodrigue de Villandras[10], vocatum Vallete et Petrum Churro, capitaneos Rouctarum, viros bellicosos, cum eorum comitiva ; qui venire ad succursum et deffensionem huj^di patrie contra prefatum d. Ludovicum et suos alligatos sibi convenerunt : de qua convencione Deo suo Creatori, qui sibi tale in promptu adjutorium transmisit, laudes et gracias ut melius potuit reddidit. Qui volentes conventa et promissa actendere, ipsi cum eorum comitiva die crastina Ascencionis Dominice, intitulata xxvi^a dicti mensis maii, statim post mediam noctem per pontem Rodanni Vienne infra huj^di patriam et civitatem predict. Vienne intraverunt, et recto tramicte ad locum Alberippe accesserunt et ibidem circa solis ortum applicuerunt. Quos dicti dd. gubernator et marescallus statim cum suorum armatorum comitiva fuerunt insequti, et ipsum locum tam impetuose fuerunt aggressi quod ipsum, hoc est villam, circa horam prime vi armata ceperunt; et deinde ad castrum accedentes, in quo erant C pugnatores et ultra[11], bassam curtim debellaverunt, quam eciam vi armata circa horam terciarum ceperunt ; et expugnantes secundam curtim ante meridiem, eciam vi armata ceperunt : sic quod pugnatores garnisionis dicti castri infra donjonum seu turrim ipsius castri se reducere fuerunt coacti. Quibus sic reductis, dicti dd. gubernator et marescallus cum eorum excercitu tractu temporis requieverunt, sustentacionem in potu et cibo recipientes.

xxj. *De capcione ville, castri, turris et donjoni Albe Rippe ; de destructione turris Albe Rippe.* — Tandem sustentacione jamdicta recepta, insultus magnus convaluit contra terciam curtim turris seu donjoni castri predicti, que vulgariter brache appellatur, taliter quod ipsa curtis in parte fuit disrupta; a qua turri lapides grossi deorsum fuerunt projecti et sagite in quantitate maxima contra dict. dominos et capitaneos ac comitivam eorumdem inmisse, quamvis tamen nullus fuerit interfectus, excepto uno homine male armato de comitiva dicti capitanei Rodrigue existente. Qui insultus usque ad horam vesperorum vel circa duravit; de quo multum perterriti in turri predicta existentes, qui fere omnes de tractu balistarum et arcuum excercitus dicti d. gubernatoris in eos transmisso, in facie et aliis locis suarum personarum diversis fuerunt vulnerati; colloquium cum dicto d. gubernatore habere voluerunt et de facto habuerunt, treugis in crastinum usque ad solis ortum sibi dari postulantibus, de gracia concessis. Qua die crastina sabbati, existente xxvii^a dicti mensis maii, insultus post solis ortum contra dict. turrim cum magno impetu invaluit, quam minari et dirrui facere volens dictus d. gubernator, instrumentis ad hoc neccessariis jam paratis, gentes armorum in dicta turri existentes de vita ipsorum formidantes, se dicto d. gubernatori ac dict. turrim reddiderunt ad ipsius misericordiam; quibus dictus d. gubernator pepercit et aliquibus Sabaudiensibus ibidem existentibus, qui morte erant digni certis causantibus dampnatis excessibus per eos commissis, vitam preservavit contemplacione dicti d. ducis Sabaudie, quos propterea ad ipsum ut sibi de vita sua salva regraciarentur, licet tamen tamquam ingrati non fecerunt, remisit; et alios ad partes Burgondie transmisit suis gipponis vestitos, cum baculo, sine tamen spera et capucio, incedentes. Et deinde dict. turrim destrui fecit, in memoriam rebellionis et dampnate dicti d. Ludovici impreysie, et ne per eam aliquod inferri posset decetero in huj^{di} patria dampnum. Ecce igitur primum expletum per dictum d. gubernatorem, ad deffensionem patrie ac expulsionem garnisionis in dict. castro et loco Alberippe existentis, bene, utiliter et honoriffice, ad laudem Dei et beate Marie Virginis gloriose, incohatum, continuatum et completum! Quo mediante homines inferius nominati, una cum certis et pluribus hominibus subdictis dalphinibus ultra triginta, qui in fondo turris predicte captivati et preysonerii multum dure detinebantur et jam per plures dies fuerant detenti, quia ea que ab eisdem petebantur solvere non poterant, fuerunt reperti : qui per dictum d. gubernatorem relaxati fuerunt, et prestive liberati sine custu et remissi.

XXIJ. *De conclusione congregacionis gencium trium statuum patrie.* — Continuatis igitur dict. dietis patrie pro congregacione gencium trium statuum a predicta die xx^a maii usque ad diem xxix^{am} ejusdem mensis, causante expleto jamdicto, ipse dicte tente fuerunt et complete diebus peneultima et ultima ejusdem mensis maii, in quibus dicti capitanei, presertim Rodrigue et Vallete, viri bellicosi, interfuerunt. Et in eisdem inter cetera fuit conclusum, quod patria ista toto posse conservaretur et a dampnata impresia dicti d. Ludovici preservaretur; et pro premissis excequendis unum subsidium usque ad summam quinquaginta millium floren. curribilium imponeretur, in actibus predict. et non in aliis implicandum : quod sic fuit in congregacione predicta liberaliter concessum, modo tamen et forma in ipsa concessione contentis, cujus tenor inferius est insertus.

Modus et forma concessionis subsidii in patria presenti, pro conservacione ipsius ac deffensione, nec non inimicorum qui jam eam fuerunt ingressi expulsione, per gentes trium statuum liberaliter facte :

Anno Domini M° CCCC^{mo} XXX°, die ultima mensis maii.

Protestato primitus et ante omnia, pro parte gencium trium statuum patrie Dalphinatus ac eciam d. Johannis de Sancto Germano, procuratoris patrie, quod per infra scripta aut alia quecumque fienda in hac parte, non intendunt priviligiis et libertatibus dicte patrie in aliquo derogare, in toto nec in parte, seu alias se ipsos et patriam jamdict. aliqualiter astringere ad expensas et onera hujus guerre aut cujusvis alie, eciam quocumque actu interveniente.

Volunt et consenciunt imponi, super dicta patria et patria comitatuum Valentinensis et Diensis, et levari incontinenti pro deffensione dicte patrie unum subsidium duorum floren. pro foco, in usus dicte guerre dumtaxat convertendos, et mandato dalphinali sive d. gubernatoris una cum nexis sive stachiis electorum per patriam aut duorum ex ipsis, aliis absentibus, distribuendum et dispensandum per receptorem ad hoc electum, videl. Johannem Polacti, cui statuerunt vidia, scil. III denar. pro libra respectu dicte leve dumtaxat, absque ullo alio emolumento respectu alterius leve, de qua in sequenti habetur mencio percipiendo, actento quod onus habuerunt comissarii scripti.

Item et in dicto subsidio augmentacioneque eisdem contribuere requirantur, ac eciam prout juridicum fuerit compellantur, omnes habitantes in dict. patriis Dalphinensis et Valentinensis, sive sint de terris allodialibus, feudalibus aut aliis quibuscumque, prelatique et persone ecclesiastice requirantur ex parte dalphinali et dicte patrie de prestando auxilium possibile ad deffencionem dicte patrie et extirpacionem inimicorum qui patriam ipsam invaserunt; ad que, videl. contenta in hoc articulo, et semper facere idem electi fuerunt, videl. d. Soffredus de Arciis in patria superiori a Gracinopoli supra, et in patria Viennesii, Turris et Valentinesii Anthonius de Hosteduno, vocato cum ipsis procuratore patrie, prout et vobis videbitur opportunum.

Item, quod tenentes redditus de feudo dalphinali in ipsis patriis, qui non consueverunt se armare, ac eciam alii extranei habentes redditus et bona in patria, contribuant et contribuere teneantur in deffensione predicta et expensis dicte guerre, videl. pro modo dict. reddituum et suarum facultatum, et per modum per quem d. gubernator una cum dict. electis duxerit statuendum.

Et casu quo dict. subsidium II floren. pro foco, una cum subvencione aliorum de quibus supra fit mencio, non ascenderet ad summam L^m floren., dederunt eisdem electis potestatem faciendi modo quo supra unam aliam levam usque ad supplementum dicte summe L^m floren., si tamen tanta summa eis neccessaria videatur.

Item supplicaverunt dicto d. gubernatori ut dignetur, pro ampliori subvencione dicte guerre, implicare et implicari facere in ipsa subvencione emolumenta patria(ru)m dicti principis reductarum et aliarum que reducentur ad manus dalphinales, ac eciam emolumenta patrimonii seu recepte dalphinalis.

Item elegerunt auditores dict. compotorum cum potestate omnimoda in talibus opportuna, videl. r' in Xpo p. dom. episcopum Gracinopolis, pro nobilibus d. Soffredum de Arciis et nobilem Petrum de Chandiaco, pro comunitatibus d. Justetum Meucze et Guigonem Boysseracti.

Item super summis predict., actentis supra dict. laboribus et expensis substentis per d. gubernatorem in facto dicte guerre et que supportare habet, dederunt sibi summam IIII^m floren.

XXIIJ. *Tercia ambaxiata ad ducem Sabaudie facta; de dulci requisicione ac exortacione duci Sabaudie per ambaxiatores patrie facta; de responsione rigorosa cancellarii Sabaudie ambaxiatoribus patrie facta*[12]. — Et ulterius fuit conclusum quod domini de Palude et Ludovicus Porterii, legum doctor, ad prefatum d. ducem Sabaudie, qui de proximo erat venturus ad locum Chamberiaci, in ambaxatores micterentur cum certis instructionibus sibi traditis, ipsum exortando ex parte dicti d. gu-

bernatoris et gencium predict., affectuose requirendo inter alia quod providere et prohibere vellet, ne vassalli et subdicti sui in huj^d patriam pro eam dampnifficando intrarent in comitiva dicti d. Ludovici nec alias, maxime pro guerra in ipsa patria et contra habitatores ejusdem facienda, ac eciam pro demostrando sibi dampnum et inconveniens que poterunt insequi si contrarium fiat aut paciatur. Quod et fecerunt bene et eleganter, in sui consilii et plurium aliorum presencia, die sabbati post festum Penthecostes proxime lapsum, intitulata x^a mensis junii, ipso in dicto loco Chamberiaci reperto, in quo die jovis viii^a dicti mensis junii circa horam vesperorum applicuerat : sciens et certifficatus, sicut tamen publice dicebatur, de bello die xi^a dicti mensis junii prope castrum Columberii habito tenendo, de quo infra mencio habetur; quibus post ambaxiatam suam explicatam, vir egregius d. Johannes de Bello Forti, legum doctor, cancellarius ducatus Sabaudie, de mandato ipsius d. ducis et in ejus presencia, respondit quod nobiles ducatus Sabaudie habent libertates exeundi dict. patriam et se armandi cum illis cum quibus volunt ac eligunt pro guerra facienda, quas dict. dux non potest nec debet infringere, nec contra ipsas aliquam inhibicionem facere : « Et si, vos alii
» Dalphinenses, non curatis aut nescitis requirere nobiles et
» subdictos domini nostri ducis, vobis imputetur; princeps
» enim Aurayce ipsos affectuose requisivit, aurumque et ar-
» gentum eisdem misit et tradi fecit : ideo si ad ejus servicium
» vadant, hoc possunt facere libere secundum libertates jam-
» dictas ». Cui dictus d. Ludovicus inter alia respondit: « Et si
» nobiles patrie Dalphinatus per vestros nobiles injurientur,
» ipsi habent libertatem se vindicandi et bona sua eis vel suis
» hominibus et subdictis ablata, ubi ea scient vel reperire po-
» terunt, perquirendi et recuperandi ; quod si faciant, sicut eis
» de jure eciam permissum est, guerra per tale medium inter
» istas duas patrias Dalphinatus et Sabaudie, que tanto tem-
» pore in transquilitate steterunt, poni que non statim poterit
» sopiri, sed plura per prius insequi poterunt inconvenieincia,
» quibus tamen toto posse debet obviari ». Et hoc dicto, surgente dicto d. duce a loco in quo sedebat, dict. cancellarius se erga eum traxit et, habito inter se aliquo colloquio secreto.

incontinenti dict. dominis de Palude et Ludovico dicit et respondit : « Vos audistis quid vobis dixi ex parte dicti domini » nostri ducis » ; et nichil aliud dicere neque respondere curavit. Cujus responsio, si vera sit vel ne aut apocripha existat, novit Ille qui nichil ignorat. Cui tunc dictus d. Ludovicus, doctor egregius, de modo et verbis non inmerito admiratus et quasi male contentus, respondit hec vel consimilia verba in effectu dicendo : « En non de Dieu, si les nostres Daulphinens » sont envay et injuriés par les vestres, l'en y congnoistra les » mieulx norris, et Dieu veuilliet aidier à ceulx qui ont bon » droit ! » Et in hiis fuit finis ambaxiate predicte, quamvis tamen unus nobilis de hospicio dicti d. ducis, de hiis et pluribus aliis secretis habens noticiam, qui nominari et ex causa obmictitur, alteri predict. ambaxiatorum discedere volencium dixerit die dominica xiᵉ dicti mensis junii de mane et secrete, quod si ipsi expectare vellent per totam illam diem, ipsi nova de expleto quod dictus d. Ludovicus de Cabilone ipsa die contra Dalphinenses facere proposuerat et intendebat audirent : quod dictum si juris vel consensus alicujus alterius habeat ministerium, majori relinquitur speculacioni.

xxiiij. *De recuperacione castri Pusigniaci.* — Sed materiam continuando est verum quod dicto tempore pendente, videl. die mercuri inmediate post festum Penthecostes sequenti, viiᵉ dicti mensis junii intitulata, prenominati dd. gubernator et marescallus cum eorum excercitu ad locum Pusigniaci, per gentes armorum dicti d. Ludovici clandestine et sine causa occupatum, se transtulerunt et ipsum aggressi fuerunt et debellaverunt, sic quod ipsum vi armata ceperunt et infra certos pugnatores regis dalphini inimicos, quorum nomina inferius sunt descripta[13], reperierunt, quos captivaverunt et appreysonaverunt nec eos morti tradere voluerunt, vestigia Nostri Salvatoris in hiis et aliis insequendo.

xxv. *De recuperacione castri dalphinalis Aziaci; de verbis elatis per dominum Varambonis prolatis, ac responsione congrua sibi per dom. gubernatorem facta*[14]. — Jovis sequenti viiiᵉ dicti mensis junii, dicti domini cum eorum excercitu pari modo castrum Aziaci aggressi fuerunt et debellaverunt et ipsum vi armata ceperunt, et pugnatores intus existentes, quorum no-

mina inferius sunt descripta[15], ceperunt et appreysonaverunt, quos ad certa alia castra dalphinalia captivatos transmiserunt, et quamplures ex hominibus et subdictis dalphinalibus per tales latrunculos et pugnatores ibidem captivatos et appreysonatos repertos liberaverunt et habire permiserunt; grates et gracias inde Deo refferentes, cum laqueus quo fuerant illaqueati per tale medium fuerit contrictus et ipsi liberati extiterunt[16]. De qui(bu)s dominus Varambonis, unus ex capitaneis adversarii qui illuc cum salvò conductu sub colore falso ad dictum d. gubernatorem, causa ut creditur videndi et visitandi ejus excercitum, venerat quodam modo in suo corde, licet hec verbis non exprimeret admiratus et per dictum d. marescallum quia pro tam dampnata querela sui magistri corpus suum tanto exponebat periculo increpatus, multum alte et sine prudencia magna dicto d. gubernatori, dum ab eodem licenciam recedendi cepit, dicere habuit quod calcaria sua et gencium armorum sui excercitus bene accui faceret, quia eis breviter in fugiendo indigerent; cui dictus d. gubernator, miles animosus et in armis quam plurimum expertus, in promptu respondit : « Je l'ay desjà fait fère et bien l'apperce-
» vrez à la chasse que à vous et à vestre maistre et ses gens
» donnerons bien briefment » ; et hiis dictis abiit. Que verba spiritu divino prophetisata die dominica inmediate sequenti fuerunt verificata, sicut in xxx° articulo plenius dicetur.

xxvj. *Expugnacio et recuperacio castri Columberii*. — Veneris sequenti ad locum Columberii se trastulerunt et villam expugnaverunt, sic quod eam vi armata ceperunt, non obstante magna garnisione infra existente et adveniente pluvia, que magna fuit et duravit usque in crastinum circa horam terciarum x° dicti mensis junii; dicti domini et capitanei ac gentes sui excercitus quieverunt, quamvis bene madefacti fuerunt, sub arboribus diversis in deffectu domorum logiati. Qua pluvia cessante, ipsi ad expugnacionem castri Columberii redierunt et dum ipsum expugnarent, ad secursum armatorum in dicto castro existencium supervenit magna multitudo gencium armorum dicti d. Ludovici, que jam huj[di] patriam per dict. portum Anthonis una cum predicto d. Ludovico ipsa die ac die veneris inmediate precedenti intraverant, pro suo dampnato proposito ad effectum deducendo; contra quos dicti dd. gubernator et marescallus ceterique capitanei jamdicti, necnon nobilis Georgius Boys de partibus Mediolanen', qui ad secursum huj^di patrie eciam venerat ad requisicionem d^i Burnonis de Caquerano, eciam vassalli dalphinalis, processerunt cum fideli eorum comitiva in bello ordinato : quibus visis per gentes armorum dicti d. Ludovici, ipsi velociter fugierunt et ad locum Anthonis turpiter se retraxerunt, nullo dato secursu gentibus suis in castro predicto Columberii existentibus. Et dum dicti domini et capitanei ad dict. locum Columberii redirent, ipsi quam plures ex suis armatorum gentibus, tam balistarios et sagitarios quam alios, dict. castrum Columberii expugnantes reperierunt; quibus adjutorio dato ipsum castrum vi armata ceperunt, in quo erant pugnatores quorum nomina inferius sunt descripta[17], quos captivaverunt et appreysonaverunt, et ipsos ad certa castra dalphinalia transmiserunt, in quibus adhuc quamplures detinentur.

XXVIJ. *De retencione herodiatoris[18] dalphini ac trompete dom^i marescalli per dictum dom. Ludovicum in castro Anthonis facta; deliberacio per dom. gubernatorem cum capitaneis sui excercitus habita; de temeraria presumpcione dom^i Ludovici, qui se dalphinum nominari jam faciebat.* — Castris igitur predictis Albe Rippe, Pusigniaci, Aziaci et Columberii sic ad manum et potestatem domini nostri vi armata reductis, dicti dd. gubernator et marescallus ac ceteri capitanei jamdicti, de nocte dum quiescere debebant, in deliberacione posuerunt quid in crastinum essent facturi respectu castri Anthonis, audientes et certifficati dict. d. Ludovicum cum magna multitudine armatorum huj^di patriam intrasse, considerato eciam quod Dalphinum, herodiatorem d^i n^i dalphini, sic cognominatum et trompetam dicti d. marescalli, ad. dict. castrum Anthonis dicta die sabbati transmissos, prefatus d. Ludovicus et sui homines armatorum secum existentes retinuerunt, quamvis fieri non debuerit; quod signum magne malicie et alicujus dampnate et magne impresie esse extimantes, habita matura deliberacione inter se quid agendum foret, concordes unamiter fuerunt quod die crastina, que fuit dominica festumque Sancte Trinitatis, octaba festi Penthecostes et festum beati Barnabe apostoli xi^a dicti mensis

junii, missam devote audirent cum tota sua comitiva, se Deo et
Trinitati beateque Marie Virgini ac dicto sancto apostolo et
toti curie supernorum comendarent, eisdemque devote gracias
refferrent de expletis jam per eos factis et sibi humiliter suppli-
carent quod se et huj^{di} patriam recommissos haberent, et ipsos
a' periculo quocumque et dampnata dicti d. Ludovici impreysia
preservarent, cum justissimam causam se et patriam huj^{di} deffendendi haberent, pro qua animas suas et corpora ut patriam
huj^{di} suo principi et domino, quam occupare et sibi appropriare
et se dalphinum facere dictus d. Ludovicus proposuerat et jam
sic se nominari faciebat, conservarent periculo non modico
sicut veri fideles se exponere intendebant, de auxilio Dei confi-
dentes, consilium Psalmiste insequendo dicentis : « Qui confi-
dunt in Domino sicut mons Syon, non commovebitur in eter-
num¹⁹ ». Ulteriusque deliberaverunt quod ad dict. castrum
Anthonis accederent cum toto suo excercitu in bello ordinato,
nec expectarent adventum dicti d. Ludovici ac sui excercitus,
cum expectacio ejusdem posset esse nociva, maxime si inordi-
nati reperirentur, quod de facili fieri posset, causantibus maxime laboribus jamdict. per gentes sui excercitus IIII^{or} diebus
proxime dictis sic ut dictum est continue sustentis, qui requi-
evi nature presertim die dominica exposcebant.

XXVIIJ. *De oracione per dom. gubernatorem ad Deum humi-*
liter facta; de ordinacione belli facta per eumdem; avan-
garda dicto nobili Rodrigue, eam humiliter postulanti, fuit
concessa; de causis per eum allegatis ut sibi concederetur;
de ordinacione et concessione alarum dextre et sinistre. —
Qua deliberacione sic facta, ipsi modicum quieverunt et, sole
jam tabascere incipiente, dicti domini insimul congregati,
convocatis secum dominis Malibecci, Bochagii, Bornone, domino Sancti Georgii, viris strenuis et bellicosis, ac certis aliis
nobilibus huj^{di} patrie, hominibus et vassallis dalphinalibus,
qui in eadem deliberacione fuerunt et ipsam laudaverunt,
quam ad excequcionem deducere volentes missam devote au-
diverunt et que dicta sunt supra fecerunt, dicendo inter alia
sua secreta verba Psalmiste, presertim dictus d. gubernator,
Deo et ejus pie Matri gloriose multum devotus, de honore suo
et onere tanquam dux seu caput belli non sine causa formi-

dans : « Exsurge in occursum meum, tu Domine Deus virtutum Israel ; disperge illos in virtute tua et pone eos, protector meus Domine ; quia factus es susceptor meus et refugium meum in die tribulacionis mee.[0] ; adjuva me, Domine Deus meus, salvum me fac ac meum excercitum propter misericordiam tuam[21] ; irruat in eos formido et pavor in magnitudine brachii tui, Domine[22] ». Et post premissa bellum suum ordinaverunt et avangardiam dicto nobili Rodrigue, ipsam humiliter postulanti et dicenti se eam debere habere duplici de causa : prima, quia erat extraneus cui, quia ad secursum huj[dl] patrie venerat, tantus honor propterea debebatur ; secunda, quia si Deus in ipsa dieta dicto d. gubernatori et suo excercitu nocere vellet, sic quod dictus Rodrigue cum sua comitiva vinceretur, nichil perderet patria quia iterum nobiles patrie se possent salvare, reducere ac retrahere ; concessit dictus d. gubernator, licet dicto d. marescallo, dicenti et asserenti eam ad ipsum pertinere ex debito sui officii, quam plurimum displicuerit : cui dictus Rodrigue supplicavit ne hoc in displicenciam haberet, quia cum Dei auxilio ipse taliter faceret, se senciens munitum fidelibus et bonis pugnatoribus, quod honor regis dalphini sueque patrie et dicti d. gubernatoris servaretur ; tunc marescallus ipse, de precepto et voluntate dicti domini cui obedire fuit cohactus, acquievit sicut facere debuit, postquam suus superior et belli caput fuit et erat. Alam vero dextram, respectu habito ad ipsius d. gubernatoris excercitum, quamvis sinistra ad ipsius d. Ludovici excercitum respectu habito foret, dicto domino Malibecci concessit, in cujus comitiva dict. capitaneum Vallete cum certo numero suorum armatorum poni ac esse ordinavit ; alam vero sinistram, et respectu (ad) dicti d. Ludovici excercitum dextram, prenominatis Georgio Boys ac d. Burnoni de Caquerano cum suorum armatorum comitiva dictus d. gubernator tradidit : exortando multum affectuose et monendo ipsos, quod adveniente casu quilibet esset promptus et paratus ad statum sibi ordinatum sine alio jubsu accedere. In bello vero ordinavit esse, poni et remanere se et dict. marescallum, ceterosque barones, milites et nobiles huj[d] patrie secum pro tunc in magna et fideli comitiva existentes.

XXIX. *De sono tube pro sellis ponendis.* — Hiis igitur sic peractis, dictus dominus gubernator voce tube proclamari mandavit, quod quilibet suorum armatorum pranderet leviter et absque stomachi replectione, et de equis suis bene pensaret, et se incontinenti armaret bene et condecenter; et dum vox fieret de sellis ponendis, quod quilibet suum equm ascenderet et sub estandardo sui capitanei se transferret : qua proclamacione sic facta, quilibet eidem obtemperare se promptum reddidit, de Dei auxilio semper confidendo.

XXX. *De postulacione belli et ejus concessione; quomodo et qualiter dom. gubernator admonet et instruit benigne nobiles patrie in introitu belli; de oracione per dom. marescallum Dalphinatus in introitu belli humiliter ad Deum facta ; de commictione belli et hominum hinc inde armatorum; de victoria belli et triumpho; de vulneracione et fuga dom¹ Ludovici, tunc principis Aurayce.* — Successive, adveniente hora meridiei sonoque tube jam repetito, quilibet armatorum se preparavit et ad locum ordinatum se ingenti transtulit corde, sperantes cum Dei adjutorio victoriam de inimicis obtinere; et bagagio premisso, associato quamplurimis balistariis et sagitariis cum multis peditibus in numero magno, dictus d. gubernator cum suo excercitu jamdicto iter suum in Dei nomine pro accedendo ad castrum Anthonis, venerabili signo sancte †²³ premisso, arripuit et dum illuc accederet, cum fuit ultra castrum Columberii per spacium quarti unius leuce vel circa, precursores ab eodem missi redeuntes sibi retulerunt quod dictus d. Ludovicus cum suo excercitu ipsum debellatum veniebat. Cujus viso excercitu, dicti nobiles Rodrigue, dominus Malibecci et capitanei Vallete, Georgius Boys et Borno in locis sibi ordinatis tamquam boni pugilles se statim in bono ordine, jubsum eisdem factum adimplentes, posuerunt; et postulato inde per dictum d. Ludovicum bello et sibi per ipsum d. gubernatorem, de consensu tamen et consilio dict. marescalli, capitaneorum et ceterorum nobilium in ejus comitiva fideli existencium, de justicia Dei et justa sua querela confidencium, liberaliter concesso, aciebus hincinde ordinatis, dictus d. gubernator, barones, milites et nobiles huj[di] patrie secum existentes benigne monuit et caritative, dicendo eisdem quod hodie curarent de honore nec curarent aliquos appresonare, sed solum tenderent ad percuciendum et disruendum suos inimicos, quia si hoc facerent ipsi majorem honorem consequerentur quam unquam sui progenitores fuerunt consequti : quod se facturos benigne et cum grandi corde obtulerunt, et oblata multum discrete adimpleverunt. Prefato marescallo, qui semper spem de victoria habuit, genibus flexis manibusque junctis ad celum erectis et ulmeto suo a capite deposito, ad Dominum humiliter clamante et dicente : « Dieu, par ta saincte justice, bonté et misericorde, » playse toy de fère droit en ceste presente journée ». Et dict. aciebus seu excercitibus se appropinquantibus et insimul conmiscentibus, tubisque in magno numero hinc inde sonantibus, lanceis ruptis, ictibus ensium et achiarum multiplicatis et resonantibus, sic quod erat quasi unum terribile nedum videre sed audire, inter primam et secundam horas post meridiem, Deus taliter fuit operatus quod dictus d. Ludovicus fuit in facie et aliis partibus sui corporis vulneratus, et cum toto suo excercitu in ipso campestri bello devictus, suis militibus, nobilibus et aliis suis armorum hominibus ab equis suis deorsum prostratis, aliis interfectis, aliis appreysonatis, et aliis veloci cursu ad similitudinem leporis fugientibus et se in nemoribus et bladis, equis tamen suis in campis derelictis, ascondentibus, in quibus per laboratores et pedites patrie venati et reperti, spoliati, denudati et interfecti in magno numero fuerunt, et de fugientibus et per portum Anthonis ad partes Sabaudie transire volentibus CC[ti] et ultra in flumine Rodani submersi fuerunt. Et ipse d. Ludovicus vituperose, cum sui magni et potentis destrerii quem equitabat adjutorio, infra castrum Anthonis veloci cursu se ut melius potuit reduxit, arnesiis suis ac destrerio ex sanguine et vulneribus sibi illatis rutillante in colorem rubeum transmutatis, sic quod vix cognosci preter per suum destrerium poterat ; a quo castro de nocte tanto perterritus timore, formidans ibidem obsedi et captivari, circa mediam noctem cum aliquibus et paucis gentibus suis, que similiter fugam receperant tanquam ad latronem, discessit et ad locum de Messimieu per dict. portum Anthonis se retraxit : nullo in dicto castro Anthonis dimisso neque in eodem prenominato Anthonio Ferrerie, capitaneo ejusdem, remanere volente, magna quantitate victualium, artillerie et tractus ibidem dimissa, que erat sufficiens ad custodiam dicti castri spacio duorum annorum et ultra, cum xxx^{ta} pugnatorum garnisione. In quo bello Deus taliter fuit operatus quod de dicti d. gubernatoris excercitu nullus fuit interfectus, uno dumtaxat excepto de comitiva dicti Rodrigue existente, sui tamen ut dicitur culpa et facilitate.

xxxi. *De malleis plombeis ad ipsum bellum de ejus mandato ad malum propositum portatis; de numero pugnatorum adversarii patrie; de nominibus fugiencium, appreisonatorum et aliorum super campo interfectorum, prout noticia potuit haberi; multi fugientes in Rodanno fuerunt submersi, quorum nomina apud nos ignorantur; de numero equorum per butinerios venditorum in villa Crimiaci; de quinque capitaneis ducatus Sabaudie qui in invasione patrie et bello jamdicto tamquam inimici fuerunt cum eorum comitiva devicti; de quesito ibidem respectu ipsorum ac ducis Sabaudie sui domini subjuncto; oracio beati Barnabe, qui pro deffensione et victoria patrie Deum ut creditur exoravit.* — Et in excercitu dicti d. Ludovici erant septingenti vel circa tam milites quam scutifferi, associati suis grossis famulis bene armatis, sicut statui cujuslibet militis et nobilis congruebat, ultra balisterios, sagitarios et alios pedites grossos maleos plumbeos defferentes24, de quibus adduci dictus d. Ludovicus de partibus suis Burgondie septem mulos oneratos fecerat, sicut deposuerunt certi preysonerii, presertim Heralius Ferrerie, nepos dicti Anthonii capitanei Anthonis, qui dict. mulos et maleos exonerari vidit et juvit : sic quod in excercitu ipsius d. Ludovici erant et extimabantur esse mille et septingenti pugnatores et ultra electi, inter quos erant comes de Fribourg, dominus de Monte Accuto, dom^s Amedeus de Viriaco, qui ictibus no(n) expectatis in fugam verterunt; filius domini Sancti Georgii, dominus Varambonis superius nominatus, dictus d. Humbertus Marescalli, dominus de la Colhi, dominus Sale Nove, Clavinus, Johannes Ludovici, magnus Anglicorum et Burgondorum capitaneus, dom. Johannes de Chissiaco, de Burgondia, dom. Giraldus de Bellovidere, Johannes de Lonvi, Tibaudus de Rubeomonte, Johannes de Ruff', Johannes de Chaveyreu et defferebat vexillum principis, Guiotus Raton, Humbertus de Luyrieu, Guillelmus d'Andelo, Tholonjon frater marescalli Burgondie, milites, Glaudius filius domini de Toches et de la Frete, vocatus Fromon qui defferebat estendardum, vocatus Sambertier: qui fuerunt presonnerii, una cum quingentis aliis, salvo pluri, tam de Burgondia quam de ducatu Sabaudie et comitatu Gebennensi existentes, qui sine custu et magna redempcione non fuerunt liberati. Dom^i vero Johannes de Boffremont, dominus Mirabelli, Jacobus dominus de Moullent, Anthonius de Vergeyo, ballivus de Troyes, Glaudius et Guido de Basseys, milites, et dom. Ludovicus de Capella, miles, fuerunt tam interfecti super campo et in fuga quam submersi, et plures alii usque ad numerum quadringentorum et sexaginta, salvo pluri, quorum nomina apud nos ignorantur; quorum equi in numero mille et ducentorum, salvo pluri, in loco Crimiaci die martis xiii^a dicti mensis junii venales per butinerios, una cum armaturis in magna quantitate, fuerunt expositi, venditique et librati. Et in dicto excercitu de patria ducis Sabaudie quinque capitanei suos estandardos defferri facientes interfuerunt, amiciciam et amorem quos habent erga nostrum principem et suam patriam ostendentes, videl. dicti domini Varambonis, Humbertus Marescalli, Amedeus de Viriaco, Salenove et Clavinus, associati in magna comitiva multis Sabaudiensibus, duas partes excercitus dicti d. Ludovici facientibus: prout deposuerunt certi preysonneri, de hoc noticiam habentes; nec remansit in jamdicta patria Sabaudie nisi unus capitaneus Gingin nuncupatus, qui pro tunc erat ultra montes cum principe Pedemoncium, filio dicti d. ducis, quem creditur fecisse sicut et alii predicti si tunc citra montes fuisset : et an istud bene fuerit conforme cum relacione per dict. Bernardum facta et supra in capitulo xix° deducta, dari potest a quolibet fideli responsio prompta. Quorum capitaneorum et aliorum ibidem existencium estandardi, una cum estandardo, banneria et penuncello dicti d. Ludovici, per Dalphinenses et suos consocios fuerunt lucrati et in diversis ecclesiis oblati et repositi. Deus ergo in premissis, T(r)initasque sancta et beata Virgo gloriosa ad huj^{di} patrie et personarum dict. dd. capitaneorum ac gencium suarum bene et miraculose fuerunt operati, una cum beata Barnaba apostolo, cujus oracio operi jamdicto conformis in missa ut dictum est celebrata devote fuit in et per hec verba, secundum ritum sancte matris ecclesie, emissa : « Quesumus, Omnipotens Deus, ut beatus Barnabas apostolus tuum pro nobis imploret auxilium, ut a nostris reatibus absoluti, a cunctis cciam periculis exuamur, per Xpistum » etc. ; quod et factum fuit, quia pro suo principe et patrie sue conservacione debellantes, a cunctis lib(e)rati fuerunt periculis, ut apparet per jamdicta que vera existunt.

xxxij. *De estandardo dicti dom. Ludovici et designacione in bello dimisso.* — Verum, cum supra mencio de ipsius d. Ludovici fiat estandardo, quod suum erat signum bellicum, duo inter alia de ipso possunt notari : primo namque ejus composicio, secundo ipsius composicionis denotacio. Erat namque compositus ex duobus diversis coloribus, rubeo et nigro, et super duabus peciis cirici ejusdem latitudinis et magne, equalis tamen longitudinis, impressis seu existentibus, ac eciam uno sole a parte capitis estandardi oriente figurato, suos ubique super eodem radios transmictente, sicut dum oritur sol ubique suos transmictit radios : et ita ex dicti estandardi in cappella dd. dalphinorum, principum dudum illustr(i)um, Gracinopoli situata appensione in publico facta potest a quocumque videri. Cujus composicionis denotacio tres inter alios effectus demostrat sinistros : primo namque voluntatem suam fuisse ignitam ad patriam istam et habitatores ejusdem incendio pro majori parte consumendum, et hoc quod ab ipsius ore prosiliit relatu plurium denotatur eciam ex colore rubeo jamdicto, qui igni magis quam alteri elemento apropinquat seu parificatur, sicut dicit BARTHOLUS in tractatu suo quem *de insigniis et armis* compilavit[25]; secundo ejus intencionem tenebrosam fuisse ac perfidam, in eo quod secundum gesta sua et relata ipse barones, banneretos, officiarios presertim majores, milites, vassallos et alios fideles dalphinales morti proposuerat tradere, et ita ipsos ad inferos ac tenebras per tale medium deducere, quod maxime figuratur ex nigro colore in tali suo adjecto estandardo, cum talis color tenebrarum representativus existat, eisdem propterea parificatus secundum Bartholum in suo tractatu jamdicto, quod sic eciam detegunt malleorum plumbeorum portus et composicio, de quibus in precedenti capitulo habetur mencio, sicut lex Cornelia de siccariis hoc verum esse satis actestatur, dum de clava et cucuina, que nichil aliud sunt quam mallei plumbei vel erei, ad homicidium presumendum seu probandum mencionem facit expressam ; tercio elatissimam detegit ejus superbiam, ex eo maxime quod totam istam patriam a Deo ser^mo principi regi Francorum, dalphino Viennensi, domino nostro ac suo, collatam nixus fuit, nulla justa subsistente causa et nullo precedente diffidio, occupare, sic in altum seu apicem dignitatis dalphinalis volens ascendere, sicut sol oriens dum in altum elevatur totam habet terram obumbrare. Sed eclipsi inter Columberii et Anthonis loca sibi occurrente, radii solis sui ut dictum est figurati totaliter deffecerunt, ad eo quod ipse cum suo excercitu in bello devictus in tenebris ad quas fideles jamdict. precipitare volebat deductus extitit, dicto suo estandardo de perdito ibidem ac dimisso, nec aquilonem actinxit sicut nec Lucifer fecit, cujus vestigia in hac parte insequendo fuit ejus premio seu consimili ab Altissimo et merito premiatus, in sui dedecus ac infamiam perpetuam tunc et ubicumque hoc edictum fuerit predicatum.

xxxiiJ. *Recuperacio castrorum Anthonis et Falaverii.* — Lune sequenti xii^a dicti mensis junii, missis exploratoribus ac precursoribus ad dict. castrum Anthonis, nulli fuerunt ibidem reperti et, facta inde relacione dicto d. gubernatori, ipse martis inmediate sequenti certos nobiles bene ordinatos de suo excercitu illuc misit, qui dict. castrum intraverunt et ipsum vacuum gentibus repertum suo nomine ceperunt; pro cujus custodia virum bellicosum et in armis expertum, fidelem et prudentem, nobilem Gilletum Richardi, dominum Sancti Prejecti, capitaneum fecit et constituit, qui ipsum tenuit et custodivit donec ad adventum dicti d. marchionis Saluciarum. Que sic jamfacta audientes homines armatorum in garnisione castri Falaverii existentes, quorum capitaneus d. Johannes Grandis miles existebat. ipsi dicta die dominica xi^a junii de nocte hora multum tarda dimisso castro fugierunt et fuerunt hincinde dispersi, sic quod quamplures ex eisdem in diversis locis fuerunt interfecti et aliqui ex eisdem appreysonati, et aliqui tanquam dispersi ad diversa castra in Dalphinatu constituta et de feudo dalphinali existencia confugierunt, se aliqui dominabus et aliis eciam infimis servitoribus qui sibi aditum pandebant reddentes et fidem sui corporis dantes, tali et tanto timore perterriti; et remanente in dicto Falaveri castro quodam Petro de Barges, cujus custodia sibi per dictum d. Ludovicum fuerat commissa, qui sub verbis vulpinis ibidem temporisaverat et adhuc sic pertransire credebat, ipse die festi Corporis Xpisti xv[a] dicti mensis junii, de ejus formidans persona, cum sui ac dicti ejus magistri detecta fuerat malicia, dict. castrum prefato d. gubernatori reddidit et tradidit. Et ita fuerunt ab huj[di] patria Burgondi et alii in garnisionibus castrorum jamdict. nomine prefati d. Ludovici existentes per modos et media jamdict. expulsi, quorum « dolus in capitum suorum dolorem conversus est et in verticem eorumdem iniquitas ipsorum descendit[26] », Psalmista sic alibi actestante.

xxxiiij. *Capcio castrorum dicti dom. Ludovici, que in Vapincesio et Baroniis de feudo possidebat dalphinali.* — Post quorum expulsionem loca Auripetre, de Triscliviis, in Vapincesio, Montisbrisonis, de Curnierio, Aussedune, Montisregalis ac   , in Baroniis const(it)uta, de feudo dalphinali existencia, una cum castro de Condorseys in dict. Baroniis, que a dicto d. Ludovico ut vassallo dalphinali publice possidebantur, capta fuerunt eciam et in patrimonio dalphinali redacta dicti d. gubernatoris mandato, sicut capi et reddi debuerunt de jure, causante maxime fellonia, rebellione, guerra et infidelitate per dictum d. Ludovicum factis et ut dictum est commissis, que notorie et non modice existunt si supra deducta bene ponderentur.

xxxv. *De capcione civitatis et castrorum principatus Aurayce; de officiariis nomine dalphinali in dicta civitate ordinatis; de laude gestorum in bello Deo et non alteri actributa*[27]. — Et ut adimplerentur verba per dictum d. Ludovicum tam in apperto quam secrete spiritu, ut creditur, malo prolata, qui semper dixerat quod quando ipse perderet castrum Anthonis, ipse perderet principatum Aurayce, et ne de cetero occasionem haberet querendi vel habendi unum portum super flumine Rodani et unum portum seu passagium super flumine Ysere,

pro transitu suo libere de partibus Burgondie et Sabaudie ad
dict. principatum Aurayce sicut diu peroptavit faciendo, dictus d. gubernator cum suo fideli excercitu ad ipsum principatum se transtulit et obsidionem contra civitatem Aurayce
die jovis peneultima dicti mensis junii posuit; in qua obsidione
dictus d. marchio Saluciarum cum magna pugnatorum comitiva
interfuit, et se in eadem dicti domini ceterique capitanei superius
nominati cum suis gentibus armorum taliter habuerunt, quod
cives et habitatores dicte civitatis ac eciam locorum Corteysonis, Gigondacii   , de principatu jamdicto existencium, se d° n° dalphino reddiderunt, et civitatem ipsam et
loca predicta die iii\ mensis hujus jullii in manibus dicti d. gubernatoris tradiderunt, cui juramenta fidelitatis nomine d' n'
dalphini fecerunt et prestiterunt : vita d. Jacobo de Albapinu
militi et cuidam de Rumilhiaco cognominato, capitaneis inibi
pro dicto d. Ludovico deputatis, salva remanente, qui propterea
ad partes Burgondie sicut meruerunt et jus guerre exhigit, sua
inibi negocia peracturi et que viderunt suo magistro relaturi,
fuerunt remissi. Sic quod hodie d· n' dalphinus, cujus Dalphinatum dictus d. Ludovicus occupare et sibi appropriare voluit
et proposuerat, nullo tamen diffidamento precedente, contra
homagium per ipsum factum ac fidelitatis juramentum per
eum prestitum, guerram publice et notorie in huj᎐ᵈⁱ patria faciendo sicut dictum fuit supra, est ac dici meretur secundum
juris scripti determinacionem princeps et dominus Aurayce
principatus; et pro tanto dictus d. gubernator, possessione
reali et actuali talis principatus adepta, suum inibi, nobilem
Guillelmum de Pictavia bastardum, locuntenentem et, d.
Glaudium Peyroni de Ebreduno, in legibus bacallarium, judicem et procuratorem fiscalem ipsius principatus, magistrum
Jacobum Chastelli de Buxo, nomine dalphinali constituit et
ordinavit, qui hodie principatum et principatus territorium
cum juridicionis omnimode excercicio dicti d' n' dalphini nomine regunt paciffice juxta potestatem cuilibet ipsorum actri-
butam. Et ita omnia ad conservacionem patrimonii d' n' dalphini et ad deffensionem sue huj᎐ᵈⁱ patrie, que per dictum d.
gubernatorem fideliter in facto armorum fienda erant et con-
sueta, facta fuerunt ac multum honoriffice consumata a die

xxvj[te] mensis maii usque ad diem iij[am] hujus mensis jullii proxime lapsorum, que spacium xxxix dierum non excedunt, licet secundum militum strenuorum et bellicosorum virorum, in et de talibus experienciam habencium, relacionem publice factam talia non poterant de v[e] annis fieri expleta, locorum jamdict. et castrorum situacionibus que fortes existunt, garnisionibus magnis et victualium artillerieque municionibus et diversis fortifficacionibus ibidem factis ac repertis, de quibus tactum fuit supra, obstantibus maxime et actentis, nisi auxilium Dei de super venisset, sicut notorie venit ut dictum est supra in xxxij[o] articulo, quod sic eciam dd. gubernator, marescallus et capitanei jamdicti devote profitentur et dicunt expresse, sibi gesta Dei actribuere nolentes Psalmiste consilium insequendo dicentis : « Et sciant cuncti quia manus tua hec et tu, Domine, fecisti[28]; quoniam ex omni tribulacione eripuisti nos et super inimicos nostros[29] », qui in nos exurgebant ac si vellent nos deglutire[30], « dispexerunt oculi nostri[40] », sic quod in capcionem carceribus ipsorum nos non dedisti[31], « adjutorium semper nostrum in nomine Domini, qui fecit celum et terram[32] ». Amen.[33]

(1) Arch. de l'Isère, registre en papier in-4°, dont la couverture en parchemin offre sur le plat le titre transcrit : *P. s. i. g. A. in anno M°IIIJ° XXX*, et au-dessous : *Est in principio pulcra epistola ad regem Carolum septim' de fide et credulitate*. Il renferme : — a) « Epistola directa serenissimo regi Francorum, compilata per reverendiss' in Xpisto patrem dom. Ja(cobum) Gelu, archiepiscopum Ebredunensem, super adventum Johanne, Domini nostri Jhesu Xpisti ancille, prefato regi ab alto directe », 1 f. prélim., xxiij ff.; c'est l'original d'après lequel S. de Boissieu fit exécuter la copie que renferme le vol. 639 du fonds Dupuy à la bibl. nat. Des extraits de ce traité (mai 1429) ont été insérés par M. J. Quicherat parmi les « Opinions et mémoires extrajudiciaires publiés du vivant de Jeanne d'Arc » (*Procès de condamnation et de réhabilitation* publ. p. la Soc. de l'hist. de France, III, 393-410; cf. V, 473-4); — b) « Repertorium materiarum que in quatuor cisternis inmediate sequentibus tractantur, ad ipsarum faciliorem invencionem ac dominorum et aliorum quorumcumque ipsas scire et videre volencium aliqualem alleviacionem, subjungitur per foleorum quotaciones, ut sequitur : Primo namque inscribitur causa.... », v ff.; c) « Jhesus. Materia que... », lxiij ff. Ces deux articles renferment la table et le texte du présent doc. xcvij; c'est une copie assez nette mais incorrecte et peu fidèle, exécutée sous les yeux de l'auteur (conseiller clerc au conseil delphinal ?), qui a opéré quelques corrections essentielles et ajouté au bas des pages des sommaires parfois différents de ceux du « Repertorium » préliminaire; nous avons introduit les uns et les autres en tête de leurs articles respectifs (*A, B*). Les pièces justificatives, indiquées dans le texte (§§ 14, 17, 19, 20, 22, 24-6), sont groupées sans ordre (f[os] xxxiij[b]-xlv[a]) : nous les donnons en petit

texte, à la suite des articles auxquels elles se rapportent ; quant aux consultations et dépêches qui suivent le récit (f°* xlv-lxij), elles n'offraient pas assez d'intérêt pour entrer dans ce recueil : on les trouvera énumérées plus bas (n. 33). L auteur clot son factum par la protestation suiv.: « Premissa omnia supra sunt et fuerunt descripta, dictata ac registrata ad et juxta relacionem diversorum dominorum ac nobilium, officiariorumque et certorum aliorum, se de narratis ac descriptis supra noticiam veram prout dicebant habencium : salva semper..... veritate.....; cum.... solum... pro conservacione juris scr. princ. regis Francorum Karoli VII, dalphini Viennensis,... premissa, eciam ex debito officii ac virtute juramenti prestiti, in hiis scriptis recolecta fuerunt .... : supplenda, corrigenda.... et ad veritatem reducenda magnifficencie dicti d. gubernatoris, qui corpus suum et animam, pro conservacione ac deffensione huj^d patrie Dalphinatus et habitancium in eadem, periculo non modico non expavit exponere, sicut decet et juris est totaliter relinquendo ». Le récit contemporain et authentique de ce brillant fait d'armes dauphinois a été séparément mis à profit par VALBONNAIS, qui donne un fragment du texte (*Mém.*, 71-4: *Hist.*, I, 62-5, d'après l'original), et par le vic^e DE LEUSSE (*Rev. du Dauph.*, I, 289-98, d'ap. une copie aux arch. du chât. de Colombier); CHORIER n'avait esquissé de la bataille d'Anthon que le côté légendaire (*Hist.*, I, 427), et M. COSTA DE BEAUREGARD, en lui consacrant une partie du 2^d mémoire de ses *Souvenirs du règne d'Amédée VIII, premier duc de Savoie* (Mém. de l'acad. de Savoie, 2° sér., IV, 67-78), n'a fait usage que de l'extrait publié par Valbonnais. Cff. Aymar DU RIVAIL, *De Allobrogibus* (éd. A. de Terrebasse, pp. 512-6), et ci-dessus, pp. 235 (n° 23) et 260 (n° vi); — d) « Processus in gallico super duello quod facere intendebant nobiles Ludovicus de Malpre in Burgondia et Petrus Pellerini de Dalphinatu, post conflictum Anthonis habitum contra principem Auraycensem », xxxviij ff. : voir doc. xcviii ; — e) « Lectres envoyées par le conte d'Armignac (Jehan) au roy daulphin (à Lectore, le xvj° j. de mars) »; — f) Memoires baillées de par le roy à mons^r de Bolongne pour remonstrer aux prelaz, nobles et autres du pays d'Auvergne »; — g) « Responce faicte de par le roy aux articles apportez par le conte de Vaudemont et autres envoyés par le roy de Secille (le 1er j. d'avril l'an 1464 av. Pasques) »; — h) « Articles sur les appointens et traictiés entre le roy et le duc de Bourbon et autres ».

(2) B *D. L. dom° J. s. condam genitori successit et est ejus heres universalis.* — (3) HAENEL, *Corpus legum ab imperatt. rom. latarum ante Justinianum, quae extra constitutt. codd. supersunt* (Leipzig, 1857), p. 97. — (4) B *E-se f-te p. p-iam ac sustente causante guerra, ultra dampna passa.* — (5) D'abord « copia ». — (6) En note « Quid sonant ista verba ? » — (7) B *r-at suos p-res d. de Cabillone ad evittandum cognicionem curie sui domini et j-r.* — (8) Voir *Libertates per ill. princ. Delphinos Viennenses Delphinalibus subditis concesse statutaque et decreta...* (,Valence, c. 1509), goth. — (9) Le texte porte « inventa ». — (10) Voir, sur ce personnage, *Biblioth. de l'école des Chartes*, 2° sér., I, 119-68. — (11) F° xlj^a : « Hic describuntur nomina pugnatorum et aliorum hominum armatorum in castro et garnisione Alberippe captorum et apprisionatorum.... »; laissé en blanc. — (12) B add. *finis tercie ambaxiate.* — (13) F° xlj^b : « Nomina pugnatorum et aliorum armatorum in castro et garnisione Pusigniaci existencium...., qui capti et appreysonati tamquam hostes fuerunt »; en blanc. — (14) B *p., cui verum et c-uum in promptu datum fuit r-sum.* — (15) F° xlij^a : « N. p. et a. hominum a. in c. Aziaci et g. ejusdem c.... qui c. et a. f..... ; en blanc. — (16) Cf. *Ps.* cxxiii, 7. — (17) F° xlij^b : « H. d. n. p. et a. h. a. q. t. h. in c. Columberii c. et a. f.... »; en blanc. — (18) A *hered-s.* — (19) *Ps.* cxxiv, 1. — (20) *Ps.* lviii, 6, 12, 17. — (21) *Ps.* cviii, 26. — (22) *Exod.*, xv, 16. — (23) D'abord « Crucis ». — (24) En m. figures de ces maillets, sortes de marteaux à long manche et à 2 têtes. — (25) Bartholus de Saxo Ferrato († 13 juil. 1355); l'ouvrage en question semble avoir été imprimé pour la 1re fois

dans ses *Tractatus varii* (GRAESSE, *Trésor*, I, 304ᵇ ; cf. HAIN, *Repert.*, 2636 ; FABRIC., *B. l. m. et i. l.*, 2ᵉ, I, 182). — (26) *Ps.* vii, 17. — (27) B laux de g-tis ac expletis guerre factis Deo sicut decet tribuitur. — (28) *Ps.* cviii, 27. — (29) *Ps.* liii, 9. — (30) Cf. *Ps.* cxxiii, 3. — (31) Cf. *Ps.* cxxiii, 6. — (32) *Ps.* cxxiii, 8. — (33) A la suite des pièces justificatives, fº xlv « Dubia que ex premissis et aliis deductis possunt pro jure et interesse domini nostri clici, raciones ad decisionem dubiorum facientes subjunguntur », fº xlviij « De articulis traditis regi et tractatis pro reconsiliacione dicti dom. Ludovici habenda », fº ljᵇ « De avisamentis per venˡᵉ consilium dalphinale regi transmissis super articulis jamdictis », fº lvᵇ « Lictera regi pro suo advisamento per venˡᵉ consilium ad fines predictos transmissa », fº lviij « Supplicacio per procuratorem gencium trium statuum patrie venˡⁱ consilio oblata, ne super reconsiliacione dicti dom. Ludovici concludatur, ipso non vocato », fº lx « Lictera reintegracionis domᵒ gubernatori Dalphinatus de civitate Aurayce, lapsis duobus annis, fiende per regem Provincie concessa (dat. Barbantane p. Jordanum Bricii, d. 8ᵉ m. decemb., ind. 9ᵉ, aº Dⁱ 1430, regg. 14ᵛ) ».

XCVIII. 10-3 juillet 1431.

LE PROCÉS SUZ LE GAIGE DE BATAILLE QUE FÈRE VOULOIT LOYS DE MALPRÉ, DE BOURGOIGNE, A L'ENCONTRE DE PIERRE PELLERIN, DU DAULPHINÉ, APREZ LA BATAILLE OBTENUE PAR LA GRACE DE DIEU CONTRE LE PRINCE D'ORENGE ¹.

Au nom de Nostre Seigneur, amen. Sachent tous présens et à venir que, l'an de Nostre Sʳ mil CCCC et trente ung, et le mardy dixiesme jour de juillet, en la cité de Vienne, en une gallerie basse à l'ostel de l'abbaye Saint Andrieu, esquelx lieu et jour avoyent estés assignés par hault et puissant seigneur monsʳ messᵉ Rauol seigneur de Gaucourt, conseiller et chambellain du roy, daulphin de Viennoys et conte de Vienne, et gouverneur du Daulphiné pour et au nom de nostredit souverain seigneur, noble Loys de Molpré ², escuyer de la conté de Bourgoigne, appellant d'une part, et noble Pierre Pelerin, escuyer du pays du Daulphiné, appellé et deffendant de l'autre part, à comparoir par devant mondit seigʳ le gouverneur, juge esleu en cestuy cas par lesdictes parties sur leur desbat, comme appert par leur lectres cy dessoubz escriptes.

En laquelle gallerie, esleue comme la plus convenable place et plus ample pour donner audience ausd. parties sur leurd. débat, et en icelle les sièges faiz et bien tapissiez comme il appertenoit, vint mond. sʳ le gouverneur ledit jour au matin environ huit heures, et luy assiz aux sièges haulx pour oir lesd. parties et pour leur faire justice et rayson, acompaignié de noble et puissant seigr messe Humbert de Grolée, conseiller et chambellain du roy nostre sr, bailly de Mascon, seneschal de Lyon et mareschal du Daulphiné, Mathieu Thomassin, licencié en loys, Jehan de la Barre, tresorier general, et Jehan Baille, docteur en droiz civil et canon, advocat et procureur general, conseillers dalphinaulx, et de pluseurs aultres seigneurs, barons, chevaliers et nobles cy dessoubz nommés, en la presence aussi de pluseurs aultres manières de gens en trèsgrant nombre illec assemblés, avec héraux, poursuyans et trompectes, mond. sr le gouverneur comanda à nobles Gilet Richard, seigneur de Saint Priet,   et à Bourbon le hérault, qu'ilz alassent quérir et acompaignier ledit Loys appellant, qui estoit lougié à l'enseigne du Mouton.

³ Le quel Loys, acompaignié des nobles Ogier d'Usez, de Savoye, de Guillaume de Molpré, frére dudit Loys, Henry de Bussy, Glaude de Monnoret, Hugues Ouchein, Jehan de Pontellier, Pierre de Boinville, Jehan Chevalet, Jehan Tricaut, Guillaume de Rougiron, Pierre Gormault et Petit Jehan de Mirecourt, escuyers de Bourgoigne, entrés dedens le parquet, alans devant ledit Bourbon pour faire voye et Argueil poursuyvant de mess. Loys de Chalon, seigneur d'Argueil, mectans tous les genoulx à terre firent reverence à mond. sr le gouverneur, qui les fist lever et asseoir ou siége bas qui estoit à la main destre.

⁴ Puys comanda que l'en alast quérir ledit Pierre Pelerin, appellé et deffendant, lequel acompaignié de mess.
seigneur de Chalancon ou royaulme, du seigneur de Maubec, de Sybuet Revoyre, bailly de Viennoys et de la terre de la Tour, et de pluseurs aultres nobles du pays du Daulphiné, avec aussi mess. Jehan Paterin et mess. Guichard Bastier, docteurs en loys, ses conseillers et advocas de la cité et ville de Lyon, entrés dedens ledit parquet, alans devant pour faire voye ledit Bourbon, Chasteau Villain poursuyant de mondit seigneur le mareschal et   poursuyant de Rodigue de Villandras, escuyer d'escuyrie du roy, mectans tous les genoulx à terre firent reverence à mond. sr le gouverneur, qui les fit lever et asseoir ou siége bas qui estoit à la main senestre.

5 Et les deux parties assises avec leurs compaignies, pour le grant bruit et presse de gens qui là estoyent, affin que paysiblement l'en peust oir icelles parties, mond. sʳ le gouverneur comanda audit Bourbon le hérault qu'il criast de par luy que chascun feist silence et quel nul, de quelque estat qu'il fust, ne fust si hardy sur poyne de confiscacion de corps et de biens de faire bruyt ne noyse ; lequel hérault à haulte voix par troys foyz ainsi le cria.

6 Ce fait, mond. sʳ le gouverneur dist aux parties : « Sur le » débat que vous avés, vous m'avés esleu pour vostre juge ; je » suys cy venu pour vous oir et pour vous faire, à l'ayde de » Dieu, bonne justice et rayson ». Puys se tourna devers ledit Loys de Molpré, appellant, et luy dist s'il vouloit rien dire ne propouser ; le quel Loys se leva de son siége et celx de sa compaignie, et se meirent à genoulx et dist ledit Loys : « Mon » tresredoubté seigneur, veycy ung roulet de papier que je vous » baille, et ce qui est escript dedens est vray comme Dieu et » ainsi le maintiendray » ; puys se seist, du comandement de mond. sʳ le gouverneur. Le quel prist ledit roulet et le leust, et sur ycelluy eust conference avecque les seigneurs qui estoient avecque luy ; après dist : « Loys, vous faictes mencion en » vostre cedule d'une espée, où est elle ? » Lors ycelluy Loys, son chapperon hosté, se leva et tira de dessoubz le manteau de l'ung de ceulx qui l'acompaignoyent une espée à manière de coustille, toute nue, bien enrouillée, à ung aneau ou crochet joignant à la croix ; la quelle il bailla ès mains dudit Bourbon le héraut, qui la monstra en hault devant tout le pueple. Ce fait, du comandement de mond. sʳ le gouverneur, je secretaire dessoubz nommé devant tout le pueple entenduement feiz lecture dudit roulet, don la teneur est telle :

7 « Mon tresredoubté et honnoré seigneur, vray est que Pierre Pelerin fut mon prisonnier le jour de la Trinité *(11 juin)* en l'an mil quatrecens et trente et me donna la foy, recoux ou non recoux, et vecy l'espée qu'il pourtoit ; si luy ay rescript depuiz par pluseurs foyz qu'il voulsist venir tenir sa foy, dont il n'a riens fait, mais vuelt soubstenir qu'il n'est pas mon prisonnier : pour quoy suys venu par devant vous, pour faire et acomplir à l'aide de Dieu le contenu de mes lectres que luy ay escriptes, et faire tout ce que par vous en sera ordonné. »8

⁹ Faicte la lecture dudit roulet, mond. s⁰ le gouverneur se retourna devers ledit Pelerin deffendant et luy dist : « Pierre
» Pelerin, vous avés oy ce que porte la cedule baillée par Loys
» de Molpré et veu l'espée, que respondés vous? » Lors ledit Pelerin se leva de son siége et ceulx qui l'acompaig(n)oient, et luy mis à genoulx dist : « Mon tresredoubté et honnoré seigneur,
» qui representés la personne de mon souverain seigneur, à qui
» je suiz et doy obéir, je vous supplie qu'il vous plaise moy don-
» ner terme compétant à respondre sur le contenu de ladite
» cedule, et d'icelle moy octroyer la copie s'il vous plait ».

Ces choses oyez, ledit mons⁰ le gouverneur dist audit Pelerin : « Je vous octroye la copie de ladite cedule et vous assigne
» à trois heures après midy, à respondre et dire sur ladite
» cedule ce que bon vous semblera ; et que lors ung chascun de
» vous deux baille et exhibe les lectres du sauf conduit envoyé à
» vous, Loys, et toutes les aultres envoyées et escriptes d'un
» costé et d'aultre sur ceste matière, et desquelles se fait men-
» cion en ladicte cedule ».

Ce jour mesmes dixiesme de juillet, à heure de vespres, à troiz heures après midy, retournèrent mesdiz seigneurs le gouverneur et aultres au lieu dessuz escript ; et mons⁰ le gou-
verneur assiz en jugement, acompaignié comme dessus, vint premièrement ledit Loys de Molpré, appellant, acompaignié comme dessus, et la reverence faicte, du comandement de mond. s⁰ le gouverneur s'assist en son siége que dessus à la partie destre ; après vint Pierre Pelerin, appellé et deffendant, acompaignié des nobles que dessus, aussi des seigneurs de Maulbec, de Grolée, d'Argental et aultres, et s'assist du comandement que dessus en son siége à la partie senestre. Les-
quelx ainsi assiz, mond. s⁰ le gouverneur parla et dist esdictes parties : « Je vous avoye au jour d'uy assigné à ceste heure à
» comparoir et estre cy pardevant moy, à vous Pierre Pelerin
» pour respondre à la cedule au jour d'uy baillée par Loys de
» Molpré ; pour ce dictes ce que vouldrés ».

¹⁰Lors se leva ledit Pelerin et se mist à ung genoil devant mond. s⁰ le gouverneur et dist : « Mon tresredoubté et hon-
» noré seigneur, pour satisfaire à l'assignacion au jour d'uy
» faicte et obtempérer à vostre bon comandement, j'ay veu la

» copie de la cedule baillée au jour d'uy par Loys de Molpré,
» à la quelle je respons par la forme et manière contenuez en
» ce roulet, que je baille »; et lors bailla une cedule escripte
en papier en ung roulet, de laquelle cedule la teneur s'ensuit :
« Mon tresredoubté et honnoré seigneur, j'ay veu la cedule de
Loys de Molpré et la demande qu'il fait à l'encontre de moy
et qu'il a baillé au jour d'uy en vostre presence; je respons à
ladite cedule et diz que le contenu en ycelle n'est pas vray,
maiz le luy nye et me offre tousjours de moy deffendre et faire
tout ce que par vous en sera ordonné, et que en tel cas se doit
et appartient de faire ». La quelle cedule je Francoys Jeuffroy,
secretaire dalphinal, leuz publiquement devant tous.

11 Et après ce que ladicte cedule fu leue, se leva ledit de
Molpré et se mist à ung genoil, et ceulx de sa compaignie come
dessus, disant : « Treshonnoré et redoubté seigneur, je diz
» que ce qui est contenu en ma cedule au jour d'uy baillée est
» vray et diz oultre ainsi qu'il est contenu en ceste cedule »
qu'il bailla lors, dont le contenu s'ensuit : « Mon seigneur,
comme je vous ai ja dit, je suys prest de faire et acomplir selon
le contenu de mes lectres et que par vous me sera ordonné ».
Après bailla certaines lectres, c'est assavoir quatre signées par
ledit Pelerin, disant ledit Molpré : « Vecy les lectres que Pe-
» lerin m'a envoyées, et aussi la copie de certaines aultres
» lectres que je luy ay escriptes et envoyées »; dont les teneurs
sont dessoubz escriptes et inserées.

*Copie des lectres envoyées de l'une partie à l'aultre
et aussi du sauf conduit* [12] :

I.

« Pierre Pellerin, escuer. Comme il soit vray et bien le savez que, le
jour que mon tresredoubté seigneur mons^r le prince d'Orenge eust la be-
soingne à vouz devant Columbiez et à la chasse que vous donnates aux
gens de mond. seigneur jusque Anthon, cellui mesme jour à l'acarre-
moche que vous de vostre costel donnatez devant Anthon à noz gens,
vous futes par moy aprisonez et me donnates la foy, recoust et nom recoust, à ces ensoignes que j'en heu vostre espée, de la quela je vous feray
ostension par decà; pour quoy je vous requier que vuilliés venir tenir
vostre foy, deans doze jours prouchien' venans après ce que aurez receu
ces presentes, au lieu de la Revière, qui est assis entre la ville de Pontellier et celle de Noscroy, et' dudit lieu de la Revière vous estre en y-

celluI non partir se non par ma licence ; et se vous faisez aucune doubte
en vostre fait de venir seurement, je vous envoyeray saulconduit bon et
souffisant, soubz umbre du quel vous pourrez venir par deçà audit lieu
de la Revière passer et sejourner seurement deans lesdiz doze jours.
Pour quoy de rechief je vous mande et requier de rechief et sur vostre
honeur que ad ce faire ne veulliez faillir, comme faire le devez et tenu
y estes ; et tout ce que faire vouldreis, mandez le moy par le pourteur
des presentes. Et sachiez que j'ay le double de ces presentes pardevers
moy, pour monster en lieu et en temps se mestier fait. Donné à Lons
le Saînier, sobz mon seel cy mis, le lendemain de la feste saint Johan
Baptiste xxv° jour de juing l'an mil IIIJ° et trante.
» Loys de Molprelz, escuier. »

II.

« Loys de Molprelz. Je, Pierre Pellerin, vous foiz assavoir que au jour
d'uy j'ay recept unas lectras, lesquelles m'a baillié la trompète du seigneur de la Couyllie, faisans mencon que je suis vostre prisonner[1] et
que, à la chasse que les gens de nostre costel ou prince d'Orenge et à
ces gens, je vous donnay la foy devant la vile d'Anthon, recoust ou nom
recoust, et mon espée pour enseigne. A la quele chose je vous fais response
que je ne suis ne fuy onques vostre prisonnier, recoust ou nom recoust,
ne ne vous baillié mon espée pour enseignie ; et ad fin que vous n'ayés
plus cause de moy mander, si vous voullés maintenir le contraire, je sui
prest de preuver mon corps contre le vostre qu'il est einssi comme je le
dy. Si vous offre pour juge le roy mon sauveraya seigneur ou mons' de
Gaucourt, gouverneur du Daulphiné, ou pardevant mess. Humbert de
Grolea, mareschal[4] dudit pays, duquel de l'un dédiz juges vous présente
faire aveir bon et loyal saulconduit. Et ad fin que vous sachiez que ces
lectres viennent de ma voulenté, je les ay scillées en absence de mon
seel du scel de Sybuet Revoyre, mon capitainne, et signé de ma propre
main. Donné à Crémeu, le vIJ° jour de septembre l'an mil IIIJ° et XXX.
» Pierre Pellerin ».

III.

« Pierre Pellerin. Je, Loys de Molprey, vous fais savoir que j'ay recept
vous lectres (n° II).... Si vuilliés savoir que veritablement vous estes mon
prisonnier et m'avez donné la foy, recoust ou non recoust, et de ce ay
vostre espée pour enseignes, et ou cas que ne vouldriés tenir vostre foy,
dont toujours je vous requier, je suis prest de prouver mon corps contra
le vostre : que vous estes mon prisonnier, à l'aide de Dieu, de Nostre
Dame et de madame sainte Catherina, le vous feray à dire de vostre
boche mesme, ainsi qu'il appartient en tel cas. Et pour ce faire et acomplir vous presen.e pour juges mes treshault et trespuisant princes et mes
tresredoubtés seigneurs mons' le duc de Bourgoine, monseig' le princip'
d'Orenge ou monseig' le mareschal de Bourgoine, ou lequel d'eulx qui
vous pleira ; et se yceulx ne voulez assecter, je vous presente trespuis-
sant prince et mon tresredoubté seigneur mons' le duc de Savoye : et du-

quel il vous plaira eslire vous feray avoir saulconduit et à ceulx de vostre compaignie, tel comme en tel cas appartient ; lesquelx ou à tout le moings mond. seigneur de Savoye ne devés point reffusé pour juge, actendu que ledit monsʳ le duc de Savoye est neutre et est son pais communs à toutes les deux parties, et est si prouchien de vous come chascun scet. Vous signiffiant que se ainsi ne le voulés fère, je vous pourteray penduz armoyez de vous armes, ainsi qu'il apartient à parjus et à foy mantie, sans jamais plus vous mandé ne escripre. Et de ces presentes ay retenu le double signé de notaire pour en faire foy en temps et lieu, lesqueles je vous envoye seellées du seel de mes armes, affin que vous sachois qu'elles viengnent de ma volunté. Faictes et données à Lons le Saulnier, le iijᵉ jour du moys de novembre l'ant mil IIIJᶜ et XXX.

Ainsin signé : « Par le comandement dudit Loys, Jolorand. »

IV.

« Loys de Molprey. Je, Pierre Pellerin, ay receu une lectre *(nᵒ III)* .... Auxquelles.... vous respons que je ne sui poynt vostre prisonnier ne ne vous ay donné la foy ne mon espée pour enseignes, et de ce sui prest et appareiller de m'en deffendre mon corps contra le vostre telement, à l'aide de Dieu, de Nostre Dame et de monsʳ saint Pierre, que chascon cognoystra que fausement et maveisement le dictes et avez dit et lo me mectez subz. Et pour se que à moy est de choisir les juges celone droit d'armes, je choisiz et vous nomme ceulx que autre foys en mes lectres vous ay nommé ou l'un d'eulx : c'est assavoir le roy mon sauverain seigneur ou monsʳ le gouverneur du Dauphiné ou monsʳ le mareschal du Dauphiné ; et vous offre faire avoir à vous et à vostre compaignie tel saulconduit de l'un dessusdiz juges que vous devra soffire. Et quant à ce que vous dictes que se je vous reffuse l'un de vozdiz juges...., que vous me portareis pendu armoyé de mes armes, advisés bien si vous le devez fère là où je vous summe de raison, celont comuns dreys d'armes : quar je vous notiffie que se vous le faictez, que pareilliment je feray de vous. Et affin que vous cognoissés que ces presentes vignent de part moy, je les ay signé de ma main et seellées du seel de Gabriel de Rossillion, seigneur de Bouchaige, de Viengne et de Morestel, en absence du mien et de ces presentes retiens le double pour fère foy quant temps et lieu sera. Faictez et données le premier jour de janvier, en la ville de Romans, l'an M CCCC et XXXᵉ *(v. s.)*

» Pierre Pellerin. »

V.

« Pierre Pellerin. Je, Loys de Molprez, ay receu voz lectres *(nᵒ IV)*..... Si sachiez que pour abrégés la chosa et affini que vostra grant faulte seit aperceue de toute gentilesse, je agrée et accepte pour juge monsʳ de Gaucourt, gouverneur dudit Daulphiné, moy affiant de sa bonne proudommie et vaillance, par devant loquel, à l'aide de Diu, de Nostre Dame et de ma dame saincte Catherine, prouveray souffisament que vous estes mon prisonnier, ou vous feray par mon corps recognostre la verité de ce fait. Sy me envoyez saulconduit tel et si bon qui doige souffire au nombre de cent chevaulx et au dessoubz durant terme compétant, et que par le juge me soit assignez jour et lieu raysonnable. Et affin qui vous appareisse que ces lectres viegnent de ma propre voluntez, je les ay seellées du seel de mes armes et fait signez de main de notaire sy après subscript à ma requeste; et ay retenu la copie des presentes pour en faire foy en temps et lieu dehuz. Escript à la Revière, le xxvj° jour de janvier l'ant mil IIIJ° et XXX (v. s.)

» Par le comandement dudit Loys de Molprez, H. de Noscreto. »

VI.

« Loys de Molprez. Je, Pierre Pellerin, vous fois assavoir que j'ay receu voz lectres à moy bailliés par Arguel poursuyant de mons' le prince (n° Vj..., auxquelles.. je vous respons que mond. sr le gouverneur n'est paz en cest païs, mais est en France devers le roy. Pourquoy vueillez saver que incontenent lui estre venu, je vous envoyray ledit saulconduit et feray assigner à mondit seigr le gouverneur jour, lieu et terme telx que n'aurez cause d'y contradire; ausquelx jour, lieu et terme, à l'aide de Dieu, Nostre Dame et de mons' saint Pierre, je me deffendray telement que de ce que me mectez sur à tourt et sans cause chescon cognoistra vostre grant tourt. Et affin que sachiez que ces lectres viegnent de par moy, je les ay signées de ma main et seellées du seel entaillé des armes de Anthoine de Juys, en la absence du mien. Donné à Crémeu, le xxv° jour de février l'an de grace corrant mil IIIJ° et XXX (v. s.)

» Pierre Pellerin. »

VII.

« Loys de Molprez. Je, Pierre Pellerin, vous fais assavoir que, en acomplissant ce que vous avoye escript, aussi toust que mons' le gouverneur du Daulphiné est arrivé en ce pays me suis tiré pardevers lui, et lui ay supplié et requist qui lui pleust vous octroyer ung saufconduit pour venir de pardeçà pardevant lui, pour estre juge de vous et de moy sur les requestes et demandes que m'avés fait et sur les responses que faictes vous ay; lequel m'a octroyé le saufconduit tel et si raisonable que ne povés ne ne devez reffuser par raison, et jour compétant pour estre pardevant lui, c'est assavoir au dixiesme jour de juillet prochien' venant, comme voyez par ledit saufconduit; et m'a comandé que à ce jour je y soye, auquel jour je seray au plcisir Nostre S(eigneur) pour moy deffendre sur les choses que m'avés requis et demandé. Et s'il y a aucuna chose à redire audit soufconduit, ne vous excusés point pour cela de venir, quar mons' le gouverneur m'a octroyé de le moy faire reffaire si bon que n'aurés cause de le reffuser par raison : lequel saufconduit je voz envoye par Chastauvillain le poursuant, pourteur des presentes, desquelles j'ey retenu le double pour monstrer quant temps et lieu sera. Et affin que vous sachiez que ces presentes viegnent de ma volunté, je les ay signées de ma propre main et seellées, en l'absence de mon seel, du seel de Poypat de la Poype, le xij° jour de juing l'an mil quatrecens et trente et ung, en la ville de Vienne ou Daulphiné.

» Pierre Pellerin. »

VIII. *Le sauf conduyt.*

« Raoul, seigneur de Gaucourt, conseiller et chambellain du roy nostre s^r, gouverneur du Daulphiné, à touz ceulx qui ces presentes lectres verront, salut. Savoir faisons que, à la requeste et prière de Pierre Pellerin, escuer dudit pais du Daulphiné, et pour certaines autres justes et raisonnables causes que à ce nous ont meu et meuvent, avons donné et octroyé, donnons et octroyons par ces presentes bonne seurté, vray et loyal soufconduit, sans froud, barat ou malengin, à Loys de Molprés, escuer du pays de Bourgoigne, et cent autres gentilz homes ou autres en sa compaignie et au dessoubz, pour venir en ceste ville de Vienna pardevant nous ledit Loys oir, proposer, alléguer, demander et quereller ce qu'il vouldra à l'encontra dudit Pellerin, faire armes et autres expleiz se mestier est à l'encontra dellui, cellon ce qu'il nous semblera et verrons sur ce estre fait et par nostre conseil trouverons en ce cas appartenir; de ce faire lui donnons congié et licence par ces presentes. Si mandons à tous les subgez du roy daulphin, chevaliers, escuers, cappitaines de gens d'armes et de trait, gardes de bonnes villes, chasteaulx, forteresses, bourcs, maisons forts, ponts, pors, passaiges, yssues et destroys, et à tous autres justiciers, officiers et subgez dudit seigneur, que ledit Loys et sadicte compaignie souffrent et laissent aller, venir, passer, rappasser, demorer, sejourner, converser, besoingnier sur ceste matière et faire toutes leur besoingnies licites et honestes de jour ou de nuit, à pié ou à cheval, par eauc ou par terre, par chemins ou dehors, comme bon leur semblera, pourtans espées, esperons, houseaux, dagues, couteaux, or, argent, monnoye ou en masse, chaynes d'or ou d'argent, collers, fremailles, anneaulx, dyamans, vaisselle d'or ou d'argent, roubes, heuques et autres habis de drap, de soye, figure d'or ou d'argent, d'escarlacte ou d'autre drap, de quelque colcour ou condicion qu'ilz soyent, males, bahus, bouges et autres joaulx et biens quelxconques, ensamble le arnoiz tout comply, lances, haches, espées, dagues, chevaux armés ou desarmés, et toutes aultres armeures et habillimens neccessaires à la personne dudit de Molpré pour faire fait d'armes ou autrement, avec les harnoiz et tant de lances comme y vouldra pour six autres gentilx hommes ou aultres telx qu'il les vouldra eslire du nombre de sadicte compaignie et ou dessobz, armés ou desarmés ainsi que leur plaira : dès la date de ces presentes jusques au dixisme jour dudit moys de juilliet ensuivant prochien' venant. Auquel jour, ou plaisir de Dieu, serons en personne audit lieu de Vienna pour oir ledit de Molprés debactre son droit et faire sa demande à l'encontre dudit Pellerin ; et pour ratourner lui et sadicte compaignie chiés eulx seurement et sauvement, prolongeons ledit terme dudit x^e jour de juillet jusque au xve jour après ensuivant, sans que audit de Molpré ne à sadicte compaignie ne à chascun d'eulx leur soit fait ou donné ne souffri estre fait ou donné, ledit temps durant, arrest, destourbez ne empeschement aucun en corpz ne en biens, en quelque manère que ce soit. Prions et requérons tous aultres non subgés, amis, allyés et bien veullians du roy et de mons^r le daulphin, que ainsi le facent et acomplissent comme vouldroyen que feyssons pour eulx en cas semblable ou graigneur que faire offrons par ces meismes presentes : pourveu toutesvoyes que ledit Loys de Molprez et sadicte compaignie et ung chascun d'eulx ne faront ne pourchasseront, ne faront faire ou pourchassier chose qui soit ou prejudice et domage du roy nostred. s' et de mons' le daulphin ne de leurs subgez en quelque manière que ce soit durant le temps de ce présent saufconduit, fors tant seulement pour debatre le droit que ledit Loys prétend à avoir contre ledit Pellerin. En tesmoing de ce nous avons fait meetre le scel à noz armes à ces presentes. Donné à Vienne ou Daulphiné, le xij° jour de juing l'an de grace mil quatre cens XXXJ.

» Par monseigneur le gouverneur » et signé « J. Bronchardy. »

IX.

« Pierre Pellerin. Je, Loys de Molprez, vous fais saveir que j'ay au jour d'uy, date de ces presentes, receu vous lectres ensamble du saufconduit que m'avez envoyé, lequel n'est pas soffusant pour ce que en ycellui n'est escript que mons' le gouverneur me promet, par sa foy et serrement de son corps et sur son honneur, que se moy ne ceulx de ma compaignie avions dompmages en allant et retournant pendant le temps de sondit saufconduit, de nous randre et restituer tous les dompmages que pour faulte de sondit saufconduit porrions avoir, et que ledit saufconduit ne puisse estre ronz pour quelconque parrolle dicte par moy ne par ceulx de ma compaignie, ne par quelconque chose faicte pardelà pendant le temps dudit saufconduit, lequel me veullié incontinent cerciore par ce pourteur. Donné soubz mon scel armoier de mes armes, le xxviij jour de juing l'ant mil IIIJ° XXXJ.

Ainsi signé : « Par le comandement dudit Loys, Chardion. »

X.

« Loys de Molprez. Sachiés que je, Pierre Pellerin, ay receu le quart jour de ce présent moys de juillet, à huit heures après mydi, vous lectres (n° IX)...., de quelles vous renvoye la copie pour le bien raviser ; et quar ne tenez par icelles le saufconduit de mons' le gouverneur estre souffisant, je vous fais assavoir que je treuve, par conseil de chevaliers et escuers ayans cognoissance en armes, que lediz saufconduit est tres souffisant et que ne devés demander ce que demandez.... : actendu la teneur d'icellui saufconduit qui vous respond assés se voz bien l'advisez à ce que demandez, et duquel je retien la copie pour monstrer en temps et en lieu partout où il appartendra, et considéré l'estat et povoir de mond. seig' le gouverneur qui l'a donné, qui onques ne fist faulte et est sans reproche, ne ne fausa ne rompit onques son scellé ne sa promesse, si ne sera il pour vous ne pour autre : pour quoy devez estre certain qu'il vous tiendra les chouses continues audit saufconduit, et se vous l'advisés bien mondit s' le gouverneur vous asseure assés de tenir les promesses que vous demandés. Pourquoy je vous renvoye ledit saufconduit par Chasteauvillain pours(uivant), pourteur de ces presentes, comme souffisant et vous certiffie que, à l'eyde de Dieu, je seray à la journéa à vous assignée à Vienne pour vous respondre à ce que me vouldrés demander pardevant mondit s' le gouverneur, si avant que mon honneur y sera bien gardé. Et affin que vous sachiez que ces choses viennent de moy, j'ay signé ces presentes de ma main et scellé du scel à mes armes, dont je retiens la copie pour en faire foy en temps et en lieu. Donné à Lion, le v° jour de jullet, l'an mil IIIJ° XXXJ.

» Pierre Pellerin. »

10 Après lesquelles choses mond. s' le gouverneur se parti de son siége et se retrahi à part en une chambre près de la dicte gallerie, et appellés avecque luy mess" les mareschal, Mathieu Thomassin, l'advocat fiscal dessusdiz, les seigneurs de la Roue, de Tournon, de Maubec, de la Palu, mess. le Baudreyn seigneur de Chazey et mess. Jehan de Torchefelon chevalier, fu deliberé sur ce que l'une partie et l'autre avoyent dit et baillé par escript ; et après pluseurs locucions et parlemens, heue deliberacion entre eulx, fu concluz qu'il estoit neccessaire de savoir des parties se elles vouloyent riens autre chose dire ne baillier, et se lesd. parties ne vouloient riens autre chose dire ne bailler, que l'en les assignast à demain à oir l'appoinctement de mond. s' le gouverneur. Et ce fait s'en revint mond. s' le gouverneur et les autres seigneurs en leurs siéges, et après qu'ilz furent assiz mons' le gouverneur dist : « Loys de Molpré, j'ay veu voz cedules et autres escriptures » que avés baillées, et ouy ce que vous avés dit ; voulés vous » autre chose dire ne bailler par escript ou aultrement ? » A quoy respondi ledit Loys que non, ains requist que pour Dieu il pleust à mond. s' le gouverneur luy faire briefve rayson et justice. La quelle response faicte, mond. s' le gouverneur dist aussi a Pierre Pelerin : « Et vous, Pelerin, voulés vous riens » bailler par escript ou aultrement, oultre ce que vous avés » dit et baillé ? » Lequel respondy que neny, ains requeroit rayson et luy octroier la copie des cedules et autres escriptures baillées par ledit Molpré. — Mon seigneur le gouverneur ouyes les responses ainsi faictes par lesd. parties, dist : « Veu » donques que ne volés autre chose dire ne bailler, je mectray » en deliberacion de conseil tout ce que avés dit et baillié par » escript pardevant moy, et vous ordonne demain à heure de » troys heures après midy estre cy et comparoir par devant » moy, et lors je procederay à la matière à l'ayde de Dieu ainsi » que je trouveray par conseil estre à faire ».

S'ensuit l'ordonnance de mondit seigneur le gouverneur advisée et conseillée[17]. — Le mercredi unziesme jour de juillet au matin, à l'ostel de Loys Chapuys de Vienne, ou quel estoit lougé mond. s^r le gouverneur, en la chambre de jouste la grant sale, furent assemblés mons^r le gouverneur, mons^r le bastard d'Orléans, mess^{rs} Estienne Durand, Mathieu Thomassin, Loys Pourtier, Jehan de la Barre, tresorier, Jehan Baile, advocat et procureur fiscal, conseillers dalphinaulx, et autres cy dessoubz nommés, pour conférer et deliberer entre eulx ce que sera à faire raysonnablement et comment l'en devra procéder avant en ceste cause, et sur ce que l'une partie et l'autre ont dit et baillé par escript ; et a esté sur ce enquis et demandé par oppinions, et tout desduit par deliberacion fut dit que, actendu que ledit appellant a pou procedé avant, car après les responses dudit Pelerin il devoit lancer son gage et dire oultre ce qui appartient en tel cas, pour ce a esté conclus de comune oppinion que mond. s^r le gouverneur au terme qui est assigné enquière et demande de rechief esdiz contendens s'ilz veulent aultre chose dire ne propouser, oultre ce qu'ilz ont dit dessus et propousé, et ce d'abondant et de grace affin que l'une partie ne l'autre, et par espécial ledit Molpré qui est estrangier, ne puisse dire que on l'aye precipité ; et se led. Molpré appellant respont que neny et ne dit aultre chose, mond. s^r le gouverneur, actendu qu'il ne puet ne doit raysonnablement asseoir sentence condempnatoire ou absolutoire sur les choses dessusescriptes, dictes, proposées et produictes par les parties, face son ordonnance advisée et deliberée qui s'ensuit ; et se ledit Molpré parle autrement, l'en procedera oultre en la cause selon ce que lesd. parties diront plus oultre.

C'est l'ordonnance que fu appoinctée, mais ne fu pas faicte pour ce que ledit Malpré parla autrement come s'ensuit. — Nous Raoul seigneur de Gaucourt, etc.[18]

Cy après s'ensuivent les noms des seigneurs, barons, bannerés, chevaliers, clercs et autres présens à la deliberacion[19] : — Premièrement m. le g., m. le b. d'O., m^{rs} les mareschal du Daulphiné, E. D., M. T., licencié en loys, cons^{rs} dalph^s, L. P., docteur en loys, auditeurs des comptes, J. de la B., t.. J. B., docteur en droit civil et canon, a. et p. f. genéraulx du Daulphiné; les seigneurs de Chalançon ou royaulme, de Grolée, Tournon, Saint George d'Esperence en Viennois, Bouchage, la Palu, Saint Jehan de Bournay, le chevalier de Brion, Gilet Richard, seigneur de Saint Priet, les sires de Graignan en Valentinois, de la Roue ou royaulme, Mont Revel, Meolan en Savoye, Miribel, Guillaume de Verbo, le sire de Queyrène ou royaulme, Anthoine d'Otun, seigneur de la Balme, Guiot Prunelle, bailly de Graysivodan, mess. Amé de Chalan chevalier, Anthoine Alaman, seigneur de Saint George en Graysivodan, mess. Gaston et chevalier, le petit mareschal, le sire de Chandieu, mess. Jaque de Montmor, le sire de Chasey sur Ens, le sire de Marse, mess. Jehan de Torchefelon, le sire de Pera, Jehan d'Oulon, escuyer du roy, Francoys Soffrey dit Machera, le sire de Peraud, mess. Mathieu de Talaru chevalier, seigneur de la Grange, et autres.

20 Le mercredy xie jour de juillet, à cinq heures après midy ordonnée par continuacion puis troiz heures après midy assignée ès parties, vindrent mond. s^r le gouverneur et mes autres seigneurs dessus nommés en la court de l'ostel des Chanaux en la dicte cité de Vienne, où l'en avoit apresté les siéges tapissés; la quelle place a estée eslue à ce, pour ce que l'autre lieu estoit petit et estroit pour recepvoir la grant multitude de gens qui pour veoir le demène de ceste cause estoient venus.

Et quant mesdis seigneurs furent assis, ung peu après vint Loys de Molpré, appellant, acompaignié de sa dicte compaignie, et devant pour faire voye les héraux dessus nommés; et fist reverence à mond. s^r le gouverneur comme dessus, après s'assist du commandement de mond. s^r le gouverneur ou siége bas à la partie dextre. Après vint et arriva Pierre Pelerin, appellé et deffendant, acompaignié des seigneurs de Chalancon au royaulme, de la Palu, Sybuet Revoyre et aultres nobles, avec sesdiz advocas et conseillers, et entra dedens le parquet, et devant pour faire voye les héraulx dessus nommés; et fist reverence et puiz du comandement de mond. s^r le gouverneur s'asseist et sa compaignie ou siége bas à la partie senestre.

5 Lesquelx ainsi assiz fu crié par Bourbon le héraut que chascun se taisast et sur poine, comme devant avoit esté fait.

3 Après laquelle crie se dreca Loys de Molpré, sans acten-

dre que mond. sʳ le gouverneur luy dist rien, et se mist à genoulx devant mond. sʳ le gouverneur et dist : « Monseigneur, » vous plait il que je parle ? » Mond. sʳ le gouverneur respondi: « Ouy, Loys, dictes ce que vouldrés ». Lors ledit Loys dist : « Ce que j'ay dit est verité et le vueil prouver par mon corps, » que Pierre Pelerin fu mon prisonnier et me donna la foy, » recoux ou non recoux, et suiz prest de prandre jour à demain, » car ainsi le vueil prouver par mon corps contre le sien » ; toutes voyes ledit Molpré ne jecta point de gaige sur la place contre ledit Pelerin, de quoy pluseurs murmurarent. Mond. sʳ le gouverneur, ce dist, comanda audit Loys que se levast de genoulx et se alast seoir en sa place ; et il le fist ainsi.

²¹ Et quant il fu assiz, ledit Pierre Pelerin se leva et vint devant mond. sʳ le gouverneur, et là se mist à genoulx disant : « Mon tresredoubté seigneur, vous plait il que je parle ? » Mond. sʳ le gouverneur respondi : « Ouyl, Pierre, dictes ce que vou- » lés ». Et icelluy Pierre Pelerin, deffendant, dist : « Mon tres- » redoubté seigneur, je dy que ce que a dit Loys de Molpré » n'est pas verité et le luy nye et dy qu'il a menti, et de ce » suiz prest de moy deffendre par mon corps et monstrer qu'il » ne dit pas verité, ains a menti faulcement et maulvayse- » ment ». Et quant il eust feny son parlement, du commande- ment de monsʳ le gouverneur il se leva de genoulx et s'asseist en sa place.

Ces paroles ouyes, mond. sʳ le gouverneur eust sur icelles conference avec mesdiz seigneurs les mareschal, conseillers dalphinaulx et aultres barons et nobles, et là fut advisé qu'il estoit expédient que mond. sʳ le gouverneur se tirast à part pour deliberer qu'il estoit de faire, et aussi pour parler à part audit Molpré pour estre informé de la verité du cas ; car ac- tendu les cedules et le parler d'une partie et d'autre la verité du cas se povoit prouver par tesmoings, et ainsi n'y cheoit point gage de bataille. Pour ce se parti de son siège mond. sʳ le gouverneur et appellés avecque luy lesdiz seigneurs, s'en entra en une sale basse qui est près de là ; et ung peu après il fist venir en la dicte sale ledit Molpré, avec troiz ou quatre de sa compaignie, et luy dist : « Loys, pour savoir la verité de » vostre cas, je vous vueil demander aucunes choses » ; et luy fist certains interrogatoires, auxquelx il respondi. Lesquelx interrogatoires et responses sont teulx.

22 Premièrement fut demandé et enquis audit Molpré par monsʳ le gouverneur à quel jour et à quelle heure il apprisonna Pelerin : dit que le jour de la bataille d'Anthon, à l'eure tantost après que la desconfiture fu faicte.

ij. Item, si ledit Molpré estoit armé : dit que ouy, d'une salade, ung gorgerin et une cocte d'acier qu'il a encores en ceste ville, car paravant s'estoit foit desarmer à aucuns de la garnison d'Anthon de ses autres armes, pour ce qu'il avoit trop chault.

iij. Item, en quel lieu il aprisonna ledit Pelerin : dit que derrier la mayson d'ung appellé Thomas du lieu d'Anthon, de jouste une vigne qui est derrière ladicte maison.

iiij 23. Item, se ledit Pelerin estoit à cheval ou à pié : dit qu'il estoit à pié, et se entretenoyent luy et Guillaume Gordant de Bourgoigne comme deux cocs ; toutesfoys icelluy Gourdant hucha ledit Molpré, lors Molpré s'adreça ilec pourtant une lance de laboureur qu'il avoit et en frappa Pelerin en la poytrine tellement qu'il le tomba à terre, et quant il fu tombé il le aprisonna et Pelerin luy donna la foy, recoux ou non recoux, puiz se dreça ledit Pelerin et quant il fut levé il luy fist oster son espée par ledit Gordant ; et s'en alarent eux deux ensemble jusques à la première posterle d'Anthon, c'est assavoir de la basse court où estoyent assemblés grant quantité de Bourgoignons qui se fourroyent dedens le chastel, doubtans que les gens d'armes du Daulphiné n'assaillissent le chastel, et menoit icelluy Molpré ledit Pellerin tenant par la hucque, et ce virent bien Anthoine Ferrières et autres qui estoient ou donjon d'Anthon, et aussi ledit Gourdant et deux autres de cest païs qui estoient en la vigne quant il l'apprisonna ; et incontinent les gens d'armes de la compaignie du Daulphiné arrivarent dessus Anthon, corant à l'arme ; et quant ce ouy icelluy Molpré il s'en entra dedans, et Pellerin passa en ung petit terrail par ung paliz et s'en parti ; et en s'en alant ledit Molpré dist à soy mesmes : « T'en vas tu ? », et ainsi s'en ala.

v. Item a esté enquis ledit Molpré coment il cognoissoit Pelerin : dit qu'il le cognoissoit bien, car estant ledit Molpré en la garnison d'Anthon, l'avoit aucune foiz veu venir devant Anthon pour requerir Ferrière, au moins deux foiz.

vj. Item a esté enquis comme estoit armé Pelerin : dit qu'il pourtoit une salade à banière, coyraces ou tiers de coyraces et hernoiz de jambes; toutesfoiz il ne scet pas s'il pourtoit autre hernoiz, et pourtoit son espée qui estoit en la gayne, et pourtoit une huque de futayne noir sans franges à son advis. Item luy a esté demandé se dessus la salade avoit riens : dit que non.

Les interrogatoires et responses de Pelerin[24]. — Ces interrogatoires faiz, mond. sr le gouverneur feit retraire led. Molpré et fist appeller Pelerin, et luy dist en brief ce que avoit dit led. Molpré; lors led. Pelerin dist qu'il n'estoit pas ainsi. « Or dictes donc la verité », dist monsr le gouverneur. Dit led. Pelerin : « Monseigneur, sur m'arme ne en ma loyaulté si feray je et ne vous en mentiray de mot pour morir ». Et conta led. Pelerin que le jour de la bataille de Colombier, après la desconfiture du prince d'Orenge, luy, Gaubert, Lancelot de Quincieu et ung aultre, partans de Crimieu et alans à Colombier devers monsr le gouverneur, en la compaignie de monsr le bailly de la terre de la Tour, ilz oyrent grant bruit et s'avancèrent ung peu avant, et virent que les Bourgoignons estoient desconfiz et s'en fuyoyent; lors disrent entre eulx : « Alons après, nous serons au jour d'uy riches, à butin! à butin! » et se abutinèrent. Et ainsi se misrent à la chasse et tantost se departirent d'ensemble, car l'un aloit çà, l'autre là; et en alant à la chasse led. Pellerin vit deux des Bourgoignons devant soy qui pourtoyent tous deux coltes d'armes, si s'adreça à eux tellement qu'il les actaigny, et estoyent l'ung le seigneur de Montagu et l'autre le Friant de Favernoy, et pour ce que le cheval de Montagu estoit travaillé il eust bien plus tost actaint ledit Montagu, maiz le Friant se mist entre deux à tout son cheval, et lors Pelerin s'adreça au Friant et l'aprisonna. Et après qu'il fut aprisonné, le Friant luy demanda qu'il estoit : à quoy respondi que l'en l'appelloit Pelerin; ledit Friant luy demanda oultre s'il estoit frère de Francoiz Pelerin : il respondi que ouil. « J'en suys bien liez », fait le Friant, « car j'ay grant » acoindance avec luy et pour ce, car je voy bien que le sire de

23

» Montagu qui s'en va cy devant ne puet eschapper, j'ameroye
» mieulx que vous l'eussiez que autre, car vous en seriés riche ».
Et à ces paroles vint le bastard Rachas, qui vint devers le
Friant, qui encores estoit à cheval, et luy osta son espée; adonques icelluy Friant dist : « Je suys à Pelerin, à qui j'ay donné
« la foy » Et en debatant entr'eulx vint le seigneur de Passins et
dist : «Qu'est ce, Pelerin? à butin! à butin, compère! » Lors Pelerin respondi : « J'en suys content » ; et de là frappa de l'esperon
tirant après le seigneur de Montagu, et le poursuy jusques à
la première entrée d'Anthon, où il trouva ung grant nombre
de Bourguignons qui se fourroyent dedens Anthon, il tira oultre et actaint ung Bourguignon par derrière, monté sur ung
grant cheval à garnison de drap roge à clos dorés, et le happa
disant : « Rens toy », et il se randi, recoux ou non recoux.
Après ce led. Pelerin s'en vouloit retourner du chastel, mais
il vit à la porte d'aucuns hommes Bourgoignons qui fermoyent
la porte du recept, et incontinant il cria à son prisonnier :
« Suivés moy ou je vous tueray »; et il le suyvit et par ung
autre lieu s'en yssirent par devers la revière. Et depuys, voulant tourner sur led. Pelerin quant il fut pres de l'ostel Anthoine Pin, de là yssirent quatre hommes Bourgoignons
pourtans mailles et crièrent : « A l'Armignac! à l'Armignac! »
Et ce véant led. Pelerin, il se cuida eschapper d'eulx, disant à
haulte voix : « Vous estes tous mors », et se tirant vers eulx,
car aultrement ne povoit passer; lors l'un le prist par la
hucque et le reversa sur la croppe de son cheval, disant :
« Ran toy », en frappant sur luy des mailles tresfort, tant
qu'il appert à son hernoiz. Et quant ce vit Pelerin, il dist :
« Je me rens », en estendant la main par dessus la croppe de
son cheval, et lors luy chai son espée qu'il pourtoit en la main
toute nue. Et après ce il senty que celuy qui le tenoit le lacha,
il picqua son cheval et s'eschappa; et quant fut ung peu loing
se retourna devers la revière de Rosne et vit que celluy qui
l'avoit aprisonné passoit la revière en ung bateau. De là s'en
vint contremont dessus Anthon, où il racontra monsr le bailly
de Mascon, à qui il dist que son cheval dud. Pelerin estoit
deferré et luy conta tout ce que dit est, et puis il trouva ung
aultre cheval sur lequel il s'en tourna à Columbier.

ij. Item, a esté demandé audit Pelerin come il estoit armé : dit qu'il pourtoit une salade sans banière et sans gorgerin, que luy avoit presté Glaude de Cizerin, pour ce qu'elle estoit plus aysée que la sienne ; et pardessus la dicte salade avoit ung borrelet de rouge à troiz croix blanches, pourtoit aussi le hault de sa pièce, ses gardebras, tresbelle espée d'armes qu'il laissa quant il fut reversé de son cheval ; et pourtoit une hucque de futayne noir sans franges et y avoit une croix blanche bien jotilment faicte et cosue, la quelle hucque depuis il donna à ung Bourgoignon appellé   , qui luy promist qu'il la pourteroit sans depécer la croix. Interrogué s'il pourtoit hernoiz de jambes : dit que de tout ce jour ne pourta hernoiz de jambes, fors seulement ungs ouseaulx bien faiz et bien tirés ; et chevaucha tout ce jour ung cheval bayard à piez blancs, du quel il ne descendi de tout ce jour jusques il trouva mond. s^r le mareschal, comme il a dit dessus. Et dist ledit Pelerin qu'il vouloit mourir se ce n'estoit la pure verité, et que ce aussi il prouveroit bien par pluseurs gentilz hommes qui ainsi le virent habillé.

Lesquelx interrogatoires et responses ainsi faictes, fist retraire led. Pelerin mond. s^r le gouverneur, puis eust conference avec les seigneurs qui estoient avecque luy sur ce que l'une partie et l'autre avoyent dit, et fu concluz qu'il seroit expedient que lesd. partiez dissent l'ung devant l'autre ce qu'ilz avoient dit appart. Si les fist appeller tous deux mond. s^r le gouverneur et dist audit Loys qu'il deist devant ledit Pelerin ce qu'il avoit dit ; le quel Loys dist que tresvolentiers et qu'il n'en mentiroit de mot, et conta son cas tout ainsi qu'il avoit (fait) paravant. Ce fait, mons^r le gouverneur comanda à Pelerin que pareillement il contast ce qu'il avoit dit ; le quel Pelerin dist que la verité n'estoit pas telle comme led. Molpré le contoit, « mais est la verité telle » et lors conta le cas ainsi qu'il avoit fait paravant. Puis dist mond. s^r le gouverneur ausd. parties qu'il verroit tout le procès et tout le demène de ceste matière, et mectroit en deliberacion de conseil tout et après procederoit en ceste cause ainsi qu'il trouveroit par conseil estre à faire raysonnablement ; et après qu'il aura deliberé le fera savoir aux parties, lendemain ou le jour après. Et par ainsi se departirent dudit hostel des Chanaulx.

[25] Le jeudy ensuyvant doziesme jour de juillet, en ladicte cité de Vienne et en l'ostel de Loys Chappuys, ou quel estoit lougié mo(n)d. s⁻ le gouverneur, environ huit heures de matin, en la grant sale dudit hostel, mond. s⁻ le gouverneur, appellés avecque luy mess⁻˹ le bastard d'Orléans, le mareschal du Daulphiné, Estienne Durand, Mathieu Thomassin et pluseurs autres des seigneurs, barons, chevaliers et escuyers dessus nommés, a esté delliberé entre eulx sur les interrogatoires et responses dessus dictes, et sur tout l'autre demené du procés et desduicte la matiére par oppinions, entre tous fu concluz que selon les responses des parties le cas cheoit en fait contraire et probatoire par tesmoings, et que se le cas se prouvoit par tesmoings il n'y cheoit point de gage de bataille; [26] car gage de bataille tant selon disposicion de droit escript, comme selon le stile et comune observance en fait d'armes et par le stile de France, à ce que gage de bataille ait lieu quatre choses principalment sont requerües : premierement que le cas qui est miz avant soit tel que la poine requière mort, secundement que le cas aye esté fait par trahison et prodicion, tiercement que celuy contre qui l'en met avant ledit cas en soit suspet par vrayes semblables indices ou presumpcions, quartément qu'il appére evidenment que le cas qui est miz avant soit vrayement advenu. Et fu délibéré que pour la chose faire plus certaine, seroit bien fait de lire lesdits interrogatoires et responses devant les parties et leur demander se le contenu en icelles est vray, et leur plus avant demander, c'est assavoir audit Molpré de ceulx qui virent ledit Pelerin quant il l'enmenoit et l'aprisonna, et aud. Pelerin de ceulx qui le virent armé le jour et le virent chevauchier; après pourra l'en procéder à recepvoir tesmoings s'ilz sont prestz ou donner dilacion à celluy qui ne les aura prestz, pour garder l'ordre de droit et pour faire bonne justice aux parties.

Après la quelle conclusion l'en ala querir les parties, et premierement ledit Molpré en la sale dessusd., acompaignié comme dessus, et en faisant reverence à mesd. seigneurs s'ala seoir à la partie droicte; en après vint Pelerin, acompaignié du seigneur de la Palu, du bailly de la Tour et aultres, fist reverence à mond. s⁻ le gouverneur, qui le fist seoir à la partie senestre.

Lesquelx ainsi assiz, mond. s¹ le gouverneur dist à Molpré :
« Loys et vous Pelerin, je vous feiz hyer certains interroga-
» toires esquelx vous respondistes, et furent escriptes voz res-
» ponses ; je vueil qu'elles soyent presentement leues par devant
» vous affin que s'il y a riens à mectre ou toulir, que vous le
» diez pour les corrigier ». Lors furent leues du comandement
de mond. s¹ le gouverneur les interrogatoires, responses et
chappitres dessus diz par moy Francoiz Jeuffroy dessus nommé.

Et après qu'ilz furent leuz, mond. s¹ le gouverneur demanda
à Loys s'il les vouloit prouver par Ferrière et Guillaume Gordant et autres tesmoings, qu'il dit qui virent et cognurent
led. Pelerin quant il le menoit prisonnier ; icelluy Molpré respondi qu'il ne vouloit riens prouver, forsque par son corps et
à ce se offroit, requerant à ce estre admiz.

Et ces choses dictes, monsʳ le gouverneur dist à Pelerin :
« Et vous, Pelerin, voulés vous rien prouver ? » Lors icelluy
Pelerin se leva de son siége et se mist à genoulx devant monsʳ
le gouverneur, disant : « Mon tresredoubté et treshonnoré sei-
» gneur, come j'ay dit aultre foiz, ce que dit Molpré n'est pas
» verité et je luy nye, et ce que j'ay dit je prouveray par tes-
» moings, chevaliers et escuyers et aultres, qui de ce scevent
» la verité, si demande estre admiz à prouver par tesmoings ;
» et se les tesmoings ne souffisent, je le proveray par mon corps
» contre le sien, en moy deffendant qu'il ne dit pas verité ».

Lors mond. s¹ le gouverneur demanda aultreffoiz à Molpré
s'il vouloit nulz tesmoings bailler ; le quel Molpré dist que
non, maiz tant seulement vouloit prouver par son corps propre, ainsi que les lectres envoyées par luy à Pelerin et par led.
Pelerin à icelluy Molpré le portent, aultrement n'entent prouver forsque par son corps.

Mond. s¹ le gouverneur demanda à Pelerin par quelx tesmoings il vouloit prouver son entencion ; ²⁷ icelluy Pelerin
respondi que par Glaude de Cizerin, Rolant de la Poype, Pierre
Mache, Glaude de Loras, mess. Anthoine de la Poype, Jehan
Copier, Lancelot de Quinciou, Andrieu de Grolée, sire de Passins, Aymar de Clarmont, Sybuet Revoyre, bailly de Viennoys,
et Anthoine Pin : lesquelx il demanda estre appellés, deman-

dez et enquiz par leur serement sur le contenu de sad. response, et leur deposicions en après estre publiées; et se celle preuve ne souffit, il dist qu'il se deffendra puiz et monstrera par son corps que ce que Molpré met avant encontre luy n'est pas verité.

Ledit Molpré tousjours disant qu'il ne doit point estre admiz à prouver par tesmoings, car Pelerin luy mesme s'est obligié par ses lectres de soy deffendre et prouver par son corps, ne ne se consent point en manière du monde led. Molpré que Pellerin soit admiz à prouver par tesmoings.

28 Mond. sʳ le gouverneur, après ces choses, a fait ramonstrer ausd. parties par treshonnoré et circunspect homme mess. Loys Pourtier, docteur en loiz, auditeur des comptes dalphinaux, come les droiz ont ordonné les preuves en tous cas que ont à faire les parties contendens, c'est assavoir par lectres, instrumens ou escriptures, ou par tesmoings, soit en cas d'armes par gage ou aultrement quant il y a choses consistans en fait où il eschiet preuve, et le derrenier refuge en deffault de toute aultre preuve quant aucun homme appreuche ung aultre et luy met sus chose qui est contre son honneur et dont l'appellé se sent blecé de son honneur : lors quant le cas est tel qu'il y affiert gage, chascun puet et doit en deffaut de toute autre prueve estre admiz à preuver par son corps selon les ordonnances royaulx et commune observance ; dist oultre ledit aux parties qu'il ne semble pas à mond. sʳ le gouverneur ne à son conseil que à cestuy cas, tel comme il a esté propousé, affière donner gage de bataille ou octroyer aux parties de combatre corps à corps, et mesmement qu'il n'est pas tel dont l'une ne l'aultre des parties suppouse que s'il estoit vaincu deust prendre mort, et par especial en ceste cause dont le droit de chascune des parties, selon le parler d'elles, se puet clerement remonstrer et prouver par tesmoings ; et ainsi sembleroit que premièrement l'en doit eslire la moins doubteuse et plus clère preuve, c'est assavoir par tesmoings. 2⁰ Si a mond. seigneur trouvé, par deliberacion de conseil, qu'il doit les parties induire et admectre tout premièrement à prouver par tesmoings.

Après ce mond. sʳ le gouverneur en parlant aux parties dist : « Entre vous deux m'avés en ceste cause esleu par juge, par

» vostre voulenté et plaisir, et je l'ay accepté pour faire de tout
» mon povoir rayson et droit à chascun de vous, et proucéder
» en ceste cause selon que je trouveray par conseil, et vous as-
» seure que n'y esparigneray nul de vous ne l'ung plus que
» l'autre, que je ne garde voz droiz et par bon conseil tant que
» vous le cognoistrés à l'ayde de Dieu ; maiz touteffoiz pour ce
» que je treuve par conseil que je vous doy inciter et admectre
» à prouver voz faiz par tesmoings avant que par voz corps, je
» vous admetz à ce chascun de vous ».

Lors respondi led. Molpré qu'il ne vouloit prouver, senon par son corps propre contre celuy de Pelerin et non aultrement, requérant que l'en luy assignast place à ce faire. — Monsr le gouverneur luy dist : « Molpré, se vous voulés prouver par » tesmoings, ne laissés pas pour ce que par aventure ilz sont » loingtains, car vous aurés assez terme tel que vous vouldrés » à les faire venir ». Led. Molpré respondi, requérant comme dessus.

Monsr le gouverneur, ouyes les parties, dist à Pelerin : « Où » sont voz tesmoings ? » Pelerin respondi : « Mon tresredoubté » seigneur, les aucuns j'ay veu séans, les autres sont parmy » la ville venuz à ceste assemblée ». Et incontinant mond. sr le gouverneur les fit appeler et ceulx qui estoient en la ville envoya quérir ; et tant que tous, excepté Anthoine Pin, se comparurent par devant luy en lad. sale et jurarent, en la presence dud. Molpré, l'ung après l'autre sur sainctes Euvangiles de Dieu et en leur part de paradiz chascun par soy, qu'ilz diroyent et tesmoigneroyent verité de ce qu'ilz sauroyent sur ce dont ilz seroient enquiz touchant ceste cause, et que par amour, faveur, ire, rancour ou aultrement n'en diroyent que la pure verité et celle ne layroient à dire.

Après la recepcion desdiz seremens, mond. sr le gouverneur a comiz l'examinacion desd. tesmoings à monsr le mareschal du Daulphiné, les seigneurs du conseil dessus nommés, le seigneur de Saint George d'Esperenche, mess. Amé de Chalan, en Savoye, le seigneur de la Balme d'Otun, Guillaume de Verbo, de Savoye, et Guillaume de Marscy, et leur a donné puissance et auctorité desdiz tesmoings examiner et enquérir sur le contenu en la response dud. Pelerin, faire interrogatoires convenables à la matière, tout ainsi qu'il leur semblera à faire par rayson, et la deposicions d'iceulx faire rediger en escript; et a assigné lesd. parties à comparoir pardevant luy et ouir la publicacion des actestacions et deposicions desd. tesmoings, et aultrement prouceder selon l'exigence du cas, à quatre heures après midy prochain' venant, et entre deux soient examinés lesd. tesmoings.

Le dessusd. Molpré disant qu'il ne se consent point à quelque production et examinacion de tesmoings faicte ou à faire par la partie dud. Pelerin, et requérant tousjours la querelle et question estre terminée et prouvée par les corps propres desd. parties.

Et lesdiz seigneurs commissaires dessus nommés, par vertu et auctorité de leur commission, ont fait assigner lesd. tesmoings et leur ont fait signiffier qu'ilz soyent personelment chascun d'eulx à l'ostel de la Chayne en la cité de Vienne à deux heures après midy prochain' venant, pour dire et tesmoignier la verité de ce qu'il sauront et sur quoy ilz seront enquiz touchant la response dud. Pelerin.

A la quelle mayson de la Chaine sont venuz, à deux heures après midy ce jour mesme, les seigrs commissaires dessus només pour mectre à exequcion et acomplir leurd. commission, et parcillement là sont venuz lesdiz tesmoings jurés et assignés, et personnelment se sont présentés ainsi que assigné leur estoit; à l'examinacion desquelx mesd. srs les commissaires ont proucedé, et lesd. tesmoings enquiz et demandez chascun d'eulx singulierement et par soy secretement, tant sur lad. response que les interrogatoires appartennans, ont dit, depousé, tesmoignié et testiffié par la forme et manière qui s'ensuit :

32 Et premierement noble homme Sybuet Revoire, escuyer, bailly de la terre de la Tour, ayant de eage xxxv ans et memoire xxvi, comme il dit, tesmoing produit et examiné sur la response faicte par led. Pelerin, (dit) qu'il en scet ce qui s'ensuit : c'est assavoir que le samedy x^e jour de juillet M CCCC XXX, estant led. tesmoing et avec luy led. Pierre Pelerin et certains aultres à Colombier, où lors estoyent messrs les gouverneur et mareschal du Daulphiné ou siége pour la guerre

qui estoit contre le prince d'Orenge, celuy qui parle estant au
siége, mesdiz seigneurs comandarent aud. Sybuet que luy et
sa compaignie s'en alassent de tire à Crimieu, pour conduire
Guillaume Bas, recepveur de l'aide, et aussi faire venir l'artillerie qui estoit à Crimieu ; et pour ce le lendemain, qui fu le
dimenche xi° jour de juillet, se partirent de Colombier bien
matin et s'en alèrent à Crimieu, et là firent mectre ensemble
l'artillerie et depuiz après boire se mirent à chemin tous armés ; et là fut led. Pelerin, armé d'une salade sans banière, sur
la quelle il pourtait ung bourrelet rouge sans banière à croix
blanches, ses gardebras et une espée de la facon de la quelle ne
luy recorde, et pourtoit ses ousiaulx bien tirés sans aultre
garnement de jambes, et chevauchoit ung cheval bayart, les
piez blancs; et en ceste manière s'en venoyent droit à Colombier, et pour obvier aux périlx envoièrent devant led. Pelerin,
Jehan Copier, Gaubert et Lancelot de Quincieu pour decou-
vrir, et ainsi en alant, quant ilz furent au prés de Charuiz, ilz
eurent novelles que le prince devoit combatre mesd. s™ les
gouverneur et mareschal et leur compaignie ; et en tirant
oultre ouyrent grant bruit, et pour ce se hastarent et trouvè-
rent que les Bourgoignons estoient desconfiz, lors se mirent
à la chasse après les autres; et ainsi chascun se mist à la chasse,
et se departy led. Pelerin ainsi monté et armé comme dessus
est dit. Et après environ ung heure vint led. Sybuet près
d'Anthon, où estoit l'armée du Daulphiné, et là il trouva led.
Pelerin monté et armé des cheval et armes dont il dessus de-
pouse, excepté l'espée la quelle il avoit perdue en ung recon-
tre qu'il avoit eu ou lieu d'Anthon d'aucuns Bourgoignons qui
luy estoient sailliz dessus, en telle manière qu'il y perdi son
espée, come disoit led. Pelerin. Interrogué ledit qui parle, qui
fu présent avecque luy és choses dont il a deponsé dessus :
dit que au partir de Colombier estoyent led. tesmoing, André
de Grolée, seigneur de Passins, Gaubert, Jehan Copier, Rolant
de la Poype, Guichard Cicart, Pierre Mache, Lancelot de Quincieu et pluseurs aultres, car il menoit lors en sa compaignie
xl. fuz de lance, et au retour jusques à la departie au delà de
Charuiz ceulx mesmes ; et quant retourna led. Pelerin à Anthon furent présens mons' mess° Humbert de Grolée, mares-

chal, Aymar de Clermont, Lancelot de Quincieu, le bastard Rachas, qui debatoit avecque led. Pelerin sur l'aprisonnement du Friant de Fauvernoy, et pluseurs aultres qui là estoient présens. Interrogué s'il scet aucun homme au lieu d'Anthon, qui se nomme Thomas : dit que ouyl, ung pontonier qu'il a ouy nommer Thomas Roset. Interrogué s'il a guères de distance de l'ostel dud. Thomas jusques ou lieu où il racontra led. Pelerin : dit qu'il ne scet point l'ostel dud. Thomas, maiz en quelque lieu que la maison soit au lieu d'Anthon, il n'y puet avoir de distance depuiz l'entrée du lieu d'Anthon amprès la rivière jusquez là où il racontra led. Pelerin, ung bon tret d'aubalestre. Aultre chose dit qu'il n'en scet. Interrogué se par amour, faveur, grace, rancune ou aultrement il en deponse que la verité : dit que nanyl.

IJ. Item, le noble Andrieu de Grolée, seigneur de Passins, de l'eage de xxiiij ans et memoyre xiiij, comme il dit, interrogué sur les choses dessusdictes, dit en savoir au vray ce qui s'ensuit : c'est assavoir que luy qui parle, le bailly de la terre de la Tour et pluseurs aultres, jusques au nombre de xl fuz de lance, se partirent le xj^e jour de juillet M CCCC et XXX de Colombier pour aler à Crimieu, à conduire le recepveur de l'aïde et l'artillerie qui estoit à Crimieu et la faire mener à Colombier, et quant ilz furent à Crimieu ilz assemblèrent l'artillerie et en la conduisant vindrent au près de Charuiz, et là se departirent pour aler à la chasse après les Bourgoignons qui estoient mis à desconfiture; et se mirent tous à butin, ledit qui parle, Gaubert, Pelerin et Lancelot de Quincieu, et en alant oultre à la chasse chascun print son chemin ; aussi fit ledit qui parle, et depuiz en alant à la chasse il vit Pelerin qui se debatoit avecque le bastard Rachaz pour la prinse du Friant de Fauvernoy, lors il cria : « Qu'est ce, Pelerin ? à butin ! à butin, compère ! » Ledit Pelerin respondi : « Il me plait bien » ; et ainsi se departi led. Pelerin de là et tira oultre vers Anthon au dessus d'une vigne ; et après ung peu de temps, environ ung quart de heure, il revint par ung sentier amprès la basse court d'Anthon, où estoit mons^r le mareschal du Daulphiné, au quel Pelerin celuy qui parle demanda d'où il venoit; il luy respondi qu'il venoit d'ambas, où il avoit esté trèsbien batu, et luy monstra son hernoys qui estoit aucunement cassé de maillez comme il sembloit, et luy demanda s'il estoit navré ; touteffoys il trouva qu'il n'estoit point blecé, et depuiz se debati led. Pelerin sur l'aprisonement dud. Friant de Fauvernoy ; et toute celle journée, tant qu'ilz furent ensemble ès lieux dessusdiz, led. Pelerin chevauchoit ung cheval bayart à piez blancs, armé d'une salade que luy avoit presté Glaude de Cizerin, et sur la salade ung bourrelet rouge à croix blanches, pourtoit ses ouseaulx ès jambes, sans aultre hernoiz de jambes : mais il ne sauroit deponser, come il dit, s'il pourtoit banière ne gorgerin en la salade, ne s'il avoit pièce ou coyrace. Dit aussi que le jour il luy vit pourter une espée que luy avoit donné Jehan Merle, du paiz de Bresse, deux jours devant, qui estoit ung estoc. Interrogué qui estoit présent ès choses dessusdictes : dit que pluseurs, tant le bailly de la terre de la Tour et ceulx de sa compaignie avant la chasse, et depuiz mons^r le mareschal du Daulphiné et pluseurs aultres. Interrogué s'il cognoit homme à Anthon qui se nomme Thomas : dit que ouil, ung qui est pontanier dud. lieu, qui démeure au faulxbourg amprès le Rosne. Enquiz ledit qui parle s'il y a guères de distance de ladicte maison jusques là où ledit Pelerin revint au près du recept d'Anthon : dit que environ ung giet de pierre. Aultre chose n'en scet. Interrogué se par amour ou faveur, etc. : dit que non etc.

iij. Item le noble Jehan Coupier, escuyer, de l'eage de xxvi ans et memoire xvi ou environ, come il afferme, dit qu'il en scet ce qui s'ensuit : c'est assavoir que le xi jour de juillet MCCCC et XXX, il vit Pierre Pelerin armé d'une salade sans banière ne gorgerin, d'avambras, gardebras et coyrace, sans hernoiz de jambes fors seulement les ousiaux, et ainsi le veit il au partir de Colombier tirant à Crimieu et depuiz venant de Crimieu à Anthon, et furent luy, Gaubert et Lancelot de Quincieu à butin, en tirant à la chasse contre les Bourgoignons qui lors furent desconfiz ; et fu monté toute la journée, durant le temps qu'il le vit, sur ung cheval bayard piez blancs, qu'il disoit avoir eu du prieur de Chevenou : de l'espée que Pelerin pourtoit, il ne sauroit deposer come il dit, car n'y avisa point. Interrogué s'ilz furent le jour ensemble : dit que non, ains se departirent auprès d'une vigne qui est environ d'ung quart de lieue loing d'Anthon......

iiij. Item Gaubert des Massues, de l'eage de xxx ans ou environ et memoire xviij, come il dit, interrogué sur la dicte matière : dit que à la journée qui fut contre les Bourgoignons devant Colombier Père Pelerin fu monté sur ung cheval bayard tachié de blanc, armé d'une salade sans banière ne gorgerin, au dessus de la salade ung borrelet rouge à troiz croix blanches, le dessus d'unes coyraces, chaussé ses ouseaux sans autre hernoiz de jambes : des avambras, gardebras et espée ne sauroit deponser, car bien ne luy en recorde pour le présent. Interrogué comme il scet ces choses qu'il deponse : dit car il le vey ainsi le jour propre, qui fu xj^e jour de juillet, en partant de Colombier à Crimieu et de Crimieu retournant à Anthon, et à la chasse desdiz Bourgoignons; et pareillement le virent plusieurs aultres gentilz hommes, comme mons^r le mareschal du Daulphiné, le bailly de la terre de la Tour, le seigneur de Passins et aultres seigneurs et gentilz hommes du Daulphiné qui furent à lad. besoigne. Interrogué s'ilz furent tout le jour ensemble : dit que non, ains se departirent anprés du prieuré de Chavenou. Interrogué s'ilz furent guères de temps sans ce qu'il veit led. Pelerin : dit que ouyl, environ une heure. Sur les generaulx interrogué : deponse qu'il n'en dit que la pure verité.

v. Item, Glaude de Cizerin, de Grenoble, interrogué come les aultres sur les choses dessusdictes : dit et deponse que, le jour de la bataille ou besoigne qui fu devant Colombier contre les Bourgoignons, il vey au matin led. Pierre Pelerin, à qui il presta une salade sans banière ne gorgerin, et au dessus de la salade ung borrelet rouge à iiij^e croix blanches, chevauchant ung cheval bayart, armé de lad. salade, d'avambras, gardebras, le dessus d'une pièce, portoit ses ouseaux bien tenduz sans aultre hernoiz de jambes; et en telle manière le vit partir de Colombier tirant à Crimieu, et de tout celuy jour après ne le vey jusques au soir, maiz il ne luy recorde s'il estoit ainsi armé ne de son espée quelle elle estoit ne comme il la pourtoit ne sauroit desponser, car ne s'en donna garde.......

vj. Item, noble Aymar de Clermont, de l'age de xxviij ans et de memoyre vingt ans, ... dit et deponse que le jour de la

besoigné led. Aymar suyvi les gens du prince à la chasse avec
mons' le mareschal jusques près des fossés d'Anthon, et là
trouva et vit led. Pelerin, lequel venoit devers led. Anthon et
chevauchoit ung cheval de poil bay, avec une enseigne blanche
ou museau tout au long et les quatre piez blancs, et pourtoit
une salade, ses estiveaulx bien tirés, sans point de hernoiz de
jambes, et s'il eust esté en la journée il eust peu estre blecé.
Interrogué s'il parla point aud. Pelerin : dit que ouy, bien par
l'espace d'une heure, et entre les aultres choses luy dist qu'il
estoit bien fol de ce qu'il ne pourtoit son hernoiz de jambes.
Interrogué s'il avoit aucune enseigne sur lad. salade : dit qu'il
ne scet, car il n'y advisa pas. Interrogué s'il ouy dire aud.
Pierre Pelerin qu'il eust été apprisonné: dit qu'il luy dist qu'il
avoit esté bien batu par quatre ou cinq près de la revière du
Rosne des maillés, ainsi qu'il luy monstra en son hernoiz par
derrière, et luy dist qu'il s'estoit rendu et qu'il ne scavoit à
qui ; et interrogué par led. Aymar s'il avoit donné sa foy,
led. Pelerin respondi que non. Interrogué s'il luy dist point la
manière comme il s'eschappa : dit que led. Pelerin luy dist
que on l'arrappa par sa hucque et aucunement le lascha, et
led. Pelerin quant il se senti lasché s'eschappa.

vij. Item, mess. Anthoine de la Poyppe, chevalier, de l'eage
de xxxij ans et de memoire de xxmj ans, ... dit et deponse
que le jour de lad. besoigne à la chasse des Bourgoignons, il
veit led. Pelerin monté sur ung cheval bayard qu'il luy autreffoiz
veu, et l'apella et pour ce qu'il ne luy respondi il tira d'ung
cousté et Pelerin d'aultre, et depuiz ne le veit jusques près
d'Anthon, près des fossés là où estoit mons' le mareschal. Et
là il vey led. Pelerin monté sur led. cheval : quel hernoiz led.
Pelerin pourtoit il ne scet, bien scet il qu'il ne pourtoit point
de banière, de gorgerin ne de hernoiz de jambes. Interrogué
se led. Pelerin luy dist point qu'il eust esté prisonnier ne de
la manière de sa prinse : dit qu'il n'en set aultre chose qu'il a
deponsé.

viij. Item, noble Glaude de Loras, de l'eage de xxx ans et de
memoire de vingt ans, ... deponse et dit que le jour de la
besoigne dessusdicte il veit aler vers Anthon led. Pelerin
monté sur ung cheval bayard, le quel avoit les quatre piez

blancs, à une enseigne blanche en la teste; et pourtoit led. Pelerin une salade où avoit par dessus ung bourrelet rouge à croix blanches et n'avoit banière ne gorgerin ne hernoiz de jambes, mais pourtoit seulement ungs estiveaulx, et depuis cette journée ne le vit ...

ix. Item, noble Rolant de la Poype, de l'eage de xxxij ans et de memoyre de xxiiij ans,... dit et deponse que le jour de lad. besoigne il estoit à Colombier, et pour ce que par le comandement de mond. sr le gouverneur luy, led. Pelerin et aultres devoient aler avecque le bailly de Viennois et de la terre de la Tour à Crimieu pour aler quérir aucune artillerie qui là estoit, il s'arma, aussi feit led. Pelerin ; et vey que led. Pelerin prit de Glaude de Cizerin une salade où avoit ung bourrelet roge à petites croix blanches, pour ce qu'elle estoit plus aysée que la sienne ; et vit que led. Pelerin s'arma du dessus de ses coyraces et ne prit point... de banière, de gorgerin ne aussi de hernoiz de jambes, maiz pourtoit seulement ses estivaulx bien tirés ; et dudit Colombier ainsi abillez s'en alarent à Crimieu et dud. Crimieu ledit jour après boire se partirent pour retourner aud. Colombier, et sur chemin ouyrent novelles que monsr le gouverneur et sa compaignie chassoit les ennemiz ; lors chevauchèrent et se mirent devant led. Pellerin, le sr de Passins, Gaubert et Lancelot de Quincieu, et depuiz ne vit led. Pellerin jusques led. Rolant en la compaignie de monsr le mareschal fu devant Anthon, où il veit que led. Pelerin sailly des fauxbourgs dud. Anthon monté sur ung cheval bayard, aux quatre piez blancs et une estoille ou front, et armé comme dessus; et dist led. Pellerin aud. Rolant qu'il avoit esté tresbien batu, tellement qu'il avoit cuidié demourer et qu'il s'estoit rendu ne savoit à qui sans donner la foy, et que celluy à qui il s'estoit rendu estoit noyé en cuidant passer le Rosne. Interrogué se au retour dud. Anthon led. Pellerin estoit monté sur le cheval sur quoy il estoit monté au departir dud. Colombier : dit que ouy. Interrogué quelle espée il pourtoit led. jour : dit que une tresbelle espée toute neufve, que luy avoit donné deux jours devant ung gentil homme de Savoye; interrogué s'il a veu l'espée baillé et exhibée par led. Loys de Molpré : dit que ouil ; interrogué ce c'est celle qu'il avoit veu pourter aud. Pelerin : dit que non, mais y a grant différence, car celle que led. Loys a exhibée est tres-mechente et l'aultre estoit trèsbelle et bonne. Interrogué combien de temps led. Pelerin fu separé dud. Rolant : dit que par l'espace d'une heure ou environ. Interrogué de la manière come led. Pelerin s'eschappa dud. Anthon : dit que ainsi comme dessus a deponsé Aymar de Clermont, ainsi que luy dist led. Pelerin.

x. Item, noble Pierre Mache, de l'eage de xxxiij ans et de memoire de xx ans,... depose que le jour de lad. besoigne il vit led. Pelerin en alant vers les fauxbourgs d'Anthon, à la chasse des Bourgoignons, monté sur ung cheval bayard, le quel avoit une estoille au front, armé d'une salade sans banière et sans gorgerin, à ung borrelet rouge à croix blanches par dessus, et avoit ses estiveaux chaucés sans hernoiz de jambes, et pourtoit le hault de sa coyrace, et ainsi vit led. Pelerin monté et armé entrer dedens les faulx bourgs d'Anthon, et aussi ainsi retourner dedens peu de temps après desdiz faulx bourgs ainsi monté et armé ; aultre chose dit qu'il n'en scet...

Après toutes ces choses faictes, mons' le gouverneur véant que la matière povoit cheoir en grant pledoyerie et long procès, ou demène du quel il ne povoit pas bonnement estre, pour aultres grandes et haultes occupacions touchans les affaires du roy et aussi de sond. gouvernement, en ensuivant ce que doivent et ont acoustumé de faire tous bons juges, s'est efforcé de mectre en acord lesd. parties par la manière qui s'ensuit.

L'an de Nostre Seigneur mil CCCC et XXXJ et le xiij jour du moys de juillet, constitués et establiz personnelment en la présence de hault et puissant sr messe Raoul seigneur de Gaucourt, conseiller et chambellain du roy et gouverneur du Daulphiné, nobles hommes et escuyers Loys de Molpré, de la conté de Bourgoigne, appellant d'une part, et Pierre Pelerin, du paiz du Daulphiné, appellé en deffendant d'aultre part...
Pour ce que selon le demène dud. procès mond. sr le gouverneur, eu meure deliberacion avec les barons, gens de conseil, chevaliers et aultres gentilz homes qui estoient en sa compaignie, a trouvé que la dicte querelle et question se devoit selon

justice et rayson determiner et mectre à fin, non mie par champ de bataille et preuve de leurs personnes, maiz par tesmoings, et ainsi lad. question et debat cheoit en long procés et l'yssue povoit estre loingtaine, dont lesdiz contendens qui sont gentilx hommes et ont acoustumé de occupper le(u)r temps en fait de guerres et aquérir l'honneur aultrement que par playdoyeries; ³³pour ce mond. sʳ le gouverneur pour le bien desd. parties leur a dit et remonstré plusieurs notables paroles, et leur a prié et requiz que doresenavant ilz voulsissent estre amiz et bien veuillans, et que de lad. question et débat né des deppendences d'icelles, par eulx ne aultre ou nom d'eulx, en quelque manière que ce soit n'en fust question ne débat doresenavant, mais que l'ung envers l'autre à cause dud. débat demourast quicte. Lesquelx Molpré et Pelerin ayans regart aux bonnes paroles que mond. sʳ le gouverneur leur a ramonstré, et aussi à l'onneur et au demène de la justice qu'il leur avoit fait jusques cy, en aussi consideracion au long procés qui s'en povoit ensuyvré et à la perdicion de leur temps à cause de ce, liberalment et de bon cuer lesd. parties se sont consentues et condescendues au plaisir et au bon vouloir de mond. sʳ le gouverneur, et en signe de paix et de bon acord ont touchié l'ung à l'autre et baillié leurs mains entre les mains de mond. sʳ le gouverneur, et ont promiz par la foy et serement de leurs corps d'estre d'orez en avant amis et bien veuillans, et que à la cause de lad. question et querelle jamaiz l'ung à l'autre n'en fera demande ne pourtera rancune, et tantost après ce ont beu l'ung à l'aultre.

Puis mond. sʳ le gouverneur les feist disner avecque luy et les fist seoir en sa table, l'ung à sa dextre, l'autre à sa senestre, et en disnant leur dist pluseurs notables paroles: aussi fit il après disner; ³⁴et après collacion donna à chascune desdictes parties une dozène de belles tasses d'argent poysans etc.; et feit deffroyer de l'ostellerie ledit Molpré et sa compaignie, et lui donna congié et les fit conduire dehors le Daulphiné, et s'en alarent très contans etcᵃ.

(1) Arch. de l'Isère, reg. indiqué doc. xcvii, n. 1; en haut du fᵒ jᵃ: « Jhésus M(ari)e filius »; au bas du dernier:
« Clarior est solito post maxima nubila phebus; »

» Post inimicicias clarior est et amor. Alicujus. » — (2) C. de Nozeroy, a. de Poligny (Jura); ici et dans presque toute la suite du récit on a indûment corrigé l'o en *a*. — (3) En marge « L'appellant ». — (4) En m. « L'appellé ». — (5) En m. « La cryc ». — (6) En m. « La demande de l'appellant ». — (7) En m. « Le roulet de l'appellant ». — (8) La 1ʳᵉ (?) copie de ce rouleau est au fᵒ xxxviij ª. — (9) En m. « La response de l'appellé ou deffendant ». — (10) En m. « La response du deffendant ». — (11) En m. « La réplique de l'appellant ». — (12) Cette transcription (fᵒˢ xxix-xxxvij) est d'une autre main que le procès qui précède; elle renferme la copie des lettres de Louis de Molpré et la minute des réponses de Pierre Pèlerin. — (13) D'abord : « Je P. P. f'ayr. u. l. a moy b. par une t. soy disant estre ou s. de la C., par lesqueles me mandez q. veritablement je s. v. p. et que vous me requerez par la premiere, seconde, tierce et de(r)nière foiz ». — (14) Var. « mareschault ». — (15) En m. « Quia appellatus ». — (16) En m. « La deliberacion de monsʳ le gouverneur ». — (17) En m. « L'autre deliberacion et consultacion pour fere ordonnance etc. » — (18) Nous supprimons ce long texte pour le motif indiqué dans le titre. — (19) En m. « Non bene fuerunt positi hic nominati suo ordine ». — (20) En m. « Mutacio loci audiencie ». — (21) En m. « Le deffendant ». — (22) En m. « Les interrogatoires faiz à l'appellant ». — (23) En m. « La manière de l'apresonnement ». — (24) En m. « L. i. du deffendant ». — (25) En m. « La deliberacion et conclusion etc. » — (26) En m. « En quelx cas a lieu gage de bataille ». — (27) En m. « Nomina testium appellati ». — (28) En m. « La manière comme l'en doit prouver son entencion etc. » — (29) En m. « Ordinacio super admissione ad probandum ». — (30) En m. « Recepcio juramenti testium ». — (31) En m. « Commissio pro examinandis testibus ». — (32) En m. « Deposiciones testium ». — (33) En m. « L'accord des parties ». — (34) En m. « Noᵗ la vuillance de mons. le gouverneur ».

XCIX.

1431.

Estat pour l'an commencant a S. Jehan MCCCCXXXJ, que le tresorier puet recouvrer senz excusacion 1.

(Graysivodan) : — De la chastellenie de Grenoble, néant pour les alienacions ; — de la chastellenie de Visile, IIJᶜ LXXV lib. t. ; — Saint Martin d'Aire, 10 l. t. ; — La Mure, 400 l. t. ; — Mont Bonost, 300 l. t. ; — Theys, Pierre et Domene, 500 l. t. ; — Avalon, 160 l. t. 2 ; — La Boissière et Bellecombe, 150 l. t. 3 ; — Morestel et Goncellins, 120 l. t. ; — Cornillon, 200 l. t. ; — Voreype, 80 l. t. ; — Voyron par le mistral, 120 l. t. ; — Voyron par le chastellain, 160 l. t. ; — Vif et La Cluse, 80 l. t. ; — Trièves, 200 l. t. ; — Oysans, 800 l. t. ; — Champsaur et Mont Orsier, 350 l. t. ; — Paris, 90 l. t. ; — Chassenages, 180 l. t. ; — Corp, 160 l. t. ; — Biaumont, 160 l. t. ; — Alavard, 150 l. t. — Summa, 4745 l. t.

La terre de La Tour : — de la conté de Vienne, néant ; — de Revel, 100 l. t. 4 ; — de Biaurepaire, 120 l. t. ; — de Falavier,

160 l. t. ⁵; — de Pinet, 75 l. t. ⁴ ; — de La Coste Saint Andrieu et de Pommiers, 400 l. t. ; — de Chabons, 20 l. t. ⁴ ; — de La Tour du Pin, 160 l. t. ; — de Vaulx, 80 l. t. ⁶ ; — de Crémieu, 200 l. t. ; — de Asieu, 30 l. t. ; — du Pont de Biauvoysin, 170 l. t. ; — de Bourgoing et de la terre de Ruy, 200 l. t. — Summa, 1555 l. t.

VIENNOIS et VALENTINOIS : — de Moyranc, 60 l. t. ; — de Rovon, 30 l. t. ; — de Realmont, 60 l. t. ; — de Rives, 60 l. t. ; — de Saint Estienne et de Yseaulx, 140 l. t. ⁴ ; — de Moras, 200 l. t. ; — de Albon. 180 l. t. ; — de la Roche de Cluy, 30 l. t. ; — de Peyrins, 60 l. t. ; — de Pisanczon, 40 l. t. ; — de Chabueil, 180 l. t. ; — de Saint Marcellin, 12 l. ; — de Saint Nazaire, 70 l. ; — Saint Latier, 25 l. t. — Summa, 1147 l. t.

BARONNIES : — de Mirabel, 50 l. ; — Mont Alban et Saint Euphemie, 150 l. ; — de Meulhon, 60 l. ; — de Arpaon, 30 l. t. — Summa, 290 l.

GAPPENSOIS : — de Upays ⁷, 40 l. t. ; — de Montalquier, 160 l. t. — Summa, 200 l. t.

EBREDUNESII : — de Ebrun, 75 l. t. ; — de Reortier, 35 l. t. — Summa, 110 l. t.

BRIANCZONNOIS : — de Brianczon, 40 l. t. ; — de Queiras, 20 l. t. ; — de la Valpute et de Saint Martin de Querière, 40 l. t. ; — de Chasteau Dalphin, 45 l. t. ; — de Valcluson et Sezanne, néant ; — de Exilles et Oulx, 180 l. t. ; — de Bardonnesche, 220 l. t. — Summa, 545 l. t.

Summa grossa castellaniarum, VIII^m V^c IIII^{xx} xii l. t.

FERMES ET AUTRE RECEPTE.

Du seel et escriptures de la court de Graysivodan, 417 l. ; — du seel de la court des appeaulx, 50 l. t. ; — des exploits d'icelle court — ne de celle des appeaulx — ne de ceulx de la court souveraine, nulle certaineté ; — de la notairie de la court commune de Grenoble, 21 l. ; — du peage de Grenoble, 53 l. ; — du basteage de La Boissiere, 25 l. ; — du port de La Roche, 15 l. ; — de la gabelle de Goncellins, 14 l. ; — du peage d'Alavart, 120 l. ; — la pesche de l'estang de Voyron, 53 l. ; — de laux et ventes, nulle certaineté.

Du seel et escriptures de la terre de La Tour, 250 l. t. ⁴ ; —

des exploits d'icelle court, nulle certaineté ; — du peage de Saint Saphorin d'Ozon, 131 l. ; — du peage de la bastide de Mont Luel, 20 l. t. [8] ; — du vintein de Johannages, 76 l. [8] ; — de la pesche du grant estang de Falavier, 75 l.

Du seel et escriptures de la court de Viennois et Valentinois, 283 l. t. [4] ; — des exploits d'icelle court, nulle certaineté ; — de la notairie de la court commune de Rommans, 8 l. ; — de la pension d'icelle ville, 42 l. ; — de la pension des Lombars illec, 13 l. ; — des Lombars de Vienne, 6 l. ; — des grans gabelles de Viennoiz et du peage de Pisanczon, 1483 l. ; — du peage de Chabueil, 133 l. ; — du peage de Saint Rambert, 20 l. ; — du port de Confolens, 43 l.

Du peage de Chaourges, déduit le fait de Gabriel, 18 l. t. ; — de la noirerie (lis. notairie) de la court commune d'Ebrun, 10 l. ; — du seel de la dicte court, 70 s. ; — du consolot et leyde d'Ebrun, 38 l.

Des grans gabelles de Brianczonnois, des peages grant et petit de Sezanne, 700 l. t. ; — de la notairie et seel de la court de Brianczonnois, 67 l. ; — de la foyre de Brianczon, ce que elle vauldra estimé à l'aventure 130 l.

Du peage du Monteil Aymar, 650 l. t. ; — la ferme de la fure et tabernage dudit lieu, 23 l. ; — du peage du Crest Arnault, Auriple et Valnaveix, 505 l. ; — des autres menues fermes dudit lieu du Crest, 96 l. ; — de Chasteaudouble, baillié à ferme 75 l. ; — de Quint et Ponteix, baillié à ferme à 100 l. ; — de Chabrillan, 75 l. ; — de Marzanne et du Sauzey, nichil ; — de Auriple, néant ; — du Monteil Aymar ne se scet quoy, à l'aventure 75 l., ne de la revenue du Crest fors ce que dessus.

Somme toute desdites fermes, 6637 l. 10 d. t.

Somme toute de ladite valeue, 14230 l. t. ; — item dez pensions debueus, 4375 l. t. — Pour tout, 18605 l. t.

(1) Guy Allard, *Documents mss.*, t. VI, f°s 323-32, papier ; en marge : « Cest extrait a esté fait à Grenoble par lez auditours dez comptes dalphinaux au mois de may MCCCCXXXI ». — (2) En marge « Les ouvrages necessaires de cest an en monteront bien 223 ou plus et pour ce néant ». — (3) En m. « Il y a un homme d'arme qui prent x flor. le moys, ainsi ne restent que 60 l. t. » — (4) En m. « Pour la despense de mons^r le Dalphin ». — (5) En m. « Le g(ouverneur) le prent ». — (6) D'abord « De V. et Johannages, 160 l. t. » — (7) Ajouté « Déduites pour Gabriel (X) l. » — (8) En m. « Au sieur de Saint Preest ». — (9) Ajouté entre lignes : « De Marssanne, 18 l. ; du Crest Arnaut, 38 l. ; dez exploits de la grant court de Valentinois et Diois, 90 l. »

C.   22 septembre 1434.

Reverendissimo in Xpisto patri et domino dnis Jo(hanni) Girardi, archiepiscopo Ebredunensi, et Symoni Charle militi, fratri et amicis carissimis, et in ipsorum absencia procuratori regio in curia [1].

Reverendissime in Xpisto pater et domine dnique et amici carissimi, quia hac die pro vero ad nostram pervenit noticiam verum esse, certum noviter tractatum inhitum fore inter dnos ducem Sabaudie ex una parte et comitem Fuxi ex alia, cujus virtute dictus dom. dux omnia jura que in comitatibus Valentinensi et Dyensi habere pretendit, quamvis tamen nulla habeat, dicto comiti remittere, mediantibus sexaginta millibus scutis auri, intendit; et in tantum processum extitit quod dictus comes quinquaginta millia scut. se daturum obtulit, dum tamen dominus noster papa, de cujus feudo aliqua teneri dicuntur et qui post dictum dom. ducem substitutus asseritur, suum in dicto tractatu prebeat assensum, ad quem propterea dictus comes ac cardinalis ejus frater jam suos destinaverunt ambaxiatores, qui per vestram civitatem septem dies sunt elapsi suum fecerunt transitum. Et quia hujusmodi tractatus si suum sortiretur effectum, magne inde in hac patria guerre orirentur et divisiones que, proth dolor! jam satis sunt undique multiplicate, quodque ex hujus tractatus effectu nedum hujus patrie, quinymo tocius comitatus Veneyssini totalis destructio sequi posset de facili, sicut r(everend.) p(aternitatem) v(estram) hec vera esse non credimus ignorare. Vestrum igitur quemlibet de premissis festive duximus advertendos, r. p. v. et dominaciones vestras propterea exortantes et inquantum possumus rogantes, ut in tantum quantum honorem et comodum regis dalphini domini nostri ac statum pacifficum hujusmodi patriarum diligitis, dignemini et tancito dictum dominum nostrum papam de premissis advertere et totis viribus obviare, quod dicti ambaxiatores nullum fructum sue ambaxiate neque effectum consequantur; et in hoc dictus dominus noster papa regi complacebit, domanium suum et sui primogeniti conservando, patrimoniumque ecclesie eciam conservabit et dictarum patriarum destructioni parate obviabit. Nos, si placet, quamcicius poteritis certifficantes de hiis que in premissis gesta fuerint ; precipientes nobis eciam queque grata, paratis ea possethenus adimplere. Novit Altissimus, qui vestras dominaciones et p. v. r. dignetur diucius conservare feliciter et votive ! Scriptum Gracionopoli, die vicesima secunda mensis septembris M°CCCC^{mo}XXXIIIJ^{to}.

Vestri in omnibus Gentes consilii dalphinalis
Gracionopoli residentes.

Racionibus tamen supra descriptis, que nobis prima facie videntur urgentes, non obstantibus, vestris prudenciis ac circonspectionibus determinacionem premissorum relinquimus.

(1) Guy ALLARD, *Documents mss.*, t. VI, f° 53, copie papier du temps.

CI.

2 août 1436.

ADVIS SUR LE FAIT DES MONNOYES DU DAULPHINÉ, QUI PAR LONG TEMPS ONT ESTÉ ET ENCORES SONT POUR LES CAUSES DESSOUBZ DECLARÉES QUASI EN CHOMAGE 1.

Ou temps ancien que ont regné les seigneurs daulphins Andrieu, Jehan, Guigo et Humbert, et leurs predecesseurs, les monnoyes qui se faisoient ou Daulphiné, qui regulierement estoient conformes en cours aux monnoyes du Pape, se bailloient par yceulx seigneurs à ferme à ceulx qui plus leur en vouloient faire et rendre de prouffit de chascun marc d'or ou d'argent, et ceulx qui les prenoient portoyent la charge de payer le salayre de tailleur, garde et essayeur, et n'avoit le seigneur aucune charge de payer gages d'officiers, mais prenoient franchement et quittement ce qui leur estoit promis de payer pour chascun marc d'or et d'argent ; et ce dura jusques à l'an mil CCC XLVIII, ouquel an monseigneur le daulphin Humbert donna aux gens des trois estas de son pais du Daulphiné les libertez genéraulx, lesquelles libertez l'an mil CCC XLIX furent par feu le daulphin Charles, ainsné filz de Jehan duc de Normandie, ainsné filz du roy Philippe de Valoiz, premier daulphin de la maison de France, jurées et promises pour eulx et pour tous leurs successeurs tenir et garder ausdictes gens des trois estas, et depuis par tous les autres daulphins de la maison de

France et mesmement par le roy nostre seigneur qui de presentement est daulphin, et aussi chascun gouverneur les jure pour lui et autres officiers quant il prent la possession dudict office, et se il ne les juroit sur ce requis l'en lui puet denyer sans offense toute obeissance; aussi chascun juge les jure en prenant la possesion de sa jugerie, et se observent ycelles libertez à la lyme et sans enfraindre par tous les officiers. Entre lesquelles libertez a ung chapiltre contenant que le seigneur doit faire en son dit pays bonne monnoye et durable, selon ce qu'il treuve par le conseil des changeurs et marchans ayans en ce congnoissance pour le bien et utilité de la chose publique dudit pays : en laquelle monnoye il ne puet ne doit prendre de prouffit pour sa seignorie fors ung bon gros tournois d'argent pour chacun marc d'argent; et ceste liberté a esté tenue et gardée au plus près qu'il c'est peu faire depuis ledit an mil CCC XLIX jusques à l'an mil CCC III^{xx} et cinq, sans ce que le seigneur ait aucune charge portée pour gages d'officiers.

En ycellui an mil CCC IIII^{xx} et cinq le roy derrenierement trespassé envoya oudit pays deux des generaulx maistres des monnoyes, c'est assavoir sire Philippe Giffart et sire Giles Vilet, pour visiter lesdictes monnoyes; et n'y avoit que trois ans que sire Raoul Maillart, le plus ancien des generaulx maistres desdictes monnoyes, par commission du roy y estoit venu pour semblable cause en la compaignie de maistre Jehan Creté, l'un de mess^{rs}, et maistre Nicole de Planci, l'un des clercs des comptes du roy nostre s^r à Paris, qui y demourèrent dix mois entiers. A la relacion desquelz et par le conseil des chàngeurs et marchans du pays fut lors fait ung nouvel pié de monnoye d'or et d'argent, royal et dalphinal : mais ce fut sans donner aucune charge au seigneur de payer gages d'officiers ne autrement et sans rien muer en la manière accoustumée par avant ; neantmoins yceulx sire Philippe Giffart et sire Giles Villet, par vertu de la puissance qui sur ce leur avoit esté donnée par le roy, mirent et instituèrent en chacune des trois monnoyes du Daulphiné aux gages du seigneur deux gardes, chacun aux gaiges de cent livres tournois, et pour l'essay à l'un des gardes qui faisoit à Cremieu office de garde et essayer xxv l. T., et à l'autre autres xv l. T. qui faisoit office de garde et contregarde. et au tailleur qui par avant ne prenoit aucuns gaiges sur le seigneur lui baillèrent LXXV l. T. de gaiges, c'est assavoir pour chacune XXV l. T. : ainsi mirent de charge sur la monnoye de Cremieu IIe lxxv l. T. par an; et car maintenant y a deux gardes, ung contregarde, ung essayeur et tailleur, la charge monte par an IIIe xxv l. T. A Romans semblablement mirent charge de IIIe xxv l. T. et autant à Mirabel, où lors se batoit la monnoye comme de présent fait au Monteyl : ainsi monte la charge ordinaire desdictes trois monnoyes IXe LXXV l. T. par an. Si est à tant venu que dès à longues années passées que le prouffit de la seignorie d'icelles monnoyes ne puet actaindre au payement d'iceulx gaiges, et si semble que il seroit expédient de retourner à remettre cellui fait au premier estat en la moderacion et manière qui s'ensuit :

C'est assavoir que lesdiz deux gardes de chacune desdictes trois monnoyes eust pour son salaire trois deniers tourn. pour chacun marc d'euvre de blanc, et du noir ung denier tourn.; et de chacun marc d'or six deniers tournois; le contregarde, qui eust charge d'avoir ung papier bien lyé où il escripsist toutes les matières de billon qui seroient livrées à la monnoye, et y escripsist le compte de chacun marchant qui le livreroit ou de cellui en quel nom il seroit livré, et aussi les payemens que lui feroit le maistre, et preinst de gaiges sur chacun marchant pour chacun marc d'or VI deniers, et sur marc d'euvre de blanc et de noir ung denier tourn., et sur l'ouvrage la moitié des gaiges de l'un des gardes, c'est assavoir ung denier et maille T. pour marc de blanc, et obole et picte du noir, et trois deniers tourn. pour marc de deniers d'or; item un essayeur qui feust orfèvre ou d'autre mestier, qui prinst sur le maistre pour l'essay de chascune delivrance feust grande ou petite trois gros ou solz Parisis, ainsi comme il se fait à Avignon, et n'en reteinst riens que son essay, et aussi des essays du billon feust payé par le maistre, eust aussi pour chacun essay de reprinse V s. T. dont il feust payé par cellui à quelle instance la reprinse se feroit, feust par le maistre ou le marchant; et le tailleur eust et preinst pour chacun marc de deniers d'or six deniers tourn. et sur chacun marc d'euvre de blanc ou noir trois deniers tourn.

Ainsi y auroit de charge, oultre le brassage du maistre, sur chacun marc de deniers d'or xxi den., et sur chacun marc d'euvre de blanc dix deniers et maille tournois, et sur chacun marc de noir sept den. tourn. Toutes lesquelles charges porteroit le maistre, avecques les autres accoustumées : c'est assavoir les drois anciens, la despense qui se fait pour le portage et jugement des boistes et pour la reddicion des comptes; payeroit aussi aux changeurs et marchans le pris ordonné par le seigneur de chacun marc d'or ou d'argent, et rendroit au seigneur franchement et quictement pour son gros tournois d'argent qu'il doit prendre de seignorie sur chacun marc d'argent selon les libertez dessus declarées, et de l'or à l'equipolent ij s. vi d. T., avecques faulte de pois et de loy qui se monteroit le moins que faire se pourroit : car chacun maistre est tenu de faire serement de alayer ses deniers au plus près du fin que il puet, et quant ilz excèdent les remèdes ilz en doivent estre puniz civilement se par ignorance le font et se de certaine science criminelment.

Toutes les choses dessus dictes sont entendues, au regard des monnoyes dalphinaulx d'or et d'argent : car ès temps passez les seigneurs daulphins faisoient faire en leur pays monnoye blanche et noire concurrant à celle du Pape, et aussi florins dalphinaulx qui valoient et avoient cours pour demi gros moins que les florins de chambre de pape, c'est assavoir les xxv pour xxiiii, et encores s'en treuve il beaucop forgez du temps des daulphins Guigo, Humbert et Charles premier daulphin de la maison de France ; et semble que ce seroit chose utile, honnorable et bien plaisant au peuple d'en faire maintenant comme l'en fait de groset de quars parcux en poys, loy et cours à ceulx du Pape ; et neantmoins afin que les marchans de cest pays du Daulphiné, qui ou temps passé souloient frequenter les foires du royaume et feront d'ores en avant se Dieu plaist, peussent trouver dedans le pays monnoye dont il se peuvrent aydier ou royaume, que l'en feist faire monnoye d'or et d'argent royal pareille en fourme, poys et loy à celles qui se feroient ou royaume et dont se donnast aux marchans au tel pris comme ou royaume : sur lesquelles les officiers preinssent le salaire dessus declaré, lequel salaire avecques son brassage preinst en la despense de son compte le maistre particulier et les marchans payez rendist au seigneur la seignorie entierement avecques faulte de poix et loy comme ceulx du royaume.

Collacion faicte avec le semblable envoyé du Dalphiné, signé de maistre Jehan de Marueil l'aisné, le 19ᵉ jour d'aoust M CCCC XXX VI.

J. CHASTENIER.

(1) Guy ALLARD, *Documents mss.*, t. V, fº 128, parchemin.

CII. *(1390-1437).*
(INVENTARIUM PROTOCOLLORUM FRANCISCI NICOLETI) 1.

IN protho(co)llo mei Francisci Nicoleti signati *(leg.* s-to) per A sunt instrumenta que sequntur : — Primo Humberti Taparelli homagium ; — homagium domini Morgiarum ; — homagium Guillelmi Berengarii, ejus fratris; — homagium domini Chaste ; — homagium Guillelmi Sapientis, de Secusia; — homagium Guillelmi Lobacii ; — homagium Jordoni Riverie ; — homagium Johannis de Molendino Novo ; — homagium domini Malibecci, refformatum postea ; — homagium domini de Preeyssino ; — homagium Hugonis de Bassey ; — homagium Johannis Ferrucii ; — homagium Johannis de Aya ; — homagium canonicorum Sancti Herigii castri Medul(ionis) ; — homagium prioris dicti loci ; — homagium domini de Valserris ; — homagium Petri Nicole, de Secusia ; — homagium domini Cassenatici, pro castris Costarum d'Arcy et medietatis de Yllino ; — homagium domⁱ Anthonii Tholosani ; — homagium Johannis de Bello Visu ; — homagium episcopi Tricastrinensis ; — denominatio domini de Arlato ; — homagium domⁱ Disderii de Briva ; — homagium Anthonii Boyssoni, de Vapinco ; — homagium domini de Turnone ; — 2 matrimonium filie domⁱ Jo(hannis) Leuczonis ; — 2 hom. domini Turnonis ; — 2 homagium domⁱ cardinalis Saluciarum ; — 2 accensamentum molendini de Darberya ; — 2 littera oppositionis procuratoris fiscalis super facto comitatuum Valentinensis et Dyensis.

In prothocollo signato per B : — Homagium Anthonii de Ramusato ; — homagium Hugoneti de Bardoneschia ; — homagium Hugonete de Belloforti, relicte Petri de Comeriis ; — homagium Mermeti de Thesio; — homagium domini Fabricarum; — homagium Guillelmi Rodulphi, Vallispute; — homagium Petri Franconis; — homagium Petri Vignayci; — homagium capituli ecclesie Ebredunensis; — homagium Hugonis Laugerii, de Nihoniis; — homagium refformatum domini Malibecci; — homagium Georgii de Monteorsserio; — homagium dom[i] Petri Stephani; — homagium domini Bochagii, pro domo Sancti Gervaisii³ Vienne; — homagium domini Morgiarum; — homagium nobilis Joh(annis) Berengarii; — homagium Andree de Grolee; — homagium Jacobi alias Jaquet et Guillelmi de Montcorsserio; — homagium dom[i] Anthonii Tholosani; — homagium domini Bellimontis; — homagium Petri de Ruyno.

In prothocollo signato per C: — Homagium Galvagnii Michaille; — homagium Jacobi Arthaudi et Glaudi de Monte Orsserio; — homagium Caterine, uxoris Petri Philopi; — homagium Francisci et Anthonii de Aya; — homagium domine Terracie; — homagium Guig(onis) de Grangiis; — homagium Petri de Utecia; — homagium domine Terratie, pro Melhiaco; — homagium Hugoneti de Bardoneschia; — homagium Perrone de Bardoneschia; — homagium Caterine condomine Sancte Euphemie; — homagium domini Cassenatici, videl. dom[i] Henrici; — homagium Ludovici de Arciis; — homagium prioris et conventus de Rometa; — homagium Bernardi de Serris, ad causam castri de Mollanis; — homagium Margarite Emine; — homagium Gaspardi Don; — homagium Guillelmi de Osteduno; — homagium domini de Aysio, pro castro Ruppete subtus Medulionem; homagium ejusdem, pro xii[e] parte terre Vallisbonesii; — homagium Anthonii de Salis et ejus uxoris.

In prothocollo signato per D: — Homagium Martini et Jacobi de Bona; — homagium Henrici de Tanco; — homagium Jordani Bermondi, de Bollinis; — homagium Margarite, uxoris Justeti de Bardoneschia; — homagium Raymbaudi Raymbaudi et certorum nobilium de Monte Gardino; — homagium Anthonii Rambaudi et ejus uxoris; — homagium Johannis de Lincevo; — homagium Anthonii de Lemps; — homagium domini Murinaysii; — homagium domini Montis Leonis; — homagium Falconis Porte; — homagium Baudoini de Auriaco, alias Mascus; — homagium domine Cassenatici, ad causam

Pontis ; — cessio facta per dom. comitem Valentinensem domino nostro dalphino, ad causam terrarum domini de Aysio ; — homagium Sarerie ; — homagium Sancti Prejecti et Johannagiarum ; — homagium Petri de Alausono ; — homagium vicecomitis Thalardi, domini Sancti Andree ; — homagium domine Brissiaci ; — denominatio Anthonie, uxoris Petri de Rosseto [1] ; — homagium marchionis Saluciarum ; — homagium Chatonayci ; — homagium Joh(annis) de Salice ; — concordia domini Clarimontis et domine Brissiaci ; — homagium Galvaigni Michaille, pro rebus que fuerunt Petri de Onciaco ; — homagium Mathei Chognonis ; — hom. Joh. de Salice ; — homagium Francisci de Buenco ; — homagium Stephani de Buenco ; — homagium Johannis Regardi, de Monte Orsserio.

In prothocollo signato per E : — Homagium Petrequini Prepositi, condomini Ville Nove de Marcho ; — Dragonete de Veyneto ; — ? homagii Raymbaudi Ferrucii [5] ; — domini Clarimontis ; — dom^l Boniffacii de Chalant ; — Guigonis de Spina, alias Espinett ; — Aynardi de Veyneto ; — ? Hug(onis) de Cognino et ejus uxoris ; — Jacobi Aynardi, domini Chalanconis ; — Oberti et Petri Caillioli ; — Guillelmi de Lymonis, domini Montis Leonis ; — domine Turnonis ; [6] — dom^l Humberti de Grolee, pro Monte Mirato [7] ; — Lantelmi de Monte Orsserio ; — Joh(annis) de Buenco, condomini Chaste ; — Arthaudi Luppe ; — Glaudi et Anthoneti de Bardoneschia ; — domini Castellarii ; — Marquisii de Spina ; — domini Montisrigaudi et Yseronis ; — Petri de Medulione ; — prioris de Antonavis ; — Anthonii Rostagni ; — dom^e Marie de Claromonte, domine de Aquis ; — ? Anthonii Actuherii ; [8] — ? preceptoris Ventayrolii ; [9] — ? Anthonii de Monte Albano ; — homagium Anthonii Abrivati ; — homagium dom^l Ludovici de Cabilone ; — homagium Mondoni Berengarii et Armiceude de Podio Grosso ; — dom^l Juliani Vulgaris, nomine dom^e Caterine de Sancto Paulo, ejus uxoris ; — domini Intermoncium ; — Drevoni Sonnerii ; — Sybueti Revoyrie ; — ? domini Castrivillani ; — Petri de Baraterio.

(1) Guy ALLARD, *Documents mss.*, t. VI, f°s 524-7, papier format agenda. L' « Inventaire des registres ... de la chambre des comptes.. » ne mentionne déjà plus (VII, 40-1) que A et E *(Docum. histor. inéd. sur le Dauph.*, VI, xj).

(2) Ajouté après coup. — (3) D'abord « Georgii ». — (4) D'abord « D. Hugonetis Hugonis ». — (5) Effacé « Refformacio et de novo perfectio ». — (6) Ajouté, puis effacé « Principis Aurayce ». — (7) Ajouté, puis effacé « deinde ejus filii et heredes Karoli ». — (8) Effacé « Hugoneti de Cognino ». — (9) Effacé « Instrumentum credencie domi Jo. de Fontana, ex parte dom^i ducis Sabaudie ».

CIII [1]. (?).

Valbonnoys, Le Perier, Entreaigues, Ratier et aussi le chastel et chastellenie de Claix tient mons^r le bastard d'Orleans [2], par don du Roy nostre s(eigneu)r par se(s) lectres données le iiij^e jour de novembre (M) CCCC° XXJ ; et peut valoir par an.......................... IIJ^c LXXIJ lib. t(ourn.)

Item, Guillaume d'Avangour tient les villes du Boix et le chastel d'Ubrils [3] comme cappitayne desdictes et en prent les rentes et revenues sa vie durant [2], par les lectres du Roy n^e s^r données le ve jour d'aoust l'an de Nostre S(eigneu)r mil IIIJ^c XXIJ, et ce pour les bons et agréables services, aussi pour pourvoir à son estat et à la seurté de sa personne ; et peut valoir par an .... IJ^c LX l. t.

Item, mes^e Jehan Lovet ou ses hoirs tiennent le chastel et chastellenie de Mirandol [2], que le Roy n^e s^r lors daulphin lui a infeudé et baillé en fief à lui et à ses hoirs par ses lectres données le xiiJ^e jour de novembre l'an de N^e S^r M IIIJ^c XX ; et peut valoir par an...................... XLVIII l. XVI s. t.

Item, le chastel et chastellenie de Saint Lourens [4] du Pont avecques le lieu de Meysieu, par les lectres du Roy n^e s^r lors régent données l'an de N^e S^r M IIIJ^c XX, ont esté infeudez à Guillaume de Martel pour le pris de VJ^m frans [5], que ledit seigneur confessa avoir euz de lui en voyages et ambaxades qu'il a faiz pour lui, et pour ce que ledit Guillaume estoit homme du duc de Savoye a esté ordonné que après lui qui seroit seigneur dudit lieu soit homme lige de mons^r le daulphin ; et peut valoir par an.. .... VIJ^{xx} l. t.

Item, la ville et chastel de Nyhons tient mess^e Tanguy du Chastel, prévoust de Paris, comme chastellain et cappitayne [2], et lui en a donné le Roy n^e s^r les rentes et revenues sa vie durant par ces lectres données à Bourges le XXIXe jour d'avril l'an de N^e S^r M IIIJ^c XXIIJ ; et peut valoir chascun an..... IJ^c l. t.

Item, les hoirs de feu mess⁰ Ymbert de Grolée, en sont vivant bailly de Lyon, tiennent les chastel et chastellanie de Chasteau Villain par ces lectres patentes données le xvj° jour de septembre l'an de grace M IIIJ° XXIIJ, et ce pour contemplacion des bons et agréables services et pour le recompenser ledit mess⁰ Ymber de la somme de IIIJᵐ escuz ⁶ en quoy luy estoit tenuz ledit seigneur pour ce qu'il a rendu et delivré en ses mains mess⁰ Jehan de Tholonjon, mareschal de Bourgoigne; et peut valoir par an........................... Cxɪ l. t.

Item, les chastel et chastellenie de Saint Saphorin d'Auzon, que Chaumont tient. — Item plus, les chastel et chastellenie de Revel, que la Tourniere tient. — Item plus, les chastel et chastellenie du Sauzet, que Anthoine d'Authun tient. — Item, les chastel et chastellenie de Beauvais en Royans.

Si s'ensuivent les chasteaulx et chastellenies alienées par vendicions ou engagement à reachat perpetuel.

Premièrement les chastel et chastellenie de Morestel en Viennoys ont esté venduz par les lectres du Roy nᵉ sʳ, données à Bourges le xvj° jour de mars l'a(n) de Nᵉ Sʳ M IIIJ° XXJ a reachat pour le pris et somme de IIIJᵐ et IJᶜ escus ⁸; peut valoir par an.................................... IXˣˣ l. t.

Item, Gabriel de Vernes tient la ville et chastel de Serre comme chastellain et prent toute la revenue dudit lieu, excepté le peage que tient monseigneur de Saint Valier, en deducion de Vᶜ l. t. de rente à lui ordonnée par le Roy nᵉ sʳ daulphin par plusieurs ses lectres données en l'an M IIIJ° XXIJ, et ce jusques il soit restitué de IJᵐ escuz qu'il a baillés et prestez audit seigneur et de Vᶜ escuz ⁹ qui aussi lui ont esté ordonnez pour les despens de la poursuite de ladicte rente et chastellanie; et peut monter par an ladicte castellenie IIJᶜ xxv l. t. Et le surplus prent ledit Gabriel par vertuz d'autres lectres dudit seigneur hors de ladite chastellenie sur autres lieux du domaine de ce pays IXˣˣ xv l. t.; pour ce Vᶜ xx l. t.: comprins les gaiges de ladite chastellanie, qui ne sont point comprins esdictes Vᶜ l. t. — Et depuis ledit Gabriel presenta à monsʳ le gouverneur en l'an (M) CCCC XXVIJ autres lectres de prest fait audit seigneur de la somme de XVIJᵉ ʟ. l. t. et demandoit creue de pension, la quelle il ne obtint point mais lui fut seulement mise ladite somme sur ladite place sanz creue de pension.

— Et naguères aussi obtint lectres dudit seigneur que les repparacions qu'il avoit faites audit chastel, que montoient comme il affermoit à grosse somme de deniers, lui fussent comptées et mises en sort avecques les sommes cy dessus déclarées, par vertu desquelles faite vision par le maistre des œuvres de ce pays et autres à ce commis a esté acordé avecques lui pour lesdits ouvrages faiz et aussi à faire à la somme de XIJ^c escuz.

Item, Beauvoir en Royans a esté baillé en gaige au seigneur de Jaugeuse par les lectres du Roy, données à Bourges le xxiij^e jour de juillet M IIIJ^c XXIIIJ, pour la somme de V^m l. t. monnoye de gros appellés blaffars[1], le quel seigneur de Jaugeuse l'a depuis baillé à une dame de ce pays, appellée dame Bietrix de Bressieu, en recompensacion de terre qu'elle avoit ou royaume ; et peut valoir la chastellenic par an........ xxv l. t.

Item, les hoirs de feu mess^r Xpistofle de Harecourt tiennent les chasteaulx et chastellanies de Quint et de Ponteys en Valentinoys et Dyos, en gaige pour la somme de IJ^m v florins valens XVIIJ^c LXXV l. t.[1], et en prent les prouffiz jusques il soit payé et restitué de ladicte somme, par lectres dudit seigneur données à Saint Saphorin d'Ouzon le xvj^e jour de juing l'an M IIIJ^c XXXIIIJ ; et peut valoir lesdictes chastellenies par an.. C L l. t

Item, tiennent les hoirs de feu Jehan d'Eure le lieu et chastellenie de Saint Moris es baronniez par vendicion ou engaigement à rechat, par lectres du Roy n^e s^r données le darenier jour de janvier l'an (M) IIIJ^c XXIJ, pour le pris et somme de IJ^c escuz d'or ; et peut valoir par chascun an.......... xv l. t.

Item, Gilet Richart, seigneur de Saint Priés, tient le chastel et chastellanie de Johannages et de la Bastide de Montlupel, par vendicion ou engaigement à lui fait à reachat, par commission faite à monss^r le gouverneur et feu mess^r Girard Blanchet pour les grans affaires du Roy par ces lectres données à Amboise le xviij^e jour (de) mars l'an de N^{re} S^r mil IIIJ^c XXXIJ pour la somme de XV^c escuz d'or ; et peut valoir par an.. CL l. t.

Autres rentes et revenues venduez et engaigées à reachat en plusieurs chastellanies de ce dit pays du Daulphiné par certains commissaires du Roy nostre seigneur, par ses lectres données en l'an M IIIJ^c XXJ.

Les hoirs d'une bourgoise de Grenoble appellée Baude ès
chastellanies de Vezille, de Grenoble et d'Alavart, CxII l. x s.
de bonne monnoye, qui peut revenir par chascun an à la somme
de IJ^e l. t. ou environ l'ung comportant l'autre, pour la somme
de IJ^m escuz[2]; pour ce.................................. IJ^e l. t.

Item, le noble Jehan de Teys tient es chastellenies de Theys
et de La Pierre les antinages et le[3] riva[ge]........ an......
peut........ comme.... x l........sur...... de.... xxIIII l. t.

Item, ont esté vendues comme dessus à plusieurs personnes
du mandement de Saint George d'Esperance IX^{xx} IJ bennes
d'avoine et xLv gelines, que les foisoient audict seigneur à
cause de leurs boys, pour le pris de CI escuz x gr. I tierz de
bon poys; peut valoir par an............... x l. vII s. vI d. t.

Item ont esté vendues par manière d'abergement comme
dessus les laingues des beufs et vaches et les numbles des por-
ceaux de la boucherie de La Tour du Pin a xv s. t. de cense
par an et pour la somme de L escuz; peut valoir par an.. C s. t.

Item a esté vendu à Pierre Poysieu ung lieu appellé Meysieu, qui est assis ou mandement de Saint George, avecques
III s. t. et x lib. de cire pour le pris de IJ^e escuz: lesquelles
chouses a reachetées dudit Poysieu mons^r le Bourne Caqueran
et a donné reachet au seigneur comme dessus...........
...........................xxxvIII s. vIII d. t.[4]

Item a esté vendu comme dessus à Pierre de Tavanne, alias
du Molar, III sest. IIII pug. de froment, IIII sest. I pug. et demie
d'avoine qu'ilz faisoient audit seigneur en la chastellanie de
Chevrieres, que a present tient monseigneur de Saint Valier,
sur certains molins pour le pris de xxxv escuz; peut valoir
pour an... Lx s. t.

Item, Jehan Porchet, alias Gaudon, a acheté comme dessus
vIII flor. dalph. de la somme de x flor. dalph. qu'il faisoit chascun an audit seigneur sur le four de la ville de Moyrane. pour
le pris de LxIIII escuz d'or; et vault........ vI l. xIII s. IIII d. t.

Autres transpors et aliénacions de villes et chasteaulx
baillés au seigneur de Saint Valier à heritage pour et en
recompensacion des contez de Valentinoys et de Dioys.

Premièrement a esté baillé audit seigneur de Saint Valier
pour censes dessus le chastel et chastellenie de Val, peut va-

loir par an VI^{xx} l. t.; — item les chastel et chastellenies de Chevrières, qui peut valoir par an IJ^c xxxv l. [t.]; — item la ville, chastel et chastellenie de Veyne en Gappensoys, peut valoir par an VI^{xx} xv l. t.; — item le peage de Serre en Gappensoys, qui peut valoir par an V^c xii l. t.; — item tient ledit seigneur de Saint Valier en gaige les chasteaulx et chastellenies de Pinet et Albon pour la somme de XIJ^m escuz, à cause des joyaulx qu'il avoit en gaige du Roy etc., et doit l'en faire valoir audit seigneur de Saint Valier lesdictes chastellanies VIIJ^c flor. d'or, qui peut au jour d'uy valoir V^c xxv l. t.; et se lesdictes places et chastellanies ne valoient icelle somme, il doit prendre le surplus en la tresorerie de ce pays; valent ou peut valoir par an IJ^c L l. t.

(1) Guy ALLARD, *Documents mss.*, t. IV, f°s 543-7, papier (acéphale?).
(2) En marge. « Remiz (al. R-is) au demaine ». — (3) En m. « Le Boix et Ubrilz ». — (4) En m. « St Laurens ». — (5) En m. « Per tenorem litterarum regiarum apparet quod sunt VJ^m franchi ad aurum ». — (6 En m. « Ista IIIJ^m scuta auri videntur esse de LXIII ad marcham, quoniam nulla alia adhuc habebant cursum ». — (7) En m. « Vallentinoys ». — (8) En m. « Scuta de LXIII ad marcham Parisius ». — (9) En m. « Ista scuta sunt de LXIII ad m. P. » — (10) En m. « In licteris regiis non facit mencionem si sit moneta blaffardorum vel ne, sed dicunt tamen V^m lib. t. : ideo videtur quod est de moneta illius anni in quo valebant scuta xxx s. t.; sic IIJ^m IIJ^c xxIII scuta cum tercio ». — (11) En m. « Ista moneta est de moneta hodie currente ». — (12) En m. « Scuta omnium istarum parcium subscriptarum sunt scuta de LXIII ad marcham ». — (13) Suivait un f^o (non numéroté) dont il ne reste que le talon. — (14) Art. cancellé ; en m. « F. et racheté ».

CIV.   *20 septembre (1441).*

A MONS^r DE TARGIE, LIEUTENANT DU DAULPHINÉ [1].

Monsieur le lieutenant, je me recomande à vous. Pour ce que say que desirez savoir des novelles, entre jeudi et vendredi derenier Floquet entra dedens Eymeulx, lequel y a conquesté sans y fere aucune pillerie. Samedi le Roy print Nostre Dame d'assault, lequel dura quatre heures et plus, et furent les Angloys qui estoient dedens tous prins ou mors. Et hier, environ troys heures après medi, le Roy entra dedens Pontoyse par force et y dura l'assault troys heures ou environ, et y furent que prins que mors de VIIJ à IX^c combatans Angloys. Tout est bien, Dieu merci, et encores espère que ire meulx en brief.

Tous noz amics sont en bon point ; il n'y a eu homme mort de nostre part : bien est vray qu'il en y a beaucop de blessés, aussi autrement ne se puet il fere. Recomandez moy etc. Escript à hate à Pontoyse, ce mercredi matin xxe jour de septembre.

Le vostre en tout, COUFINOT.

(1) Guy ALLARD, *Documents mss.*, t. VI, f° 15, original papier. — L'année de cette lettre est fournie par la prise de Pontoise par Charles VII (1441), et confirmée par une note du 14 févr. 1442 au dos de la pièce.

CV I.   *1451-1455.*

Sequuntur librate facte per Petrum de Camp Remy, deputatum parte seren^{mi} principis dⁱ nⁱ dalphini ad recipiendum summam ducentum millium scutorum auri, per illust^{mum} dom. ducem Sabaudie eidem dom. dalphino donatorum in contractu matrimonii inter ipsum dominum et dom^{am} Charlotam de Sabaudia, filiam dicti dom. ducis, inhiti.

Libravit causis contentis in quodam rotulo de donis factis dominabus et aliis de Sabaudia qui associaverunt seren^{mam} dom. dalphinam de Chamberiaco in Gronopoli, ut per mandatum dni mei dalphini supra dict. rotulum annexum de mandato allocandi, datum in Burgo Bressie die xix^a augusti M° IIIJ° LJ, sigillo domini sigillatum et manu magistri Petri Toreau secretarium signatum, et per confessiones seu quictancias personarum contentarum in dicto rotulo etc., videl................
.... IIJ^m IX^c IIIJ^{xx} xix scuta.

Libravit causis contentis in quod. rotulo ut per mandatum domini mei dalphini de mandato allocandi, datum Valancie die 15^a mensis marcii anno Domini 1451°, ejus sigillo cancellarie sigillatum et manu magⁱ Petri Toreau secretarii signatum, et per quictancias opportunas etc., videl.................
.... 31625 l. 5 s. torn.: valent 23000 escuz 4 g.

Libravit causis contentis in quod. rotulo ut per mandatum domini auditoribus computorum de mandato allocandi, datum in Vienna die 8^a mensis novembris anno Domⁱ 1452°, sigillo cancellarie sigillatum et per mag^m Petrum Toreau secretarium signatum, et per quictancias opportunas, videl.............
.... 1338 l. 7 s. 6 d. t. : valent 973 escuz 8 g.

Libravit causis contentis in quod. rotulo ut per mandatum domini de mandato allocandi, datum in Sancto Genisio Auguste die 27ᵃ mensis maii 1452, sigillo cancellarie sigillatum et per magᵐ Johannem Bourre secretarium domini signatum, et per confessiones seu quictancias etc., vid.................
.... 20217 l. 14 s. 9 d. t. ; valent 14703 escuz 18 g.

Libravit causis contentis in mandato domini de mandato solvandi Petro Maudonnier, magistro camere denariorum domini, pro convertando in expensis prefati domini, datum in Vienna die 24ᵃ mensis maii anno Domⁱ 1451°, sigillo cancellarie domini sigillatum et per magᵐ Johannem Guerin secretarium domini signatum, et quictanciam dicti Petri Maudonnier de dicta summa, vid...... 7500 l. t. : valent 5454 escuz 12 g.

Libravit Humberto Fabri, per mandatum domini de mand. solvandi, datum in Sancto Genisio die 5ᵃ aprilis 1451, sigillo cancellarie sigillatum et per magᵐ Johannem Bourre signatum, et quictanciam dicti Humberti, vid.....................
.... Mˡᵉ ff., valent 750 l. t.: valent 545 escuz 10 g.

Libravit nobili Johanni de Monte Pedoni dicto Honaste, per mandatum domini de mand. solvandi, datum in Vienna die 23ᵃ maii anno Domⁱ 1451°, sigillo cancellarie sigillatum et per magᵐ Johannem Guerin signatum, et quictanciam supradicti, vid...Mˡᵉ scuta auri.

Libravit nobili Johanni de Daillon, domino de Fontanis, per mand. *(ut præced.)*... d. Vienne.... et manu magⁱ J–nis G..... et p. q. ipsius domini de Fontanis, vid....... IIIJᵐ scuta auri.

Libravit consilio illᵐⁱ dom. ducis Sabaudie, per mand. *(ut præced.)*.... et quictancias dict. consiliariorum, vid.........
....Xᵐ scuta auri.

Libravit spectabili Jacobo de Chalanderia, domino Ernaville, per mand. domⁱ de mandᵒ solv., datum a Yerez die 17ᵃ mens. aprilis an. Domⁱ 1453°, sigᵒ canc. sigil. et per magᵐ Johannem Boourre sign., et per quictanciam dicti domini etc., videl.
.... VIᵐ scuta auri.

Libravit causis contentis in mandato domⁱ de mandato allocandi ², datum au Vernay die 18ᵃ mensis aprilis an. Domⁱ 1453, sigⁿ canc. sigil. et manu magⁱ Johannis Bourre sign.. vid.. Mˡᵉ scuta auri.

Libravit Catherine de Rochella, damicelle illme domine dom°
Yolande de Francia, principisse Pedemoncium, ut per mand.
dom^i de mand. solvandi, datum in Vienna die 23ᵃ maii an.
Dom^i 1451, sigill. (sig°) canc. dom^i, et per quictanciam dicte
Catherine per Petrum Bolomerii receptam, vid..............
.... M^le ff. que valent 750 l. t. : valent 545 escuz 10 g.

Libravit causis contentis in quod. rotulo ut per mand. dom^i
de mand. allocandi, datum Valencie die 19ᵃ decembris an.
Dom^i 1453, ejus sig° canc. sigill. et manu mag^i Johannis Bourre secret. sign., et per quictancias opportunas etc., videl.
...............M^le 1 l. 12 s. 6 d. t. : valent 728 escuz 10 g.

Libravit causis contentis in quod. rotulo ut per licteram
dom^i de mand. allocandi, datum au Vernay die 22ᵃ mens.
aprilis an. Dom^i 1453, ejus sig° canc. sigil. et per mag^m Johannem Bourre secret. sign., et per confessiones opportunas de
contentis in rotulo etc., vid.............. ....
....................171 l. 7 s. 6 d. t.: valent 124 escuz 16 g.

Libravit nobili damicelle Marguerite de Tournay, guberna-
trici illme dom° Yolande de Francia, per mand. dom^i de mand.
solv., datum in Sancto Genisio die 27ᵃ mens. maii 1452, sig.
canc. sigill. et per mag^m Johannem Bourre sigill.*(!)*, et per
confessionem dicte damicelle etc., vid......................
..............................M^le l. t.: valent 727 escuz 6 g.

Libravit causis contentis in quod. mandato dom^i de mand°
alloc., ejus sig° canc. sign. *(!)* et per mag^m Joh^m Bourre sign.,
datum in Querio die 24ᵃ mens. augusti an. Dom^i 1453°, et per
confessiones oportunas etc., vid....... 125 scuta cum dimidio.

Libravit nobili dom° Paule de Miolano, domine de Chaunan,
per mand. dom^i de mand° solv.. datum in Vienna die 24ᵃ maii
an. Dom^i 1451, sig° canc. dom^i sigil. et per mag^m Johannem
Guerini secret. sign., et per confessionem seu quictanciam
ipsius domine etc., vid........................XIJ^e scuta auri.

Libravit nobili Gabrieli de Vernecio, per mand. dom^i de
mand° solv., datum Valancie die   1453, sig°canc. dom^i
sigil. et per mag^m Petrum de Vaulx secretarium dom^i sign.,
et per quictanciam ipsius Gabrielis de Vernecio, vid. pro har-
nesiis.................................1755 scuta auri.

Libravit causis contentis in mandato dom^i de mand. allocandi, ejus sig. canc. sign. *(!)* et per mag^m Petrum de Vaulx secret. dom^i sign., datum Romanis die 27^a mens. januarii an. Dom^i 1453, vid.................................XIJ^m scuta auri.

Libravit Johanni Grenardori dicto Limosin, argentario domine nostre dalphine, per mand. dom^i de mand. solv., sig^o canc. sigil. et per mag^m Petrum de Vaulx sign., et quictanciam dicti Limosin etc., datum Grenopoli die penult^a jullii an. Dom 1453, vid................ III^m l. t. : valent 2181 escuz 18 g.

Libravit nobili Gabrielli de Vernecio, per mand. dom^i de mand. solv., datum Valancie die ult^a januarii an. Dom^i 1453°, sig^o canc. dom^i sigil. et manu mag^i Johannis Bourre sign., et quictanciam dicti Gabriellis fact., vid........................
.......................2400 l. t. : valent 1745 escuz 10 g.

Libravit Matheo de Conde per mand. dom^i de mand. solv. III^c scutorum sibi datorum etc., sig^o canc. dom^i sigil. et manu mag^i Petri Torcau sign., datum in Valancia die 1^a augusti 1452°, et per quictanciam dicti Mathei etc., vid..........III^c scuta auri.

Libravit magistro Guillermo Lottier, medico domini, per mand. dicti dom^i sigil. (sig^o) canc. et per mag^m Johannem Bourre sign., datum au Vernay die 19^a aprilis 1453, et per quictanciam dicti mag^i Guill^i sign. per Bourre d. 20^a aprilis 1454, videl.....................................II^c scuta.

Libravit nobili Anthonio Bolomerii, per mand. dom^i de mand. solv., datum in Gracionopoli die 29^a jullii an. Dom^i 1453, ejus sig^o canc. sigil. et per mag^m Johannem Bourre sign., et confessionem dicti Anthonii, videl..................162 scuta auri

Receptes faites par Pierre de Camp Remy, commis à recevoir de par mons^r le daulphin la somme de deux cens mille escus à luy donnés par mons^r le duc de Savoye au traictié de son mariage et de madame la daulphine, fillie de mondit s^r le duc.

Premièrement a receu ledit de Camp Remy pour le premier paiement dudit mariage L^m escus, qui se sont paiez en la fourme que s'enssuit, c'est assavoir en may et la Toussains 1451 et Pasques 1452, pour ce L^m escus ; — item a receu pour le terme de Toussains enssuivant 1452, VII^m V^c escus ; — item, pour le terme de Pasques 1453, VII^m V^c escus ; — item, pour le terme de Toussains 1453, VII^m V^c escus; — item, pour le terme de Pasques 1454, VII^m V^c escus; — item a receu pour le terme de la Toussains 1454, II^m V^c escus; — item Alixandre Sextre, argentier de mons^r, a receu du commandement de mons^r la reste dudit terme de Toussains, que monte V^m escus. — Somme du receu, IIII^{xx} II^m V^c escus.

Item, il est deu à mons^r, pour les termes de Pasques et de Toussains 1455, XV^m escus. — Sur laquelle somme Pierre de Camp Remy a livré comme appert par les partiez, environ 3410 escus 18 g. ; — item que mons^r luy a assigné par mandemans particuliers 13041 escu 12 g. — Somme, 16452 escuz 8 g.

La recepte de Camp Remy jusques au terme de la Toussains derrenierement passée 1455 inclusivement, oultre V^m escus que l'argentier de mons^r a receu sur ledit terme, monte 82500 escus. — Les livreez dudit de Camp Remy et despenses sur ce faites par commandement de mons^r montent 82216 escuz. — Reste du deu : ainsy doit led. de Camp Remy de ce compte oudit s^r 284 escuz.

Item sont deuz à mons^r, tant pour le terme de Pasques passeez 1455 comme pour le terme de la Toussains prochainement venant, XV^m escus; — sur quoy ledit de Camp Remy a livré, comme appert par les partiez, 3410 escuz 18 g. : — ainsy restent desdiz XV^m escus 6589 escuz 4 g. — Sur quoy mons^r a assigné par ses mandemans, s'il est de son plaisir et que lui seront monstrez, 13041 escu 12 g. : — ainsy trop chargé, au regart desdiz XV^m escuz, de 1452 esc. 8 g.

Monsr le daulphin doit avoir de mons^r le duc de Savoie, pour ung an de l'assignacion de son mariage commencant à la Toussains 1454 et finissant à la Toussains enssuivant 1455, XV^m escuz. — Sur laquelle somme ledit de Camp Remy a livré au seigneur de Condé, par mandement de mons^r et quictance dudit de Condé signée par maistre Pierre de Vaulx, secretaire de mons^r, pour convertir es affaires de mondit s^r, 1204 l. 5 s. t. : valent 875 esc. 18 g. ; — item, Odo Davart dit Dosdane et à Fantin de Rive, par mandement de mons^r et quictance des dessusdiz, VI^c ff., valent 450 l. t. : valent 327 esc. 6 g. ; — item, pour ung role fait et passé à Morant le 7e jour de mars 1455, signé de maistre Jehan Bourre etc., 335 esc. ; — item, pour certaines livreez faictes à la foire de Pasques 1455, contenues en ung fueillet de papier et par les quictances de maistre Perre Bouton, Pierre de Vaulx, Estienne Achart Limosin et autres, environ 1800 esc.; — item, le 3ᵉ de juilliet 1455, au sʳ de Condé pour convertir es artillieriez de mondit sʳ, C l. t.: valent 72 esc. 16 g. — Summa, 3410 esc. 18 g.

Les descherges et mandemens presentez et baillez audit de Campremy sur icelle somme et année dessusdictes pour mettre en l'estat de monssʳ, s'il est de son plaisir : — A Limosin, pour convertir en la despence de madame ; — à Guyotin de Noies, 2000 escuz ; — à monsʳ le prevost de Lausanne, 600 esc. ; — à monsʳ de Ernaville, pour sa pension de ung an, 1200 l. t. : val. 872 esc. 16 g. ; — à messᵉ Guillaume de Courcilion, 300 esc. ; — à messʳ le mareschal et general du Daulphiné, Mˡᵉ esc. ; — à Piemont hérault de monsʳ le duc, 30 esc. ; — à Gabriel de Bernez, pour sa pension de deux ans par mandement de monsʳ et commandement de bouche, 2400 l. t. : val. 1745 esc. ; — à monsieur de Miolans, 3000 esc. ; — à monseigneur de Valance, 3000 esc. ; — à maistre Jehan Jacques, 904 ff. 6 g. : val. 678 l. 7 s. 6 d. t. : val. 493 esc. 8 g. ; — à Gaston, par lettres de monseigneur, 100 esc. — Summa, 13141 escu 12 g.

Summa folii conversi ad scuta, 16552 escuz 8 g.

(1) Guy ALLARD, *Documents mss.*, t. IV. fᵒˢ 127-33, papier du temps.
(2) En marge « Declaret causas : dixit quia dominus eidem receptori donavit dicta Mˡᵉ scuta ut inde possit in presenti patria acquirere ».
(3) En m. « Noᵗ que il n'y a riens pour madame ».

CVI [1]. *Juillet 1473.*

COPIA perequacionis facte per me Glaudium Bovis, secretarium dalphinalem, commissarium a curia magnⁱ parlamenti Dalphinatus deputatum, de mense jullii Mᵒ IIIJᵒ LXX IIJᵒˡᵒ, ad supplicacionem et instanciam nobilium et potentis virorum domⁱ Johannis de Monteorserio militis et Reymundi de Montealbano, super nobiles patrie Campissauri pro furnitura duarum lancearum, fieri ordinatarum per dom. condam marescallum Dalphinatus pro armata Cathalognie, taxatarum ...... ad IJᶜ et xL libras Turonen. seu VJˣˣ franchos...... : — Et primo fuit perequatus dictus dom. Johannes de Monteorserio in L fran.; — item dict. nobilis Reymundus de Montcalbano in XL fr.; — it. heredes nobilis Johannis Grassi, XLV fr.; — it. nobilis Jacobus de Orseria, X fr.; — it. nobilis Aymarus de Orseria, V fr.; — it. nobilis Johannes Martini, X fr.; — it. nobilis Jacobus Philocti, IX fr.; — it. nobilis Fran(ciscus) de Bona junior, IX fr.; — it. nobilis Johannes de Bona, VIII fr.; — it. Anthonius Arnaudi, VIII fr.; — it. Guillelmus Galberti, II fr.; — it. Petrus Saureti, III fr.; — it. nobilis Fran. de Bona senior, VIII fr.; — it. liberi Arnulphi Ponceti, VI fr.; — it. heredes Henrici Basterii, VIII fr.; — it. nobilis Heustacius de Aureaco, VI fr.; — it. Alexius de Bona, VI fr.; — it. Johannes Batallie, II fr.; — it. Anthonius Bataille, III fr.; — it. heredes Johannis Ysoardi, II fr.; — it. omnes de Fandarno, II fr.; — it. Johannes Fabri, II fr.

(1) Guy ALLARD, *Documents mss.*, t. IV, f° 124, papier du temps; au dos: «N(obili) R(eymundo) de Montcalbano».

CVII. *1471-1477.*

De bello et conflictu facto ante villam de Buxi in Burgondia [1].

1. Bellum de Bussi in Burgondia.

Anno Domini M° IIIJ° LXXJ^{mo} et de mense februarii, magnificus et potens vir dom^s Johannes bastardus de Armagnaco, comes Comenarum, marescallus Francie, gubernator Dalphinatus, de mandato regio levavit omnem excercitum armatorum tam nobilium quam francorum archeriorum hujus patrie Dalphinatus, et accessit cum ipso excercitu ad ducatum Burgondie pro guerra ibidem excercenda; et qui, unacum dom° comite dalphino, dom° Ruffeto senescallo Belli Quadri et certis aliis capitaneis, debellavit Burgondos ante locum de Bussy et victoriam obtinu(i)t contra ipsos: in quo bello mortuus est dominus de Conches, caput excercitus Burgondorum, et circa tria millia illorum de sua comitiva fuerunt occisi, residuum fuit redactum in fugam.

2. De obsidione Montis Meliani et capcione domⁱ Sabaudie ducis *facta per ejus fratres.* — Anno Domini M° IIIJ° LXXJ⁽ᵐᵒ⁾ a Nativitate sumpto et de mense jullii, illustris et magnificus dom⁸ Philippus de Sabaudia, dominus Bressie, associatus multis Burgondis, Alamanis et Sabaudiensibus, vi armorum obsidionem firmavit ante Montem Melianum, ubi se retraxerat serenissimus dom⁸ (Ludovicus) dux Sabaudie, ejus fratrer, et illustrissima dom⁸ Yolanda de Francia, duchissa ejus uxor, et eorum liberi, et taliter ipsos terruit quod se reddiderunt et fuit captum castrum cum villa predicta Montis Meliani; dictus dom. dux fuit translatus et captivatus ad voluntatem et beneplacitum dicti domini Breyssie, et per diversa loca ducatus Sabaudie ductus.

3. *De decessu dom¹ principis Pedemontis.* — Eodem anno et de eodem mense jullii, predictis ad noticiam seren⁽ᵐⁱ⁾ domini nostri regis Francorum, fratris dicte dom⁸ duchisse, perventis, ipse dominus noster rex precepit magnifico dom° Johanni de Armagniaco, comiti Comenarum, tunc in curia regia existenti, quatenus veniret ad hanc patriam Dalphinatus et mandaret omnes nobiles Dalphinatus atque franchos archerios, et daret succursum dicte dom. duchisse cui dictus dominus Bressie conabatur tollere regimen ducatus Sabaudie; et paulo post mandavit prefatus dominus noster rex illustrem adolescentem dom. Karolum, primogenitum dicti dom. ducis Sabaudie, principem Pedemontis, in curia regia tunc existentem, ejus nepotem, ut veniret ad succurrendum dictis suis genitoribus : qui dum fuit in civitate Aurelianensi, veniendo infirmitate gravi detentus, diem ibi clausit extremum.

4. *De capcione dom⁸ duchisse Sabaudie captivate in castro Asperimontis.* — Dictus vero dom. comes Comenarum, volens exequi preceptum regium sibi factum, se transtulit ad hanc patriam Dalphinatus et, congregato toto excercitu armatorum possibili, accessit apud Buxeriam, ubi jam certa pars armate aderat sub conductu mag⁽ᶜⁱ⁾ domini Castri Novi, marescalli dicti Dalphinatus; qui una cum dom° episcopo Gebennensi, qui cum dicto dom. comite venerat, accesserunt ad castrum Asperimontis, ubi dicta dom. duchissa Sabaudie et sui liberi fuerant repositi et captivati. Quibus ibidem applicatis circa mediam noctem, aliquo forte priori tractatu habito cum custodibus

dicti castri, ipsum castrum fuit in manibus dicti dom. comitis Comenarum traditum ; qui eum custodiendum commisit dom° Francisco de Viennesio, militi, et ipsa dom. duchissa cum fassibus tota nocte fuit ducta honoriffice, cum dictis suis liberis, dominabus et domicellis sue domus, usque ad villam Buxerie ubi applicuerunt circa solis ortum.

5. *Qualiter dom^a duchissa intravit honoriffice civitatem Gracionopolis.* — In crastinum vero dicta dom. duchissa, associata dictis dnis comite Comenarum, episcopo Gebennensi, domino Castri Novi et aliis magnatibus et nobilibus dicti Dalphinatus, venit ad hanc civitatem Gracionopolis, ubi fuit recepta honoriffice : sicut factum fuit prefato domino nostro regi, tunc dalphino, quando primo eandem civitatem intravit; que fuit hospitata cum statu suo in domo thesaurarie dalphinalis, ubi mansit per spatium unius mensis vel circa.

6. *De obsidione firmata ante villam Chamberiaci.* — Qua dom^a duchissa in ipsa civitate Gracionopolis existente, prefatus dominus noster rex in succursum suum mandavit certos capitaneos cum magna comitiva armatorum, videl. dominum Crusseoli, capitaneum centum lancearum, dom^m Ruffetum, senescallum Belli Cadri, capitaneum IIIJ^m francorum archeriorum ; item dom^s Acquitanie dux, frater dicte dom. duchisse, pariter mandavit in ejus succursum dominum de Corton necnon senescallos Armagniaci et de Agenneys cum centum et quinquaginta lanceis. Qui omnes transitum fecerunt per hanc civitatem Gracionopolis et, una cum dictis dnis comite Comenarum, episcopo Gebennensi et domino Castri Novi, marescallo Dalphinatus, arrociaverunt prefatam dom. duchissam cum suis liberis et eorum statu usque ad dictum castrum Asperimontis ; et tandem totus excercitus armatorum predict.. circa principium mensis augusti anno predicto, obsidionem firmaverunt ante villam Chamberiaci, ubi circa per octo dies steterunt : in quo loco Chamberiaci erant in garnisione intrusi dominus de Romon, frater dicti domini Bressie, necnon dominus du Lau, cum magna quantitate Alamanorum.

7. *Qualiter totus excercitus intravit villam Montis Meliani.* — Paulo post dictos octo dies dicti dom. comes Comenarum et alii capitanei et armigeri prefati, habentes ut dicebatur super

hoc speciale mandatum a prefato domino nostro rege, qui nolebat quod terre suorum nepotum destruerentur, se retraxerunt in foresta Sancti Georii ad unam leucam prope Chamberiacum, ubi steterunt circa per alios octo dies ; et postmodum iverunt et se hospitaverunt infra villam Montis Meliani, ubi steterunt circa per quindecim dies et donec castrum dicti loci fuit redditum obediencie dicte dom. duchisse, mediante certo tractatu pacis facto inter dictam dom. duchissam et prefatum dominum Breyssie : quo tractatu mediante dictus dom. dux Sabaudie fuit relaxatus et in suo libero arbitrio positus, et ipsa dom. duchissa fuit reintegrata in possessione regiminis dicti ducatus Sabaudie. de consensu prefati domini nostri regis ; que tandem recessit ad principatum Pedemontis, ubi residenciam fecit spatio duorum annorum continuorum.

8. De obsidione firmata per dom. ducem Burgondie ante villam de Nus in Alamagnia. — Anno Domini M° IIIJ° LXXIIIJ^{to}, post treugas firmatas inter ser^{mum} principem et dominum nostrum dom. Ludovicum, regem Francorum, ex una parte, et dom. Karolum ducem Burgondie, prefatus dom. dux Burgondie cum magno excercitu armatorum accessit ad villam de Nus in partibus Alamagnie et obsidionem ante eam firmavit, ubi stetit spacio unius anni et nichil profigui reportavit ; sed obsidionem predictam levavit, dicta villa de Nus in sua integritate remanente, et fertur quod in ipsa obsidione, in pluribus vicibus tam agrediendo dictam villam quam alias debellando Theotonicos, mortui sunt de gentibus excercitus dicti dom. ducis Burgondie fere viginti millia virorum.

9. De bello dom. ducis Burgondie contra Alamanos ante castrum de Gransone in patria de Vaux, contra quem Alamani victoriam obtinuerunt. — Anno Domini M° IIIJ° LXXVJ^{to} et de mense febroarii, prefatus dom. dux Burgondie cum magno armatorum excercitu intravit patriam de Vaux, quam Alamani confederacionum Berne, Friburgi et aliarum s(i)mul acceperant vi armorum ; et dum excercitus dicti dom. ducis Burgondie fuit ante aut saltim prope locum de Gransone, dicti Alamani confederacionum predict. ei obviam venientes, vi armorum dictum ducem Burgondie et ejus excercitum viriliter et strenue debellando victum in fugam tradiderunt : in quo conflictu fere decem millia Burgondorum mortui ceciderunt. Tunc Alamani lucrati sunt totam artilleriam, parcum et omnia alia spolia dict. Burgondorum, que innumerabilis valoris existebant. Burgondi vero, qui ad jussum dicti ducis Burgondie intraverant dict. locum de Gransone, fuerunt per dictos Alamanos gladio interfecti, et locus ipse de Gransone per ipsos captus et ad eorum obedienciam reductus.

10. De obsidione firmata per dom. ducem Burgondie ante castrum de Morat prope Friburgum, ubi fuit excercitus Burgondorum per Alamanos devictus. — Anno inmediate sequenti M⁰ IIIJ⁰ LXXVJ¹⁰, de mense jugnii prefatus dom. dux Burgondie, qui longo tempore cum suo excercitu armatorum se retraxerat et fortifficaverat prope civitatem Lausanensem, ubi cum eo spacio unius mensis vel circa fuit saltim in dicta civitate Lausanensi prefata dom. duchissa Sabaudie, que certas confederaciones pridem fecerat cum dicto dom. duce, accessit cum dicto suo excercitu ante castrum de Morat prope villam Friburgi, et ibidem obsidione firmata stetit in suo parco, dictum castrum sepe agrediendo, usque ad diem subbati xxiiJᵃ mensis jugnii, qua die circa horam undecimam ante meridiem prefati Alamani, una cum dom⁰ duce Lothoringie qui se junxit cum eis, levaverunt et potencia armorum debellaverunt gentes dicte obsidionis ante dictum locum de Morat existentes; in quo bello dictus dom. dux Burgondie fuit confusus et devictus: qui dux, cum certa parte equitum sue comitive, fugit usque ad locum de Jays prope Sanctum Glaudium. In quo quidem bello gladio perierunt ultra viginti millia virorum; remanserunt eciam ibidem parcus, artilleria, infinita bona mobilia dicti dom. ducis Burgondie et (i)numerabiles mercancie quas ducebant mercatores Burgondi excercitui predicto Burgondorum servientes : fuerunt eciam omnes dicti mercatores Burgondi infra dictum parcum occisi.

11. De morte dicti ducis Burgondie. — Anno vero sequenti, currente M⁰ CCCC^mo LXXVIJ^ano et die dominica quinta januarii, que fuit vigilia festi Epiphanie Domini, prenominatus dom. Karolus dux Burgondie, tenens cum magno excercitu armatorum obsidionem firmatam ante villam de Nanssy in Lothoringia, fuit per dictum ducem Lothoringie nominatum (Renatum), associatum magno excercitu tam Germanorum qui de confederationibus Alamagnie vocantur quam aliorum suorum subdictorum de Lothoringia, fuit potentia armorum debellatus, agressus et devictus et obsidio ipsa levata; in quo conflictu major pars excercitus dicti Burgondie ducis gladio peremit, reliqua vero pars tam Burgondorum quam Ytalicorum qui in ejus adjutorium venerant fuge se submisit. Dictus vero dux Burgondie, cupiens se salvare et fugere ut consueverat, fuit tam viriliter persecutus per nonnullos ex ejus inimicis quod morti traditus extitit; nec veraciter sciebatur si mortuus an vivus erat, donec die martis inmediate sequenti vij^a dicti mensis januarii, qua die per unum juvenem ex suis mangonibus nominatum Baptistam de Columpna, oriundum de urbe Romana, qui revelavit et ostendit locum in quo dictus dux Burgondie succubuerat, et tandem fuit repertus in quodam fossali mortuus et totus nudus, habens tres plagas mortales: unam in capite, unam in cruribus undique perforatis et aliam in fundamento. Qui inde fuit portatus infra villam predict. de Nanssy et lavatus vino albo tepido, et postmodum fuit recognitus per magistrum Matheum ejus medicum, per dom. Oliverium de Marchia et certos alios ejus servitores, qui pro vero cum actestati sunt esse eorum dominum et magistrum.

(1) Arch. de l'Isère, reg. Ier *Generalia*, f^o IJ^e 1^b–liiij^a, papier du temps. Cff. GUICHENON, *Preuves de l'Histoire gén. de la mais. de Savoye*, 411-2; *Bulletin de l'Acad. delphin.*, 1e sér., II (1847), 640, 646-8, 651-3.

CVIII. *1476-1477.*

DE MORTE DUCUM BURGONDIE ET MEDIOLANENSIS [1].

Notandum est quod, anno Nativitatis Domini millesimo CCCC septuagesimo sexto et de mense novembris, incohavit yemps grandis frigidissima et cum maxima nivium multitudine ultra modum, ita quod non est memoria hominum tantas nives visas esse nec frigus et yemen tantum durasse; unde pre multitudine ipsarum nivium transitus a freyda mandamenti Vizillie, ultra etiam pontem Romanchie, tendendo ad partes Oysencii, a Monasterio Clarimontis tendendo ad

Crucem Altam, clausi totaliter fuerunt nec potuerunt viatores cum equis ibidem transire ante medium marcii sequentis anni M IIIJᶜ LXXVIJ a Nativitate sumpti. Illo enim durante tempore, plures domus pre multitudine nivium ceciderunt, senes obierunt, animalia perdita fuerunt, nec poterant ibidem habitantes exire domos pre multitudine nivium.

Illo autem anno Navitatis Domini mill'io IIIJᶜ LXXVIJº, die sancti Stephani fuit interfectus dux Mediolanensis per quendam nobilem dicte civitatis, videl. Johannem Andream de Laudriano. Illo anno, die quinta januarii, dux Burgondie, tenens obsessam villam de Nancy in ducatu Lothoringie cum maximo numero armigerorum, ibidem per ducem Lothoringie, Alamanos et nonnullos alios fuit debellatus, occisus cum pluribus nobilibus usque ad numerum VIJ vel octo millium, et quamplures alii personnerii capti.

Sexta vero die marcii, stantibus nivibus ut supra, circa septimam et octavam horas post meridiem, fuerunt tonitrua magna et corruscationes quemadmodum estivo tempore et calido fieri solet.

Est pariter sciendum quod hoc anno venit rex Portugalensis ad regem dalphinum dominum nostrum in propria, ad querendum succursum et ut eidem subveniatur pro recuperando et subjugando regnum Yspanie; qui quidem rex fuit receptus per totum regnum Francie cum magna solempnitate et honore, potissime Parisius mandato ejusdem domini nostri.

(1) Arch. de l'Isère, reg. IIᵉ Generalia, fº lviij-ixˣ. papier du temps.

CIX. 8 octobre 1483.

CANTARE SERENISSIMI FRANCORUM REGIS LUDOVICI (XI), DOMINI NOSTRI QUONDAM [1].

Anno Domini millesimo quatercentesimo octuagesimo tercio et die viijᵛᵃ mensis octobris, fuit factum cantare sollempne serenᵐⁱ domini nostri Ludovici, Francorum regis quondam, in ecclesia Beati Andree Gracionopolis. In quo cantari fuit facta cappella ardens in coro super tumulo domⁱ Andree dalphini honoriffice, et interfuerunt faces ex parte ipsius centum, ex parte reverendi dom. episcopi Gracionopolis quinquaginta et ex parte dicte civitatis Gracionopolis quinquaginta : sit pro toto ducentum faces; et fuerunt ibidem tres magne misse sollempniter celebrate, quarum primam de Domina Nostra celebravit alter ex canonicis dicte ecclesie Sancti Andree, secundam vero celebravit de Sancto Spiritu dom officialis Gracionopolis, tertiam autem de deffunctis celebravit, in absentia prefati dom. episcopi Gracionopolis,   episcopus. Et ibidem semper interfuerunt domini parlamenti et computorum, qui obtulerunt in qualibet missa ; et ultima missa fuit factus sermo ad laudem dicti quondam domini nostri. Et fuit factum ipsum cantare generale et datum cuilibet sacerdoti missam in eadem ecclesia dicta die celebranti quatuor parpalliole regis, vallentes qualibet de moneta debili nunc currente septem pactacos : sit pro quolibet tres grossos cum dymidio ; et fuerunt celebrantes dicta die in summa   , quibus solutum fuit ad racionem predictam, videl.

(1) Arch. de l'Isère, reg. IIe Generalia, fo xxjb, papier du temps.

CX 1.   (?).

SEQUUNTUR summe date per gentes trium statuum Dalphinatus : — Et primo domino nostro regi dalphino, XLV^m florenorum ; — illustri domo gubernatori, III^m floren.; — magnifico domino Castrinovi, III^c flor.; — domo Johanni de Ventis, 50 fl.; — magistro Johanni Charon, secretario domi gubernatoris, 50 fl. ; — domino Castri Villani, quia fuit apud Romanis ad conficiendum instructiones, pro quinque diebus 25 fl.; — eidem, quia in abasiata vacavit CLxv diebus, 1815 flor. ; — domino Paludis, quia vacavit in Romanis duo diebus, 10 ff.; — eidem, quia in regressu ambasiate venit in Gratiopolo et vacavit x diebus, 50 fl. ; — domino Montis Aynardi, (quia) in Romanis vacavit duobus diebus, 10 fl.; — eidem, quia in regressu ambasiate vacavit in Gratiopolo viii diebus, 40 fl. ; — domino de Campis, quia in Romanis vacavit duobus diebus, 10 fl.; — domino Motte Sancti Martini, quia in Romanis vacavit duobus diebus, 10 fl. ; — eidem, pro ambasiata (qua) vacavit VI^{xx}

diebus, 812 flor. 6 gr; — eidem, quia in regressu ambasiate vacavit in Gratiopolo viii diebus, 32 fl.; — dom° Georgio de Pusiaco, domino Alterippe, quia (vacavit tam) apud Viennam impetrando litteras a dom° gubernatore quam in Romanis, 50 fl.; — eidem, quia (in) ambasiata vacavit diebus VI^{xx} viiii°, 838 flor. 6 gr.; — eidem, quia in regressu ambasiate vacavit in Gratiopolo x diebus, 40 fl.; — dom° priori Bellimontis, quia vacavit in ambasiata VI^{xx} viiii° diebus, 450 flor.; — eidem, quia in regressu ambasiate vacavit in Gratiopolo viii° diebus, 24 fl.; — domino Sillanis, quia vacavit in villa de Romanis duobus diebus, 10 fl.; — eidem, quia in regressu ambasiate vacavit in Gratiopolo viii diebus, 32 fl.; — domino de Rosanis, quia vacavit in Romanis duobus diebus, 10 fl.; — dom° Johanni Motteti, procuratori patrie, quia in Romanis vacavit et acc(ed)endo Viennam et Costam vacavit xxiii diebus, et ulterius in Gratiopolo octo diebus, inclusis etiam vadiis suis anni presentis, 150 fl.; — eidem, quia in ambasiata vacavit Cxxi diebus, 665 flor. 6 gr.; — eidem, quia in regressu ambasiate vacavit in Gratiopolo vi diebus, 12 fl.; — dom° Francisco Bonerii, quia in villa de Romanis vacavit duobus diebus, 8 fl.; — eidem, quia in ambasiata vacavit diebus , 798 fl.; — eidem, quia in regressu ambasiate vacavit eundo et redeundo xii diebus in Gratiopolo, 36 fl.; — Johanni Votuti, quia in in Romanis vacavit duobus diebus et in Gratiopolo vi diebus, 16 fl. 8 gr.; — eidem, quia in regressu ambasiate vacavit in Gratiopolo xii diebus, 30 fl.; — michi Francisco Botarini, quia in Romanis vacavi x diebus, inclusis vadiis meis anni presentis, 40 fl. 10 gr.; — michi dicto Francisco, quia fui in ambasiata loco consulum absentium vacavi Cxxi diebus, et anno proxime lapso in alia ambasiata steti multis diebus qui non fuerunt michi taxati, inclusis etiam aliis laboribus, ordinaverunt et taxaverunt ex appunctuamento mecum facto 423 fl.; — item ulterius pro me, quia in presenti civitate in regressu ambasiate vacavi sex diebus, 8 fl.; — Benetono hostiario, quia vacavit in Romanis x diebus, inclusis vadiis suis, 16 fl. 8 gr.; — conventui Fratrum Minorum de Romanis, 15 fl.; — dominis computorum pro refficienda talea, 40 fl.; — grafferiis pro litteris, 30 fl.; — Jacobo Costagni, quia vacavit in Romanis duobus diebus, 8 fl.; — eidem, quia vacavit in dicta ambasiata diebus

. 299 fl.; — eidem, quia in regressu dicte ambasiate vacavit in Gratiopolo xii diebus 36 fl.

F. Guy Allard, *Documents mss.*, t. VI, f° 145.

CORRECTIONS ET ADDITIONS.

P. 10, l. 10: sunt in summa CCC. 36; tamen in eo facti; — 15, 36: Veyneti, quas; — 16, 10: domino M; — 19, 2: xiiii (15) die; — 35, 42: Com a. s. q. le n.; 45: aviennent; — 36, 12: seignors s. prest; 16: noumet; 28: mangier; 29: una; — 37, 7: Pierres; 22: seauls; 25: abie-; 33: vuns; 35: aulis; 36: il le d. c. et def.; — 38, 9: v. ou e.; 25: chascuns; 27: à; 31: les; — 39, 8: de G. Allard: « O.; 16: tête. Le même texte a été publié par M. H. Gariel dans la *Petite revue des bibliophiles Dauphinois*, p. 103-7; — 61, 1: 1: 4; — 62, 3; M. I. in e-u V.; — 80, 1: t. XV, f°.; — 85, 29: C. L. de M. 2 d.; — 89, 8: bonis intestatorum, ba 11: chare, summe, charn.; 22: boum; manu mortua, mens.; — 100, 9: sol. pro coquina cum p. c. suo, et; — 101, 15: III° mod.; — 109, 4: ipsum nichil; — 116, 23: "פ"; 150, 24: delphinis; — 205, 10: formam que; — 282, 8 *fin*: *effacer* de; — 306, 19; 308, 12; 311, 25: Pavioti.

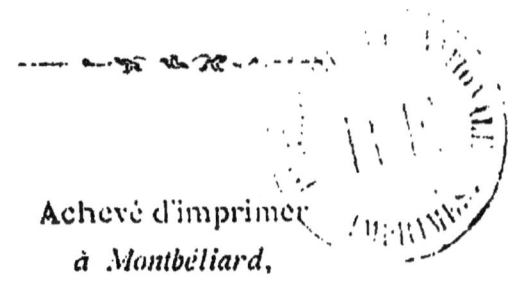

Achevé d'imprimer
à *Montbéliard*,
le xxx novembre MDCCCLXXIV.
par Ch.-M. Hoffmann.

DOCUMENTS HISTORIQUES INÉDITS
SUR LE DAUPHINÉ :

1re livr. INVENTAIRE DES ARCHIVES DES DAUPHINS A SAINT-ANDRÉ DE GRENOBLE EN 1277, publié d'après l'original, avec table alphabétique et pièces inédites. — Nogent-le-Rotrou, 1869, in-8°. 3 fr.

2e livr. INVENTAIRE DES ARCHIVES DES DAUPHINS DE VIENNOIS SAINT-ANDRÉ DE GRENOBLE EN 1346, publié d'après les registres originaux, avec tables chronologique et alphabétique. — Nogent-le-Rotrou, 1871, fort in-8°. 10 fr.

3e livr. NOTICE ANALYTIQUE SUR LA CARTULAIRE D'AIMON DE CHISSÉ, aux archives de l'évêché de Grenoble, avec notes, table et pièces inédites. — Colmar, 1869, in-8°. 3 fr. 50

4e livr. VISITES PASTORALES ET ORDINATIONS DES ÉVÊQUES DE GRENOBLE, de la maison de Chissé (XIVe-XVe siècles), publiées d'après les registres originaux. — Montbéliard, 1874, in-8°. 5 fr.

5e livr. NÉCROLOGE ET CARTULAIRE DES DOMINICAINS DE GRENOBLE, publiés d'après les originaux, avec plan et table alphabétique. — Romans, 1870, in-8°. 3 fr. 50

6e livr. ORDONNANCES DES ROIS DE FRANCE ET AUTRES PRINCES SOUVERAINS RELATIVES AU DAUPHINÉ (1155-1689), précédées d'un *Catalogue* des registres de l'ancienne chambre des comptes de cette province. — Colmar, 1871, in-8°. 5 fr.

7e livr. CARTULAIRE DE L'ABBAYE DE BONNEVAUX, ordre de Saint-Benoît, au diocèse de Vienne. — In-8°.

8e livr. INVENTAIRE DES ARCHIVES DE L'ÉVÊCHÉ DE GRENOBLE, rédigé en 1500 par l'official Franç. Dupuis, publié d'après l'original avec notes, table et pièces inédites. — In-8°.

10e livr. CORRESPONDANCE POLITIQUE ET LITTÉRAIRE DU MARQUIS DE VALBONNAIS, président de la chambre des comptes et historien du Dauphiné. — Grenoble, 1872, in-8°. 3 fr.

Pour l'envoi franco contre le montant, s'adresser à l'auteur, à Romans (Drôme).

DU MÊME AUTEUR

Documents inédits relatifs au Dauphiné (Académie Delphinale). 2ᵉ Volume, contenant les *Cartulaires de l'église et de la ville de Die*, le *Nécrologe de Saint-Robert-de-Cornillon*, un *Hagiologe* et deux *Chroniques de Vienne*, une *Chronique des évêques de Valence*, le *Cartulaire dauphinois de l'abbaye de Saint-Chaffre*, les *Pouillés des diocèses de Vienne, Valence, Die et Grenoble*. — Grenoble, 1869, fort in-8°, sceaux gravés. 10 fr.

Répertoire des sources historiques du moyen age (Société bibliographique). — Gr. in-8° compact à 2 col.
En souscription (20 fr.) et sous presse.

COLLECTION DE CARTULAIRES DAUPHINOIS :

Tome Iᵉʳ. Cartulaire de l'abbaye de Saint-André-le-Bas de Vienne, ordre de Saint-Benoît, suivi d'un *Appendice* de chartes inédites sur le diocèse de Vienne (ixᵉ-xiiᵉ siècles). — Vienne, 1869, gr. in-8°. 12 fr.

Tome II. Actes capitulaires de l'église Saint-Maurice de Vienne : *statuts, inféodations, comptes*, publiés d'après les registres originaux et suivis d'un *Appendice* de chartes inédites sur le diocèse de Vienne (xiiiᵉ-xivᵉ siècles). — Vienne, gr. in-8°.

Tome III. Cartulaires des Hospitaliers et des Templiers en Dauphiné. — Vienne, gr. in-8°.

Tome IV. Cartulaire de l'abbaye Notre-Dame de Léoncel, ordre des Citeaux, au diocèse de Die, publié d'après les chartes originales. — Montélimar, 1869, gr. in-8°. 1ʳᵉ liv. 7 fr.

Tome V. Cartulaire municipal de la ville de Montélimar [*Monuments inédits de l'histoire du Tiers-Etat*]. — Montélimar, 1871, gr. in-8°. 1ʳᵉ livr. 9 fr.

Tome VI. Cartulaire du prieuré de Saint-Pierre du Bourg-lès-Valence, ordre de Saint-Augustin ; Diplomatique, soit *Recueil de chartes pour servir à l'histoire des pays compris autrefois dans le royaume de Bourgogne*, tirées de différentes archives, par Pierre de Rivas (342-1276), analyse avec notes et appendice de pièces inédites. Valence et Vienne, gr. in-8°.

Tome VII. Choix de documents historiques inédits sur le Dauphiné, publiés d'après les originaux conservés à la bibliothèque de Grenoble et aux archives de l'Isère. — Montbéliard, 1874, gr. in-8°. 9 fr

Tome VIII. Cartulaire de l'abbaye de Saint-Chaffre du Monastier, ordre de Saint-Benoît, suivi de la *Chronique de Saint-Pierre du Puy* et d'un *Appendice* de chartes. — Montbéliard, gr. in-8°.

La suite au recto.